Vente du 2 au 11 Juin 1902

(SALLES SILVESTRE)

CATALOGUE

DE LA

BIBLIOTHÈQUE

DE FEU

M. JULES SIMON

de l'Académie française

DEUXIÈME PARTIE

PARIS
ÉM. PAUL ET FILS ET GUILLEMIN
Libraires de la Bibliothèque Nationale
28, RUE DES BONS-ENFANTS, 28

1902

CATALOGUE

DE LA

BIBLIOTHÈQUE

DE FEU

M. JULES SIMON

DE L'ACADÉMIE FRANÇAISE

LA VENTE AURA LIEU
du LUNDI 2 au MERCREDI 11 JUIN 1902

à huit heures précises du soir

Dans les Salles de Ventes aux enchères
DE LA LIBRAIRIE ÉM. PAUL ET FILS ET GUILLEMIN

28, rue des Bons-Enfants, 28 (Anciennes Maisons Silvestre et Labitte)

SALLE N° 1

Par le ministère de **Me MAURICE DELESTRE**, Commissaire-Priseur

5, RUE SAINT-GEORGES, 5

Assisté de **MM. ÉM. PAUL et FILS et GUILLEMIN**, Libraires-Experts

28, RUE DES BONS-ENFANTS, 28

VOIR L'ORDRE DES VACATIONS
A LA FIN DU CATALOGUE

CONDITIONS DE LA VENTE

La vente se fait expressément au comptant.

Les acquéreurs paieront **10 pour cent** en sus des enchères.

Il y aura exposition chaque jour de vente, de 2 à 4 heures.

Les livres devront être collationnés dans les vingt-quatre heures de l'adjudication. Passé ce délai, ils ne seront repris pour aucune cause.

Les Libraires chargés de la vente rempliront les commissions des personnes qui ne pourraient y assister

CATALOGUE

DE LA

BIBLIOTHÈQUE

DE FEU

M. JULES SIMON

de l'Académie française

DEUXIÈME PARTIE

PARIS
EM. PAUL ET FILS ET GUILLEMIN
Libraires de la Bibliothèque Nationale
28, RUE DES BONS-ENFANTS, 28

—

1902

CATALOGUE

DE LA

BIBLIOTHÈQUE

DE FEU

M. JULES SIMON

DE L'ACADÉMIE FRANÇAISE

DEUXIÈME PARTIE

THÉOLOGIE

1. Biblia. R. Stephanus lectori. En tibi Bibliorū vulgata editio, in qua juxta Hebraicorum versuum rationem singula capita versibus distincta sunt, numeris præfixis qui versuum numeris quos in Concordantiis nostris nouis et integris, post literas marginales ABCDEFG addidimus, respondent, ut quærendi molestia leueris, quum tibi tanquam digito, quod quæris demonstrabunt. *Oliva Roberti Stephani, M. D. LV.* (1555). (A la fin :) *Excudebat Roberto Stephano Conradus Badius. Anno M. D. LV.* (1555), in-8 de 10 ff. prél. 303 ff. à 2 col. et 1 f. blanc, pour l'Ancien Testament, 74 ff. pour le Nouveau et 2 ff. de table, mar. citron, dos orné, dent. fil. et milieu en peau de truie estampée, dent. int. tr. dor.

    Jolie édition compacte imprimée en caractères microscopiques.
    Curieuse reliure dont les centres des plats soigneusement rapportés sont en peau de truie estampée et ornés de sujets bibliques. Le premier plat porte les initiales D. R. A. et la date de 1559.

2. Biblia Sacra, cum quibusdam annotationibus Joannis Benedicti. *Parisiis, apud Jac. Kerver,* 1573, 3 vol. in-8 à 2 col. nombr. fig. gr. sur bois, v. f. ant.

    L'Ancien Testament est incomplet du titre.

3. Biblia Sacra Vulgatæ editionis, Sixti V. Pont. Max. jussu recognita, et Clementis VIII auctoritate edita. Editio nova. *Lovanii*, 1788-89, 8 vol. in-12, demi-rel. chag. noir.

4. La Sainte Bible, contenant l'Ancien et le Nouveau Testament, traduite en françois sur la Vulgate, par M. Le Maistre de Saci, ornée de 300 figures gravées d'après M. Marillier. *Paris, Defer de Maisonneuve*, 1789-*an XII* (1804). 12 vol. in-8, 268 fig. (*sur 300*), v. ant. rac. dos orné, dent. tr. dor.

5. Le Nouveau Testament, c'est-à-dire la Nouvelle Alliance de Nostre Seigneur Jésus-Christ. — Les Pseaumes de David, mis en rime françoise par Clément Marot et Théodore de Bèze, réduits nouvellement à une briève et facile méthode pour apprendre le chant ordinaire de l'Eglise. — *Amsterdam, Blaeu*, 1684. — Ens. 2 ouvrages en 1 vol. in-8 à 2 col. titres-front. gr. et musique notée, mar. noir, dos orné, fil. comp. initiales S. N. au centre des plats, tr. dor. (*Rel. anc.*)
   <small>Edition imprimée en très petits caractères. — *Signature de M. Jules Simon sur le feuillet de garde.*</small>

6. Dictionnaire des parallèles, concordances et analogies bibliques, ou Table méthodique des versets ou textes de l'Ecriture-Sainte, classés d'après leurs sens, et réunis sous des titres généraux, par ordre alphabétique..., par C. H. Lambert. *Paris, Grassart*, 1862, in-12 à 2 col. demi-rel. v. f.
   <small>*Signature de M. Jules Simon sur le titre.*</small>

7. Etudes sur le Christ. — Réunion de 4 vol. in-8 et in-12, reliés, cart. et br.
   <small>Le Christ et la conscience, par Félix Pécaut. *Paris*, 1859. — Julien Villecrose. Le Christ et sa réforme sociale. *Paris*, 1892. — La Vie inconnue de Jésus-Christ, par Nicolas Notovitch. *Paris*, 1894. — Jean Aicard. Jésus. *S. l.* 1896.</small>

8. Etudes historiques et critiques sur la vie du Christ. — Réunion de 5 vol. in-8, demi-rel. v. f. et bleu, sauf 1 cart.
   <small>Histoire élémentaire et critique de Jésus, par A. Peyrat. *Paris*, 1864. — Vie du Seigneur Jésus, leçons publiques par C. J. Riggenbach. *Paris*, 1864. — Essai sur la Vie de Jésus, par Louis Martin. *Paris*, 1887. — Paul de Régla. Jésus de Nazareth au point de vue historique, scientifique et social. *Paris*, 1891. — P. J. Proudhon. Jésus et les origines du Christianisme. *Paris*, 1896.</small>

9. H. Wallon : La Sainte Bible, résumée dans son histoire et dans ses enseignements, 2 vol. — Les Saints Évangiles. — De la Croyance due à l'Evangile. *Paris*, 1854-58, 4 vol. in-8, demi-rel. chag. vert et v. f.

10. S. Pauli epistolæ XIV, cum commentariis Jacobi Fabri stapulensis. (A la fin :)... *Parisiis, ex officina Henrici Stephani*, 1512, in-fol. de 22 ff. prél. non ch. et 268 ff. fig. et

THÉOLOGIE

jolies lettres ornées, v. ant. estampé à froid. (*Rel. de l'époque.*)

<small>Première édition, rare. — *Signature de M. Jules Simon* sur le titre. — Nombreuses notes manuscrites de l'époque dans quelques marges. — Le titre a été colorié et le dos de la reliure a été refait.</small>

11. **Les Evangiles**, par Gustave d'Eichthal. Première partie. Examen critique et comparatif des Trois Premiers Evangiles, 2 vol. — Texte comparatif des Evangiles selon Matthieu et selon Marc et Annexes. — Réponse aux *Evangiles* de Gustave d'Eichthal et à la vie de Jésus d'Ernest Renan, par F. A. Eichhoff. *Paris, Hachette,* 1863-64, 4 vol. gr. in-8, demi-rel. v. f.

<small>Envoi autographe de l'auteur.</small>

12. Gustave d'Eichthal : La Langue Grecque, mémoires et notices, 1864-1884. — Mélanges de Critique biblique. *Paris, Hachette,* 1886-87, 2 vol. in-8, demi-rel. v. bleu.

13. Justi Lipsi de Cruce, libri tres. Una cum notis. *Antverpiæ, ex off. Plantiniana,* 1593, in-4 de 8 ff. prél non ch. 120 pp. et 3 ff. non ch. fig. gr. vélin moderne à recouvr.

<small>Signatures diverses sur le titre, dont celle de *M. Jules Simon.* — Léger raccommodage au coin inférieur des 2 premiers feuillets.</small>

14. Athanasii Kircherii Turris Babel, sive archontologia. *Amstelodami, ex off. Jans. Waesbergiana,* 1679, in-fol. front. 9 grandes pl. 1 carte, 13 fig. gr. bas. br. dos orné.

<small>Cachets sur le titre, et cassures raccommodées au frontispice et à quelques planches.</small>

14 bis. Horologium (en grec). (A la fin :) *Victor a Rabanis Socii. Venetiis excudebant.* 1532, pet. in-8, texte grec impr. en rouge et noir, fig. sur bois sur le titre, demi-rel. vélin blanc avec coins, tr. dor.

<small>Nom à l'encre sur le titre ; mouillures et piqûres de vers.</small>

---

15. Sacro sancti et œcumenici Concilii Tridentini Paulo III, Julio III et Pio IV Pontificibus Maximis celebrati canones et decreta. Quid in hac editione præstitum sit, sequens Philippi Chiffletii, abbatis Balernensis.... *Antverpiæ, ex officina Plantiniana,* 1640, in-12, titre-front. gr. portraits sur bois, vélin moderne à recouvr. titre calligraphié sur le dos.

<small>Signature de *M. Jules Simon* sur le titre.</small>

16. Le Livre de Philon, de la Vie contemplative, traduit sur l'original grec, avec des observations où l'on fait voir que les Thérapeutes dont il parle étoient chrétiens (par dom Bernard de Montfaucon). *Paris, Guérin,* 1709, in-12, v. f. ant.

<small>Exemplaire aux armes de Caumartin, marquis de Saint-Ange.</small>

THÉOLOGIE

17. Beati Dionysii Areopagitæ martyris inclyti, Athenarum episcopi et Galliarum apostoli opera. Cūm scholiis in librum de Ecclesiasticæ hierarchia à Joachimo Perionio conversa... *Lugduni, apud Guillielmum Rouillure*, 1572, in-16, v. f. ant. dos orné, fil. tr. dor. fermoirs en cuivre.

Curieuse reliure du XVI° siècle dans le genre de celles qui recouvrent les volumes aux armes de Henri III. Les plats sont ornés d'un semis d'étoiles et de têtes d'anges entourant un médaillon représentant Jésus en croix avec les saintes femmes et les emblèmes de la passion. Le dos est refait. — Nombreuses annotations manuscrites sur les marges et sur quelques ff. ; on a intercalé 8 ff. manuscrits entre les pages 384 et 385. — Titre et un f. fatigué.

18. Synesii episcopi cyrenes opera quæ extant omnia, interprete Dionysio Petavio. *Luteliæ, typis Regiis, apud Cl. Morellum*, 1612, in-fol. à 2 col. texte grec et latin, v. f. ant. fil. milieu dor.

Sur le titre, on remarque cette note à l'encre et en partie raturée : *Ex dono Ill^{mi} ac R^{mi} dñi dñi Joannis Francisci de Lescure Luçonensis Episcopi venerabili capitulo Lucionensi*. — Le dos de la reliure a été refait.

19. Opera Q. Septimii Tertuliani inter latinos ecclesiæ scriptores primi, sine quorum lectione nullum diem intermittebat olim divus Cyprianus, per Beatum Rhenanum. (A la fin :) *Basileæ, apud Jo. Frobenium*, 1521, in-fol. lettres ornées, demi-rel. chag. vert, dos orné.

PREMIÈRE ÉDITION, comprenant 14 ff. prél. non ch. 615 pp. de texte, et 34 ff. non ch. pour l'Index. Le titre et 2 feuillets sont ornés d'un encadrement historié gravé sur bois. Signature de M. Jules Simon et noms raturés sur le titre. — Notes à l'encre dans quelques marges ; mouillures.

20. Lucii Cæcilii Firmiani Lactantii de mortibus persecutorum, cum notis Steph. Baluzii. Editio secunda ; accesserunt Gisb. Cuperi, Jo. Columbi, Tho. Spark. Nic. Toinardi, Jo. Geoorg. Grævii, Tho. Gale, Eliæ Boherelli animadversiones, tam hactenus editæ, quam ineditæ. Recensuit, suis auxit, cum versionibus contulit Paulus Bauldri. *Trajecti ad Rhenum, ex off. Guil. Broedelet*, 1693, in-8, front. et 1 grande pl. gr. et pliée, vélin à recouvr.

Edition estimée.

21. D. Aurelii Augustini opera. *Basileæ, per Ambrosium & aurelium Frobenios fratres*, 1569, 10 tomes en 6 vol. in-fol. à 2 col. 1 titre avec encadr. historié gr. sur bois, bas. ant. granit.

Sur les titres de 6 volumes, on remarque les *signatures de Augustinus Dorion, presbyter* ; et de *Carrion*, célèbre juriste Flamand. — Taches d'humidité.

22. S. Aurell. Augustini Confessionum libri X cum notis R. P. Henrici Wagnereck, Soc. Jesu. — Rei Pœnitentis simplex et humilis confessio cum sermone de S. Augustino. — *Coloniæ*,

THÉOLOGIE

apud Jodocum Kalcovium, 1645-1646. 2 parties en 1 vol. pet. in-12, titre-front. gr. v. f. dos orné à petits fers, fil. dent. int. tr. dor.

<small>Jolie édition. Le titre-front. a les marges du haut et du bas coupées.</small>

23. Les Lettres de S. Augustin, traduites en françois sur l'édition nouvelle des Pères Bénédictins de la Congrégation de S. Maur, où elles sont rangées selon l'ordre des temps..., avec des notes..., par M. Du Bois. *Paris, Pralard*, 1697, 6 vol. — Les Confessions de Saint Augustin, traduites en françois par M. Arnauld d'Andilly. Nouvelle édition. *Paris, Desprez*, 1688. — Ens. 7 vol. in-8, v. br. ant.

<small>Signature de M. Jules Simon sur le titre du tome 1 du premier ouvrage, et sur le titre du 2e ouvrage.</small>

24. Opus originale Ru‖perti albatis Tuici‖ensis de victoria ver‖bi dei in tredecim li‖bros divisum. (A la fin :) *Impressum per Anthonium Sorg civē | Augustens. Anno dñi. M.cccc.lxxxvij.* (1487), in-fol. à 2 col. de 8 ff. prél. non ch. 105 ff. de texte et 1 f. blanc, car. goth. initiales peintes en rouge, bas. violette.

<small>PREMIÈRE ÉDITION de cet ouvrage, conforme à la description qu'en donne *Hain* sous le n° 14046. — Au verso du dernier f. de texte, sur les 2 pages du f. blanc et sur les 4 pages de gardes se trouve une longue note manuscrite de l'époque.</small>

25. B. Aubé : Essai de critique religieuse. De l'Apologétique chrétienne au IIe siècle. Saint Justin, philosophe et martyr. — Histoire des persécutions de l'Eglise. La Polémique païenne à la fin du IIe siècle : Fronton, Lucien, Celse, Philostrate. *Paris*, 1861-1878, 2 vol. in-8, demi-rel. v. f. et bleu.

<small>Envoi autographe de l'auteur sur chaque volume.</small>

26. Etudes sur quelques écrivains ecclésiastiques. — Réunion de 5 vol. in-8, demi-rel. chag. noir et v. bleu, dos orné.

<small>Hugues de Saint-Victor. Nouvel examen de l'édition de ses œuvres, par B. Hauréau. *Paris*, 1859. — Les Œuvres de Hugues de Saint-Victor, essai critique par B. Hauréau. *Paris*, 1886. — Etude historique et littéraire sur Saint Basile, suivie de l'Hexaméron, traduit en français par Eugène Fialon. *Paris*, 1865. — Correspondance inédite du P. Lacordaire. *Paris*, 1876. — Pierre Pontard, évêque constitutionnel de la Dordogne, par P. J. Crédot. *Paris*, 1893.</small>

27. Etudes sur Pascal. Bossuet, Fénelon. Fléchier, Massillon. — Réunion de 6 vol. in-8, rel. cart. et br.

<small>Œuvres de Blaise Pascal. *S. l. n. d.* — Bossuet orateur, études critiques sur les sermons de la jeunesse de Bossuet, par E. Gandar. *Paris*, 1867. — Fac-simile du Sermon sur le Jugement Dernier de Bossuet, *Paris*, 1884. — Fénelon à Cambrai d'après sa correspondance, 1699-1715, par Emmanuel de Broglie. *Paris*, 1884. — L'Abbé A. Fabre. Fléchier orateur, 1672-1690. *Paris*, 1886. — Massillon, par l'abbé P. A. Sauvert. *Chalon-sur-Saône*, 1891.</small>

THÉOLOGIE

28. Œuvres de Louis Jean Baptiste de Tourreil. Religion fusionienne ou Doctrine de l'universalisation réalisant le vrai catholicisme. Livre de la connaissance. Première initiation ayant pour objet de constituer l'homme dans la vie, par la connaissance de Dieu, de soi-même et du monde universel. *Tours, Juliot*, 1879, gr. in-8, 1 grande pl. lithog. et pliée, demi-rel. mar. bleu à long grain.

29. Traité de la nature et de la grâce, par Mr Malebranche, de l'Oratoire. — Esclaircissement, ou la suite du Traité de la nature et de la grâce (par le même)... — *Amsterdam, chez Daniel Elsevier*. 1680-1681. — Ens. 2 ouvrages en 1 vol. in-12, vélin.

    ÉDITIONS ORIGINALES imprimées en gros caractères.

30. Incipit tabula restitutionū usa 4 z || excōicationū ; edita p venerabilē dm̄ || fratrē Franciscum de platea ordinis || minorum. (A la fin :) *Adest hic finisopis restitutionū pu*||*tilis Reverēdissimi i xp̄o patr* | . *fratr* . || *Frācisci de platea bononie ordinis* || *mino* 4 : *cui' impressio Venetijs extat* || *facta ductu z impensa Johānis Co*||*lonie agripinē : ac Johānis māthen* || *de gherretshcm : q̃ una fideliter circa* || *hoc se gerāt. Anno. M°. cccc. lxxiiij.* || *die. xxv. Martij.* (1474), in-4 de 150 ff. non ch. à 2 col. et 1 f. blanc, car. goth. initiales en rouge, vélin à recouvr.

    Édition conforme à celle décrite par *Hain* sous le n° 13.028. — Au recto des 17°, 75° et 11J° ff. se trouve UNE GRANDE LETTRE PEINTE EN ROUGE, BLEU ET VERT, ET REHAUSSÉE D'OR. — Le dernier feuillet blanc manque ; notes à l'encre sur quelques feuillets.
    Ex-libris moderne armorié MARQUIS DE CEVA (Piémont).

31. Traité des restitutions des grands, précédé d'une lettre touchant quelques points de la morale chrestienne (par le chanoine Claude Joly). S. l. (*A la Sphère*), 1665, 2 parties en 1 vol. pet. in-12, vélin à recouvr.

    ÉDITION ORIGINALE sortie des presses elzeviriennes d'Amsterdam et conforme à la description donnée par Willems: *les Elzevier* n° 1366.

32. Les Provinciales, ou les Lettres escrites par Louis de Montalte (Blaise Pascal), à un Provincial de ses amis et aux RR. PP. Jésuites, avec la Théologie Morale des dits Pères et Nouveaux Casuistes, représentée par leur prattique & par leurs livres, divisée en cinq parties. *Cologne, Nicolas Schoute*, 1659, 3 parties en 1 fort vol. pet. in-8, vélin à recouvr.

    Belle édition sortant des presses de Jean Elzevier. (Willems: *les Elzevier*, n° 856.)
    Nom à l'encre sur le titre.

THÉOLOGIE

33. Les Provinciales, ou Lettres écrites par Louis de Montalte (Blaise Pascal) à un Provincial de ses amis et aux RR. PP. Jésuites sur la morale & la politique de ces Pères, avec les notes de Guillaume Wendrock (Pierre Nicole), traduites en français, (par Françoise Marguerite de Joncoux). Nouvelle édition. *S. l.* 1712, 3 vol. in-12, 1 front. et 2 portr. gr v. ant. marb.

<small>Sur chaque volume un *ex-libris* moderne gravé J. P. Le Dru.</small>

34. Les Provinciales de Pascal. Nouvelle édition, avec une introduction et des remarques, par Ernest Havet. *Paris, Delagrave,* 1885, 2 vol. in-8, demi-rel. chag. noir.

35. Incipit solēne opus expositiōis Evan||geliorū dominicaliū totius anni revē rendi magistri Alberti de Padua or||dinis fratrū heremitaꝝ scī Augustini. (A la fin :) *Liber pdicationū sup evāgeliis domi||nicalibʒ ꝛ in precipuis festivitatibʒ scō||rum. Stephani. Johannis. Innocētū* || *Ephie, Purificatiōis. Annūtiatiōis.* || *Augusti ꝛ cetero ꝝ . Venetiis impssʒ p*||*magros Adā de Rotuvil ꝛ Andreā de*||*corona finit āno. 1476. 8º. Kl. Janu,* in-fol. de 250 ff. non ch. à 2 col. car. goth. bas. ant. estampée. (*Rel. de l'époque restaurée.*)

<small>Première édition de cet ouvrage, conforme à la description qu'en donne *Hain*, sous le nº 573. — Nombreuses notes, à l'encre, de l'époque dans quelques marges. — Mouillures et piqûres de vers.</small>

36. Sermons du Père Gavazzi, chapelain de Garibaldi, suivis de l'Ouverture des Chambres à Gaëte, et du Départ de la police, pièces macaroniques ; traduits de l'italien, par Félix Mornand. *Paris, Poulet-Malassis et De Broise,* 1861, in-12, demi-rel. v. br.

<small>Envoi autographe du traducteur.</small>

37. Imitation de Jésus-Christ. Traduction nouvelle sur l'édition latine de 1764, revue sur huit manuscrits, par M. l'abbé Valart. *Paris, Barbou,* 1766, in-12, front. et 4 pl. par Marillier, gr. par de Longueil, mar. r. dos orné, fil. doublé et gardes de pap. dor. tr. dor. (*Rel. anc.*)

38. Livres de piété publiés de 1840 à 1894. — Réunion de 12 vol. in-8 et in-12, reliés, cart. et br.

39. Les Pensées de Pascal, par M. Victor Cousin. Nouvelle édition. *Paris, Ladrange et Didier,* 1844, in-8, demi-rel. v. f.

<small>Signature de M. Jules Simon sur le titre.</small>

40. Ernest Havet : Pensées de Pascal publiées dans leur texte authentique, avec une introduction, des notes et des remarques, par Ernest Havet. *Paris, Delagrave,* 1866, 2 vol. in-8, demi-rel. chag. noir. — La Modernité des Prophètes. *Paris, Calmann*

THÉOLOGIE

Lévy, 1891, in-8, demi-rel. v. bleu, dos orné, fil. tête dor. non rog. — Ens. 3 vol.

Envoi autographe de l'auteur sur le premier volume.

41. Pensées de Pascal, publiées dans leur texte authentique, avec une Introduction, des notes et des remarques, par Ernest Havet. Troisième édition. *Paris, Delagrave*, 1881, 2 vol. in-8, demi-rel. chag. noir.

Envoi autographe de M. Ernest Havet.

42. Blaise Pascal, par Joseph Bertrand. *Paris, Calmann Lévy*, 1891, in-8, demi-rel. v. bleu, dos orné, fil. tête dor. ébarbé.

Envoi autographe de l'auteur.

43. Jacqueline Pascal, par M. V. Cousin. *Paris, Didier*, 1845, in-12, v. bleu, dos orné, fil. et comp. tr. dor. (*Relié p. Hervé.*)

ÉDITION ORIGINALE. — Chiffre E. S. sur le premier plat de la reliure.

44. Hugo Grotius de veritate Religionis Christianæ. Editio nova, additis annotationibus in quibus testimonia. *Juxta exemplar Parisiense, sumptibus Seb. Cramoisy*, 1640, pet. in-12, vélin à recouvr.

Bonne édition, qui a passé longtemps pour avoir été imprimée par Louis Elzevier à Amsterdam, mais qui a été publiée à Leyde par J. Maire. (Willems : *les Elzevier* nº 1288.)

45. Entretiens sur la cabale chimérique. Ouvrage où en examinant le scandale causé par la publication de ce livre on raille finement la morale de M. Jurieu, par Mr Bayle. *Amsterdam, David Mortier*, 1715, pet. in-12, front. gr. vign. sur le titre, v. f. ant. dos orné.

Signature de M. Jules Simon sur le titre.

46. Traités de polémique et de propagande religieuses. — Réunion de plus de 350 (*trois cent cinquante*) opuscules in-16, cart.

47. Le Rabelais réformé par les ministres, et nommément par Pierre Du Moulin, ministre de Charanton, pour response aux bouffonneries insérées en son livre de la vocation des Pasteurs. *Brusselle, Christ. Girard*, 1620, in-8, vélin.

Violente satire, composée par le fameux P. Garasse, jésuite, dirigée contre plusieurs ministres, et surtout contre Du Moulin que l'auteur accuse d'être l'imitateur de Rabelais.

---

48. Anatomie de la Messe, où est monstré par l'Escriture Saincte & par les tesmoignages de l'ancienne Eglise, que la Messe est contraire à la Parole de Dieu, & éloignée du chemin de salut, par Pierre Du Moulin. Quatrième édition. *Genève, Gamonet*, 1641, 2 parties en 1 vol. pet. in-8, vélin.

Mouillures.

THÉOLOGIE

49. Dispute de la Messe, ou Discours sur ces paroles : Ceci est mon corps (par David Derodon). *Genève, Philippe Albert*, 1662. — Le Tombeau de la Messe, par David Derodon. *Genève, Pierre Aubert*, 1662. — Ens. 2 ouvrages en 1 vol. pet. in-8, vélin.

<small>Ouvrages condamnés et brûlés, et pour lesquels l'auteur fut expulsé de France.
Signature de M. Jules Simon sur le titre du 1er ouvrage. — Piqûres de vers.</small>

50. Publications protestantes. — Réunion de 8 vol. in-12, reliés, cart. et br.

<small>Essai sur l'avenir de la Tolérance, par Ad. Schaeffer. *Paris*, 1859. — L'Anneau nécessaire ou Colportage de la Bible par les femmes. *Paris*, 1861. — Exposé des œuvres de la charité protestante en France, par H. de Triqueti. *Paris*, 1863. — Le Pasteur Martin-Paschoud. *Versailles*, 1868. — De la Bonté morale, par Ad. Schaeffer. *Paris*, 1868. — La Vie des Étudiants au Désert par Charles Dardier. *Genève*, 1893. — A. Fassler. Un Relèvement. *Paris*, 1894. — Etc.</small>

51. Des Erreurs et de la Vérité, ou les Hommes rappellés au principe universel de la science..., par un Ph.... Inc..... (le Marquis de Saint-Martin). *Edimbourg (Lyon)*, 1782, 2 vol. — L'Homme de Désir, par l'auteur des Erreurs & de la Vérité (le Marquis de Saint-Martin). *Lyon, Grabit*, 1790. — Ens. 3 vol. in-8, demi-rel. v. et bas.

<small>Signature de M. Jules Simon sur 2 faux-titres.</small>

52. Des Nombres, par L. C. de Saint-Martin, dit le Philosophe Inconnu. Œuvre posthume suivie de l'Éclair sur l'Association humaine. Ouvrages recueillis et publiés par L. Schauer, 107 et 46 pp. portrait lithog. — La Correspondance inédite de L. C. de Saint-Martin, dit le Philosophe Inconnu, et Kirchberger, baron de Liebistorf, du 22 mai 1792 jusqu'au 7 novembre 1797. Ouvrage recueilli et publié par L. Schauer et Alp. Chuquet, 330 pp. portrait lithog. *Paris, Dentu*, 1861-62. — Ens. 3 ouvrages en 1 vol. in-8, demi-rel. chag. noir.

---

53. Alexandre Weill : Les Livres de Dieu. Moïse et le Talmud. — Les Cinq livres (mosaïstes) de Moïse, traduit textuellement de l'hébreu, avec commentaires et étymologies... La Genèse, le Lévitique, les Nombres et le Deutéronome, 4 vol. — Code d'Alexandre Weill. *Paris*, 1864-1894, 6 vol. in-8, dont 3 en demi-rel. v. bleu, dos orné, tête dor. non rog. 1 en demi-rel. v. f. et 2 br.

54. Philologus Hebræo mixtus, una cum Spicilegio philologico, auctore Johanne Leusden. Editio secunda. *Ultrajecti, ex off. Fr. Halma*, 1682, in-4, front. dessiné et gravé par Joh. van den Avele, 8 pl. gr. et pliées, vélin à recouvr.

<small>Découpure raccommodée à la marge supérieure des 2 premiers feuillets.</small>

55. La Foi d'Israël, ses dogmes, son culte, ses cérémonies et pratiques religieuses, sa loi morale et sociale, sa mission et son avenir, par S. Bloch. *Paris*, 1859, in-8, demi-rel. chag. noir.

<small>Envoi autographe de l'auteur.</small>

56. Michel Nicolas : Des Doctrines religieuses des Juifs, pendant les deux siècles antérieurs à l'ère chrétienne. — Etudes critiques sur la Bible, 2 vol. — Essais de philosophie et d'histoire religieuse. *Paris, Michel Lévy*, 1860-64, 4 vol. in-8, demi-rel. v. f. sauf 1 en demi-rel. chag. noir.

57. L'Alcoran de Mahomet, traduit de l'arabe, par André Du Ryer. Nouvelle édition. *Amsterdam, Pierre Mortier*, 1734, 2 tomes en 1 vol. in-12, v. ant. marb. — La vie de Mahomet, traduite et compilée de l'Alcoran, des traditions authentiques de la Sonna, et des meilleurs auteurs Arabes, par Mʳ Jean Gagnier. *Amsterdam, Wetsteins et Smith*, 1748, 3 vol. in-12, demi-rel. bas. ant. — Ens. 4 vol.

<small>Signature de M. Jules Simon sur le titre du tome I du 1ᵉʳ ouvrage.</small>

58. Mahomet et le Coran, précédé d'une introduction sur les devoirs mutuels de la philosophie et de la Religion, par J. Barthélemy Saint-Hilaire. *Paris, Didier*, 1865, in-8, demi-rel. v. f. dos orné.

<small>Envoi autographe de l'auteur.</small>

---

59. B. de Spinosa. Tractatus theologico-politicus. *S. l. n. d. (Hamburgi,* 1670), in-4, mar. r. dos orné, fil. tr. dor. (Rel. anc.)

<small>Notre exemplaire, qui commence à la page 265 et qui se termine par l'*Index*, comprend le *Tractatus politicus*, le *Tractatus de intellectus*, et les *Epistolæ*.
Ex-libris ancien gravé et armorié DE PASTORET.</small>

60. B D. S. (Benedictus de Spinosa) Opera posthuma (cura Jarrig Jellis). *S. l.* 1677, 2 parties en 1 vol. in-4, bas. ant. marb.

<small>Ouvrage rare et recherché.</small>

61. L'Esprit de Spinosa ou analise du Tractatus Theologico-politicus par Mr **** 1734, revu, corrigé et augmenté par E. F. G. H. 2e fils d'Alfa. *A. Mégalopolis, l'an de l'Ere commune 3050701.* — In-12, titre et 215 pp. v. ant. marb.

> Manuscrit du XVIIIe siècle d'une bonne écriture courante. Le premier feuillet porte la note manuscrite suivante : *L'Analyse de Spinosa est celle qui a été publiée sous le nom du Comte de Boulainvilliers à la suite des Doutes sur la Religion, Londres, 1767, in-12 ; mais les notes qui l'accompagnent et quelques changements faits dans le texte rendent ce manuscrit très précieux. La date paraît être de 1753.*

62. Traité des Cérémonies superstitieuses des Juifs tant anciens que modernes (traduction du *Tractatus theologico-politicus* de Spinosa attribuée à St Glain). *Amsterdam, Jacob Smith*, 1678. — Réfutation des erreurs de Benoît de Spinosa, par M. de Fénelon, le P. Lami et le comte de Boulainvilliers, avec la vie de Spinosa écrite par M. Jean Colerus... *Bruxelles, Foppens*, 1731. — Ens. 2 vol. in-12. mar. r. dos orné, fil. tr. dor. (Rel. anc.)

> Le premier ouvrage avait d'abord paru sous le titre de *Clef du sanctuaire*; mais comme il faisait beaucoup de bruit, on fut obligé d'en changer l'intitulé; il reparut tantôt sous le titre de *Traité des cérémonies superstitieuses des Juifs* et tantôt sous celui de *Réflexions curieuses d'un esprit des-intéressé*. Notre exemplaire auquel on a ajouté un portrait de Spinosa contient ces deux derniers titres.

JURISPRUDENCE

I. DROIT DES GENS, DROIT POLITIQUE, DROIT ANCIEN.

63. Hugonis Grotii de jure belli ac pacis libri tres, cum annotatis auctoris, nec non Joan. Frid. Gronovii notis. *Amstelodami, sumptibus Abr. a Someren*, 1689, fort vol. in-8, front. gr. vélin à recouvr.

64. Emile Beaussire : La Liberté dans l'ordre intellectuel et moral, études de droit naturel. — La Liberté d'enseignement et l'Université sous la Troisième République. — Les Principes de la morale. — Les Principes du droit. *Paris*, 1866-1888, 4 vol. in-8, demi-rel. v. f. bleu et vert.

> Envoi autographe de l'auteur sur chaque volume.

65. Le Droit international théorique et pratique précédé d'un exposé historique des progrès de la science du droit des gens, par M. Charles Calvo. Deuxième édition, considérablement augmentée. *Paris, Guillaumin*, 1870-72, 2 vol. gr. in-8, demi-rel. chag. vert.

> Envoi autographe de l'auteur.

66. Droit International. — Réunion de 4 vol. in-8, demi-rel. v. f. et bleu sauf 1 br.

>Etude sur la Convention de Genève. *Paris*, 1870. — L'Ordre International par Charles Perin. *Paris*, 1888.— De la Solution juridique des conflits internationaux : l'arbitrage international, par Ch. de Mougins de Roquefort. *Paris*, 1889. — Les Neutres. Etude juridique et historique de droit international, par le Capitaine Godchot. *Alger*, 1891.

67. Recueil des traités, conventions, lois, décrets et autres actes relatifs à la paix avec l'Allemagne. *Paris, Impr. Nationale*, 1872, 2 vol. gr. in-8, demi-rel. chag. noir, non rog.

>Tomes I et II.

68. Hugo Grotius de mari libero et P. Merula de maribus. *Lugd. Batavorum, ex officina Elzeviriana*, 1633, in-24, titre-front. gr. vélin.

69. La Istituzione dei Consolati ed il Diritto Internazionale Europeo nella sua applicabilita in Oriente, per Francesco Contuzzi. *Napoli, Anfossi*, 1885, fort vol. gr. in-8, br..

>Envoi autographe de l'auteur.

70. H. Wallon : De l'Esclavage dans les Colonies, pour servir d'introduction à l'histoire de l'esclavage dans l'Antiquité. — Histoire de l'esclavage dans l'Antiquité, 2 vol. (*tomes II et III*). — *Paris, Impr. Royale*, 1847. — Ens. 3 vol. in-8, demi-rel. v. f. dos orné.

>Signature de *M. Jules Simon* sur le titre du premier volume.

71. Esclavage et Traite des nègres. — Réunion de 5 vol. in-8, fig. reliés, cart. et br.

>Le Continent perdu ou l'Esclavage et la traite en Afrique (1875), par Joseph Cooper, ouvrage traduit de l'anglais par M. Ed. Laboulaye. *Paris*, 1876. — La Traite des nègres et la Croisade Africaine, par Alexis M. G. *Paris*, 1888. — Capitaine Binger. Esclavage, Islamisme et Christianisme. *Paris*, 1891. — Plus loin que l'Oubanghi. Les Pères Blancs en Afrique, par Ariste Excoffon. *Paris*, 1893. — L'Esclavage en Afrique et la Croisade noire, par Joseph Imbert de La Tour. *Paris, s. d.*

72. Documents sur la fondation de l'OEuvre antiesclavagiste, par S. Em. le Cardinal Lavigerie. *Saint-Cloud, Vve E. Belin*, 1889, in-8, demi-rel. chag. br. dos orné, fil. tête dor. ébarbé.

---

73. Droit constitutionnel et électoral. — Réunion de 10 vol. in-8, demi-rel. v. bleu. f. et cart.

>Histoire de la Souveraineté, ou Tableau des institutions et des doctrines politiques comparées, par M. Alfred Sudre. L'Antiquité. *Paris*, 1854. — La France comparée à l'Angleterre. Lettres sur la Constitution de 1852, par C. Latour Du Moulin. *Paris*, 1863.— L'Article 75 de la Constitution de

l'an VIII, sous le régime de la Constitution de 1852, par M. Casimir Périer. *Paris*, 1867. — Le Droit électoral devant la Cour de Cassation, par F. Hérold. *Paris*, 1869. — Des Formes de gouvernement et des lois qui les régissent, par M. H. Passy. *Paris*, 1870. — Des Institutions représentatives et des garanties de liberté, par M. Cucheval-Clarigny. *Paris*, 1874. — Du Suffrage Universel et de la Souveraineté du Peuple, par Paul Ribot. *Paris*, 1774. — Assemblées Législatives de la France, 1789-1876. Electeurs et éligibles. Etude historique, par E. Bidault. *Paris*, 1877. — Etude sur les lois constitutionnelles de 1875, par Charles Lefebure. *Paris*, 1882. — Du Sénat en France et dans les Pays-Bas, par Oscar Pyfferoen, avec une préface sur le Sénat en Belgique, par J. Van Den Heuvel. *Bruxelles*, 1892.

74. **Constitution de la République Française**, précédée des rapports et décrets qui y sont relatifs. *Paris, Impr. Nationale, 1848*, in-fol. demi-rel. chag. noir.

Sur le premier plat de la reliure, on remarque cette inscription en lettres d'or : « *Simon (Jules). Représentant du Peuple (Côtes-du-Nord)*.

75. **Lois constitutionnelles de la France.** — Réunion de 15 vol. in-12, reliés, cart. et br.

Organisation politique de l'Empire Français. *Paris*, 1867. — Autorité et Liberté, par M. Latour Du Moulin. *Paris*, 1874. 2 vol. — Lois constitutionnelles et organiques concernant les pouvoirs publics. *Versailles*, 1875. — La Constitution de 1875, par Gilly La Palud. *Paris*, 1875. — Questions Constitutionnelles, par Alfred Naquet. *Paris*, 1883. — Lois constitutionnelles et organiques de la République Française. *Paris*, 1885. — Lois organiques concernant l'élection des Députés, la Liberté de la Presse et le Droit de réunion, par Eugène Pierre. *Paris*, 1885. — De la Procédure parlementaire, par E. Pierre. *Paris*, 1887. — Etc., etc.

76. **Droit constitutionnel en Angleterre et en Belgique.** — Réunion de 5 vol. in-8, demi-rel. chag. v. et bas.

Le Gouvernement représentatif par M. J. Stuart Mill, traduit par M. Dupont White. *Paris*, 1862. — De la Responsabilité des ministres dans le droit public belge, par Oswald de Kerchove de Denterghem. *Gand et Paris*, 1867. — Constitution de l'Angleterre ou état du gouvernement anglais comparé avec la forme républicaine et avec les autres monarchies de l'Europe, par De Lolme. *Paris*, 1822, 2 vol. — Questions constitutionnelles (1873-1878), par W. E. Gladstone, traduit par A. Gigot. *Paris*, 1880.

---

77. **Les Obligations du droit Egyptien** comparé aux autres droits de l'Antiquité. Leçons professées à l'Ecole du Louvre, par Eugène Révillout, suivies d'un appendice sur le Droit de la Chaldée au XXIIIe siècle et au VIe siècle avant J. C. par MM. Victor et Eugène Révillout. *Paris, Leroux*, 1886, gr. in-8, demi-rel. v. bleu, ébarbé.

Publication de *l'Ecole du Louvre*.
Envoi autographe de l'auteur.

JURISPRUDENCE

78. Droit Romain. — Réunion de 4 vol. in-8, reliés et cart.

<small>De la Procédure civile et des actions chez les Romains, par F. L. De Keller, traduit de l'allemand par Charles Capmas. *Paris, Thorin*, 1870. — De la Propriété et des servitudes en droit romain, par Ch. Destrais. *Paris*, 1885. — Fortis Etruria, origines étrusques du droit romain, par C. Charles Casati. *Paris*, 1888. — Droit Romain. Le Luxe et les lois somptuaires, par Charles Baulhian. *Paris*, 1891.</small>

79. Droit civil et ecclésiastique, en éditions des XVIe et XVIIIe siècles. — Réunion de 6 vol. in-4, in-8 et in-12, v. ant.

<small>Pragmatica Sanctio, cum glossis Egregii. Secunda editio. *Parisiis, apud Galeotum à Prato*, 1555. (*Les 4 premiers feuillets sont rongés*). — Nouvelle Introduction à la pratique, contenant l'explication des termes de pratique, de droit & de coutumes, par M. Claude Joseph de Ferrière. *Paris*, 1768, 4 parties en 2 vol. — Glossaire du droit françois, par M. Eusèbe de Laurière. *Paris*, 1704, 2 tomes en 1 vol. — Traité des Appellations comme d'abus, composé par Edmond Richer. *S. l.* 1763, 2 tomes en 1 vol. — Code matrimonial, ou Recueil des édits, ordonnances et déclarations sur le mariage, par M^e Le Ridant. *Paris*, 1766, 2 parties en 1 vol.</small>

80. Collection des Ordonnances des Rois de France : Catalogue des Actes de François Ier. *Paris, Impr. Nationale*, 1887-1894, 5 vol in-4, dont 4 en demi-rel. chag. r. dos orné, et 1 br.

<small>Tomes I à IV et tome VI.
Publication de l'*Académie des Sciences morales et politiques*.</small>

81. Coustumes esta‖**blissemens et ordon**‖**nances du pays ᴢ Du**‖ che de bretaigne avecqs plusi‖eurs allegacios de droict con‖for‖mes au texte de la dicte coustume ‖ veues et corrigees p plusieurs ‖ practiciens discretz ᴢ venerables ‖ juristes du dict pays et Duché. ‖ Itē y est aussi contenu les cous‖tumies de la mer et les jugemens ‖ dicelle. ‖... (A la fin :) *Et furent achevees le XII jour de juing Mil cinq cens ᴢ dix sept Pour Jehan Mace libraire demourāt a Rennes... et Michel angier libraire de luniversité de Caen demourāt au dit lieu pres le pont sainct pierre* (1517), in-8 goth. de 1 f. prél. non ch. pour le titre, 216 ff. ch. 226 et 24 ff. non ch. pour le répertoire avec la marque de l'imprimeur au verso du dernier f. demi-rel. vélin moderne avec coins.

<small>Le titre et le premier feuillet qui a une figure au recto et qui manquaient ont été soigneusement refaits à *la plume*. On a ajouté à la fin : ⁅ Ordonnāces faictes en par‖leument tenu a rennes en lan ‖ Mil cinq cens et seize. ‖ (A la fin :) ⁅ *Imprime a Paris pour Jehan Mace libraire demourant a Rennes... s. d.* 2 ff. non ch. car. goth. — Notes manuscrites dans les marges.</small>

**82. Coustumes générales des pays et duché de Bretagne, nouvellement réformées & rédigées par escrit, par les Commissaires du Roy, & les deputez des Estats dudit pays ; et depuis leues et publiées en la ville de Ploërmel..., au mois d'octobre 1580 ; avec les usances particulières d'aucunes villes &

lieux dudit pays... *Rennes, Robert Godecart*, 1588, fort vol. in-16, peau de truie, dos et plats fleurdelisés, tr. dor. et ciselées. (*Rel. anc.* fatiguée).
<small>Nom gratté sur le titre. — Mouillures.</small>

83. Traité de la Police, où l'on trouvera l'Histoire de son établissement, les fonctions et les prérogatives de ses magistrats, toutes les loix et tous les réglemens qui la concernent. On y a joint une Description historique et topographique de Paris.... (par Delamare), 4 vol. — Continuation du Traité de Police.... (par Le Cler du Brillet). *Paris*, 1705-1738. — Ens. 5 vol. in-fol. fleurons et 10 plans de Paris gr. et pliés, v. ant. marb. sauf 1 en demi-rel. v. ant.

84. Un Avocat du XVIIIᵉ siècle : Target (par son petit-fils P.-L. Target). *Paris, Alcan-Lévy*, 1893, gr. in-8, portrait et fac-similé d'autographes, cart. dos de perc. br. non rog.
<small>Ouvrage contenant le Journal de Target (1787), des Notes inédites sur l'état de la France (1789-1797), et des fac-similés d'autographes de Mirabeau, Condorcet, Laharpe, Beaumarchais, Voltaire, etc. etc.</small>

II. DROIT NOUVEAU.

85. Droit administratif, civil, militaire et ecclésiastique. — Réunion de 12 vol. in-12, demi-rel. chag. et v. bleu, br. et f.
<small>Manuel du droit public ecclésiastique français, par M. Dupin. *Paris*, 1845. — La Liberté religieuse et la législation actuelle. *Paris*, 1860. — De la Centralisation et de ses effets, par M. Odilon-Barrot. *Paris*, 1861. — Cours de législation usuelle pour l'instruction professionnelle des ouvriers, par Ch. Rameau. *Paris*, 1862. — Éléments de droit municipal, par Alfred Giraud. *Paris*, 1869. — Code-Manuel du conseiller général de département, par Ph. Valette. *Paris*, 1871. — Précis de droit administratif, par P. Deloynes. *Paris*, 1872. — Le Vade mecum du citoyen, par M. Émile Duchier. *Paris*, 1872. — L'État et les Congrégations religieuses. *Paris*, 1880. — Code manuel des délégués cantonaux et communaux, par MM. Charles Lhomme et Henry Pierret. *Paris*, 1882. — Législation sur les logements insalubres. *Paris*, 1889. — Etc.</small>

86. Traités de Jurisprudence. — Réunion de 13 vol. in-12, demi-rel. v. f. bleu et r.
<small>De l'influence du Christianisme sur le droit civil des Romains, par M. Troplong. *Paris*, 1855. — L'Enfant né hors mariage, par Émile Acollas. *Paris*, 1870. — Des Délits et des peines, par Beccaria. *Paris*, 1870. — De l'Organisation judiciaire en France, par M. Odilon-Barrot. *Paris*, 1872. — Le Serment considéré au point de vue historique, chrétien, philosophique et pratique. *Paris*, 1876. — Du Divorce et de la séparation de corps, par Alcée Durrieux. *Paris*, 1881. — Le Travail des enfants et des filles mineures dans l'industrie. *Paris*, 1885. — L'Athéisme et le Code civil, par A. Duverger. *Paris*, 1888. — Étude sur Gaïus, par E. Glasson. *Paris*, 1885. — Etc., etc.</small>

87. Jurisprudence. — Réunion de 9 vol. in-8, br.
<small>Les Constitutions de la France, avec un Commentaire par M. Faustin Adolphe Hélie. Premier fascicule contenant la Constituante. *Paris*,</small>

Marescq, 1875. — Traité de droit naturel, théorique et appliqué, par Tancrède Rothe. Tome second : Du Mariage. *Paris*, 1893. — Principes généraux du Droit international public, par Th. de Saint Georges d'Armstroug. *Paris*, 1890, 1 vol. (Tome *I*). — La Propriété industrielle, artistique et littéraire, par Claude Couhin. *Paris*, 1894, 1 vol. (*Tome I*). — Traité théorique et pratique de procédure, par E. Garsonnet. *Paris*, 1888-1894, 2 vol. (*Tomes III et IV*). — Etc.

88. Jurisprudence. — Réunion de 5 vol. in-8, demi-rel. v. bleu, sauf 1 br.

> Le Droit Français, par Alfred Jourdan. *Paris*, 1875. — Manuel de droit pratique, ou la Loi par les écoles, par L. Sallé. *Valognes*, 1885. — La Philosophie du droit, par Diodato Lioy. *Paris*, 1887. — Le Droit individuel et l'Etat, par Ch. Beudant. *Paris*, 1891. — L'Avocat de tout le monde, par M. Cunisset-Carnot. *Paris*, 1891.

89. Traités de diverses questions de droit. — Réunion de 7 vol. in-8, demi-rel. v. br. et bleu, sauf 1 br.

> Histoire de la possession et des actions possessoires en droit français, par Isidore Alauzet. *Paris*, 1849. — Organisation du Conseil d'Etat, loi du 24 mai 1872, par J. Delarbre. *Paris*, 1872. — Tablettes de l'inventeur et du breveté, par Ch. Thirion. *Paris*, 1872. — Les Projets de lois de M. J. Ferry. *Montpellier*, 1879. — Les Avocats aux Conseils du Roi, étude sur l'ancien régime judiciaire de la France, par Emile Bos. *Paris*, 1881. — Essai sur la réforme des justices de paix en France, par A. Payenneville. *Paris*, 1882. — Précis de Procédure civile, par E. Garsonnet. *Paris*, 1893.

90. Ouvrages sur la paternité, le divorce, les successions, etc. — Réunion de 6 vol. in-8, demi-rel. v. r. et bleu.

> Histoire de l'autorité paternelle en France, par Marie-Paul Bernard. *Montdidier*, 1863. — Le Mariage civil et le divorce dans l'antiquité, et dans les principales législations modernes de l'Europe, par Ernest Glasson. *Paris*, 1880. — De la Preuve de la paternité hors mariage, étude de législation, par Louis Amiable. *Paris*, 1885. — Les Lois successorales dans la société contemporaine. *Paris*, 1890. — La Femme au point de vue du droit public ; Etude d'histoire et de législation comparée, par M. Ostrogorski. *Paris*, 1892. — Le Droit de succession au Moyen Age, par E. Glasson. *Paris*, 1893.

91. La Recherche de la paternité, lettre à M. Rivet, député, par Alexandre Dumas fils. *Paris*, *Calmann Lévy*, 1883, in-12, demi-rel. v. f. dos orné, fil. tête dor. non rog.

> EDITION ORIGINALE.
> Un des 15 exemplaires sur PAPIER DU JAPON.
> Envoi autographe de l'auteur.

92. Droit d'association. — Réunion de 4 vol. in-8, demi-rel. v. r. et bleu, sauf 1 br.

> La Liberté d'association et la personnalité civile, par J. Van Den Heuvel. *Bruxelles*, 1882. — Examen critique du projet de loi sur les Sociétés, par Georges Deloison. *Paris*, 1885. — De la Situation légale des Associations sans but lucratif en France et en Belgique, par J. Van Den Heuvel. *Bruxelles*, 1884. — Hubert Brice. Le Droit d'association et l'Etat. *Paris*, 1893.
> Envoi autographe sur chaque volume.

JURISPRUDENCE

93. Gustave Boissonade : Histoire de la Réserve héréditaire et de son influence morale et économique. — Histoire des droits de l'époux survivant. *Paris*, 1873-74, 2 vol. in-8, demi-rel. chag. vert et v. bleu.
   Envoi autographe de l'auteur sur chaque volume.

94. Manuel du Contrat d'assurance : assurances contre l'incendie, assurances sur la vie. Principes et jurisprudence, par Paul Philouze. *Paris, Larose*, 1879. in-8, demi-rel v. bleu.
   2 exemplaires.

95. Laboulaye : Etudes sur la propriété littéraire en France et en Angleterre, par Edouard Laboulaye, suivies des trois discours prononcés au Parlement d'Angleterre, par Sir T. Noon Talfourd. — La Propriété littéraire au XVIII siècle. Recueil de pièces et de documents publié par MM. Ed. Laboulaye et G. Guiffrey. *Paris, Durand et Hachette*, 1858-59, 2 vol. in-8, demi-rel. v. f.

96. J. Delalain : Recueil des conventions conclues par la France pour la reconnaissance de la propriété littéraire et artistique. — Plan d'études des lycées. Programmes de l'enseignement secondaire classique. — Nouvelle législation des droits de propriété littéraire et artistique. *Paris, Delalain*, 1866-1872, 3 vol. in-12, demi-rel. v. f. et bleu, et demi-rel. chag. vert, dos orné.

97. Lois françaises et étrangères sur la propriété littéraire et artistique, suivies des conventions internationales conclues par la France pour la protection des œuvres de littérature et d'art, recueillies par Ch. Lyon Caen et Paul Delalain. *Paris, Pichon*, 1889, 2 vol. gr. in-8, demi-rel. v. bleu, dos orné, fil. tête dor. non rog.
   De la *Collection des principaux codes étrangers*.

98. Propriété artistique, littéraire et industrielle. — Réunion de 38 pièces reliées en 6 vol. in-8, demi-rel. chag. et v. br. r. et vert.
   Législation de la propriété littéraire et artistique, suivie des conventions internationales, par Jules Delalain. *Paris*, 1858. — Etude comparative des législations française et étrangères en matière de propriété industrielle, artistique et littéraire, par Adrien Huard. *Paris*, 1863. — Code international de la propriété industrielle, artistique et littéraire, contenant les législations française et étrangères, et les traités internationaux en matière de brevets d'invention, littérature, théâtre, musique, beaux-arts... par J., Pataille et A. Huguet. *Paris*, 1865. — Etc. etc.

99. Propriété littéraire ; brevets d'invention. — Réunion de 9 vol. de différents formats, reliés et cart.
   De la Propriété intellectuelle, études par MM. Frédéric Passy, Victor Modeste et P. Paillottet. *Paris*, 1859. — La Propriété intellectuelle au

point de vue de la morale et du progrès, par Oscar Comettant. — Etude sur la propriété littéraire et artistique, par Gustave de Champagnac. *Paris*, 1860. — Répertoire de législation et de jurisprudence en matière de brevets d'invention, par A. Huard. *Paris*, 1863. — Répertoire de législation, de doctrine et de jurisprudence en matière de marques de fabrique, noms, enseignes et désignations, concurrence déloyale, par A. Huard. *Paris*, 1865. — Etc. etc.

100. Cours de Code pénal et leçons de législation criminelle, explication théorique et pratique, par A. Bertault. Quatrième édition. *Paris, Cosse*, 1873, in-8, demi-rel. chag. vert.

Envoi autographe de l'auteur.

101. Edmond Villey : Précis d'un cours de droit criminel, comprenant l'explication du code pénal, du code d'instruction criminelle en entier et des lois qui les ont modifiés jusqu'à la fin de l'année 1887. — Principes d'économie politique. — Le Socialisme contemporain *Paris*, 1888-1893, 3 vol. in-8, demi-rel. v. f. et bleu, dos orné, fil. tête dor. non rog. et br.

Envoi autographe de l'auteur sur 2 volumes.

102. Droit criminel. — Réunion de 5 vol. in-8, demi-rel. chag. noir et v. bleu, sauf 1 br.

Histoire du droit criminel des peuples européens, par Albert Du Boys. *Paris*, 1865. — La Liberté de la parole, étude de droit criminel, par L. A. P. F. Buyn. *Amsterdam*, 1867. — L'Accusé devant la loi pénale de France, par Henri Marcy. *Paris*, s. d. — Des Principes du nouveau code d'instruction criminelle, par Adolphe Guillot. *Paris*, 1884. — La Question de la Révision des procès criminels & correctionnels, et des indemnités à accorder aux victimes des erreurs judiciaires, par S. Mayer. *Paris*, 1894.

103. Ouvrages sur la peine de mort. — Réunion de 20 pièces en 15 vol. in-8, reliés, cart. et br.

De la Peine de mort en matière politique, par F. Guizot. *Paris*, 1822. — Recueil des débats des Assemblées législatives de la France sur la question de la peine de mort, avec des annotations par M. Charles Lucas. *Paris*, 1831. — De la Loi du talion et de la Peine de mort dans les sociétés modernes, par H. Imbert et Frédéric Le Blanc. *Paris*, 1852. — De la Peine de mort, par Mittermaier. *Paris*, 1865. — De la Peine de mort, par K. d'Olivecrona. *Paris*, 1868. — La Peine de mort devant l'histoire et devant la science, par Pierre Bujon. *Issoudun*, 1880. — La Mort par la décapitation, par le D' Paul Loye. *Paris*, 1888. — Om Dödsstraffet, af K. Olivecrona. *Upsala*, s. d. — Etc., etc.

104. Ouvrages sur la peine de mort, publiés de 1830 à 1880. — Réunion de 30 pièces reliées en 2 vol. et 12 opuscules in-8.

Travaux de MM. Laget-Valdeson, L. Bonnet, L. Liard, Du Boisaymé, Bonnier-Ortolan, A. Després, Charles Lucas, Van Bemmelen, A. de Lamartine, etc.

105. Lettres, notes et documents sur la peine de mort, *dont quelques-uns portant des annotations de la main de M. Jules Simon*. — Réunion de 94 pièces classées dans un carton.

Timbres de l'Empire sur quelques lettres.

106. Louis Proal : Le Crime et la peine. — La Criminalité politique. *Paris, Alcan*, 1892-95, 2 vol. in-8, demi-rel. v. bleu et r. dos orné, fil. tête dor. non rog.
   Envoi autographe de l'auteur sur chaque volume.

107. Les Expulsés devant les Tribunaux. Recueil des décisions judiciaires relatives à l'exécution des décrets du 29 mars 1880, par Jules Auffray et Léon de Crousaz-Crétet. *Paris, Palmé*, 1881, fort vol. in-8, demi-rel. v. noir.

108. Législation et économie rurales. — Réunion de 7 vol. in-8 et in-12, demi-rel. v. f. bleu et r. sauf 1 br.
   Essai sur l'Economie rurale de l'Angleterre, de l'Ecosse et de l'Irlande, par M. Léonce de Lavergne. *Paris*, 1858. — Economie rurale de la France, depuis 1789, par M. L. de Lavergne. *Paris*, 1861. — Traité d'économie politique rurale, par Guil. Roscher. *Paris*, 1888. — Manuel des Syndicats professionnels agricoles, par M. J. Bouliaire. *Paris*, 1888. — Les Communaux et le domaine rural à l'époque franke, par E. Glasson. *Paris*, 1890. — Législation rurale, par P. Gauvain. *Paris*, 1890. — Des Syndicats agricoles, par E. d'Artois. *Paris*, 1895.

109. Les Légistes, leur influence sur la Société Française, par A. Bardoux. *Paris, Baillière*, 1877, in-8, demi-rel. v. bleu.
   Envoi autographe de l'auteur.

110. Le Serment, par P. Antonini. *Paris, Dauvin*, 1878, gr. in-8, front. gr. à l'eau-forte, demi-rel. v. r. dos orné.

111. Henri Barboux. Discours et Plaidoyers. *Paris, Rousseau*, 1889, 2 vol. gr. in-8, br.
   Envoi autographe de l'auteur.

112. Procès célèbres. — Réunion de 4 vol. in-8 et in-4, demi-rel. v. f. et r.
   Procès de la Relation historique des obsèques de M. Manuel. *Paris*, 1827. — Mémoire pour les ouvriers typographes, par Armand Lévy. *Paris*, 1862. — Le Procès des Treize (MM. Garnier-Pagès, Carnot, Dréo, Hérold, Clamageran, Floquet, Ferry...) *Paris*, 1864. — Procès des frères et de l'Ordre du Temple, d'après des pièces inédites publiées par M. Michelet. *Paris*, 1888.

113. Religion Saint-Simonienne. Procès en la Cour d'assises de la Seine, les 27 et 28 août 1832. *Paris, Librairie Saint-Simonienne*, 1832, in-8, demi-rel. v. r. dos orné, fil. tête dor. non rog.

114. Droit administratif; législations civiles et militaires. — Réunion de 12 vol. in-8, dont 11 en demi-rel. v. br. f. et bleu, et 1 cart.
   Législation de l'Instruction publique. *Paris*, 1851. — Guide théorique et pratique des conseils de prud'hommes, par Jules Vilain. *Bruxelles*, 1861. — Principes et notions élémentaires du droit public administratif, par M. Bouchené-Lefer. *Paris*, 1862. — Projet de règlement d'administration publique sur la procédure devant les Conseils de Préfecture, par M.

Dieu. *Paris*, 1869. — Organisation judiciaire et administrative de la France et de la Belgique, 1814 à 1875, par Emile Flourens. *Paris*, 1875. — Traité théorique et pratique de la législation et de la jurisprudence des mines, des minières et des carrières, par F. Naudier. *Paris*, 1877.— Etude d'un projet de loi sur l'organisation communale, par M. A. Porteu. *Rennes*. 1878. — Les Institutions administratives en France et à l'étranger. Des Réformes à apporter à notre législation sur la commune et le département, par M. J. Ferrand. *Paris*, 1879.— Etude sur la législation réglementant la coupe et la récolte des herbes marines, par Lucien Ayrault. *Rennes*, 1879. — Commentaire de la loi militaire du 15 juillet 1889 sur le recrutement de l'armée. *Paris*, 1890. — Des Droits des chambres hautes ou Sénats en matière de lois de finances. *Paris*, 1891. — Commentaire théorique et pratique de la loi sur le travail des enfants, par Georges Lagrésille. *Paris*, 1893.

115. Arthur Desjardins : De l'Aliénation et de la prescription des biens de l'Etat, des départements, des communes et des établissements publics dans le droit ancien et moderne. *Paris, Durand*, 1862. — Etats-généraux (1355-1614), leur influence sur le gouvernement et la législation du pays. *Paris, Durand et Pedone-Lauriel*, 1871. — Questions sociales et politiques. De la Liberté politique dans l'Etat moderne. *Paris, Plon*, 1893-94, 2 vol. - Ens. 4 vol. in-8, demi-rel. v. bleu.

116. Th. Ducrocq : Etudes sur la loi municipale du 5 avril 1884. *Paris, Thorin*, 1886. — Etudes de droit public. Etudes d'histoire financière et monétaire. *Poitiers*, 1887, 2 vol. — Ens. 3 vol. in-8, dont 2 en demi-rel. v. bleu, dos orné, fil. tête dor. non rog. et 1 br.

117. Code répertoire de la nouvelle législation sur l'instruction primaire, par Magendie. Troisième édition. *Paris, Paul Dupont*, 1866, 2 vol. in-8, demi-rel. v. f.

118. Liberté et législation de la presse. — Réunion de 4 vol. in-12, demi-rel. v. br. sauf 1 br.

La Loi de la presse, discours de MM. Eugène Pelletan, Jules Simon, Jules Favre, Ernest Picard, Garnier-Pagès, Gueroult, etc. *Paris, s. d.* — De la Liberté de la presse, par Léon Vingtain. *Paris*, 1860. — Martyrologe de la presse, 1789-1861, par A. Germain. *Paris*, 1861.— Henri Avenel. Le Monde des journaux en 1895. *Paris*, 1895, nombr. portr.

119. Législation de l'enseignement. — Réunion de 13 vol. de différents formats, reliés et cart.

Lois, décrets, projets de loi et Rapports sur l'instruction primaire, de 1789 à 1870. *Paris*, 1871.— La Loi Camille Sée. *Paris*, 1881. — Nouveau Code de l'Instruction primaire, par A. E. Pichard. *Paris*, 1882.— La Loi sur l'organisation de l'Enseignement primaire. *Paris*, 1884. — Code de l'Enseignement primaire. *Paris*, 1887. — La Maison d'école rurale, par C. Pompée. Supplément au Recueil de Plans-modèles, Lois et décrets sur la matière (Texte et planches). *Paris, Dupont*, 1877.— Etc. etc.

120. Lycées et Collèges de jeunes filles. Documents, rapports et discours à la Chambre des Députés et au Sénat ; décrets, arrêtés, circulaires, etc., relatifs à la loi sur l'enseignement

JURISPRUDENCE

secondaire des jeunes filles, avec carte figurative. Préface par M. Camille Sée. *Paris, Cerf*, 1884, in-8, carte en couleur et pliée, demi-rel. vélin blanc avec coins, tête dor. non rog.

<small>Première édition. Un des 30 exemplaires numérotés sur papier de Chine.
Envoi autographe signé de M. Camille Sée.</small>

121. Lycées et Collèges de jeunes filles. Documents, rapports et discours à la Chambre des Députés et au Sénat ; décrets, arrêtés, circulaires, etc. ; tableau du personnel des lycées et collèges par ordre d'ancienneté, avec carte figurative. Préface et Avant-Propos par M. Camille Sée. Sixième édition. *Paris, Cerf*, 1896, in-8, carte, br.

<small>2 exemplaires, auxquels on a joint : L'*Enseignement secondaire des jeunes filles*. Revue mensuelle, directeur Camille Sée. *Paris*, 1882-1900, 85 fascicules in-8 *dépareillés*.
Envoi autographe de M. C. Sée.</small>

122. P. A. Monthaye : Législation méthodique et raisonnée sur l'instruction primaire en Belgique. — L'Instruction populaire en Europe et aux Etats-Unis d'Amérique, 2 vol. — Code méthodique de l'instruction primaire en France. *Bruges et Paris*, 1872-1877, 4 vol. in-8, dont 3 en demi-rel. v. bleu, et 1 en demi-rel. chag. r. plats de perc.

<small>Sur le 1er plat de la reliure du 1er volume se trouve gravée en lettres d'or la dédicace suivante : *A Monsieur Jules Simon, Ministre de l'Instruction publique de France. Hommage.*
Envoi autographe de l'auteur sur 2 volumes.</small>

---

123. Traités de droit civil et criminel, *en italien*. — Réunion de 5 vol. in-8, reliés, cart. et br.

<small>La Stampa, osservazioni critico-legislative e proposte dell'Avv. Giulio Crivellari. *Venezia*, 1868. — Pietro Nocito Alta corte di giustizia. *Torino*, 1886. — Carlo d'Addosio. Bestie delinquenti. *Napoli*, 1892. — Istituzioni di diritto Civile Russo, par A. Todaro della Galia. *Torino*, 1894. — Cav. Lino Ferriani. Minorenni Delinquenti. *Milano*, 1895.
Envoi autographe sur 4 volumes.</small>

124. Fueros, privilegios, Franquezas, y libertades del m. n. y M. L. Señorio de Vizcaya, confirmados por el Rey nuestro señor Don Carlos III. y sus predecesores. *Bilbao, por la Viuda de Antonio de Egusquiza*, 1761, in-fol. à 2 col. demi-rel. bas. br.

125. Les Chartes coloniales et les Constitutions des Etats-Unis de l'Amérique du Nord, par Alphonse Gourd. *Paris, Impr. Nationale*, 1885, 2 vol. gr. in-8, demi-rel. v. f. tête dor. non rog.

<small>De la *Collection des principaux codes étrangers*.</small>

126. Exposé d'un système de législation criminelle pour l'Etat de la Louisiane et pour les Etats-Unis d'Amérique, par Edward Livingston, précédé d'une préface par M. Charles Lucas et d'une notice historique par M. Mignet. *Paris, Guillaumin*, 1872, 2 vol. in-8, demi-rel. chag. noir.

127. Droit étranger. — Réunion de 6 vol. in-8 et in-4, demi-rel. chag. et v. br. noir et bleu, sauf 1 cart.

<small>Rapport sur le projet d'un code pénal fait à l'Assemblée générale de l'Etat de la Louisiane, par M. Edouard Livingston. *Paris*, 1825. — Code de la presse, ou Commentaire du décret du 20 juillet 1831, par H. Schuermans. *Bruxelles*, 1861. — Motifs du projet de code de commerce Suisse, par le Dr Walther Munzinger. *Zurich*, 1865. — Du Mariage et du Contrat de mariage en Angleterre et aux Etats-Unis, par J.-G. Colfavru. *Paris*, 1868. — Les Municipalités anglaises, loi organique du 18 août 1882. *Paris*, 1883. — Les Lois d'assistance ouvrière en Allemagne, par Ed. Gruner. *Paris*, 1887.</small>

III. DROIT ECCLÉSIASTIQUE.

128. Incipit liber q rosella casuum appellatur : || editus p venerādū religiosuz frez Baptistā || troamalam : ordinis mino⹁ observantie... (A la fin :) *Papie per egre : Joannē Antoniū de birre | tis : ꞇ Franciscuz de gyrardēghis. 1489. die || 15 Aprilis*, in-4 de 40 ff. prél. non ch. 414 ff. à 2 col. 11 ff. non ch. et 1 f. blanc. car. goth. initiales peintes en r. et en bleu, vélin à recouvr.

<small>*Ex-libris* moderne armorié : Marquis de Céva (Piémont.) — Mouillures ; piqûres de vers.</small>

129. Droit ecclésiastique. — Réunion de 3 vol. in-8, demi-rel. v. f. et bleu, dos orné, fil. tête dor. non rog. et cart.

<small>Histoire des sources du droit canonique, par Adolphe Tardif. *Paris*, 1887. — Essai sur les libertés de l'Eglise gallicane depuis les origines jusqu'au règne de Louis XIV, par Gabriel Hanotaux. *Paris*, 1888. — Le Gouvernement de l'Eglise ou Principes du droit ecclésiastique, par M. l'abbé Lafarge. *Paris*, 1890.</small>

130. Droits et pouvoirs des papes. — Réunion de 6 vol. in-8, demi-rel. v. f. et brun, sauf 1 br.

<small>Essai historique sur la puissance temporelle des Papes et sur l'abus qu'ils ont fait de leur ministère spirituel. Quatrième édition. *Paris*, 1818, 2 tomes en 1 vol. — Les Droits du Saint-Siège : Alexandre VI et César Borgia, étude historique et politique, par E. La Rochelle. *Paris*, 1861. — Du Pouvoir Temporel de la Papauté, par M. Boujean. *Paris*, 1862. — Du Pape, par Philothée. *Paris*, 1863. — Le Pouvoir Temporel du Pape, par M. le Chevalier Bon-Compagni. *Paris*, 1864. — La Loi sur les prérogatives du Souverain Pontife et du Saint-Siège et sur les rapports de l'Etat avec l'Eglise, du 13 mai 1871. Commentaire par Francesco P. Contuzzi. *Napoli*, 1885.</small>

JURISPRUDENCE

131. Traité des Provisions de cour de Rome à titre de prévention, du concours des provisions, des fonctions des banquiers-expéditionnaires et des règles qui doivent être observées dans les impétrations des bénéfices, par M. Piales. *Paris et Chartres*, 1756, 2 vol. in-12, v. ant marb.

<small>Sur chaque volume: *Ex-libris* ancien, armorié et gravé sur bois: F. N. E. Droz, Catsidici Acad. Bisunt. socii. Belle pièce signée *Micaud fc*.</small>

132. Législation des cultes. liberté de l'Eglise, etc. — Réunion de 5 vol. in-4 et in-8, demi-rel. chag. et v.

<small>La Question Religieuse en 1682, 1790, 1802 et 1848, par M. Pierre Pradié. *Paris*. 1859. — Législation et Traité des Cultes, fabriques d'Eglises et Sépultures, par M. D. Dalloz. *Paris*, 1853. — Liberté Religieuse. Mémoires et Plaidoyers, par Jules Delaborde. *Paris*, 1854. — De l'Influence du droit canonique sur la Législation Française, par G. D'Espinay. *Toulouse*, 1856. — Mémorandum des libertés et des servitudes de l'Eglise Gallicane, par A. Guillemin. *Paris*, s. d.</small>

133. Lois, décrets et règlements relatifs à l'Administration des Cultes, depuis le 2 décembre 1851 jusqu'au 31 décembre 1853. *Paris, Gaittet*, 1854, in-4, demi-rel. mar. vert, avec coins, dos orné, fil. tr. peigne. (*Simier*.)

<small>Ouvrage tiré à cent exemplaires.</small>

134. Pragmatica sanctio. *Venalis habetur Parrhysii in vico divi Jacobi sub signo lilii aurei.* (A la fin :) ... *Impressaqz Parisius per Joannem Barbier. Impensis Johanis Parvi*... anno 1514, in-4 de 205 ff. et 43 ff. non ch. pour la Table, car. goth. bas. ant. estampée et raccommodée.

<small>Marque de *Jehan Petit* sur le titre. — Incomplet du f. 97. — Trou de vers à la marge supérieure du titre.</small>

135. Edits du Roy portant création de greffiers des Insinuations ecclésiastiques ; de greffiers des domaines des gens de main-morte ; de notaires royaux et apostoliques ; d'œconomes sequestres dans les diocèses ; de contrôleurs des œconomes sequestres, des greffiers des Insinuations ecclésiastiques, & des domaines de gens de mainmorte. *Paris*, 1691-1704, 9 pièces en 1 vol. in-4, vélin.

136. Histoire de la Liberté religieuse en France, et de ses fondateurs, par J. M. Dargaud. *Paris, Charpentier*, 1859, 4 vol. in-12, demi-rel. v. f.

<small>Envoi autographe de l'auteur.</small>

137. Eglise Gallicane, etc. — Réunion de 7 vol. de différents formats, v. et bas. ant. sauf 1 en vélin.

<small>Traictez des droicts et libertez de l'Eglise Gallicane. *Paris, Chevalier* 1612. — Preuves des Libertez de l'Eglise Gallicane (par Pierre Pithou). Troisième édition. *Paris, Séb. et Gab. Cramoisy*. 1651, 4 parties en 1 vol. — Traité de la puissance ecclésiastique et temporelle (par Louis Ellies Du-</small>

pin). S. l. 1707. — Commentaire de M. Dupuy sur le Traité des libertez de l'Eglise Gallicane de M. Pierre Pithou. Nouvelle édition. *Paris, Musier*, 1715, 2 vol. — Tableau de la Cour de Rome, dans lequel sont représentés au naturel, sa politique & son gouvernement, tant spirituel que temporel, par le Sr. J. A. (Jean Aymon). *La Haye, Neaulme*, 1726.

138. Défense des droits du roi contre les prétentions du clergé de France sur cette question : Les Ecclésiastiques doivent-ils à Sa Majesté la foi et hommage, l'aveu et dénombrement, ou des déclarations de temporel pour les biens qu'ils possèdent dans le royaume? (par Auguste Nicolas de Saint-Genis). *Paris, Cellot*, 1785, in-4, cart. dos de perc. non rog.

139. Histoire des Perruques, où l'on fait voir leur origine, leur usage, leur forme, l'abus et l'irrégularité de celles des ecclésiastiques, par M. Jean Baptiste Thiers. *Avignon, Chambeau*, 1779, in-12, demi-rel. v. f.

Signature de M. Jules Simon sur le titre.

SCIENCES ET ARTS

I. SCIENCES PHILOSOPHIQUES.

1. Histoire et Dictionnaires

140. Henricii Corneli Agrippæ de Incertitudine et Vanitate scientiarum declamatio invectiva, denuo ab autore recognita marginalibus annotationibus aucta. S l. M. XXXVII. (1537). pet. in-8 de 192 ff. non ch. portrait gr. sur bois sur le titre, bas. ant. rac.

Signature de M. Jules Simon, et nom raturé sur le titre.

141. Jacobi Bruckeri Historia critica philosophiæ. Editio secunda volumine VI accessionum et supplementorum auctior. *Lipsiæ*, 1767, 6 vol. in-4, portr. et pl. gr. demi-rel. v. brun, dos orné.

Le titre du tome V porte : Tome IV, deuxième partie.

142. Histoire comparée des systèmes de philosophie, considérés relativement aux principes des connaissances humaines. *Deuxième partie*. Histoire de la Philosophie moderne, à partir de la renaissance des lettres jusqu'à la fin du dix-huitième siècle, par M. de Gerando. *Paris, Ladrange*, 1847, 4 vol. in-8, demi-rel. chag. vert, dos orné.

SCIENCES ET ARTS

143. Manuel de l'Histoire de la philosophie, traduit de l'allemand de Tennemann, par V. Cousin. Seconde édition, corrigée et augmentée sur la cinquième et dernière édition allemande. *Paris, Ladrange*, 1839, 2 vol. in-8, demi-rel. v. f. dos orné.

144. Victor Cousin : Introduction à l'Histoire de la philosophie. — Histoire générale de la philosophie. — Philosophie de Locke. *Paris, Didier*, 1861, 3 vol. in-8, demi-rel. v. f.

145. Histoire de la Philosophie, par le Dr Henri Ritter, traduite de l'allemand, par C. J. Tissot : *Première partie*. Histoire de la Philosophie ancienne. *Paris, Ladrange*, 1835-36, 4 vol. in-8, demi-rel. v. f. dos orné. (*Zoubre.*)

   Signature de M. Jules Simon sur les titres.

146. Histoire de la Philosophie chrétienne, par le Dr Henri Ritter, traduite de l'allemand et précédée d'un mot sur la relation de la croyance avec la science, par J. Trullard. *Paris, Ladrange*, 1843-44, 2 vol. in-8, demi-rel. v. f. dos orné. (*Zoubre.*)

   Signature de M. Jules Simon sur les titres.

147. Histoire de la Philosophie morale et politique dans l'antiquité et les temps modernes, par Paul Janet. *Paris, Ladrange*. 1858, 2 vol. in-8, demi-rel. chag. noir.

   Envoi autographe de l'auteur.

148. La Philosophie des Grecs considérée dans son développement historique, par Edouard Zeller : *Première partie*. La Philosophie des Grecs avant Socrate, traduite de l'allemand par Emile Boutroux. *Paris, Hachette*, 1877-1882, 2 vol. gr. in-8, demi-rel. v. f. dos orné, non rog.

149. Histoire de l'Ecole d'Alexandrie, comparée aux principales Ecoles contemporaines, par M. Matter. Deuxième édition, entièrement refondue. *Paris, Hachette*, 1840-1848, 3 vol. in-8, carte, demi-rel. bas. grenat, dos orné, non rog.

150. Histoire de l'Ecole d'Alexandrie, par M. Jules Simon. *Paris, Joubert*, 1845, 2 vol. in-8, br.

   Première édition. — Cachet sur quelques feuillets.

151. Histoire critique de l'Ecole d'Alexandrie, par E. Vacherot. *Paris, Ladrange*, 1846-1851, 3 vol. in-8, demi-rel. v. brun, dos orné.

152. De la Philosophie scolastique, par B. Hauréau. *Paris, Pagnerre*, 1850, 2 vol. in-8, demi-rel. v. f. dos orné.

153. Histoire de la philosophie scolastique, par B. Hauréau, membre de l'Institut. *Paris, Durand et Pédone-Lauriel*, 1872-1880, 2 tomes en 3 vol. in-8, demi-rel. v. bleu.

154. Cours de l'Histoire de la Philosophie moderne, par M. Victor Cousin. Nouvelle édition. *Paris, Ladrange et Didier*, 1846-47, 8 vol. pet. in-8, demi-rel. v. bleu, dos orné.

155. M. Victor Cousin, sa vie et sa correspondance, par J. Barthélemy Saint-Hilaire. *Paris, Hachette*, 1895, 3 vol. in-8, portr. gr. demi-rel. v. f. dos orné, fil tête dor. non rog.

156. Mémoires pour servir à l'Histoire de la Philosophie au XVIIIe siècle, par Ph. Damiron. *Paris, Ladrange*, 1858, 2 vol. in-8, demi-rel. chag. noir.

157. Essai sur l'Histoire de la Philosophie en France, au XIXe siècle, par M. Ph. Damiron. Troisième édition, revue, corrigée et augmentée d'un supplément. *Paris, Hachette*, 1834, 2 vol. in-8, demi rel. v. f dos orné.

158. Histoire critique des Doctrines religieuses de la Philosophie moderne, par Christian Bartholmèss. *Paris, Meyrueis*, 1855, 2 vol. in-8, demi-rel. chag. noir.

159 Histoire de la Philosophie : les problèmes et les écoles, par Paul Janet & Gabriel Séailles. *Paris, Delagrave*, 1887, fort vol. in-8, demi-rel. v. bleu, dos orné, fil. tête dor. non rog.

160. Essai sur l'Histoire de la Philosophie en Italie au dix-neuvième siècle, par Louis Ferri. *Paris, Durand*, 1869, 2 vol. in-8, demi-rel. v. bleu.

161. Dictionnaire des Sciences philosophiques, par une Société de professeurs de philosophie. *Paris, Hachette*, 1844-1852, 6 vol. in-8, demi-rel. v. f. dos orné.

162. Dictionnaire des sciences philosophiques, par une Société de professeurs et de savants, sous la direction de M. Ad. Franck, membre de l'Institut. Deuxième édition. *Paris, Hachette*, 1875, fort vol. gr. in-8 à 2 col. demi-rel. v. bleu.

M. Jules Simon a été un des rédacteurs du *Dictionnaire des sciences philosophiques*.

2. *Philosophes anciens et modernes.* — *Mélanges.*

A. Philosophes anciens, grecs et latins.

163. Mercurii Trismegisti Pimandras utraque lingua restitutus, D. Francisci Flussatis Candallæ industria. *Burdigalæ, apud Simonem Millangium*, 1574, in-4, texte grec et latin, vélin.

Sur 1 feuillet de garde : *Ex-libris-étiquette* DELASIZE. — Sur le titre on a collé l'étiquette suivante : *Ex Bibliotheca V. Cl. Eusebii Renaudot quam Monasterio sancti Germani a Pratis legavit, anno 1720.* — On remarque également sur le titre le cachet de la Bibliothèque du Monastère de St-Germain-des-Prés.

SCIENCES ET ARTS

164. Œuvres de Platon, traduites par Victor Cousin. *Paris, Bossange,* 1822-1840, 13 vol. in-8, demi-rel. v. r. dos orné.

165. Le Banquet de Platon traictant d'amour et de beauté, avec argumens sur chacune oraison, sommairement déduits. Les plus notables et meilleures sentences recueillies de toutes les œuvres dudit Platon ; le tout en françois par M. Heret. *Paris, Guillard,* 1556, in-4 de 4 ff. prél. non ch. 188 pp. et 1 f. non ch. pour le Privilège, v. ant. marb. fil. tr. dor.
   Rare.

166. Le Criton de Platon, ou de ce qu'on doibt faire, translaté de grec en françois, & enrichy d'annotations, pour l'intelligence des lieux plus obscurs et difficiles, par Jean Le Masle Avec la vie de Platon, mise en vers françois, par ledit Le Masle. *Paris, Jean Poupy,* 1582, in-4 de 8 ff. prél. non ch. et 184 pp. demi-rel. v. f. avec coins, fatigué.
   Cachets sur le titre et sur 4 feuillets.

167. Parmenides sive de ideis et uno rerum omnium principio Platonis dialogus (gr. et lat.), studio Joh. Gul. Thomson. *Oxonii, e Theatro Sheldoniano,* 1728, gr. in-8, mar. r. à long grain, dos orné, fil. et comp. tr. dor.

168. Le Timée de Platon, traittant de la nature du monde & de l'Hōme, & de ce qui concerne universelement tant l'âme que le corps des deux, translaté de grec en françois..., par Loys Le Roy... Trois oraisons de Demosthène, dittes Olynthiaques, pleines de matières d'Estat..., translatées de grec en françois (par Loys Le Roy). *Paris, Michel de Vascosan* 1551, 2 ouvrages en 1 vol. in-4, v. f. ant.
   Nom à l'encre sur le titre ; mouillure et piqûres de vers.

169. Etudes sur le Timée de Platon, par Th. Martin. *Paris, Ladrange,* 1841, 2 vol. in-8, planche pliée, demi-rel. v. f. dos orné. (*Zoubre.*)
   Signature de M. Jules Simon sur le titre du tome II.

170. La Philosophie de Platon. Exposition, histoire et critique de la théorie des idées, par Alfred Fouillée. *Paris, Ladrange,* 1869, 2 vol. gr. in-8, demi-rel. v. bleu, non rog.
   Envoi autographe de l'auteur.

171. Aristotelis opera omnia graece & latine, veterum ac recentiorum interpretum, ut Adriani Turnebi, Isaaci Casauboni, Julii Pacii studio emendatissima... huic editioni... accessit brevis ac perpetuus in omnes Aristotelis libros commentarius... authore Guillelmo Du Val. *Lutetiæ Parisiorum, typis Regiis,* 1629, 2 vol. in-fol. à 2 col. bas. ant. fatiguée.
   Edition estimée. — Déchirure raccommodée au titre du tome I. Le titre du tome II est remonté. Piqûres de vers.

172. Œuvres d'Aristote, traduites en français et accompagnées de notes perpétuelles, par J. Barthélemy Saint-Hilaire. *Paris, Hachette*, 1883-1892, 11 vol. gr. in-8, demi-rel. chag. r. sauf 2 vol. en demi-rel. chag. vert, dos orné, tête dor. non rog.
<small>Exemplaire sur GRAND PAPIER.
Envois autographes de M. Barthélemy Saint-Hilaire.</small>

173. Refutation des Theses erronées d'Anthoine Villon & Estienne de Claves, par eux affichées publiquement à Paris, contre la doctrine d'Aristote, le 23 aoust 1624, à l'encontre desquelles y a eu censure de la Sorbonne, et arrest de la Cour de Parlement. Où sont doctement traictez les vrays principes des corps & plusieurs autres beaux poincts de la Nature ; & prouvée la solidité de la doctrine d'Aristote, par Jean Baptiste Morin. *Paris*, 1624, pet. in-8 de 8 pp. prél. 106 pp. et 2 ff. non ch. pour le Privilège, déreclié.
<small>Notes à l'encre au verso du titre.</small>

174. Traité de la production et de la destruction des choses d'Aristote, suivi du Traité sur Mélissus, Xénophane et Gorgias, traduits en français pour la première fois et accompagnés de notes perpétuelles, avec une introduction sur les origines de la philosophie grecque, par J. Barthélemy Saint-Hilaire. *Paris, Ladrange*, 1866, gr. in-8, demi-rel. v. f. dos orné.

175. Sexti Empirici opera quæ extant. Pyrrhoniarum hypotyposeon libri III, quibus in tres philosophiæ partes acerrime inquiritur Henrico Stephano interprete : adversus Mathematicos, hoc est, eos qui disciplinas profitentur, libri X, Gentiano Herveto Aurelio interprete, græce nunc primum editi. *Genevæ, sumptibus Petri & Jacobi Chouët*, 1621, in-fol. à 2 col. texte grec et latin, bas. ant.
<small>PREMIÈRE ÉDITION qui ait paru d'une partie du texte grec de ce philosophe.
Signature de M. Jules Simon sur le titre. — Mouillures et piqûres de vers.</small>

176. Plotini opera omnia, Porphyrii liber de vita Plotini cum Marsilii Ficini commentariis et eiusdem interpretatione castigata. Annotationem in unum librum Plotini et in Porphyrium addidit Daniel Wyttenbach ; apparatum criticum disposuit, indices concinnavit G. H. Moser : ad fidem codicum mss. et in novæ recensionis modum græca latinaque emendavit, indices explevit, prolegomena, introductiones, annotationes explicandis rebus ac verbis, itemque Nicephori Nathanaelis antitheticum adversus Plotinum et dialogum græci scriptoris anonymi ineditum de anima. adjecit Fridericus Creuzer. *Oxonii, e typographeo Academico*, 1835, 3 vol. in-4, demi-rel. mar. vert.
<small>Signature de M. Jules Simon sur le titre du tome I.</small>

177. Les Ennéades de Plotin, chef de l'École néoplatonicienne, traduites pour la première fois en français, accompagnées de sommaires, de notes et d'éclaircissements et précédées de la vie de Plotin et des principes de la théorie des intelligibles de Porphyre, par M. N. Bouillet. *Paris, Hachette*, 1857-1861, 3 vol. in-8, demi-rel. chag. noir.

   Envoi autographe du traducteur.

178. Porphyrii de non necandis ad epulandum animantibus libri IIII ; eiusdem selectæ brevesque sententiæ ducentes ad intelligentiam rerum quæ mente noscuntur. E græco exemplari facta versione latina, scholiis et præfationibus illustrata, per F. de Fogerolles. *Lugduni, sumpt. Cl. Morillon*, 1620, in-8 à 2 col. vélin.

   Signature de M. Jules Simon sur le titre.
   Ex-libris de l'abbé ANDRÉ MORELET, *de l'Académie Française.*

179. Ammonii Hermiæ in quinque voces Porphyrii commentaria (en grec), 92 ff. ch. — In Aristotelis prædicamenta commentaria (en grec), 176 ff. ch. — In librum Aristotelis de interpretatione commentaria (en grec), 216 ff. ch. — (A la fin :) *Venetiis, per Joan. Ant. et Petrum fratres de Nicolinis de Sabio... Anno M.D.XLV* (1545). —Ens. 3 ouvrages en 1 fort vol. in-8, cuir de R. dos orné, fil. tr. r.

   Le premier titre est remmargé.

180. Jamblichus de Mysteriis Ægyptiorum Chaldæorum, Assyriorum. Proclus in platonicum Alcibiadem de anima, atque dæmone. Idem de sacrificio et magia. Porphyrius de divinis atq; dæmonib. Psellus de dæmonibus. Mercurii trismegisti pimander. Euisdem asclepius. *Lugduni, apud Joan. Tornæsium*, 1549, in-16, mar. orange, dos et angles dor. fil. et comp. à froid.

   Signature de M. Jules Simon sur le titre.

181. Jamblichi chalcidensis, de mysteriis liber. Præmittitur epistola Porphyrii ad Anebonem Ægyptium, eodem argumento ; Thomas Gale græce nunc primum edidit, latine vertit et notas adjecit. *Oxonii, e Theatro Sheldoniano*, 1678, pet. in-fol. fleuron gr. v. f. ant. comp.

   Signature de M. Jules Simon sur le titre.

182. Jamblichi chalcidensis ex cœle-syria de vita Pythagorica liber græce et latine, textum post Ludolphum Kusterum ad fidem cdd mss. recognovit, Ulrici Obrechti interpretationem latinam passim mutavit, Kusteri aliorumque animadversionibus adiecit suas M. Theophilus Kiessling... *Lipsiæ*, 1815-16,

30   SCIENCES ET ARTS

2 tomes en 1 vol. — Porphyrii Philosophi ad Marcellam invenit interpretatione notisque declaravit Angelus Maius, accedit eiusdem Porphyrii Poëticum fragmentum. *Mediolani*, 1816. — Ens. 2 vol. in-8, texte grec et latin, demi-rel. mar. vert.

183. Juliani Imp. opera, quæ quidem reperiri potuerunt, omnia. *Parisiis, sumptibus Seb. Cramoisy*, 1630, 2 parties en 1 vol. in-4 à 2 col. texte grec et latin, demi-rel. v. f.

<small>Bonne édition des œuvres de ce philosophe, donnée par D. Petau. — Signature de M. Jules Simon, 1841, sur le titre; et notes à l'encre également de la main de M. Jules Simon, dans les marges extérieures de quelques feuillets.</small>

184. M. Tullius Cicero de Officiis ad Marcum filium. *Lutetiæ, Barbou*, 1773, in-32, texte encadré, front. par Moreau, gr. par Le Mire, v. ant. rac. dos orné, fil. tr. dor.

<small>Exemplaire sur GRAND PAPIER avec témoins.</small>

185. L. Annæi Senecæ philosophi Opera omnia ; ex ult. J. Lipsii emendatione et M. Annæi Senecæ rhetoris quæ exstant; ex And. Schotti recens. *Amstelodami, apud Joan. Janssonium*, 1633, fort vol. in-12 à 2 col. titre-front. gr. texte encadré, mar. r. dos orné, fil. et comp. à la Du Seuil, tr. dor. (*Rel. anc.*)

186. L. Annæi Senecæ philosophi Opera omnia, ex ult: J. Lipsii et J. E. Gronovii emendat. et M. Annæi Senecæ rhetoris quæ exstant ; ex And. Schotti recens., 3 vol. — Joh. Fred. Gronovii ad L. et M. Annæos Senecas notæ. — *Lugd. Batav. apud Elzevirios*, 1649. — Ens. 4 vol. pet. in-12, titre-front. et 2 portr. gr. mar. vert, fil. à froid, dent int. tr. dor.

<small>Belle édition recherchée. Réimpression ligne pour ligne de l'édition de 1640 à l'exception des pièces liminaires du tome Ier, qui occupent 24 ff. au lieu de 12, à cause d'une longue épître de Gronovius à la Reine de Suède. (Willems : *les Elzevier* nº 672.) — Signature de M. Jules Simon sur le feuillet de garde du tome 1.</small>

187. Les Œuvres de Sénèque, traduites en françois, par feu M. La Grange, avec des notes de critique, d'histoire et de littérature (publiées par Naigeon), 6 vol. — Essai sur la vie de Sénèque. sur ses écrits et sur les règnes de Claude et de Néron, avec des notes (par Diderot). *Paris, De Bure*, 1778-79. — Ens. 7 vol. in-12, v. ant. éc. dent.

<small>Bonne édition de cette traduction estimée.</small>

188. Philosophes et Moralistes grecs et romains. — Réunion de 5 vol. in-8, demi-rel. v. br. et bleu.

<small>Etude sur Marc-Aurèle, sa vie et sa doctrine, par E. De Suckau. *Paris*, 1857. — Le Philosophe Damascius, étude sur sa vie et ses ouvrages, par Ch. Em. Ruelle. *Paris*, 1861. — Etudes de philosophie grecque et latine, par M. Charles Lévêque. *Paris*, 1864. — Les Moralistes sous l'Empire romain, philosophes et poètes, par C. Martha. *Paris*, 1865. — Etudes de Théodicée, par J. B. Tissandier. *Paris*, 1869.</small>

SCIENCES ET ARTS

189. Pythagore et la Philosophie pythagoricienne, contenant les fragments de Philolaüs et d'Archytas, traduits pour la première fois en français par A. Ed. Chaignet. *Paris, Didier,* 1873, 2 vol. in-8, demi-rel. v. bleu, non rog.

190. La Philosophie de Socrate, par Alfred Fouillée. *Paris, Ladrange,* 1874, 2 vol. in-8, demi-rel. v. bleu.
    Envoi autographe de l'auteur.

191. Eschyle, Xénophon et Virgile, études philosophiques et littéraires, par V. Courdaveaux. *Paris, Didier et Pédone-Lauriel,* 1872, gr. in-8, demi-rel. chag. vert, dos orné.
    Envoi autographe de l'auteur.

B. Philosophes du Moyen Age et modernes.

192. La Philosophie d'Origène, par M. J. Denis. *Paris, Impr. Nationale,* 1884, gr. in-8, demi-rel. v. f. tête dor. non rog.

193. Charles de Rémusat : Abélard. *Paris, Ladrange,* 1845, 2 vol. in-8, demi-rel. mar. vert — Abélard, drame inédit. *Paris, Calmann Lévy,* 1877, in-8, demi-rel. v. bleu. — Ens. 3 vol.

194. La Philosophie de saint Augustin, par Nourrisson. *Paris, Didier,* 1865, 2 vol. in-8, demi-rel. chag. noir.
    Envoi autographe de l'auteur.

195. La Philosophie de saint Thomas d'Aquin, par Charles Jourdain. *Paris, Hachette,* 1858, 2 vol. in-8, demi-rel. chag. noir.
    Envoi autographe de l'auteur.

196. Francisci Baconi de Verulamio scripta in naturali et universali philosophia. *Amstelodami, apud Ludovicum Elzevirium,* 1653, pet. in-12, front. gr. 1 tableau plié, vélin moderne à recouvr. titre calligraphié, sur le dos, tr. r.
    Recueil de divers opuscules et fragments latins trouvés dans les papiers de Bacon et publiés ici pour la première fois par les soins d'Isaac Gruter. M. Willems (*Les Elzevier,* n° 1157) y consacre une longue et intéressante note.
    Hauteur : 122 mill. 1/2.

197. Renati Des-Cartes Opera philosophica. Editio quarta. *Amstelodami, apud Danielem Elzevirium,* 1664, 3 parties en 1 vol. — Meditationes de prima philosophia... *Amstelodami, ex typographia Blaviana,* 1685, 3 parties en 1 vol. — Epistolæ, partim latino sermone conscriptæ, partim è gallico in latinum versæ... Pars tertia. *Amstelodami, ex typographia Blaviana,*

32   SCIENCES ET ARTS

1683. — De Homine figuris. et latinitate donatus à Florentio Schuyl... *Lugduni Batavorum, ex officina Hackiana*, 1664. — Voyage du Monde de Descartes. Nouvelle édition... augmentée d'une cinquième partie... par le P. G. Daniel. *Paris, Pepie*, 1702. — Ens. 5 vol. dont 4 in-4 et 1 in-12, nombr. pl. et fig. gr. rel. en v. ant. et vélin.

198. Les Principes de la Philosophie, escrits en latin, par René Descartes, et traduits en françois par un de ses amis. *Paris, Des-Hayes*, 1647, in-4, front. et 20 pl. gr. vélin à recouvr.

   PREMIÈRE ÉDITION de cette traduction, donnée par l'abbé Picot, et revue par Descartes.
   Exemplaire aux armes de CHARLES LE GOULX DE LA BERCHÈRE, *évêque de Narbonne*. — Sur lelitre, *signature de Mgr. de Beauvau, archevêque de Narbonne*, successeur de Le Goulx de la Berchère et l'héritier de la bibliothèque de ce dernier.

199. Œuvres de Descartes, publiées par Victor Cousin. *Paris, Levrault*, 1824-26, 11 vol. in 8, nombr. pl. gr. et pliées, demi-rel. v. brun, dos orné.

200. Œuvres inédites de Descartes, précédées d'une introduction sur la méthode, par M. le Cte Foucher de Careil. *Paris*, 1859-60, 2 tomes en 1 vol. — Descartes, la Princesse Elisabeth, et la Reine Christine, d'après des lettres inédites, par A. Foucher de Careil. *Paris*, 1879. — Essai sur l'Esthétique de Descartes, étudiée dans les rapports de la doctrine Cartésienne, avec la Littérature classique française au XVIIe siècle, par Emile Krantz. *Paris*, 1882. — Ens. 3 vol. in-8. demi-rel. chag. noir, et v. f. et bleu.

201. Recueil de quelques pièces curieuses concernant la philosophie de Monsieur Descartes (publié par Bayle). *Amsterdam, Desbordes*, 1684, in-12, vélin.

   Signature de M. Jules Simon sur le titre.

202. Histoire de la Philosophie cartésienne, par Francisque Bouillier. Troisième édition. *Paris, Delagrave*, 1868, 2 vol. in-8, demi-rel. v. bleu.

   Envoi autographe de l'auteur.

203. Système de Philosophie, contenant la logique, la métaphysique, la physique et la morale, par Pierre Sylvain Régis. *Paris, Denys Thierry*, 1690, 2 vol. in-4. portrait gr. par Thomassin, fig. v. f. ant. fil. et comp.

   Raccommodage à la reliure.

204. Œuvres philosophiques de Locke. Nouvelle édition, revue par M. Thurot. *Paris, Bossange et Firmin-Didot*, 1821-25, 7 vol. in-8, demi-rel. v. bleu avec coins, dos orné, fil. tr. marb.

SCIENCES ET ARTS

205. God. Guil. Leibnitii opera philosophica, quæ exstant latina, gallica, germanica omnia; edita recognovit e temporum rationibus disposita pluribus ineditis auxit introductione critica atque indicibus. instruxit Joannes Eduardus Erdmann. *Berolini, sumtibus Eichleri*, 1839-40, 2 parties en 1.vol. gr. in-8 à 2 col. portrait gr. demi-rel v. r. dos orné.

206. Œuvres philosophiques de Maine de Biran, publiées par V. Cousin. *Paris, Ladrange*, 1841, 3 vol. — Introduction générale aux Œuvres inédites de Maine de Biran, publiées par Ernest Naville, avec la collaboration de Marc Debrit. *Paris, Dezobry*, 1859. — Ens. 4 vol. in-8. demi-rel. v. f. dos orné.

207. Kant : Philosophie de Kant, ou Principes fondamentaux de la Philosophie transcendantale, par Charles Villers. *Metz, Collignon*, 1801. — Philosophie transcendantale, ou Système d'Emmanuel Kant, par L. F. Schön. *Paris, Ledoux*, 1831. — Ens. 2 vol. in-8, demi-rel. bas. br. et cart. non rog.

Signature de M. Jules Simon sur le titre du 1er volume.

208. Critique de la Raison pure, par Emmanuel Kant, traduit de l'allemand, par Jules Barni. *Paris, Germer-Baillière*, 1869, 2 vol. in-8, demi-rel. v. bleu.

209. Kant : Critique de la Raison pratique, précédée des fondements de la métaphysique des mœurs, traduction de J. Barni. — Examen des Fondements de la métaphysique des mœurs et de la critique de la raison pratique, par Jules Barni. — Critique de la Raison pratique, nouvelle traduction, par F. Picavet. *Paris*, 1848-1888, 3 vol. in-8, demi-rel. v. f. et bleu.

Envoi autographe des traducteurs sur chaque volume.

210. Critique du Jugement, suivie des observations sur le sentiment du beau et du sublime, par Emm. Kant, traduit de l'allemand par J. Barni. *Paris, Ladrange*, 1846, 2 vol. in-8, demi-rel. v. f.

Envoi autographe du traducteur.

211. La Religion dans les limites de la raison, par E. Kant, traduit de l'allemand, par J. Trullard, avec une lettre adressée au traducteur, par M. E. Quinet. *Paris, Ladrange*, 1841, in-8, demi-rel. v. f.

212. Fichte : Destination de l'homme. — Principes fondamentaux de la science de la connaissance. — Méthode pour arriver à la vie bienheureuse. — Considérations destinées à rectifier les jugements du public sur la Révolution Française. *Paris*, 1832-1859, 4 vol. in-8, demi-rel. v. f.

213. Institutiones philosophicæ ad usum seminariorum et collegiorum, auctore J. Bouvier. *Cenomani, Parisiis et Lugduni*, 1824, 3 vol. in-12, demi-rel. v. f.

Logica; Metaphysica; Moralis.

214. Victor Cousin : Livre d'Instruction morale et religieuse. — Fragments de philosophie Cartésienne. — Du Vrai, du beau et du bien ; 6ᵉ édition. — Œuvres : cinquième série, Instruction publique. Nouvelle édition, 2 vol. *Paris*, 1834-1856, 5 vol. in-12, demi-rel v. f. et bleu.

215. Théodore Jouffroy : Mélanges philosophiques. — Nouveaux mélanges philosophiques. — Cours d'esthétique. *Paris*, 1838-1843, 3 vol. in-8, demi-rel. chag. vert.

216. Ænésidème, par Emile Saisset. *Paris, Joubert*, 1840, in-8, pap. vélin, v. bleu, dos orné, fil. dent. tr. dor.

217. Emile Saisset : Essai de philosophie religieuse. — Précurseurs et disciples de Descartes. — Introduction critique aux œuvres du Spinoza. *Paris, Didier et Charpentier*, 1859-1862, 3 vol. in-8, demi-rel. chag. noir et v. f.

Envoi autographe de l'auteur sur chaque volume.

218. Charles de Rémusat : Essais de philosophie. 2 vol. — De la Philosophie Allemande. — Bacon, sa vie, son temps, sa philosophie et son influence jusqu'à nos jours. — Histoire de la philosophie en Angleterre, depuis Bacon jusqu'à Locke. *Paris*. 1842-1875, 6 vol. in-8, demi-rel. chag. r. et vert.

219. J. Barthélemy Saint-Hilaire : De la Vraie Démocratie. — A la Démocratie française (2 *exemplaires*). — Pensées de Marc-Aurèle. — François Bacon. *Paris*, 1849-1890, 5 vol. in-8 et in-12, demi-rel. v. bleu.

Envoi autographe de l'auteur sur 2 volumes.

220. Philosophie des deux Ampère, publiée par J. Barthélemy Saint-Hilaire. *Paris, Didier*, 1866, in-8, demi-rel. v. f. dos orné, couverture.

Envoi autographe de M. Barthélemy Saint-Hilaire.

221. A. A. Cournot : Essai sur les fondements de nos connaissances et sur les caractères de la critique philosophique, 2 vol. — Traité de l'enchainement des idées fondamentales dans les sciences et dans l'histoire, 2 vol. — Principes de la théorie des richesses. — Des Institutions d'Instruction publique en France. *Paris, Hachette*, 1851-1864, 6 vol. in-8, demi-rel. v. f. sauf 2 en demi-rel. chag. noir.

SCIENCES ET ARTS

222. E. Caro : Essai sur la vie et la doctrine de Saint-Martin, le Philosophe inconnu. — L'Idée de Dieu et ses nouveaux critiques. — La Philosophie de Gœthe. — Problèmes de morale sociale. *Paris, Hachette*, 1852-1876, 4 vol. in-8, demi-rel. v. bleu, dos orné, fil. tête dor.
    Envoi autographe de l'auteur sur 2 volumes.

223. E. Caro : Etudes morales sur le temps présent. — Le Matérialisme et la science. — Nouvelles études morales sur le temps présent. Deuxième édition. — M. Littré et le positivisme. — Philosophie et Philosophes. — Le Pessimisme au XIXᵉ siècle, 4ᵉ édition. *Paris, Hachette*, 1855-1889, 6 vol. in-12. demi-rel. v. bleu, dos orné, fil. tête dor.
    Envoi autographe de l'auteur sur les 5 premiers volumes.

224. Nourrisson : Les Pères de l'Eglise latine, 2 vol. — Le Cardinal de Bérulle. — Spinoza et le naturalisme contemporain. — La Politique de Bossuet. — Machiavel. — Pascal. — Philosophies de la nature : Bacon, Boyle, Toland, Buffon. *Paris*, 1856-1887, 8 vol. in-12, demi-rel. chag. et v. f. bleu et vert.
    Envoi autographe de l'auteur sur 2 volumes.

225. Nourrisson : La Philosophie de Leibniz. — La Nature humaine, essais de psychologie appliquée. — Tableau des progrès de la pensée humaine, depuis Thalès jusqu'à Hegel. *Paris, Hachette et Didier*, 1860-1886, 3 vol. in-8, demi-rel. v. noir, bleu et r.
    Envois autographes de l'auteur sur 2 volumes.

226. Nourrisson : Tableau des progrès de la pensée humaine, depuis Thalès jusqu'à Hegel. — Trois Révolutionnaires : Turgot, Necker, Bailly. — Essai sur Alexandre d'Aphrodisias, suivi du Traité du destin et du libre pouvoir aux Empereurs, traduit en français pour la première fois par Nourrisson. *Paris, Didier*, 1867-85, 3 vol. in-8, dont 2 en demi-rel. v. bleu et 1 en demi-rel. v. r.
    Envois autographes de l'auteur.

227. Paul Janet : Etudes sur la dialectique dans Platon et dans Hégel. — Philosophie du bonheur. — Histoire de la science politique dans ses rapports avec la morale, 2 vol. — La Morale. — Les Causes finales. — Victor Cousin et son œuvre. *Paris*, 1861-1885, 7 vol. in-8, demi-rel. v. f. et bleu.
    Envoi autographe de l'auteur sur 4 volumes.

228. Ernest Naville : La Vie éternelle. — Le Père céleste. — Le Problème du mal. — La Logique de l'hypothèse. — La Physique moderne, études historiques et philosophiques. — Le

Libre arbitre. — Le Témoignage du Christ et l'Unité du monde chrétien. *Paris et Genève*, 1861-1893, 7 vol. in-8, demi-rel. v. f. et bleu.

229. Ch. Bénard : L'Enseignement actuel de la philosophie dans les lycées et les collèges, ou les Antinomies de la logique classique. — L'Esthétique d'Aristote. — Platon, sa philosophie, précédée d'un aperçu de sa vie et de ses écrits. *Paris*, 1862-1892, 3 vol in-8, dont 2 en demi-rel. v. bleu, dos orné, fil. tête dor. et 1 en demi-rel. v. f.

Envoi autographe de l'auteur sur 2 volumes.

230. Jules Barni : Les Martyrs de la Libre-Pensée. — Histoire des idées morales et politiques en France au dix huitième siècle, 2 vol. — Napoléon et son historien, M. Thiers. *Genève et Paris*, 1862-65, 4 vol. in-12, demi-rel. v. f. dos orné.

Envoi autographe de l'auteur sur un volume.

231. Charles Secrétan : La Raison et le Christianisme, douze lectures sur l'existence de Dieu. — Les Droits de l'humanité. — Mon Utopie, nouvelles études morales et sociales. — La Civilisation et la Croyance. *Lausanne et Paris*, 1863-1892, 4 vol. in-12, demi-rel. v. f. et bleu. dos orné, fil. tête dor.

232. E. Vacherot : Essais de Philosophie critique. — La Religion. — Le Nouveau spiritualisme. *Paris*, 1864-1884, 3 vol. in-8, demi-rel. v. f. et bleu.

Envoi autographe de l'auteur sur les deux premiers volumes.

233. Ernest Bersot : Essais de philosophie et de morale, 2 vol. — Morale et politique. — Conseils d'enseignement, de philosophie et de politique. *Paris*, 1864-1879, 4 vol. in-8, dont 2 en demi-rel. chag. vert et 2 en demi-rel. v. f.

234. Jean Reynaud : Philosophie religieuse. Terre et Ciel, texte conforme à la dernière édition revue par l'auteur. Sixième édition. — Lectures variées. — *Paris. Furne*, 1866-1875. — Ens. 2 vol. in-8, portr. gr. demi-rel. v. f. dos orné, fil. tête dor. non rog.

235. Th. Henri Martin : Galilée, les droits de la science et la méthode des sciences physiques. — Les Sciences et la philosophie. — La Vie future suivant la foi et suivant la raison. *Paris*, 1868-70, 3 vol. in-12, demi-rel. v. f. et bleu.

236. Ludovic Carrau : Exposition critique de la Théorie des passions dans Descartes, Malebranche et Spinoza. — La Philosophie religieuse en Angleterre, depuis Locke jusqu'à nos jours. — La Morale utilitaire. *Paris*, 1870-1888, 3 vol. in-8, demi-rel. v. bleu.

Envoi autographe de l'auteur sur les 2 premiers volumes.

SCIENCES ET ARTS

237. Alfred Fouillée : La Liberté et le déterminisme. — Histoire de la Philosophie. — Critique des systèmes de morale contemporains. *Paris*, 1872-83, 3 vol. in-8. demi-rel. v. bleu.
    Envoi autographe de l'auteur sur chaque volume.

238. Aristoclès. Essais philosophiques. *Constantinople*, 1879, 3 parties en 1 vol. in-8, demi-rel. v. bleu.
    Ouvrage entièrement écrit en grec.

239. Jules Simon : La Liberté civile. Cinquième édition. — La Liberté politique. Cinquième édition. — La Liberté de conscience. Sixième édition. — La Religion naturelle. Huitième édition. — L'Ecole. Onzième édition. — Le Devoir. Quatorzième édition. *Paris, Hachette*, 1881-86, 6 vol. in-12, cart. dos de perc. blanche.

240. R. P. Vincent Maumus : L'Eglise et la Démocratie, histoire et questions sociales. — La République et la politique de l'Eglise. — St Thomas d'Aquin et la Philosophie Cartésienne. 2 vol. — Les Philosophes contemporains. Tome I : Vacherot, Taine, P. Janet, Caro, Schopenhauer. *Paris*, 1890-91, 5 vol. in-12, demi-rel. v. f. et bleu, dos orné, fil. tête dor. ébarbés, sauf 1 br.
    Envoi autographe de l'auteur sur chaque volume.

241. J. E. Alaux : Le Problème religieux au XIXe siècle. — Théorie de l'âme humaine. — Philosophie morale et politique. *Paris, Alcan*, 1890-96, 3 vol. in-8, dont 2 en demi-rel. v. bleu, dos orné, fil. tête dor. non rog. et 1 br.
    Envoi autographe de l'auteur sur chaque volume.

242. Jen Paul Clarens (Jean Pierre Cabanes). Réaction : J. Joubert ; H. F. Amiel ; Jules Breton ; Caro ; Gratry ; Sully Prudhomme ; M. Renan. *Paris, Savine*, 1890, pet. in-8, pap. vergé, demi-rel. v. r. dos orné, fil. tête dor. non rog.
    Envoi autographe ainsi libellé : « *Au Maître Jules Simon, j'offre ce livre en témoignage de mon admiration pour son grand talent et pour son noble caractère.* »

243. J. B. Krantz. Entretiens. *Paris, Chaix*, 1892-94, 3 vol. in-8, br. *non coupés*.
    Ouvrage divisé en 7 chapitres : Dieu ; l'Ame ; la Religion ; la Patrie ; la Famille ; l'Evolution humaine ; l'Education.
    Envoi autographe de l'auteur.

244. Emile Cherblanc. Notes philosophiques. *Tarare, Vve A. Guichard & Déal*, 1895, pet. in-4 de 8 ff. prél. non ch. et 64 pp. pap. vergé, cart. dos de perc. olive.
    Ouvrage tiré à 110 exemplaires *non mis dans le commerce*.
    Exemplaire *imprimé pour M. Jules Simon* et portant un envoi autographe de l'auteur.

245. Essais sur la Philosophie des Sciences. Analyse et mécanique, par C. de Freycinet. *Paris, Gauthier-Villars*, 1896, in-8, demi-rel. v. bleu, dos orné, fil. tête dor. non rog.

C. Mélanges sur la Philosophie.

246. Histoire de la Philosophie et Etudes sur divers philosophes. — Réunion de 9 vol. in-12, demi-rel. v. bleu, dos orné.

<small>Channing, sa vie et sa doctrine, par René Lavollée. *Paris*, 1876. — Platon et Plotin, par A. Matinée. *Paris*, 1879. — Opuscules et pensées, par G. Leopardi. *Paris*, 1888. — J. D'Avenel : Le Stoïcisme et les stoïciens. *Paris*, 1886. — Etude sur la philosophie en France pendant la Révolution et le XIXe siècle, par Ferraz. *Paris*. 1877-1889, 2 vol. — Emile Amiel : Un Libre-Penseur au XVIe siècle, Erasme. *Paris*, 1889. — L'Allemagne depuis Leibniz, par L. Lévy-Bruhl. *Paris*, 1890. — La Morale de Spinoza, par René Worms. *Paris*, 1892.</small>

247. Mélanges philosophiques. — Réunion de 8 vol. in-12, demi-rel. v. f.

<small>Œuvres de Bacon. *Paris*. 1843, 2 vol. — Mélanges philosophiques, par Th. Jouffroy. *Paris*, 1860. — Channing, sa vie et ses œuvres. *Paris*, 1861. — La Vie de Village en Angleterre, ou Souvenirs d'un Exilé. *Paris*, 1862. — La Philosophie de M. Cousin, par J. E. Alaux. *Paris*, 1864. — Les Philosophes français contemporains, par M. Eugène Poitou. *Paris*, 1864. — Etc.</small>

248. Ouvrages de philosophie. *Paris, Charpentier*, 1840-44, 19 vol. in-12, demi-rel. chag. vert.

<small>Les Vies des plus illustres philosophes de l'Antiquité, traduites du grec de Diogène Laërce. — Œuvres de Leibniz, 2 vol. — Œuvres de Malebranche, précédées d'une Introduction par M. Jules Simon, 2 vol. — Œuvres de Spinoza, 2 vol. — Œuvres de Bacon, 2 vol. — Pensées de l'Empereur Marc-Aurèle Autonin. — Œuvres philosophiques de Antoine Arnauld, précédées d'une Introduction par M. Jules Simon. — Œuvres philosophiques du Père André. — Œuvres philosophiques du Père Buffier. — Œuvres philosophiques de Samuel Clarke. — Euler. Lettres à une Princesse d'Allemagne. — Leçons de philosophie, par P. Laromiguière, 2 vol. — Œuvres de Descartes, précédées d'une Introduction par M. Jules Simon. — Œuvres philosophiques de Bossuet, précédées d'une Introduction, par M. Jules Simon.</small>

249. Philosophie. — Réunion de 8 vol. in-8, demi-rel. chag. et v. r. bleu et br.

<small>Philosophie générale des connaissances humaines, par P. J. Gasc. *Paris*, 1844. — Philosophie spiritualiste de la nature, par Th. Henri Martin. *Paris*, 1849, 2 tomes en 1 vol. — De l'Ethique de Spinoza, par Léon de Montbeillard. *Paris*, 1851. — Mémoires sur Diderot, Helvétius, D'Holbach, De La Mettrie, par M. Damiron. *Paris*, 1850-53, 4 ouvrages en 1 vol. — Réfutation inédite de Spinoza par Leibniz, précédée d'un Mémoire par A. Foucher de Careil. *Paris*, 1854. — La Logique subjective de Hégel, traduite par H. Sloman et J. Wallon. *Paris*, 1854. — La Philosophie du Droit, de Hegel ; essai analytique par A. Marrast. — Leibniz et les Deux Sophies, par A. Foucher de Careil. *Paris*, 1876.</small>

250. Philosophie. — Réunion de 5 vol in-8, demi-rel. v. f. vert et bleu.

<small>Esquisses de philosophie morale, par M. Dugald Stewart, traduit de l'anglais par Th. Jouffroy. *Paris*, 1826. — Mélanges philosophiques de</small>

Sir James Mackintosh, traduits de l'anglais par Léon Simon. *Paris*, 1829.
— Manuel de Philosophie par A. H. Matthia, traduit de l'allemand par M. H. Poret. *Paris*, 1837. — Bruno, ou du Principe divin et naturel des choses, par J. W. de Schelling, traduit de l'allemand, par C. Husson. *Paris*, 1845. — Etude historique sur la philosophie de la Renaissance en Italie (Cesare Cremonini), par Léopold Mabilleau. *Paris*, 1881.

251. Philosophie. — Réunion de 4 vol. in-12, v. ant. et vélin.

Mémoires touchant les Ambassadeurs et les ministres publics. par L. M. P. (par Wicquefort?). *Cologne, Pierre Du Marteau*, 1676. — L'Homme de cour, de Baltasar Gracian, traduit et commenté par le sieur Amelot de La Houssaie *Lyon*, 1691, front. gr. — Elementa psychologiæ empiricæ, a S. C. Hartlrodt. *Bremae*, 1778. — Théorie de l'intérêt de l'argent, contre l'abus de l'imputation d'usure (par Pierre Rulié). *Paris*, 1782.

252. Philosophie et Morale. — Réunion de 20 vol. in-12, br.

Channing, sa vie et sa doctrine, par René Lavollée. *Paris*, 1876. — Eléments de Philosophie, par G. L. Fonsegrive. *Paris*, s. d. — Condillac : Traité des Sensations. *Paris*, 1885. — La Morale naturelle et la religion de l'humanité, par Ed. de Pompery. *Paris*, 1891. — S. Jouglard. L'Univers et sa cause. *Paris*, 1891. — Emile Faguet. Politiques et moralistes du XIXe siècle. *Paris*, 1891. — De l'Esprit et de l'esprit philosophique, par C. C. Charaux. *Paris*, 1892. — Les Temps prochains, par le Comte Guy de Bremond d'Ars. *Paris*, 1892. — La Morale du Cœur, études d'âmes modernes, par Jules Angol Des Rotours, *Paris*, 1893. — La Vie Sociale, par le Dr Julien Pioger. *Paris*, 1894. — L'Année philosophique (1894), par F. Pillon. *Paris*, 1895. — La Faillite de la Science, par Victor Sidermann. *Paris*, 1895. — Les Grands problèmes, par Adolphe François. *Paris*, 1895. — Discours à la Nation Allemande, par J. G. Fichte. *Paris*, 1895. — La Sociabilité et le monde, par Charles Bigot. *Paris*, 1895. — La Vie simple par C. Wagner. *Paris*, 1895. — Autour du dilettantisme, par l'abbé Félix Klein. *Paris*, 1895. — Gustave Vapereau. L'Homme et la vie. *Paris*, 1896. — Etude sur l'espace et le temps, par Georges Lechalas. *Paris*, 1896. — Etc. etc.

253. Philosophie ; Morale. — Réunion de 8 vol. in-8, demi-rel. chag. et v. f. bleu et r.

Du Courage civil et de l'éducation propre à inspirer les vertus publiques, par Hyacinthe Corne. *Paris, Gayet*, 1828. — De la Morale avant les philosophes, par Louis Ménard. *Paris*, 1860. — La Philosophie et la pratique de l'éducation, par le Baron Roger de Guimps. *Paris*, 1860. — Le Système du monde moral, par Charles Lambert. *Paris*, 1862. — De la Raison, recherches sur la nature et l'origine des idées morales et scientifiques, par A. Ott. *Paris*, 1873. — De l'Intention morale, par C. A. Vallier. *Paris*, 1883. — La Morale dans l'histoire, par René Lavollée. *Paris*, 1892. — L'Encouragement au bien, au point de vue moral et pratique, par Alphonse Maas. *Paris*, 1894.

254. Philosophie et Morale. — Réunion de 7 vol. in-4 et in-8, demi-rel. v. f. et bleu, sauf 3 cart.

Stahl et l'animisme, par Albert Lemoine. *Paris*, 1858. — Essai de logique objective, par J. Tissot. *Paris*, 1868. — Spiritualisme et matérialisme, étude par Paul Ribot. *Paris*, 1873. — Etude sur la philosophie en France au XIXe siècle : Le Socialisme, le naturalisme et le positivisme, par M. Ferraz. *Paris*, 1877. — Essai sur les idées politiques de Montaigne et La Boëtie, par François Combes. *Bordeaux*, 1882. — Matière et Force, par Eugène Maldant. *Paris*, 1883. — Le Droit du bien et du vrai, par le Comte de Sauvage. *Paris*, 1885.

SCIENCES ET ARTS

255. Philosophie, Morale, etc. — Réunion de 7 vol. in-8, br.

La Philosophie, par Th. Funck-Brentano. *Paris*, 1868. — Félix Hément. De l'Instinct et de l'intelligence. *Paris*, 1880.—Quelques Pensées sur l'éducation morale, par le Baron de Lenval. *Paris*, 1886. — De l'Absolu : la loi de vie, par Olivier de Sanderval. *Paris*, 1891. — La Morale dans l'Histoire, par René Lavollée. *Paris*, 1892. — Denys Cochin. Le Monde extérieur. *Paris*, 1895. — L'Année (1895) philosophique, publiée par F. Pillon. *Paris*, 1896.

256. Etudes et Traités de divers philosophes. — Réunion de 13 vol. in-12, reliés et cart.

Réfutation de l'éclectisme, par Pierre Leroux. *Paris*, 1839. — La Solitude, par Zimmermann. *Paris*, 1845. — Maine de Biran, sa vie et ses pensées, publiées par Ernest Naville. *Paris*, 1857. — Charles Bonnet, sa vie et ses œuvres, par le Duc de Caraman. *Paris*, 1859. — M. Cousin. *Paris*, 1859. — Antécédents de l'Hégélianisme dans la philosophie française, par Emile Beaussire. *Paris*, 1865. — La Philosophie Italienne contemporaine, par Aug. Conti. *Paris*, 1865. — Marivaux moraliste. *Paris*, 1881. — Jean Paul Richter, œuvres diverses. *Paris*, 1885. — S. Jouglard. L'Univers et sa cause. *Paris*, 1892. — La Philosophie en France pendant la Révolution, par E. Joyau. *Paris*, 1893. — Malebranche : De la Recherche de la vérité. *Paris*, 1893. — Albin Valabrègue. La Philosophie du XXe siècle. *Paris*, 1895.

257. Traités de philosophie. — Réunion de 12 vol. in-12, demi-rel. v. f. bleu et r. sauf 3 cart.

Les Libres Penseurs, par Louis Veuillot. *Paris*, 1848. — La Vie et ses attributs dans leurs rapports avec la philosophie, l'histoire naturelle et la médecine, par E. Bouchut. *Paris*, 1862. — La Science de l'invisible, études de psychologie et de théodicée, par Charles Lévêque. *Paris*, 1865. — Libre Examen, par Louis Viardot. *Paris*, 1872. — Les Harmonies providentielles, par Charles Lévêque. *Paris*, 1872, 4 pl. gr. à l'eau-forte. — Paul Antonini. Les Chinois peints par un Français. *Paris*, 1886. — Cours de psychologie élémentaire, par E. de la Hautière. *Paris*, 1888. — Le Sens de la vie, par Edouard Rod. *Paris*, 1889. — Entretiens sur la liberté de conscience, par Félix Hément. *Paris*, 1890. — L'Histoire et la pensée, par Claude Charles Charaux. *Paris*, 1893. — Etc.

Envoi autographe des auteurs sur 9 volumes.

258. Etudes philosophiques; libre-pensée. — Réunion de 5 vol. in-8, demi-rel. v. bleu, dos orné, non rog.

L'Idée de responsabilité, par L. Lévy-Bruhl. *Paris*, 1884. — La Libre-pensée contemporaine, par l'abbé G. Canet. *Paris*, 1885. — Essai sur le Libre arbitre, sa théorie et son histoire, par George L. Fonsegrive. *Paris*, 1887. —De l'Idéal, étude philosophique, par A. Ricardou. *Paris*, 1890. — Les Forces immatérielles. La Pensée et le Principe pensant, par E. Belhahe. *Paris*, s. d.

Envoi autographe sur chaque volume.

259. Philosophie religieuse. — Réunion de 7 vol. in-8, reliés, cart. et br.

Essai sur les doctrines politiques de Saint Thomas d'Aquin, par H. R. Fougueray. *Paris*, 1857. — De la Religion naturelle et de la religion chrétienne, par le R. P. Fr. Ambroise Potton. *Paris*, 1859. — Le Dogme social, ou Solution de la question religieuse, par J. de Strada. *Paris*, 1861. — La Philosophie du Credo, par A. Gratry. *Paris*, 1861. — La Crise Religieuse, par Matthew Arnold. *Paris*, 1876. — Monde et Dieu, ou le fini et l'infini et leurs rapports, par Mgr. Guilbert. *Paris*, 1879. — La Perfection et la Psychologie Thomiste, par M. Domet de Vorges. *Paris*, 1892.

SCIENCES ET ARTS

260. Philosophie religieuse. — Réunion de 6 vol. in-12, demi-rel. v. f. et bleu.

<small>Logique, par A. Gratry. *Paris*, 1858, 2 vol. — Les Sources, conseils pour la conduite de l'esprit, par A. Gratry. *Paris*, 1861. — Famille et Divorce, par l'abbé Vidieu *Paris, Dentu, s. d.* (1879). — L'Ame, sa spiritualité, sa puissance, sa grandeur, son immortalité, par Mgr. Turinaz. *Paris*, 1887. — La Libre-Pensée et le Catholicisme, par M. l'abbé Charles Perraud. *Paris*, 1887.</small>

261. Mélanges philosophiques. — Réunion de *soixante-huit* pièces reliées en 8 vol. in-4 et in-8, demi-rel. v. br. r. et bleu.

262. Mélanges sur la philosophie, l'enseignement, la littérature, les beaux-arts, l'histoire et l'archéologie. — Réunion de 94 opuscules de différents formats, br.

263. Traités de philosophie et d'économie politique *en italien*. — Réunion de 7 vol. in-8 et in-12, reliés, cart. et br.

<small>L'Instruzione publica alla Esposizione Universale di Parigi. *Roma*, 1879. — Giordano Bruno e le fonti delle sue dottrine, per Vincenzo di Giovanni. *Palermo*, 1888. — I Primi principii della sociologia, libri VI di Angelo Majorana. *Roma*, 1891. — Amedeo Baccicellai. Bozzetti. *Firenze*, 1892. — Dott. G. B. Milesi. La Negazione del libero arbitrio ed il criterio del giusto, nella ricerca della legge sociale. *Milano*, 1894. — Aw Giulio G. Levi. Lavoro e liberta, trattato popolare di scienza economica, politico-sociale. *Torino*, 1893-95, 2 vol.
Envoi autographe sur cinq volumes.</small>

264. Mélanges philosophiques *en anglais*. — Réunion de 9 vol. in-8 et in-12, cart. perc. br.

<small>Examination of the principles of the Scoto-Oxonianphilosophy, by Timologus. *London*, 1861. — Biographical sketches, by Nassau W. Senior. *London*, 1863. — On the Philosophy of ethics, an analytical essay, by Simon S. Laurie. *Edinburgh*, 1866. — Lectures on Greek philosophy and other philosophical remains of James Frederick Ferrier. *London*, 1866, 2 vol. — Theism, by Robert Flint. *London*, 1876. — Vico, by R. Flint. *London*, 1884. — The Progressiveness of modern Christian thought, by James Lindsay. *London*, 1892. — History of the philosophy of history, by R. Flint. *London*, 1893.</small>

265. Traités de philosophie *en anglais*. — Réunion de 5 vol. in-12, cart. perc.

<small>An essay on Intuitive morals being an attempt to popularize ethical science. Part I, Theory of morals. *Boston*, 1859. — Family Thermometry, a manual of thermometry for mothers, nurses, hospitalers, by Edward Seguin. *New-York*, 1873. — Semitic philosophy showing the utltimate social and scientific outcome of original Christianity in its conflict with surviving ancient Heathenism, by Philip C. Friese. *Chicago*, 1890. — A Study in Corneille, by Lee Davis Lodge. *Baltimore*, 1891. — The Sunday problem. *Boston*, 1894.
Envoi autographe sur 4 volumes.</small>

266. La Liberté de penser, revue philosophique et littéraire (par Jules Simon). *Paris*, 1848-1851, 8 vol. in-8, demi-rel. chag. noir.

<small>Collection complète.</small>

SCIENCES ET ARTS

267. L'Année philosophique, publiée sous la direction de F. Pillon. *Paris, Alcan*, 1891-94, 4 vol. in-8, demi rel. v. bleu, dos orné.

<small>Les 4 premières années.
Envoi autographe de l'auteur sur chaque volume.</small>

3. Logique.

268. De la Logique d'Aristote, par J. Barthélemy Saint-Hilaire. *Paris, Ladrange.* 1838. 2 vol. in-8, demi-rel. v. f. dos orné.
<small>Signature de M. Jules Simon sur le titre du tome I.</small>

269. Logique d'Aristote, traduite en français pour la première fois et accompagnée de notes perpétuelles, par J. Barthélemy Saint-Hilaire. *Paris, Ladrange,* 1839-1844. 4 vol. in-8, demi-rel. v. r. dos orné. (*Zoubre.*)
<small>Signature de M. Jules Simon sur les titres.</small>

270. Eléments de logique, de Pierre Du Moulin. *Jouxte la Coppie imprimée à Rouen, chez Jacques Cailloue.* 1624, in-12, vélin.
<small>EDITION ORIGINALE de cette traduction faite par l'auteur même ; elle eût un grand succès et fût réimprimée plusieurs fois. — On a relié à la suite : L'Art de Raymond Lullius, esclaircy par Julius Pacius... où l'on enseigne une méthode qui fournit un grand nombre de termes universels, d'attributs, de propositions et d'argumens, par le moyen desquels on peut discourir sur tous sujets, amplifier un discours, trouver des questions et les résoudre facilement. *Paris, Julliot,* 1619, 6 ff. prél. non ch. et 54 ff. ch.</small>

271. Philosophia rationalis sive logica, methodo scientifica pertractata et ad usum scientiarum atque vitæ aptata ; præmittitur discursus, præliminaris de philosophia in genere, autore Christiano Wolfio. *Francofurti & Lipsiæ,* 1728, in-4, vélin à recouvr.

272. Kant : Logique de Kant, traduite de l'allemand par J^h. Tissot. — Leçons de métaphysique de Kant, publiées par M. Poelitz, traduites par J^h. Tissot. *Paris, Ladrange,* 1840-43, 2 vol. in-8, demi-rel. v. f.

273. Système de logique déductive et inductive, exposé des principes de la preuve et des méthodes de recherche scientifique, par John Stuart Mill, traduit sur la sixième édition anglaise, par Louis Peisse. *Paris, Ladrange,* 1866, 2 vol. in-8, demi-rel. chag. vert. dos orné.

274. Charles Waddington : Ramus (Pierre de La Ramée), sa vie, ses écrits et ses opinions. — Essais de logique, leçons faites à la Sorbonne de 1848 à 1856. — De l'Ame humaine,

études de psychologie. — Dieu et la conscience. *Paris, 1855-1870, 4 vol. in-8, demi-rel. chag. noir et bleu, et demi-rel. v. f. et bleu.*

Envoi autographe de l'auteur sur 2 volumes.

4. *Métaphysique.*

275. La Métaphysique et la Science, ou principes de métaphysique positive, par Etienne Vacherot. *Paris, Chamerot, 1858. 2 vol. in-8, demi-rel. chag. noir.*

Envoi autographe de l'auteur.

276. Eléments métaphysiques de la Doctrine du Droit (et de la Vertu), par Emmanuel Kant, traduit de l'allemand par Jules Barni. *Paris, Durand, 1853-55, 2 vol. in-8, demi-rel. chag. noir et v. f.*

Envoi autographe de M. Jules Barni sur le deuxième volume.

277. La Métaphysique d'Aristote, traduite pour la première fois ; accompagnée d'une introduction, d'éclaircissements historiques et critiques et de notes philologiques, par Alexis Pierron et Charles Zévort. *Paris, Joubert, 1840, 2 vol. in-8, demi-rel. v. vert. dos orné. (Zoubre.)*

Signature de M. Jules Simon sur le faux-titre du tome II et envoi autographe de M. A. Pierron.

278. Métaphysique d'Aristote, traduite en français avec des notes perpétuelles, par J. Barthélemy Saint-Hilaire. *Paris, Germer-Baillière, 1879, 3 vol. gr. in-8, demi-rel. mar. r. avec coins, tête dor. non rog.*

Bel exemplaire sur GRAND PAPIER.
Envoi autographe de M. Barthélemy Saint-Hilaire.

279. Essai sur la Métaphysique d'Aristote, par Félix Ravaisson. *Paris, Joubert, et Impr. Royale, 1837-46, 2 vol. in-8, demi-rel. v. f. dos orné. (Zoubre.)*

280. Victor Cousin : De la Métaphysique d'Aristote. — Fragments philosophiques, 2 vol. (*dont 1 incomplet du titre*). — Défense de l'Université et de la Philosophie. — Histoire générale de la philosophie depuis les temps les plus anciens, jusqu'au XIXᵉ siècle. *Paris, 1838-1884, 5 vol. in-8, demi-rel. v. bleu, sauf 1 en demi-rel. v. f.*

281. Psychologie d'Aristote. Opuscules (parva naturalia). De la Sensation et des choses sensibles. De la Mémoire et de la réminiscence. Du Sommeil et de la veille. Des Rêves. De la Divination dans le sommeil... traduits en français pour la première fois et accompagnés de notes perpétuelles, par J. Barthélemy Saint-Hilaire. *Paris, Dumont, à l'Institut, 1847, in-8, demi-rel. v. r. dos orné.*

SCIENCES ET ARTS

282. Confessioni di un Metafisico, per Terenzio Mamiani. *Firenze*, 1865, 2 vol. in-12, demi-rel. v. f. dos orné à petits fers.
    Envoi autographe de l'auteur.

283. Alfred Fouillée: L'Avenir de la métaphysique fondée sur l'expérience. — L'Evolutionnisme des idées-forces. — Tempérament et caractère selon les individus, les sexes et les races. — Le Mouvement idéaliste et la réaction contre la science positive. *Paris, Alcan*, 1889-96, 4 vol. in-8, demi-rel. v. bleu, dos orné, fil. tête dor. non rog.
    Envoi autographe de l'auteur sur chaque volume.

284. Métaphysique et autres traités. — Réunion de 11 vol. in-12, demi-rel. v. bleu.
    Histoire de la Liberté dans l'Antiquité et le Christianisme, par Lord Acton. *Bruxelles*, 1878. — La Vie et ses attributs, par E. Bouchut. *Paris*, 1876. — Libre Examen, par Louis Viardot. *Paris*, 1877. — De la Pensée, par Charles Charaux. *Paris*, 1881. — De la Connaissance de soi-même, par Charles Loomans. *Paris*, 1883. — La Délicatesse dans l'art, par Constant Martha. *Paris*, 1884. — Le Sommeil et les Rêves, par J. Delbœuf. *Paris*, 1885. — L'Evolution et la Vie, par Denys Cochin. *Paris*, 1886. — La Vie des êtres animés, par Emile Blanchard. *Paris*, 1888. — La Critique scientifique, par Emile Hennequin. *Paris*, 1888. — La Liberté de conscience, par Léon Marillier. *Paris*, 1890.

---

285. La Thréicie, ou la Seule voie des sciences divines et humaines, du culte vrai et de la morale (par G. A. Aucler). *Paris, Moutardier, an VII* (1799), in-8, demi-rel. chag. noir.
    Mouillures aux premiers feuillets.

286. Mémoire en faveur de Dieu, par J. de L'Isle de Sales. *Paris, Fuchs*, 1802, in-8, cart. dos de perc. r. et noire, non rog.

287. Les Lois fondamentales de l'univers, par le Prince Grigori Stourdza. *Paris, Baudry*, 1891, gr. in-8, demi-rel. v. bleu, dos orné, tête dor.

288. F. Magy : De la Science et de la nature, essai de philosophie première — La Raison et l'Ame Principes de spiritualisme. *Paris*, 1865-1877, 2 vol. in-8, demi-rel. v. f. et bleu.
    Envoi autographe de l'auteur sur chaque volume.

289. Système de la Nature, recherche des bases qui constituent et des lois qui gouvernent l'Univers physique et moral et l'homme en particulier, par un Etudiant de 90 ans C. H. (Charles Hugueny). *Nancy, Berger-Levrault*, 1890, gr. in-8, 1 grande planche pliée, fac-similes d'autographes, cart. perc. verte, non rog.
    Envoi autographe de l'auteur.

SCIENCES ET ARTS

290. De la Recherche de la vérité, où l'on traitte de la nature de l'esprit de l'homme et de l'usage qu'il en doit faire pour éviter l'erreur dans les sciences (par le P. Malebranche). Quatrième édition, revuë et augmentée. *Suivant la Copie imprimée à Paris, chez André Pralard*, 1678-79, 3 vol. in-12, pl. vélin.

<small>Bonne édition imprimée en Hollande et qui s'annexe à la Collection Elzevirienne (Willems : *les Elzevier*, n° 1926). D'après M. Rahir cette édition aurait été imprimée à Bruxelles par H. Fricx.</small>

291. Entretien d'un philosophe chrétien et d'un philosophe Chinois sur l'existence de la nature de Dieu, par l'auteur de la Recherche de la Vérité (le P. Malebranche). 1 f. non ch. pour le titre, 73 pp. et 1 f. non ch. pour le privilège. — Avis touchant l'entretien d'un philosophe chrétien avec un philosophe Chinois, composé par le P. Malebranche, Prêtre de l Oratoire, pour servir de réponse à la critique de cet entretien, insérée dans les Mémoires de Trévoux du mois de juillet 1708, 2 ff. prél. non ch. dont 1 pour le titre et 1 blanc et 40 pp.— *Paris, Michel-David*, 1708. — Ens. 2 ouvrages en 1 vol. in-12, vélin.

<small>EDITIONS ORIGINALES. Légère mouillure.</small>

292. Lettres du Père Malebranche touchant celles de Mr Arnauld. *Rotterdam, Reinier Leers*, 1687, in-12, v. ant. marb.

<small>EDITION ORIGINALE.</small>

293. Entretiens sur la métaphysique, sur la religion et sur la mort. Nouvelle édition, par le R. P. Malebranche. *Paris, David*, 1732, 2 vol. in-12, v. ant. granit.

294. Réflexions sur la prémotion physique par le R. P. Malebranche, Prêtre de l'Oratoire. *Paris, Michel David*, 1715, in-12, demi-rel. vélin, *non rogné*.

<small>EDITION ORIGINALE du dernier écrit de l'auteur.
Exemplaire sur GRAND PAPIER, *non rogné*.</small>

295. Léon Ollé-Laprune: La Philosophie de Malebranche, 2 vol. — Essai sur la Morale d'Aristote. *Paris*, 1870-1881, 3 vol. in-8, demi-rel. v. bleu et r.

296. Léon Ollé-Laprune: La Philosophie de Malebranche, 2 vol. — Essai sur la morale d'Aristote. — De la Certitude morale. *Paris*, 1870-92, 4 vol. in-8, cart. dos de perc. bleue, non rog.

<small>Envoi autographe de l'auteur sur chaque volume.</small>

---

297. Nemesii de Natura hominis liber; Georgio Valla placentino interprete. *Lugduni, apud Seb. Gryphium*, 1538, in-4, vélin.

<small>Signature de *M. Jules Simon*, Oct. 1838, sur le titre.</small>

SCIENCES ET ARTS

298. Francisci Baronis (sic) de Verulamio historia vitæ et mortis, cum annotationib. Barthol. Moseri. *Dilingæ typis academ.* 1645, fort vol. in-16, titre-front. gr. d'après Wolfgang Kilian, vélin à recouvr.

<small>Nom à l'encre à la marge supérieure du titre.</small>

299. Etude de l'homme, par N. V. de Latena. Quatrième édition. *Paris, Michel Lévy,* 1863, 2 vol. in-12, demi-rel. v. bleu, dos ornés à petits fers, non rog.

<small>Envoi autographe de l'auteur.</small>

300. El Hombre libre segun la naturaleza o estudios racionales sobre Anthropodicea general por Juan José Samayoa. *Saint-Quentin,* 1886, gr. in-8, mar. r. dos orné, fil. dent. int. tr. dor. dans un étui. (*Garidel.*)

301. Histoire de la Psychologie des Grecs, par A. Ed. Chaignet. *Paris, Hachette,* 1887-1893, 5 vol. in-8, demi-rel. v. bleu, dos orné, fil. tête dor. non rog.

302. Traité des Facultés de l'âme, comprenant l'Histoire des principales théories psychologiques, par Adolphe Garnier. *Paris, Hachette,* 1852, 3 vol. in-8, demi-rel. v. r. dos orné.

303. La Psychologie des idées-forces, par Alfred Fouillée. *Paris, Alcan,* 1893, 2 vol. in-8, demi-rel. v. bleu, dos orné, fil. tête dor. non rog.

<small>Envoi autographe de l'auteur.</small>

304. Psychologie par Antonio Rosmini Serbati, traduit de l'italien sur la nouvelle édition, par E. Segond. *Paris, Perrin,* 1888-1890, 3 vol. in-8, br.

305. L'Alternative, contribution à la psychologie, par Edmund R. Clay, traduit de l'anglais par A. Burdeau. *Paris, Alcan,* 1886, in-8, demi-rel. v. bleu, non rog.

306. Ludovic Carrau : Etudes sur la Théorie de l'Evolution aux points de vue psychologique, religieux et moral. (*2 exemplaires.*) — La Conscience psychologique et morale dans l'individu et dans l'histoire. — De l'Education, précis de Morale pratique. (*2 exemplaires.*) — *Paris,* 1879-1888, 5 vol. in-12, demi-rel. v. bleu, dos orné, fil. tête dor.

<small>Envoi autographe de l'auteur sur 3 volumes.</small>

307. Etudes psychologiques. — Réunion de 4 vol. in-8, demi-rel. v. bleu.

<small>La Psychologie de l'association, depuis Hobbes jusqu'à nos jours; histoire et critique, par Louis Ferri. *Paris,* 1883. — Le Suicide dans l'antiquité et dans les temps modernes par Gaston Garrisson. *Paris,* 1885. — Essai sur les données immédiates de la conscience, par Henri Bergson. *Paris,* 1889. — Le Pessimisme, par Léon Jouvin. *Paris,* 1892.</small>

308. Essai philosophique concernant l'entendement humain, où l'on montre quelle est l'étendue de nos connoissances certaines, et la manière dont nous y parvenons, par M. Locke, traduit de l'anglois par M. Coste. *Amsterdam, Pierre Mortier*, 1729, in-4, portrait gr. v. ant. granit.

<small>Signature de M. Jules Simon sur le titre.</small>

309. Œuvres (et Œuvres posthumes et inédites) de Vauvenargues. Edition nouvelle... accompagnée de notes et commentaires par D. L. Gilbert. *Paris, Furne*, 1857, 2 vol. in-8, portrait gr. demi-rel. chag. noir.

310. Cl. Adr. Helvétius : De l'Esprit. *Paris, Garnéry*, 1793, 4 vol. — De l'Homme, de ses facultés intellectuelles, et de son éducation. *Paris, Dugour*, 1797, 6 vol. — Ens. 10 vol. in-12, bas. ant. jaspée.

<small>Ces éditions, données par M. l'abbé Lefebure de la Roche, légataire des manuscrits de l'auteur, sont les seules qui leur soient conformes.</small>

311. Eléments de la Philosophie de l'esprit humain, par Dugald-Stewart. Traduction française, revue, corrigée et complétée par L. Peisse. *Paris, Ladrange et Hachette*, 1843-45, 3 vol. in-12, demi-rel. v. bleu, dos orné.

<small>Signature de M. Jules Simon sur le titre du tome I. — Taches d'humidité à quelques feuillets.</small>

312. Influence de l'habitude sur la faculté de penser, par P. Maine Biran. *Paris, an XI* (1803). — Nouvelles considérations sur les rapports du physique et du moral de l'homme. Ouvrage posthume de M. Maine de Biran, publié par M. Cousin. *Paris*, 1834. — Etude critique sur Maine de Biran, par Oscar Merten. *Namur*, 1865. — Ens. 3 vol. in-8, demi-rel. v. f. et vert, et cart.

313. Traité philosophique de la faiblesse de l'esprit humain, par feu Mr. Huet (publié par A. H. de Sallengre). *Amsterdam, Du Sauzet*, 1723, in-12, portrait gr. v. f. ant. — Esquisse d'un Tableau historique des progrès de l'esprit humain, par Condorcet. *Milan, an VI*, in-8, cart. perc. bleue. (*Nombreuses notes marginales manuscrites.*) — Ens. 2 vol.

<small>Signature de M. Jules Simon sur le titre du premier ouvrage.</small>

314. Francisque Bouillier : Du Plaisir et de la douleur. — Le même ouvrage, 3ᵉ édition. — Morale et progrès. — L'Institut et les Académies de province. — L'Université sous M. Ferry. — La Vraie conscience. — Etudes familières de psychologie et de morale. — Nouvelles études familières de psychologie et de morale. — Questions de morale pratique. *Paris*, 1865-89, 9 vol. in-12, demi-rel. v. bleu.

<small>Envoi autographe de l'auteur sur 5 volumes.</small>

315. Jacob Rodrigues Péreire, premier instituteur des sourds-muets en France, sa vie et ses travaux, par Ernest La Rochelle. *Paris, Paul Dupont,* 1882, in-8, fig. demi-rel. v. vert. — Comment on fait parler les sourds-muets, par L. Goguillot. *Paris, Masson,* 1889, in-8, fig. br. — Ens. 2 vol.

<small>Envoi autographe des auteurs sur chaque volume.</small>

316. De l'Esprit, du comique, du rire, par Louis Philbert. *Paris, Claye,* 1876, in-8, demi-rel. v. bleu.

5. Morale.

317. Histoire des Théories et des idées morales dans l'Antiquité, par J. Denis. *Paris, Durand,* 1856, 2 vol. in-8, demi-rel. chag. noir.

<small>Envoi autographe de l'auteur.</small>

318. Collection des Moralistes anciens. *Paris, Didot l'aîné,* 1782-1795, 18 vol. in-18, mar. r. dos orné, fil. dent. int. tr. dor. (*Rel. anc.*)

<small>Collection complète. — Quatre volumes ont des reliures modernes en mar. r. avec les mêmes fers que les reliures anciennes et 2 vol. sont reliés en chag. vert, dos orné, fil. tr. dor. — Signature de M. Jules Simon, sur le titre du Tome I.</small>

319. Epicteti Enchiridion, una cum Cebetis tabula, accessere Arriani commentariorum de Epicteti disputationibus lib. IV, omnia Hieron. Wolfio interprete, cum ejusdem annotationibus. Item Porphyrii philosophi Pythagorici de abstinentia ab animalibus necandis libri IV... *Cantobrigiæ ex Acad. Typographeo,* 1655, 2 parties en 1 fort vol. in-8 à 2 col. texte grec et latin, v. f. ant. fatigué.

<small>Signature de M. Jules Simon, 1841, sur le titre. — Court en tête; piqûres de vers raccommodées.</small>

320. Ethica ϗ Politi. Aristo. cũ com. Auer. || Aristote. Sta||gyrite Ethicorum lib. X. cũ || Auer. corduben. exactiss. cõ||mentarijs. Item ϗ eiusdem || Aristote. Politicoruz. lib. ‖ VIII. ac Oeconomicorũ lib. || ij. Leonardo Aretino inter|prete. Quos omnes: si ad||vnguez inspexeris: eos | pristino candori re||stitutos com)peries. || ☙ *Venundantur Lugduni apud Scipione de Gabiano...* (A la fin :) *Impressum Lugduni cura ϗ diligentia solertis viri Jacobi Myt. Impensis... Scipionis de Gabiano ϗ fratrum. Anno... Millesimo quingentesimotrigesimo XVIII Januarij* (1530), in-4 goth. de 238 ff. ch. et 2 ff. non ch. pour la table, v. brun ant. comp. estampés à froid. (*Rel. restaurée.*)

SCIENCES ET ARTS

321. **Morale d'Aristote**, traduite par J. Barthélemy Saint-Hilaire. *Paris, Durand,* 1856, 3 vol. gr. in-8, demi-rel. v. f. dos orné.

322. **Léon Ollé-Laprune** : Aristote. Morale à Nicomaque (livre VIII de l'amitié). — La Philosophie et le Temps présent. — Les Sources de la paix intellectuelle. — Le Prix de la vie. *Paris, Belin,* 1882-1894. 4 vol. in-12, cart. dos de perc. bleue, non rog.

    Envoi autographe de l'auteur sur 2 volumes.

323. **Epicteti quæ supersunt dissertationes ab Arriano collectæ** : Enchiridio fragmentisque in fine adjectis. Recensuit notisque illustravit Joannes Uptonus. *Londini, impensis Thomæ Woodward,* 1739, 2 parties en 1 fort vol. in-4, texte grec et latin, v. f. ant. fil.

    Belle édition fort estimée.
    Signature de M. Jules Simon sur le titre.

324. **Manuels d'Epictète** (traduits par A. Dacier) suivis du Tableau de Cébès (traduit par J.-N. Belin de Ballu). *Paris, Impr. de Boiste,* 1796, in-18, mar. bleu, dos orné à petits fers, fil. dent. int. tr. dor. (*Rel. anc.*)

325. **Les Œuvres morales et meslées de Plutarque**, translatées de grec en françois, par M. Jaques Amyot. (*Genève, Jacob Stoer,* 1576, 2 forts vol. pet. in-8, vélin à recouvr. dos orné, fil. milieu de feuillage, tr. dor.

    Edition compacte imprimée en jolis petits caractères.
    Signature de M. Jules Simon sur le titre du tome 1.

326. **La Consolation philosophique de Boèce**, traduction nouvelle en prose et en vers, avec le texte (latin) en regard, et accompagnée d'une introduction et de notes par Louis Judicis de Mirandol. *Paris, Hachette,* 1861, in-8, demi-rel. v. br.

---

327. **Les Essais de Michel, seigneur de Montaigne**. Nouvelle édition. *Paris, Séb. Huré,* 1657, in-fol. v. br. ant. fatigué.

    Dernière édition qui ait paru en grand format ; c'est une simple réimpression de l'édition de *Paris, Aug. Courbé,* 1652.
    Signature de M. Jules Simon sur le titre.

328. **Les Essais de Michel, seigneur de Montaigne**. Nouvelle édition exactement purgée des défauts des précédentes selon le vray original... *Bruxelles, François Foppens,* 1659, 3 vol. in-4, frontispice avec portrait en médaillon, v. br. ant.

    Edition recherchée pour sa belle exécution typographique, elle s'annexe à la collection elzevirienne (Willems : *les Elzevier,* n° 1982.)
    Hauteur : 146 mill.

SCIENCES ET ARTS

329. Les Essais de Michel, seigneur de Montaigne. Edition nouvelle, enrichie d'annotations en marge, corrigée et augmentée d'un tiers outre les précédentes impressions... *A Envers, Abraham Maire, s. d.* fort vol. pet. in-8 de 1 titre-front. et 1 portrait gr. 4 ff. prél. non ch. 1129 pp. et 18 ff. non ch. pour la table, vélin.

Edition rare.

330. Essais de Montaigne. Edition nouvelle, où se trouvent ses lettres et le discours de La Boëtie sur la servitude volontaire, ou le contr'un, avec les notes de Coste. *Paris, Louis,* 1801, 16 vol. in-18, portr. gr. demi-rel. v. f. dos orné.

Signature de M. Jules Simon sur le tome 1.

331. Essais de Michel de Montaigne, nouvelle édition, avec les notes de tous les commentateurs choisies et complétées par M. J. V. Le Clerc ; précédée d'une nouvelle étude sur Montaigne, par M. Prévost-Paradol. *Paris, Garnier,* 1865-66, 4 vol. in-8, portrait gr. demi-rel v. bleu, tête dor. non rog.

De la collection des *Chefs-d'œuvre de la Littérature Française.*

332. Essais de Michel de Montaigne, texte original de 1580, avec les variantes des éditions de 1582 et 1587, publié par R. Dezeimeris et H. Barckausen. *Bordeaux, Gounouilhou,* 1870-73, 2 vol. in-8, pap. vergé, demi-rel. mar. br. tête dor. non rog.

Bel exemplaire de cette publication de la *Société des Bibliophiles de Guyenne.*

333. Les Essais de Montaigne, publiés d'après l'édition de 1588 avec les variantes de 1595 et une notice, des notes, un glossaire et un index par H. Motheau et D. Jouaust. *Paris, Libr. des Bibliophiles.* 1886-89, 7 vol. in-16, pap. vélin, demi-rel. v. bleu, dos orné, fil. tête dor. ébarbés.

De la *Nouvelle Bibliothèque classique.*

334. De la Sagesse. Trois livres par Pierre Charron. *A Leide, chez Jean Elsevier, s. d.* (1659), pet. in-12, titre-front. gr. cuir de R. quadrillé, dos et angles fleurdelisés, fil. et comp. à froid dent int. tr. dor.

Jolie édition elzevirienne la plus rare et la plus recherchée. C'est une copie ligne pour ligne de l'édition de 1656, dont elle reproduit même jusqu'aux fautes de pagination ; elle ne diffère de cette dernière édition que par le titre gravé qui est ici nouveau et par la dédicace. (Willems : *les Elzevier,* n° 843.) — *Signature de M. Jules Simon sur le second feuillet.*

335. De la Sagesse, trois livres, par Pierre Charron. Suivant la vraye copie de Bourdeaux. *Genève (Paris, Cazin),* 1777, 3 vol. in 18, portrait gr. par N. de Launay, v. f. ant. fil. tr. dor.

336. Maximes et Réflexions morales du Duc de La Rochefoucauld (avec une notice sur le caractère et les écrits de La Rochefoucauld par M. Suard). *Paris, Impr. Royale*, 1778, in-8, v. ant. marb. dos orné. fil tr. dor.

<small>Bel exemplaire sur GRAND PAPIER.</small>

337. Maximes et Réflexions morales du Duc de La Rochefoucauld. *Paris, Didot l'aîné, an V^e*, 1796, in-18, portr. par Monsiau, gr. par Saint-Aubin, demi-rel. mar. olive avec coins, dos orné, non rog. (*Thouvenin.*)

<small>Exemplaire sur GRAND PAPIER VÉLIN. Ex-libris C. PIETERS.</small>

338. Réflexions ou Sentences et Maximes morales de La Rochefoucauld. Edition Louis Lacour. *Paris, Académie des Bibliophiles*, 1868, in-8, pap. de Hollande, demi-rel. mar. brun avec coins, tête dor. non rog.

<small>De la *Collection des Classiques français.*</small>

339. Les Caractères ou les Mœurs de ce siècle, précédés des Caractères de Théophraste traduits du grec par La Bruyère, texte revu sur la neuvième édition de 1696..., par Charles Asselineau. *Paris, Lemerre*, 1871, 2 vol. in-8, pap. vergé, portrait gr. titres calligraphiés sur le dos, vélin blanc à recouvr. tête r. non rog.

<small>De la *Collection Lemerre* (*Classiques français*).</small>

340. Eléments de la Morale universelle ou Catéchisme de la nature, par feu M. le Baron d'Holbach. (Ouvrage refondu et mis au jour par Jacques-André Naigeon.) *Paris, de Bure*, 1790, in-18, pap. vélin, demi-rel. mar. violet avec coins, fil. tête dor. non rog.

341. Essai sur les préjugés, ou de l'Influence des opinions sur les mœurs et sur le bonheur des hommes. Ouvrage contenant l'apologie de la philosophie par Mr. D. M. (le Baron d'Holbach, avec des notes par J. A. Naigeon). *Londres* (*Amsterdam, MM. Rey*), 1770, in-8, mar. vert, dos orné, fil. dent. int. tr. dor. (*Rel. anc.*)

342. Henri Joly : Eléments de morale. — Psychologie comparée : l'homme et l'animal. — Le Combat contre le crime. — Le Socialisme chrétien. *Paris*, 1880-1892, 4 vol. in-12, demi-rel. v. f. et bleu.

<small>Envoi autographe de l'auteur sur chaque volume.</small>

343. Morale et Education. *Paris*, 1859-1894. — Réunion de 11 vol. in-12 en demi-rel. v f. bleu et r. et cart.

<small>Mélanges d'Histoire, de morale et de critique, par Em. Saisset. — Souvenirs de Lectures, histoire et morale, par A. Du Mesnil. — Etudes</small>

sur les Moralistes français, par M. Prévost-Paradol. — P. Antonini, Trois Confessions, Saint Augustin, Montaigne, J.-J. Rousseau. — Le Livre de la vieillesse, par A. Rondelet. — Léon Séché. Educateurs et moralistes. — La Famille, par le C'° Agénor de Gasparin, 2 vol. — De la Physionomie et de la parole, par A. Lemoine. — De la Nature des choses. La Vie éternelle et universelle par A. Danten. — Du Droit et du devoir, par Ch. Monnard.

Envois autographes des auteurs sur 6 volumes.

344. Morale. — Réunion de 11 vol. in-12, demi-rel. v. bleu.

L'Ordre social et l'ordre moral, le droit et le devoir, par A. Bertauld. *Paris*, 1874. — Des Idées religieuses, par William Johnson Fox. *Paris*, 1877. — La Liberté dans l'ordre intellectuel et moral. Etudes de droit naturel, par Emile Beaussire. *Paris, Didier*, 1878. — Petit Traité de morale. *Paris*, 1879 — Victor Schœlcher : le Vrai Saint Paul, sa vie, sa morale. *Paris*, 1879. — Le Libéralisme et les Idées religieuses, par Paul Voituron. *Paris*, 1879. — Nos Devoirs et nos droits, morale pratique, par M. Ferraz. *Paris*, 1881. — Du Danger des mauvais livres et des moyens d'y remédier, par Eugène de Budé. *Paris*, 1883. — Etude sur la Casuistique stoïcienne, par Raymond Thamin. *Paris*, 1884. — L'Education du caractère, par Alexandre Martin. *Paris*, 1887. — Essai sur la Liberté morale, par E. Joyau. *Paris*, 1888.

Envoi autographe des auteurs sur 6 volumes.

345. Pensées de la Solitude (par la Princesse Aurélie Ghika), avec une Préface de Alexandre Dumas fils. *Paris Calmann Lévy*, 1891, in-16, pap. vergé, demi-rel. v. f. dos orné, fil. tête dor. non rog.

Envoi autographe de l'auteur.

346. Pensées, vérités, paradoxes, etc. *Paris*, 1886-94. — Réunion de 8 vol. in-12 et in-16 en demi-rel. v. r. et bleu, cart. ou br.

Joseph Roux. Pensées et Nouvelles Pensées, 2 vol. — En Nous et autour de nous. Pensées par Roger Dombrea. — Eugène Marbeau. Remarques et pensées. — L. de La Brière. Montaigne chrétien. Réflexions tirées des Essais. — Vérités et paradoxes, par Frédéric Passy. — Ne quid nimis, par J.-A.-A***. — A. Ducèdre. Carnet d'un Fataliste.

Envois autographes des auteurs sur quatre volumes.

347. Pensées. *Paris*, 1885-91. — Réunion de 4 vol. in-8, dont 1 en demi-rel. v. f. et 3 br.

Joseph Roux. Pensées, Introduction par Paul Mariéton. — Tablettes de la vie. — A. Barratin. Chemin faisant. C. Hulewicz. Paradoxal.

Envois autographes des auteurs sur 3 volumes.

348. Eléments de science morale, comprenant l'éthique, l'économique, la politique et la théologie naturelle, avec un Appendice sur l'immatérialité et l'immortalité de l'âme, par James Beattie, traduit de l'anglais par M. C. Mallet. *Paris, Maire-Nyon*, 1840, 2 vol. in-8, demi-rel. v. br.

SCIENCES ET ARTS

349. Les Charactères des Passions, par le S^r de La Chambre. *Amsterdam, Antoine Michel*, 1658, 2 parties en 1 vol. pet. in-12. titre-front. gr. vélin à recouvr.

<small>Tomes I et II de cet ouvrage fort bien imprimé, et sortant incontestablement des presses elzeviriennes d'Amsterdam. M. Willems (*Les Elzevier*, n° 1233) y consacre une note très intéressante. — Tache au titre.
Hauteur : 129 mill.</small>

350. Jules Simon : Le Devoir. Cinquième édition. — Essai critique sur la religion naturelle de M. Jules Simon, par Michel de Castelnau. — L'Ecole. Onzième édition. *Paris*, 1857-1886, 3 vol. in-12, relié et cart. perc.

351. Conscience et Science du devoir. Introduction à une explication nouvelle du Code Napoléon, par J. Oudot. *Paris, Durand*, 1855-56, 2 vol. in-8, demi-rel. v. f. dos orné.

<small>Envoi autographe de l'auteur.</small>

352. Arthur Desjardins : Les Devoirs, essai sur la morale de Cicéron. — Le même ouvrage, deuxième édition. — P. J. Proudhon, sa vie, ses œuvres, sa doctrine, 2 vol. *Paris, Didier*, 1865-1896, 4 vol. in-12, demi-rel. v. bleu et r. sauf 1 en demi-rel. chag. noir, plats de perc.

<small>Envoi autographe de l'auteur sur 2 volumes.</small>

353. Recherches historiques du juste et de l'autorité. Philosophie appliquée, par H. C. Mailfer. *Paris, Guillaumin*, 1873, 2 vol. gr. in-8, cart. perc. brune.

354. Eugène Pelletan : Profession de foi du dix-neuvième siècle. — Droits de l'homme. — La Famille : La Mère. *Paris, Pagnerre*, 1852-1865, 3 vol. in-8, demi-rel. chag. r. et noir.

<small>Envoi autographe de l'auteur sur chaque volume.</small>

355. La Morale utilitaire, exposition et critique des doctrines qui fondent la morale sur l'idée du bonheur, par Ludovic Carrau. *Paris, Didier, s. d.* in-8, demi-rel. v. bleu, dos orné, fil. tête dor. ébarbé.

<small>Envoi autographe de l'auteur.</small>

6. *Application de la Morale.*

A. Règles de la vie civile.

356. Le Mariage, ses charmes et ses devoirs. La Famille, les enfants, les joies du foyer, code conjugal, par le Docteur L. Grellety. *Macon, Protat*, 1891, in-4, pap. vergé, demi-rel. v. f. dos orné, fil. tête dor. non rog.

<small>Envoi autographe de l'auteur.</small>

357. Education des Filles, de Fénelon, précédée d'une Introduction par Oct. Gréard. *Paris, Librairie des Bibliophiles*, 1885, in-12, pap. vergé, front. gr. à l'eau-forte, demi-rel. chag. bleu, tête dor, non rog. *couvertures.*

De la *Bibliothèque des Dames.*

358. L'Evolution intellectuelle et morale de l'enfant, par G. Compayré. *Paris, Hachette,* 1893, gr. in-8, demi-rel. v. r. dos orné, fil. tête dor. non rog.

ÉDITION ORIGINALE.
Envoi autographe de l'auteur.

359. Victor de Laprade: L'Education homicide, plaidoyer pour l'enfance. Nouvelle édition. — L'Education libérale, l'hygiène, la morale, les études. — Histoire du Sentiment de la nature. Prolégomènes. *Paris, Didier,* 1868-1882, 3 vol. in-12, demi-rel. v. bleu et chag. br.

Les deux derniers ouvrages sont en ÉDITIONS ORIGINALES.
Sur le dernier volume, envoi autographe ainsi libellé: *A Jules Simon, au philosophe spiritualiste, au politique libéral. Hommage de sincère admiration ; son dévoué confrère, V. De Laprade.*

360. Essai sur la condition politique de la femme. Etude de sociologie et de législation, par Louis Frank (de Bruxelles). *Paris, Rousseau,* 1892, gr. in-8, demi-rel. v. f. dos orné, fil. tête dor.

Envoi autographe de l'auteur.

361. Dr F. A. D'Ammon : Le Livre d'or de la jeune femme, son rôle et ses devoirs comme mère de famille, soins à donner à la première enfance, d'après la 35e édition de l'original, par M. S. Gourovitch, précédé d'une lettre de Jules Simon. *Paris, Le Soudier,* 1891, in-12, demi-rel. v. f. dos orné, fil. tête dor. non rog.

Un des 10 exemplaires sur PAPIER DU JAPON. — Envoi autographe de l'auteur.

362. Actes du Congrès International des Œuvres et Institutions Féminines (tenu à Paris en 1889), publiés par les soins de la Commission nommée par le Comité d'organisation. *Paris, Bibliothèque des Annales Economiques,* 1890, gr. in-8, demi-rel. v. f. avec coins, dos orné, fil. tête dor. non rog.

Ouvrage tiré à *onze exemplaires numérotés* (n° 2).
Initiales J. S. dans les coins de la reliure.

363 Etudes sur la femme. — Réunion de 14 vol. in-12, demi-rel. v. bleu et r. sauf 3 br.

Palombe, ou la Femme honorable, par Jean Pierre Camus. *Paris,* 1853. — L'Assujettissement des femmes, par M. John Stuart Mill. *Paris,* 1869. — Histoire de l'éducation des femmes en France, par Paul Rousselot. *Paris, Didier, s. d.* 2 vol. — Le Travail des femmes au XIXe siècle, par Paul

SCIENCES ET ARTS

Leroy-Beaulieu. *Paris*, 1873. — La Femme Romaine, étude de la vie antique, par Mme Clarisse Bader. *Paris*, 1877. — Essai sur la condition des femmes en Europe & en Amérique. *Paris*, 1882. — La Femme Française dans les temps modernes, par Clarisse Bader. *Paris*, 1883. — Droits et devoirs de la femme devant la loi Française, par N.M. Le Senne. *Paris*, 1884. — Leçons de droit à ma fille, par un Avocat à la Cour de Cassation. *Paris*, 1885. — Le Rôle de la femme dans la famille, par Madame De Lys. *Paris*, 1891. — Notes et impressions à travers le féminisme, par Marie C. Terrisse. *Paris, Fischbacher*, 1896. — La Femme devant la science contemporaine, par Jacques Lourbet. *Paris*, 1896. — L'Etudiante, notes d'un carabin, par Salvador Quevedo. *Paris, s. d.*

364. « Ehret die Frauen », Beiträge zum modernen Culturleben der Frauenwelt, von Dr. F. S. Warneck. *Leipzig*, 1882. — Eine Gemeinsprache der Kulturvölker, von Dr. Alberto Liptan. *Leipzig*, 1891. — Realistische Erzählungen, von Philipp Langmann. *Leipzig*, 1895. — Ens. 3 vol. in-12, dont 2 en demi-rel. chag. et v. bleu, et 1 br.

Envoi autographe sur les deux premiers volumes.

365. Dictionnaire universel de la vie pratique à la ville et à la campagne, contenant les notions d'une utilité générale et d'une application journalière, et tous les renseignements usuels en matière de Religion et d'éducation... de législation et d'administration... de finances... d'industrie et de commerce... d'économie domestique... d'économie rurale... rédigé avec la collaboration d'auteurs spéciaux, par G. Bélèze. *Paris, Hachette*, 1859, fort vol. gr. in-8 à 2 col. cart. perc. violette.

Signature de M. Jules Simon sur le titre.

B. Education et Instruction publique.

366. Gabriel Compayré : Histoire critique des doctrines de l'éducation en France, depuis le XVIe siècle, 2 vol. — La Philosophie de David Hume. *Paris*, 1872-79, 3 vol. in 8, demi-rel. v. bleu.

367. Gabriel Compayré : Histoire critique des Doctrines de l'éducation en France, depuis le seizième siècle, 2 vol. — Cours de morale théorique et pratique. — Michel de Montaigne : De l'Institution des Enfants. — Fénelon : de l'Education des filles. *Paris*, 1885-88, 5 vol. in-12, demi-rel. v. bleu et r. dos orné, fil. tête dor. ébarbés.

Envoi autographe de l'auteur sur 3 volumes.

368. Albert Duruy. L'Instruction publique et la Révolution. *Paris, Hachette*, 1882, in-8, demi-rel. v. r. dos orné, non rog.

EDITION ORIGINALE.
Envoi autographe de l'auteur.

369. Mélanges historiques et critiques sur l'instruction et l'éducation en France. *Paris*, 1861-1889. — Réunion de 12 vol. in-12 en demi-rel. v. f. bleu et cart.

> Albert Duruy. L'Instruction publique et la Démocratie. — La Question d'enseignement en 1789, par l'abbé Allain. — L'Instruction publique en France pendant la Révolution, par C. Hippeau. — Charles Dejob. L'Instruction publique en France et en Italie au XIX° siècle. — Le Village sous l'ancien régime et l'école de village pendant la Révolution, par A. Babeau, 2 vol. — Histoire de l'éducation en France, par A. F. Théry, 2 vol. — L'Education de la Bourgeoisie sous la République, par Ed. Maneuvrier. — Histoire de l'enseignement primaire au Hâvre, par T. Garsault. — Etc. Envois autographes des auteurs sur 4 volumes.

370. Mélanges sur l'Instruction publique, publiés pendant la seconde moitié du XIX° siècle. — Réunion de 435 (*quatre cent trente-cinq*) brochures in-4 et in 8, br. en 16 cartons.

> Importante réunion sur les questions relatives à l'enseignement primaire, secondaire et supérieur, à l'enseignement spécial, aux Universités françaises et étrangères ; questions sur l'hygiène et le surmenage scolaire, la gymnastique. — Questions politiques sur l'enseignement obligatoire laïc et l'enseignement religieux. — Projets de lois, lois, décrets, circulaires, rapports et programmes.— Collection des budgets du ministère de l'Instruction publique, de 1833 à 1874. — Etc.

371. Enseignement et Instruction populaire en France, à diverses époques. — Réunion de 11 vol. in-8, demi-rel. chag. et v. sauf 1 cart.

> Réforme de l'Enseignement pendant le ministère Fortoul. *Paris*, 1856, 1 vol. (*Tome II*). — L'Instruction du peuple, par Pierre Tempels. *Bruxelles*, 1865. — L'Emile du XIX° siècle, par Alphonse Esquiros. *Paris*, 1869. — Histoire de l'Enseignement populaire, par Léon Lebon. *Bruxelles*, 1871, 20 pl. gr. sur bois. — L'Instruction du peuple, par Emile de Laveleye. *Paris*, 1872. — Histoire de l'Enseignement primaire avant 1789, dans les communes qui ont formé le département du Nord, par le comte de Fontaine de Resbecq. *Paris*, 1878. — L'Education morale et civique avant et pendant la Révolution (1700-1808), par l'abbé Augustin Sicard. *Paris*, 1884. — De L'Education populaire en France, par Ferdinand de Trooz. *Louvain*, 1886. — Horace Mann, son œuvre, ses écrits, par M. J. Gaufrès. *Paris*, 1888. — L'Enseignement secondaire à Troyes, du Moyen Age à la Révolution, par Gustave Carré. *Paris*, 1888. — E. Allain. L'Œuvre scolaire de la Révolution, 1789-1802. *Paris*, 1891.

372. Michel Bréal : Quelques mots sur l'Instruction publique en France. — Excursions pédagogiques. — De l'Enseignement des langues vivantes, 2 vol. *Paris, Hachette*, 1872-1893, 4 vol. in-12, demi-rel. v. bleu, sauf 2 cart. dos de perc.

373. Instruction publique et éducation. — Réunion de 10 vol. in-12, demi-rel. v. bleu.

> Essais sur l'Instruction publique, par Ch. Lenormant. *Paris*, 1873. — La Réforme de l'enseignement public en France, par Th. Ferneuil. *Paris*, 1879. — L'Education dans l'Ecole libre, par J. M. Guardia. *Paris*, 1880. — Manuel de Pédagogie psychologique, par J. Chaumeil. *Paris*, 1885. — Mme de Maintenon. Extraits de ses lettres, avis, entretiens, conversations et proverbes sur l'éducation. *Paris*, 1885. — De l'Education à l'école, par A Vessiot. *Paris*, 1887. — L'Education de nos fils, par le Dr Jules Rochard. *Paris*, 1890.

SCIENCES ET ARTS

374. Dictionnaire de Pédagogie et d'Instruction primaire, publié sous la direction de F. Buisson, avec le concours d'un grand nombre de collaborateurs, membres de l'Institut, publicistes, fonctionnaires de l'instruction publique... *Paris, Hachette.* 1882-87. 4 forts vol. gr. in-8 à 2 col. fig. demi-rel. mar. vert, tr. peigne.

375. L'Enseignement primaire à Paris et dans le département de la Seine, de 1867 à 1877, par M. Gréard. *Paris, Chaix,* 1878, gr. in-4, demi-rel. chag. r. non rog.

376. Oct. Gréard : L'Enseignement primaire à Paris et dans les communes du département de la Seine, en 1875. — L'Enseignement secondaire des filles. *Paris,* 1875-1883, 2 vol. in-4 et gr. in-8, demi-rel. v. f. et bleu.
    _{On a relié en tête du 2e volume, une LETTRE AUTOGRAPHE de M. Gréard adressée à M. Jules Simon.}

377. Rapports sur l'Instruction primaire aux Expositions universelles de Vienne en 1873, et de Philadelphie en 1876, par F. Buisson. *Paris, Impr. Nationale,* 1875-78, 2 vol. gr. in-8, demi-rel. v. bleu et demi-rel. chag. r.
    _{Ouvrages publiés sous les auspices du Ministère de l'Instruction publique. Envoi autographe de l'auteur sur chaque volume.}

378. Rapport sur l'Instruction primaire à l'Exposition Universelle de Philadelphie en 1876, par F. Buisson. *Paris, Impr. Nationale,* 1878, gr. in-8, demi-rel. v. f. tête dor.
    _{Ouvrage publié sous les auspices du Ministère de l'Instruction publique. Envoi autographe de l'auteur.}

379. Les Erreurs scolaires, recueillies dans les livres, les concours, les examens et le langage ordinaire. Ouvrage dédié aux instituteurs et aux institutrices, par E. A. Tarnier, Docteur ès sciences... Inspecteur de l'instruction primaire à Paris. *Paris, Hachette,* 1876, in-12, portrait de M. Jules Simon en photog. ajouté, demi-rel. mar. r. avec coins, dos orné, tr. dor.

380. Répertoire des ouvrages pédagogiques du XVIe siècle. (Bibliothèques de Paris et des départements.) *Paris, Impr. Nationale,* 1886, in-8, demi-rel. v. f. dos orné, fil. tête dor. non rog.

381. Opuscule classique. Le Langage des Nombres (aide-mémoire), par E. A. Tarnier. *Paris,* 1872, in-8, demi-rel. chag. r. plats de perc. tr. dor.
    _{L'Auteur a collé en tête du volume un portrait de M. Jules Simon et l'a fait suivre de cette note autographe : « *Monsieur Jules Simon travaille activement à la revanche de la France par l'éducation physique et morale de ses enfants. Heureux ceux qui secondent directement notre cher Ministre dans cette grande œuvre nationale !... E. A. Tarnier, 22 novembre 1872.* »}

58 SCIENCES ET ARTS

382. Education, linguistique. — Réunion de 5 vol. in-8 et in-12, v. et bas. ant.

> Traité du choix et de la méthode des études, par Me Claude Fleury. *Paris*, 1686. — La Mécanique des langues et l'art de les enseigner, par M. Pluche. *Paris*, 1751. — Discours sur l'éducation, par M. Vanière. — *Paris*, 1760. — De l'Education des enfans, traduit de l'anglois de M. Locke, par M. Coste. *Amsterdam*, 1776. — De l'Universalité de la langue française. Discours qui a remporté le prix à l'Académie de Berlin, en 1784. Seconde édition (par le comte Ant. Rivarol aîné). *Berlin et Paris*, 1785.

383. A. Moireau. La Journée d'un écolier au Moyen Age, illustrations de Rochegrosse, Julien, Fichot... *Paris, Quantin, s. d.* (1889), in-4, nombr. fig. gr. sur bois, demi-rel. v. bleu, dos orné, fil. tête dor. ébarbé. *couvertures illustrées en couleur.*

384. Musée Pédagogique et Bibliothèque centrale de l'Enseignement primaire. — Réunion de 141 vol. ou fascicules gr. in-8 et in-8, br. sauf 2 vol. en demi-rel. v. bleu. dos orné.

> Réunion ainsi formée :
> Revue Pédagogique. *Paris*, 1888-1896. 74 fascicules *dépareillés*. — Table générale des 15 premières années (1878-1892), 1 vol.
> Catalogue des ouvrages et des Documents. *Paris, Impr. Nationale*, 1876, 2 vol.
> Mémoires et Documents scolaires. *Paris, Impr. Nationale*, 1886-1892, 62 vol. ou fascicules, dont 37 pour la 1re série, et 25 pour la 2e série.
> Résumé du Répertoire des ouvrages pédagogiques au XVIe siècle. *Paris, Impr. Nationale*, 1887, 1 vol.
> Le Musée Pédagogique, son origine, son organisation, son objet. *Paris, Impr. Nationale*, 1884, 1 vol.

385. Mélanges sur l'Enseignement primaire et secondaire. — Réunion de 19 vol. in-8 et in-12, demi-rel. v. f. bleu et r.

> Manuel de l'Enseignement primaire, par M. Eugène Rendu. *Paris*, 1861. — Conférences sur l'introduction de la Méthode des Salles d'Asile dans l'Enseignement primaire, par Mme Marie Pape-Carpantier. *Paris*, 1868. — De l'Influence de l'éducation sur la moralité et le bien-être des classes laborieuses, par A. P. Desailligny. *Paris*, 1868. — Les Etudes classiques et l'enseignement public, par J. Milsand. *Paris*, 1872. — Quelques réformes dans les écoles primaires, par Julien Hayem. *Paris*, 1882. — L'Enseignement primaire libre à Paris, 1880-1886, par Eugène Rendu. *Paris*, 1887. — Etc., etc.
> Envoi autographe sur 5 volumes.

386. Enseignement et Education en France. — Réunion de 6 vol. in-8, demi-rel. v. r. et bleu, sauf 1 cart.

> Tableau de l'Instruction primaire en France, par P. Lorain. *Paris*, 1837. — De l'Enseignement, ce qu'il a été, ce qu'il est, ce qu'il devrait être, par le Dr Hubert-Valleroux. *Paris*, 1859. — Claude Baduel et la Réforme des études au XVIe siècle, par M. J. Gaufrès. *Paris*, 1880. — Edmond Dreyfus-Brisac. L'Education nouvelle. *Paris*, 1882. — Etude sur l'organisation, le fonctionnement et les progrès de l'Enseignement secondaire des jeunes filles, en France, de 1879 à 1887, par Antoine Villemot. *Paris*, 1887. — Lycées et Collèges de jeunes filles, préface par M. Camille Sée, *Paris*, 1888.

SCIENCES ET ARTS

387. Mélanges sur l'Enseignement. — Réunion de 12 vol. in-12, reliés, cart. et br.

<small>Etudes sur l'éducation professionnelle en France, par Ph. Pompée. *Paris*, 1863. — La Réforme dans l'éducation, par J. M. M. Saugeon. *Paris*, 1872. — Instruction et liberté, par Romuald Dejernon. *Paris*, 1870. — La Science de l'Enseignement, par Frank Horridge. *Paris*, 1888. — La Réforme de l'Instruction nationale et le surmenage intellectuel, par Emile Raunié. *Paris*, s. d. — Eléments de psychologie de l'homme et de l'enfant appliquée à la pédagogie, par M. Eugène Maillet. *Paris*, 1890. — L'Enseignement par la méthode suggestive. *Paris*, 1893. — Pour et contre l'enseignement philosophique. *Paris*, 1894. — Etc.</small>

388. Mélanges sur l'Enseignement, en France et dans divers pays étrangers. — Réunion de 18 opuscules in-4, reliés et cart.

389. Mélanges sur l'Enseignement. — Réunion de 72 opuscules gr. in-8 et in-8, reliés et cart.

390. Louis Liard. L'Enseignement supérieur en France, 1789-1893. *Paris, Colin*, 1888-1894, 2 vol. in 8, br.

391. L'Enseignement supérieur et l'Enseignement technique en France : groupes universitaires, facultés, écoles spéciales, techniques, etc., par Paul Melon. Deuxième édition. *Paris, Colin*, 1893, in-8, demi-rel. v. bleu, dos orné, fil. tête dor. non rog.

<small>Un des 15 exemplaires numérotés sur PAPIER DE HOLLANDE (n° 3).
Envoi autographe de l'auteur.</small>

392. Enseignements agricole, commercial, technique et autres. — Réunion de 7 vol. in-8, reliés, cart. et br.

<small>L'Enseignement primaire en présence de l'enquête agricole, par A. Pinet. *Paris*, 1872. — Réflexions sur l'éducation physique et les mouvements corporels, par R. Schenström. *Paris*, 1880. — Questions actuelles de comptabilité et d'enseignement commercial, par Eugène Léautey. *Paris*, 1881. — L'Enseignement commercial basé sur l'étude des langues modernes, par Henri Truan. *Paris*, 1887. — Programme et plan d'organisation d'un enseignement spécial au notariat, par Em. Dupond. *Bordeaux*, 1892. — L'Enseignement supérieur et l'enseignement technique en France, par Paul Melon. *Paris*, 1893. — Enquête sur l'enseignement de la mécanique, par M. V. Dwelshauvers-Dery et Julien Weiler. *Liège*, 1893.</small>

393. Ouvrages sur les Congrégations et l'Enseignement congréganiste. — Réunion de 7 vol. in-12, demi-rel. v. bleu et r. sauf 1 cart. dos de perc.

<small>Les Congrégations religieuses, enquête par Charles Sauvestre. *Paris*, 1867. — Le Fondateur de l'Institut des Frères des Ecoles chrétiennes. *Paris*, 1884. — Les Sœurs hospitalières, par le D' Armand Després. *Paris*, 1886. — Les Deux maîtres de l'enfance, le prêtre et l'instituteur, par l'abbé Augustin Sicard. *Paris, Didier*, 1888. — Le Pouvoir civil devant l'enseignement catholique, par l'abbé P. Feret. *Paris*, 1888. — François Bournand. Les Sœurs des hôpitaux. *Paris*, 1891. — Fréd. Rouvier. Loin du pays. *Paris*, 1895.
Envoi autographe sur 4 volumes.</small>

SCIENCES ET ARTS

394. **Enseignement catholique.** — Réunion de 8 vol. in-8, dont 4 reliés et 4 br.

> Lettres sur le Clergé et sur la liberté d'enseignement, par M. Libri. *Paris*, 1844. — Du Devoir dans l'éducation, souvenirs du Pensionnat des Chartreux. Discours prononcés par M. l'abbé Hyvrier. *Lyon*, 1864. — Les Frères des Ecoles chrétiennes et l'enseignement primaire après la Révolution, 1797-1830, par Alexis Chevalier. *Paris*, 1887. — Les Universités catholiques autrefois et aujourd'hui, par A. Dechevrens. *Paris, s. d.* — Etudes sur les principaux collèges chrétiens, par Frédéric Godefroy. *Paris, s. d.* — Souvenirs oratoires, par M. l'abbé S. Bruzal. *Paris*. 1893. — Restauration des grandes écoles dans le diocèse d'Amiens après la Révolution. *Lille*, 1894. — Cantiques de circonstance, par M. l'abbé A. Gravier. *Paris*, 1895.

395. **Histoire de l'Education dans l'ancien Oratoire de France**, par Paul Lallemand. *Paris, Thorin*, 1888, gr. in-8, demi-rel. v. bleu, dos orné, fil. tête dor. non rog.

> Envoi autographe de l'auteur.

396. **Histoire de l'Université de Paris**, depuis son origine jusqu'en l'année 1600, par M. Crevier. *Paris. Desaint et Saillant*, 1761, 7 vol. in-12, bas. ant. marb.

> Le Tome V est incomplet du titre.

397. **Charles Jourdain. Histoire de l'Université de Paris au XVII⁰ et au XVIII⁰ siècle.** *Paris, Firmin-Didot et Hachette*, 1888, 2 vol gr. in-8, demi-rel. chag. vert. dos orné, fil. tête dor. non rog.

398. **Charles Jourdain : Le Budget de l'Instruction publique et des établissements scientifiques et littéraires, depuis la fondation de l'Université Impériale jusqu'à nos jours. — Le Budget des cultes en France, depuis le Concordat de 1801 jusqu'à nos jours.** *Paris, Hachette*, 1857-59, 2 vol. in-8, demi-rel. v. f. et chag. br.

399. **Charles Jourdain : Excursions historiques et philosophiques à travers le Moyen Age. Publication posthume.** *Paris, Firmin-Didot*, 1888, in-8, demi-rel. chag. vert, dos orné, fil. tête dor. non rog.

> Envoi de la famille de l'auteur.

400. **Les Fêtes de l'Université de Paris, en 1889.** *Paris, Chamerot*, 1890, in-4, fig. demi-rel. v. f. dos orné, fil. tête dor. non rog.

> Exemplaire sur PAPIER DU JAPON, imprimé pour M. Jules Simon.

401. **Considérations sur la nécessité et les moyens de réformer le régime universitaire...** par J. P. Gasc. *Paris, Colas*, 1829, 2 parties en un vol. in-8, mar. r. dos orné à petits fers, fil. dent. int. tr. dor.

> Bel exemplaire sur GRAND PAPIER FIN.

402. Instruction Publique et Universités de France. — Réunion de 6 vol. in-8, demi-rel. v f. r. et bleu.

Lettres sur l'Enseignement des collèges en France, par M. C. Clavel. *Paris*, 1859. — Souvenirs de vingt ans d'enseignement à la Faculté des lettres de Paris, par Ph. Damiron. *Paris*, 1859. — L'Administration de l'Instruction Publique de 1863 à 1869. Ministère de M. Duruy. *Paris*, 1869. — Les Anciennes Universités et la collation des grades, par le P. Ch. Verdière. *Paris*, 1879. — Chronologie des Grands-Maîtres de l'Université, depuis leur création jusqu'à nos jours, par A. Aubert. *Paris*, 1881. — La Tradition et les réformes dans l'Enseignement Universitaire, souvenirs et conseils par E. Egger. *Paris*, 1883.

403. Universités et Ecoles diverses de France. *Paris*, 1847-1894. — Réunion de 7 vol in-12 en demi-rel. v. f. bleu, r. et cart.

Louis Liard. Universités et Facultés. — De l'Université de France et de sa juridiction disciplinaire, par M. Rendu. — Camille Sée. L'Université et Madame de Maintenon. — L'Education dans l'Université, par H. Marion. — Les Grandes Ecoles de France, par Mortimer d'Ocagne. — Les Grandes Ecoles et le Collège d'Abbeville, 1384-1888, par E. Prarond. — Les Pédagogues de Port-Royal, par J. Carré.
Envois autographes des auteurs sur 4 volumes.

404. L'Ecole Normale (1810-1883). Notice historique, liste des élèves par promotions, travaux littéraires et scientifiques. *Paris, Cerf*, 1884. — Souvenirs du Centenaire de l'Ecole Normale, 1795-1895. *Paris, Hachette*, 1895. — L'Ecole Libre des Sciences Politiques, 1871-1889. *Paris, Chamerot*, 1889. — VIe Centenaire de l'Université de Montpellier. *Montpellier*, 1891. — Ens. 4 vol. in-4 et gr. in-8, demi-rel. v. f. et bleu.

405. Statuts et règlements de l'ancienne Université de Bordeaux (1441-1793), publiés avec préface et notice, par H. Barckhausen. *Libourne et Bordeaux*, 1886, in-4, demi-rel. v. f. dos orné, fil. tête dor. ébarbé.

Envoi autographe de l'auteur.

406. L'Académie d'Arles au XVIIe siècle, d'après les documents originaux. Etude historique et critique, par A. J. Rance. *Paris*, 1886, 1 vol. (*Tome I*). — Histoire de l'Ancienne Université de Provence, ou Histoire de la fameuse Université d'Aix, par F. Belin. *Paris, Picard*, 1896, 1 vol. (*Tome I*) renfermant la *Première Période* (1409-1679). — Ens. 2 vol. gr. in-8 et in-8, br.

Envoi autographe des auteurs sur chaque volume.

407. Ouvrages sur l'Enseignement en différents pays. — Réunion de 11 vol. in-8, demi-rel. chag. et v. r. f. bleu, sauf 2 cart.

La Réforme de l'Enseignement public en Roumanie, par André Vizanti. *Bucarest*, s. d. — L'Enseignement primaire et professionnel en Angleterre et en Irlande, par N. Reyntiens. *Paris*, 1864. — L'Instruction populaire en Allemagne, en Suisse et dans les pays Scandinaves, par Frédéric Monnier. *Paris*, 1866. — Etude sur l'instruction secondaire et supérieure en Alle-

SCIENCES ET ARTS

magne, par J. F. Minssen. *Paris*, 1866. — Une Université Allemande ou l'Enseignement supérieur à Bonn, par E. Dreyfus-Brisac. *Paris*, 1879. — De l'Enseignement secondaire classique en Allemagne et en France, par F. Deltour. *Paris*, 1880. — De l'Enseignement primaire en Belgique, par P. De Haulleville. *Bruxelles*, 1870. — L'Instruction publique en Égypte, par V. Edouard Dor. *Paris*, 1872. — L'Instruction publique au Canada, par M. Chauveau. *Québec*, 1876 (2 *exemplaires*). — Méthode Frœbel. Le Jardin d'enfants, dons et occupations à l'usage des mères de famille, des salles d'asile et des écoles primaires, par Hermann Goldemmer. *Paris*, 1877, 60 pl. en couleur.

408. **Instruction et éducation dans divers pays.** — Réunion de 9 vol. in-8 et in-12, reliés, cart. et br.

Rapport du Ministre de l'Instruction publique pour la province de Québec pour l'année 1870 et une partie de l'année 1871. *Montréal*, 1872. — Instruction publique dans les États du Nord : Suède, Norwège, Danemark, par C. Hippeau. *Paris*, 1876. — Max Leclerc : L'Éducation des classes moyennes et dirigeantes en Angleterre. — Les Professions et la Société en Angleterre. *Paris*, 1894, 2 vol. — Etc., etc.

409. **Félix Narjoux :** Les Écoles publiques en France, en Angleterre, en Belgique et en Hollande. Construction et installation. 2 vol. — Les Écoles Normales primaires. *Paris, Morel,* 1877-1880, 3 vol. in-8, fig. demi rel. v. bleu.

Envoi autographe de l'auteur sur chaque volume.

410. **Documents publiés par le Ministère de l'Intérieur de Belgique.** *Bruxelles,* 1860-1871, 5 vol. pet. in-fol. demi-rel. chag. vert, v. f. et bleu.

Rapports sur la situation de l'instruction primaire en Belgique, années 1855 à 1857, et années 1867 à 1869. — Rapport sur l'état de l'enseignement moyen en Belgique, années 1867 à 1869. — Situation de l'enseignement supérieur donné aux frais de l'État, années 1865 à 1867.

411. **Instruction du peuple.** Répertoire historique, analytique et raisonné de l'enseignement populaire en Belgique; principes, législation, jurisprudence, faits et statistique par Léon Lebon. *Bruxelles, Muquardt,* 1871, 2 vol. in-8, demi-rel. chag. r. dos orné, plats de perc. r. fil. tête dor. non rog.

Envoi autographe de l'auteur.

412. **V. Cousin :** Rapport sur l'état de l'instruction publique dans quelques pays de l'Allemagne, et particulièrement en Prusse, 6 pl. gr. et pliées ; Mémoire sur l'instruction secondaire dans le Royaume de Prusse, 2 ouvrages en 1 vol. — De l'Instruction publique en Hollande. — Fragments littéraires. *Paris, Levrault et Didier,* 1833-1843, 4 ouvrages en 3 vol. in-8, pl. gr. cart. br. et en demi-rel. v. bleu.

Signature de M. Jules Simon sur le titre du dernier volume.

413. **Eugène Rendu :** De l'Éducation populaire dans l'Allemagne du Nord. — Code Universitaire ou lois, statuts et règlements de l'Université Royale de France. — De la Loi de l'enseigne-

SCIENCES ET ARTS

ment, commentaire théorique et administratif. — M. Ambroise Rendu et l'Université de France. — Guide des Ecoles primaires. — Manuel de l'enseignement primaire. *Paris*, 1846-1881, 6 vol. in-8, demi-rel. v. f. et bleu.

414. A. Pinloche : La Réforme de l'éducation en Allemagne au dix-huitième siècle. Basedow et le Philanthropinisme. — Herbart, principales œuvres pédagogiques. *Paris et Lille*, 1889-1894, 2 vol. in-8, demi-rel. v. f. et bleu, dos orné, fil. tête dor. non rog.
   Envoi autographe de l'auteur sur chaque volume.

415. Les Hautes Études pratiques dans les Universités Allemandes. Rapport présenté à Son Exc. M. le Ministre de l'Instruction Publique, par M. Adolphe Wurtz. *Paris, Impr. Imp.* 1870, in-4, 17 pl. cart. perc. verte.
   Envoi autographe de l'auteur.

416. De l'Enseignement supérieur en Angleterre et en Écosse. Rapport adressé au Ministre de l'Instruction Publique, par MM. J. Demogeot et H. Montucci. *Paris, Impr. Imp.* 1868-70, 2 vol. gr. in-8, demi-rel. chag. r.

417. Pierre de Coubertin. L'Éducation en Angleterre, collèges et universités. — L'Éducation anglaise en France, avec une Préface de M. Jules Simon. — Universités transatlantiques. *Paris, Hachette*, 1888-1890, 3 vol. in-12, demi-rel. v. f. dos orné, fil. tête dor.
   Envoi autographe sur chaque volume.

418. La Vie de Collège en Angleterre, par André Laurié (Paschal Grousset). Troisième édition. *Paris, Hetzel, s. d.* (1888), in-12, front. gr sur bois, demi-rel. v. r. dos orné, fil. tête dor.
   Sur 1 feuillet de garde, curieux ENVOI AUTOGRAPHE de l'ancien membre de la Commune ainsi libellé : *A M. Jules Simon, de l'Académie Française. Ce livre fruit de mon exil, écrit en 1878, publié en 1880, répandu à 23.000 exemplaires in-18 et in-8, quelquefois cité, plus souvent copié, et où se trouve toute une doctrine telle que je l'ai défendue depuis dix ans dans six autres volumes de la même série et sous une autre signature, dans « Renaissance physique ». Paris, le 6 décembre 1888. Paschal Grousset (André Laurie et aussi Ph. Daryl.)*

419. The Cyclopædia of Education : a Dictionary of information for the use of teachers, school officers, parents and others, edited by Henry Kiddle and Alexander J. Schem. *New York & London*, 1877, gr. in-8 à 2 col. chag. br. dos orné, fil. et comp. à froid, dent. int. tr. dor.

420. Traités sur l'Instruction et l'éducation *en anglais*. — Réunion de 10 vol. in-8 et in-12, reliés et cart. perc.
   Report on education in the parochial schools of the counties of Aberdeen, Banff and Moray, adressed to the Trustees of the Dick Request, by

SCIENCES ET ARTS

Simon S. Laurie. *Edinburgh*, 1865. — Essays on woman's work, by Bessie Rayner Parkes. *London*, 1865. — The higher education of women, by Emily Davies. *London*, 1866. — Inaugural address delivered to the University of St-Andrews, by John Stuart Mill. *London*, 1867. — Technical training, by Thomas Twining. *London*, 1874. — Higher schools and Universities in Germany, by Matthew Arnold. *London*, 1874. — The Warfare of science, by Andrew Dickson White. *London*, 1877. — Etc., etc.
Envoi autographe sur 4 volumes.

421. L'Instruction publique aux Etat-Unis : Ecoles publiques, collèges, universités, écoles spéciales. Rapport adressé au Ministre de l'Instruction publique, par M. C. Hippeau. *Paris, Didier*, 1870, demi-rel. chag. r.

422. Report of the Commissioner of Education, 20 vol. (*Années 1870 à 1875, 1878 à 1887 et 1889 et 1890*). — Circulars of Information of the Bureau of Education, 6 vol. (*Années 1873 à 1875, 1883, et 1885 à 1887*). *Washington, Government printing office*, 1870-1891. — Ens. 26 vol. in-8, reliés et cart.

On y a joint : *Rapports divers concernant l'Instruction en Amérique*, 27 volumes et 25 fascicules in-8, dont 16 reliés et le reste br. — Quelques ouvrages *sont en double*.

423. Hygiène scolaire. *Paris*, 1863-1891. — Réunion de 6 vol. in-12 en demi-rel. v. bleu et cart.

Hygiène scolaire, par L. Guillaume. — Essai sur l'hygiène publique considérée dans ses rapports avec l'instruction primaire, par le docteur Demarquette. — L'Hygiène et l'éducation dans les internats, par A. Riant. — Hygiène de l'adolescence, par le Dr E. Périer. — La Seconde enfance (par le même). — Leçons élémentaires d'hygiène, par le Dr H. Parrot.
Envois autographes des auteurs sur 4 volumes.

C. Politique.

424. Histoire de la science politique dans ses rapports avec la morale, par Paul Janet. Troisième édition. *Paris, Alcan*, 1887, 2 vol. in-8, demi-rel. v. bleu, dos orné, tête dor. non rog.
Envoi autographe de l'auteur.

425. Dictionnaire général de la politique, par M. Maurice Block, avec la collaboration d'hommes d'Etat, de publicistes et d'écrivains de tous les pays. Nouvelle édition, entièrement refondue et mise à jour. *Paris, Lorenz*, 1873-74, 2 forts vol. gr. in-8 à 2 col. demi-rel. chag. noir.

426. La Politique nouvelle, revue hebdomadaire. Politique, science, littérature, beaux arts (gérant : Léopold Amail ; collaborateurs : L'Habitant, Eugène Pelletan, Paul Rochery, Ch. Reybaud, Edmond Texier). *Paris, au Bureau de la Politique Nouvelle*. 2 mars-9 novembre 1851, 37 n^{os} en 3 vol. in-8, demi-rel. v. f.

Collection complète.

SCIENCES ET ARTS

427. La République de Platon, divisée en dix livres ou dialogues, traduicte de grec en françois, et enrichie de commentaires par Loys Le Roy..., le tout reveu & conferé avec l'original grec, par Fed Morel. *Paris, Morel*, 1600, in-fol. v. ant. marb. fil.

   Exemplaire *réglé*, aux armes du COMTE LANCELOT DE TURPIN DE CRISSÉ.
   Signature de M. Jules Simon sur le titre.

428. Aristotelis Stagiritæ de Republica lib. VIII, interprete & enarratore Jo. Genesio Sepulveda ; quibus iam adiecti sunt Kyriaci Strozæ de Repub. lib. duo, græce conscripti nunc ab eodem Stroza latinitate donati. *Coloniæ Agrippinæ, in off. Birckmannica*, 1601, in-4, mar. vert à long grain, dos orné, fil.

   Exemplaire aux armes et à *l'ex-libris* du MARQUIS DE MORANTE. — Sur le titre se trouve le joli cachet de la Bibliothèque des Capucins de Madrid.

429. La Politique d'Aristote, ou la Science des Gouvernemens. Ouvrage traduit du grec, avec des notes historiques, par le Citoyen Champagne. *Paris, Bailleul*, 1797, 2 vol. in-8, demi-rel. mar. r. à long grain, dos orné, non rog.

430. Politique d'Aristote, traduite en français d'après le texte collationné sur les manuscrits et les éditions principales, par J. Barthélemy Saint-Hilaire. *Paris, Impr. Royale*, 1837, 2 vol. in-8, texte et traduction, demi-rel. v. brun.

431. Politique d'Aristote, traduite en français d'après le texte collationné sur les manuscrits et les éditions principales, par J. Barthélemy Saint-Hilaire. Troisième édition, revue et corrigée. *Paris, Ladrange*, 1874, fort vol. gr. in 8, demi-rel. chag. vert, tête dor. non rog.

   Bel exemplaire sur GRAND PAPIER.

432. P. J. B. Buchez. Traité de politique et de science sociale, publié par les exécuteurs testamentaires de l'auteur, L. Cerise et A. Ott, précédé d'une notice sur la vie et les travaux de Buchez, par A. Ott. *Paris, Amyot*, 1866, 2 vol. in-8, portr. gr. demi-rel. v. f. dos orné.

   Envoi autographe de M. L. Cerise.

433. Politique. — Réunion de 5 vol. in-8, demi-rel. chag. noir, v. f. r. et bleu.

   Mission de l'Etat, ses règles et ses limites, par Ed. Ducpetiaux. *Bruxelles*, 1861. — Du Gouvernement, ou Principes de politique positive, par Ph. de Tayac. *Paris*, 1862. — Essai sur les œuvres et la doctrine de Machiavel, avec la traduction littérale par Paul Deltuf. *Paris*, 1867. — Essais de philosophie politique, par le comte de Virel. *Paris*, 1880. — Principes de politique, par Gaston Bergeret. *Paris, s. d.*

SCIENCES ET ARTS

434. Dr Gustave Le Bon. L'Homme et les Sociétés, leurs origines et leur histoire. *Paris, Rothschild,* 1881, 2 tomes en 1 vol. in-8, nombr. fig. cart. perc. br. fers spéciaux.

435. Le Corps politique, ou les éléments de la loy morale et civile, avec des reflections (sic) sur la loy de nature, sur les serments, les pacts, et les diverses sortes de gouvernemens, leurs changemens et leurs révolutions, par Thomas Hobbes (traduit du latin par Samuel Sorbière), *Leide, Jean et Daniel Elsevier,* 1653, pet. in-12, demi-rel. bas. brune.

PREMIÈRE ÉDITION elzevirienne de cette traduction, rare.

436. Œuvres philosophiques et politiques de Thomas Hobbes, contenant: les Eléments du citoyen, traduits par un de ses amis (Sam. Sorbière); le Corps politique (traduit par un anonyme); et la Nature humaine (traduit par le baron d'Holbach). *Neufchâtel, de l'Imprimerie de la Société typographique (Paris),* 1787, 2 vol. in-8, portrait gr. par Le Beau d'après Le Clerc, bas. ant. éc. dent. tr. dor. fatiguée.

Sur le faux-titre du tome 1: *Signature de M. Jules Simon, profr. de philosophie au coll. royl. de Caen, 1836.*

437. Hieronymi Cardini Proxeneta, seu de Prudentia civili liber. *Lugd. Bat. ex officina Elzeviriana,* 1627, fort vol. pet. in-12, titre-front. gr. vélin.

PREMIÈRE ÉDITION elzevirienne. (Willems: *Les Elzevier,* n° 272.)
Ex-libris ancien armorié et gravé: JACOBI GAILLARD CANONICI ROTHOMAGENSIS.

438. Hieronymi Cardani Arcana politica, sive de prudentia civili liber singularis. *Ludguni, Batavor. ex officina Elzeviriana,* 1635, in-24, titre-front. gr. demi-rel. chag. vert.

Ce volume est la reproduction de l'ouvrage paru en 1627 sous le titre de *Proxeneta seu de prudentia civili.* (Willems: *les Elzevier* n° 421). Le titre est doublé.

439. L'Utopie de Thomas Morus, chancelier d'Angleterre; idée ingénieuse pour remédier au malheur des hommes et pour leur procurer une félicité complette. Cet ouvrage contient le plan d'une République dont les lois, les usages et les coutumes tendent uniquement à faire faire aux Societez humaines le passage de la vie dans toute la douceur imaginable... Traduite nouvellement par M. Gueudeville, et ornée de très belles figures. *Leide, Pierre Vander Aa,* 1715, in-12, front. avec portrait et pl. gr. demi-rel. mar. brun avec coins, tr. marb.

Edition ornée de 16 jolies figures non signées, sauf celle de l'*Etalage viril,* page 224, qui porte la signature de Bleysuryk.

SCIENCES ET ARTS

440. Cyriaci Lentuli Augustus, sive de convertenda in monarchiam republicâ; juxta ductum et mentem Taciti. *Amstelodami, apud Ludovicum Elzevirium*, 1645, pet. in-12, front. gr. vélin.

    Premier ouvrage de ce fécond écrivain; il traite des moyens de changer le gouvernement populaire en monarchie.

441. E. Vacherot : La Démocratie. — La Démocratie libérale. — La Science et la Conscience. *Paris*, 1860-1892, 3 vol. in-12, demi-rel. v. bleu et r.

    Envoi autographe de l'auteur sur chaque volume.

442. Le Gouvernement dans la Démocratie. par Emile de Laveleye. *Paris, Alcan*, 1891, 2 vol. in-8, demi-rel. v. bleu, dos orné, fil. tête dor. non rog.

443. Testament politique du Cardinal Duc de Richelieu, premier Ministre de France sous le règne de Louis XIII. Cinquième édition, revuë, corrigée et augmentée d'observations historiques. *Amsterdam, Desbordes*, 1686, 2 vol. in-12, v. f. ant.

    Signature de M. Jules Simon sur le titre.

444. Maximes d'Etat et fragments politiques du Cardinal de Richelieu, publiés par M. Gabriel Hanotaux. *Paris, Impr. Nationale*, 1880, in-4 de XXIV-94 pp. cart. non rog.

445. Nicolai Machiavelli Florentini Princeps, ex Sylvestri Telii Fulginatis traductione diligenter emendatus. Adjecta sunt ejusdem argumenti aliorum quorundam contra Machiavellum scripta, de potestate et officio principum contra Tyrannos. Quibus deuuo accessit Antonii Possevini Judicium de Nicolai Machiavelli et Joannis Bodini scriptis. *Lugduni Batavorum, ex officina Hieronymum de Vogel*, 1643, pet. in-12, front. gr. demi-rel. bas. brune avec coins.

    Jolie édition et qui s'annexe à la Collection Elzevirienne, non citée par Willems mais citée par M. Ed. Rahir : *Catalogue d'une Collection unique de volumes imprimés par les Elzevier* (n° 1927).

446. Science des Princes, ou Considérations politiques sur les coups d'Etat, par Gabriel Naudé, avec les Réflexions historiques, morales, chrétiennes et politiques de L. D. M. C. S. D. S. E. D. M. (Louis Du May, conseiller-secrétaire du Sérénissime Electeur de Mayence). *S. l. (Paris)*, 1752, 2 vol. in-12, v. ant. marb.

    Tomes I et II.

447. Le Livre du Petit Citoyen, par Jules Simon. Cinquième édition. *Paris, Hachette*, 1898, pet. in-8, cart. dos de perc. r.

    5 exemplaires.

448. Les Ministres dans les principaux pays d'Europe et d'Amérique, par L. Dupriez, avocat à la Cour d'Appel de Bruxelles. *Paris, Rothschild*, 1892-93, 2 vol. in-8, demi-rel. v. f. dos orné, fil. tête dor. non rog.

<small>Les Monarchies constitutionnelles, précédé du rapport fait à l'Académie par le comte de Franqueville. — Les Républiques.
Envoi autographe de l'auteur.</small>

D. Economie politique et sociale.

a. Dictionnaires et collections. — Traités généraux. — Mélanges.

449. Dictionnaire de l'économie politique, par MM. Frédéric Bastiat, H. Baudrillart, Blaise, Blanqui, Maurice Block, Cherbuliez, Michel-Chevalier, Léon Say, Ch. Vergé... publié sous la direction de MM. Ch. Coquelin et Guillaumin. *Paris, Guillaumin et Hachette*, 1854, 2 forts vol. gr. in-8 à 2 col. demi-rel. chag. La Vall.

<small>Signature de M. Jules Simon sur le titre du tome 1.</small>

450. JOURNAL DES ÉCONOMISTES, revue de la science économique et de la statistique. *Paris, Guillaumin*, 1863 (22ᵉ année) à 1896, 130 vol. in-8, demi-rel. v. f. et 12 fascicules br.

451. ANNUAIRE DE L'ÉCONOMIE POLITIQUE et de la statistique, fondé par MM. Guillaumin et Joseph Garnier, et continué depuis 1856, par M. Maurice Block. *Paris, Guillaumin*, 1844 (*origine*) à 1890, 47 vol. in-16, demi-rel. v. f. dos orné à petits fers.

<small>Bel exemplaire des années 1844 à 1890, 46 vol. — **Table générale des années 1844 à 1867**, 1 vol.</small>

452. Revue d'Economie politique. *Paris, Larose et Forcel*, 1887 (*origine*) à 1892, 1 vol. in-8, demi-rel. v. bleu, et 39 fascicules br.

<small>Les 6 premières années. — L'année 1888 est incomplète du fascicule 3.</small>

453. Bulletin de la Société d'Economie politique, publié sous la direction du Secrétaire perpétuel. *Paris, Guillaumin*, 1888 (*origine*) à 1895, 4 vol. et 12 fascicules in-8, br.

<small>Les 8 premières années. — La première année est incomplète du dernier fascicule.
On y a joint : *Société d'Economie politique*. Liste de ses membres et de ses travaux depuis sa fondation, en 1846, jusqu'à 1886, 1 opuscule. — Annuaires de 1894 à 1896, 3 opuscules. — Ens. 4 opuscules in-12, br.</small>

454. ANNALES DE LA SOCIÉTÉ D'ECONOMIE POLITIQUE, publiées sous la direction de Alph. Courtois fils, secrétaire perpétuel. *Paris, Guillaumin*, 1889 (*origine*) à 1896, 15 vol. in-8, dont 6 en demi-rel. v. bleu, dos orné, fil. tête dor. ébarbés, et 9 br.

<small>Cette collection, à laquelle il ne manque que le tome XIV pour être</small>

SCIENCES ET ARTS

complète, comprend tous les actes de la *Société d'Économie politique*, depuis sa fondation, en 1846, jusqu'à 1887. Le dernier volume est occupé par les *Annexes et les Tables générales*.

455. Journaux sur l'Economie politique et sociale. — Réunion de 241 vol. ou fascicules in-8, br. (*Ce n° pourra être divisé*) :

1° La Réforme sociale, bulletin de la Société d'Economie sociale et des unions de la paix sociale, fondé par P. F. Le Play. *Paris*, 1ᵉʳ janvier 1892 (*11ᵉ année*) au 16 mars 1896, 102 fascicules in-8, br.
2° Revue Internationale de sociologie, publiée sous la direction de M. René Worms. *Paris, Giard et Brière*, janvier 1893 (*origine*) à avril 1896, 34 fascicules in-8, br.
3° Bulletin de la Commission Pénitentiaire Internationale. Nouvelle série. *Melun, Impr. Administrative*, janvier 1894 (*origine*) à mai 1895, 3 vol. et 1 fascicule in-8, br.
4° Bulletin de la Société française des Habitations à bon marché. *Paris*, 1890 (*origine*) à 1895, 6 années en 23 fascicules in-8, br. (*Le 1ᵉʳ fascicule de 1894 manque.*)
5° Revue politique et parlementaire : Questions politiques, sociales et législatives, directeur : Marcel Fournier. *Paris, Colin*, juillet 1894 (*origine*) à juin 1896, 24 fascicules in-8, br.
6° Bulletin du Comité permanent du Congrès international des Accidents du travail et des assurances sociales. *Paris*; 1890 (*origine*) à mars 1896, 27 fascicules in-8, br. (*Le 1ᵉʳ fascicule de 1890 manque*).
7° Revue Sociale et Politique, publiée par la Société d'études sociales et politiques, secrétaire-général : Auguste Couvreur. *Bruxelles*, 1891 (*origine*) à 1895, 2 vol. in-8, demi-rel. v. bleu, fil. tête dor. et 13 fascicules br. (*L'année 1892 est incomplète du titre; l'année 1893 est incomplète du 1ᵉʳ fascicule, et l'année 1895 est incomplète du dernier fascicule*).
8° L'Economie sociale, revue mensuelle, rédacteur en chef : Georges Hamon. *Paris*, 1890, 12 fascicules in-8, br. (*Première année*).

456. Annuaires, journaux et revues sur l'Economie sociale et politique et sur les beaux-arts, publiés en France et à l'étranger dans la seconde moitié du XIXᵉ siècle. — Réunion de plus de 1200 (*douze cents*) volumes ou fascicules dépareillés de différents formats, pl. et fig. br.

Quelques années sont complètes.

---

457. L'Economie Politique patronale. Traicté de l'Œconomie Politique, dédié en 1615 au Roy et à la Reyne Mère du Roy, par Antoyne de Montchrétien, avec introduction et notes, par Th. Funck-Brentano. *Paris, Plon*, 1889, in-8, demi-rel. v. f. dos orné, fil. tête dor.

Envoi autographe de l'auteur.

458. H. Baudrillart : Des Rapports de la morale et de l'économie politique. *Paris, Guillaumin*, 1860. — Publicistes modernes. *Paris, Didier*, 1862. — Ens. 2 vol. in-8, demi-rel. v. f.

Envoi autographe de l'auteur sur chaque volume.

459. **H. Baudrillart** : Manuel d'économie politique. — Eléments d'économie rurale, industrielle, commerciale. — La Liberté du travail, l'association et la démocratie. — La Famille et l'éducation en France, dans leurs rapports avec l'état de la Société. *Paris*, 1857-1874, 5 vol. in-12, demi-rel. v. f. et bleu.

<small>Envoi autographe de l'auteur sur 2 volumes.</small>

460. Leçons d'économie politique faites à Montpellier, par M. Frédéric Passy, recueillies par MM. Emile Bertin et Paul Glaize, 1860-1861. *Paris, Guillaumin*, 1862, 2 vol. in-8, demi-rel. v. f.

461. Traités d'économie politique et sociale. — Réunion de 16 vol. in-12, br.

<small>Histoire du Communisme et du socialisme, par J. G. Bouctot, 1 vol. (*Tome I*). — L'Ouvrier, considérations sur le travail, par L. Laboulais. *Paris*, 1890. — Le Crédit agricole par l'assurance, par Henri Guénin. *Paris*, 1891. — Eugène de Masquard. Etudes d'économie sociale. *Saint-Césaire*, 1891. — La Représentation commerciale, les voyageurs de commerce, par Georges Vinet. *Paris*, 1891. — Le Socialisme et la Révolution sociale, par Fernand Naudier. *Paris*, 1894. — Souveraineté du peuple et gouvernement, par Eugène d'Eichthal. *Paris*, 1895. — Premiers principes d'économie politique, par Charles Périn. *Paris*, 1895. — Les Trois Socialismes : Anarchisme, Collectivisme, réformisme, par Paul Boilley. *Paris*, 1895. — Histoire des Doctrines économiques, par A. Espinas. *Paris*, s. d. — L'Enfance malheureuse, par Paul Strauss. *Paris*, 1896. — La Question du prêt sur gages. *Paris*, 1896. — Joseph Reinach. Démagogues et socialistes. *Paris*, 1896. — Etc.</small>

462. Economie politique. *Paris*, 1869-1886. — Réunion de 12 vol. in-12, demi-rel. v. bleu.

<small>Emile Worms : Exposé élémentaire de l'économie politique ; les écarts législatifs, 2 vol. — Les Elements de l'économie politique, par Th. Funck-Brentano. — J. B. Lescarret : Conférences sur l'économie politique ; Entretiens au village et dans l'atelier sur l'économie sociale, 2 vol. — Eléments d'économie politique, par Em. de Laveleye. — Paul Laffitte. Le Suffrage universel. — Joseph Ferrand. Les Pays libres, etc., etc.
Envois autographes des auteurs sur 7 volumes.</small>

463. Traités d'économie politique. — Réunion de 11 vol. in-8 et in-12, demi-rel. v. et cart. perc.

<small>Etudes administratives, par M. Vivien. *Paris*, 1852, 2 vol. — Catéchisme de l'économie politique basée sur des principes rationnels, par Du Mesnil-Marigny. *Paris*, 1863. — Quelle est la meilleure forme de gouvernement? par Sir G. Cornewall Lewis. *Paris*, 1867. — Essai sur les limites de l'action de l'Etat, par Guillaume de Humboldt. *Paris*, 1867. — La Démocratie et ses conditions morales, par le Vte Ph. d'Ussel. *Paris*, 1884. — Frédéric Engels. L'Origine de la famille, de la propriété privée et de l'Etat. *Paris*, 1893. — Lettres d'un parlementaire, par Paul Laffitte. *Paris*, 1894. — La Question sociale, par André Liesse. *Paris*, 1894. — La Politique, par Charles Benoist, *Paris*, 1894. — L'Education, par F. Picavet. *Paris*, 1895.</small>

464. Traités d'Economie politique. — Réunion de 5 vol. in-8, demi-rel. v. br.

<small>Nouveau Traité d'économie politique, par N. Villiaumé. *Paris*, 1864, 2 vol. — Le Juste et l'utile, ou Rapports de l'économie politique avec la</small>

SCIENCES ET ARTS

morale, par H. Dameth. *Paris*, 1859. — Les Lois Economiques. Résumé du cours d'économie politique fait à la Faculté de droit de Nancy, en 1865, par A. de Metz-Noblat. *Paris*, 1867. — L'Economie politique avant les Physiocrates, par J. E. Horn. *Paris*, 1867.

465. MÉLANGES SUR L'ÉCONOMIE POLITIQUE ET SOCIALE, publiés pendant la seconde moitié du XIXᵉ siècle. — Réunion de plus de 1150 (*onze cent cinquante*) opuscules in-4 et in-8, br.

>Très importante réunion sur la population, la protection des enfants du premier âge, l'enfance abandonnée et maltraitée, l'enfance devant les tribunaux. — Questions philosophiques et juridiques sur le mariage, le divorce, la maternité, les enfants naturels. — Rapports sur l'hygiène et l'assainissement des villes et des logements insalubres, l'assistance publique, les hôpitaux, les sanatorium, etc. — Statistiques sur la criminalité, les prisons, l'alcoolisme, le vagabondage, la prostitution. — Etudes sur l'association, la coopération, la participation, la mutualité, les habitations et cités ouvrières, l'assurance, les accidents du travail. — Problèmes sociaux, revendications ouvrières, grèves, collectivisme, internationalisme. — Questions de droit international, conciliation, arbitrage ; questions coloniales et concernant l'esclavage ; etc., etc.

466. Mélanges sur l'Economie sociale et politique, l'Enseignement, l'archéologie, l'art militaire. etc. — Réunion de *cent quarante pièces* reliées en 15 vol. in-4 et in-8, demi-rel. chag. et v. f. bleu et r.

467. Mélanges sur diverses questions d'économie sociale et politique, et de jurisprudence. — Réunion de 28 opuscules gr. in-8 et in-8, reliés et cart.

468. Traités d'économie politique et sociale, *en anglais*. — Réunion de 6 vol. in-fol. et in-8, reliés et cart.

>First Report of the Commissioners appointed to inquire into the organization and rules of trades unions and other associations. *London*, 1867. — Arthur Scratchley : on savings banks ; building societies, tontines and colonization ; friendly societies & assurance societies. *London*, 1861, 3 ouvrages en 1 vol. — Internationalism, by Don Arturo de Marcoartu. *London*, 1876. — Representative government, by Thomas D. Ingram. *Chester*, 1884. — Socialism, by Robert Flint. *London*, 1894. — Etc.
>Envoi autographe sur 2 volumes.

469. Questions sociales et ouvrières, *en anglais*. — Réunion de 13 vol. in-8 et in-12, cart. perc. et demi-rel. v. f.

>Meliora, or better times to come, being the contributions of many men touching the present state and prospects of Society, by Viscount Ingestre. *London*, 1852, 2 vol. — Suggestions for the Repression of crime, by Matthew Davenport Hill. *London*, 1857. — On the present state of education amongst the working classes of Leeds, by James Hole. *London*, 1860. — Signals of distress in refuges and homes of charity, by Blanchard Jerrold. *London*, 1863. — Our convicts, by Mary Carpenter. *London*, 1864, 2 vol. — A Treatise on the law and practice of benefit building and Freehold land societies, by William Whittaker Barry. *London*, 1866. — Lending a hand : or, help for the working classes. *London*, 1866. — Wages and earnings of the working classes, by Leoné Levi. *London*, 1867. — Science for the people, by Thomas Twining. *London*, 1870. — The Dwellings of the labouring classes, by Henry Roberts. *London*, s. d. nombr. fig. — Statuts de Sociétés anglaises. Recueil de 19 opuscules *en anglais* en 1 vol.

470. Publications du *Cobden Club*. *London*, 1870-1892, 10 vol. in-8 et in-12, cart. perc. br.

> Systems of Land tenure in various countries, 3 vol. — Cobden Club Essays, second series, 1871-2, by Emile de Laveleye, the Hon. George C. Brodrick, etc. — Local government and Taxation, 2 vol. — The Political writings of Richard Cobden. — English Land and English Landlords. — Free Trade, versus Fair Trade, by Sir T. H. Farrer. — Industrial Freedom, by B. R. Wise. (*Mouillures.*)

471. Réformateurs et publicistes de l'Europe : Moyen Age, Renaissance (dix-septième et dix-huitième siècle), par Ad. Franck. *Paris, Michel et Calmann Lévy*, 1864-1891, 3 vol. in-8, demi-rel. v. bleu, dos orné, fil. tête dor. non rog.

472. Economistes. — Réunion de 4 vol. in-8, demi-rel. chag. et v. f. r. et bleu.

> Turgot, sa vie et sa doctrine, par A. Mastier. *Paris*, 1862. — Etudes sur les principaux économistes : Turgot, Adam Smith, Ricardo, Malthus, J. B. Say, Rossi, par M. Gustave de Puynode. *Paris*, 1868. — Histoire de l'Economie politique. Les Précurseurs : Boisguilbert, Vauban, Quesnay, Turgot, par Félix Cadet. *Reims*, 1869. — Pierre de Boisguilbert, précurseur des Economistes, 1646-1714. Sa vie, ses travaux, son influence, par Félix Cadet. *Paris*, 1870.

473. Ferdinand Dreyfus : Vauban Economiste (2 *exemplaires*). — L'Arbitrage International. — Etudes et Discours. *Paris*, 1892-96, 4 vol. in-12, relié, cart. et br.

> Envoi autographe de l'auteur sur 3 volumes.

474. Frédéric Bastiat. Ouvrages divers. *Paris, Guillaumin*, 1848-1851. — Réunion de 14 vol. in-16, demi-rel. v. f.

> Sophismes économiques, 2 vol. — Propriété et loi. Justice et fraternité — Protectionisme et communisme. — Capital et rente. — Paix et liberté ou le budget républicain. — L'Etat. Maudit argent. — Baccalauréat et socialisme. — Gratuité du crédit. — Incompatibilités parlementaires. — Spoliation et loi. — Propriété et spoliation. — La Loi. — Ce qu'on voit et ce qu'on ne voit pas, ou l'économie politique en une leçon.

475. Œuvres complètes de P. J. Proudhon. *Paris, Lacroix et Garnier*, 1851-1870, 31 vol. in-12, dont 1 vol. en demi-rel. v. r. 4 vol. en demi-rel. v. f. et 26 vol. en demi-rel. chag. vert.

476. F. Lamennais : Le Livre du Peuple ; huitième édition. — Politique à l'usage du peuple ; 4e édition, 2 tomes en 1 vol. — Le Pays et le Gouvernement ; 2e édition. — De l'Esclavage moderne ; 4e édition. — Questions politiques et philosophiques, 2 tomes en 1 vol. — Du Passé et de l'Avenir du Peuple. — De la Religion. — Paroles d'un Croyant, 1833. *Paris, Pagnerre*, 1839-1841, 8 vol. in-16, demi-rel. v. r. dos ornés.

SCIENCES ET ARTS

477. G. de Molinari : Les Soirées de la rue Saint-Lazare : Entretiens sur les lois économiques et défense de la propriété. — Lettres sur la Russie. — L'Irlande, le Canada, Jersey. — La Morale Economique. — Religion. — Science et Religion. *Paris,* 1849-1894, 6 vol. in-8 et in-12, reliés, cart. et br.

   Envoi autographe de l'auteur sur 2 volumes.

478. Analyse des phénomènes économiques. *Nancy et Paris,* 1853, 2 vol in-8, demi-rel. v. br. dos orné.

   Le 1er volume porte l'envoi autographe suivant: *A Monsieur Jules Simon, hommage de l'auteur.* A. DE METZ NOBLAT.

479. Joseph Garnier : Du Principe de population. — Abrégé des Eléments de l'Economie politique. — Traité de finances. — Traité d'économie politique. — Notes et Petits traités contenant les éléments de statistique. — Premières notions d'économie politique, sociale ou industrielle. (*2 exemplaires.*) *Paris,* 1857-1879, 7 vol. in-12, demi-rel. v. f. bleu et br.

   Envoi autographe de l'auteur sur chaque volume.

480. Eugène Rostand. L'Action sociale par l'initiative privée, avec des documents pour servir à l'organisation d'institutions populaires et des plans d'habitations ouvrières. *Paris, Guillaumin,* 1892, gr. in-8, plans pliés, demi-rel. v. f. dos orné, fil. tête dor.

   Envoi autographe de l'auteur.

481. L'Europe politique et sociale, par Maurice Block. Deuxième édition. *Paris, Hachette,* 1892, in-8, cartes, demi-rel. v. vert, dos orné, fil. tête dor. ébarbé.

482. Principes de la Science Sociale, par M. H. C. Carey (de Philadelphie), traduits en français par MM. Saint-Germain-Leduc et Aug. Planche. *Paris, Guillaumin,* 1861, 3 vol. in-8, 2 pl. lithog. demi-rel. v. br.

483. Léon Say : Le Socialisme d'Etat. — Les Solutions démocratiques de la question des Impôts, 2 vol. — Contre le Socialisme. *Paris, Calmann Lévy,* 1884-1896, 4 vol. in-12, demi-rel. v. bleu et r.

   Envoi autographe sur 2 volumes.

484. Les Questions d'économie sociale dans une grande ville populaire (Etude et action), avec une statistique des Institutions de prévoyance et de philanthropie à Marseille, par Eugène Rostang. *Paris, Guillaumin,* 1889, in-8, demi-rel. v. r. dos orné, fil. tête dor. non rog.

   Envoi autographe de l'auteur.

485. Petits Traités publiés par l'Académie des Sciences morales et politiques. *Paris*, 1848-49, 9 vol. in-12, demi rel. v. bleu.

> Vie de Franklin, par M. Mignet. — Du Droit de propriété, par M. Thiers. — Bien-Être et Concorde des classes du peuple français, par M. Ch. Dupin. — Des Causes de l'inégalité des richesses, par M. Hippolyte Passy. — De la Providence, par M. Damiron. — L'Homme et la Société, par M. Portalis. — Justice et charité, par M. Victor Cousin. Des Classes ouvrières en France pendant l'année 1848, par M. Blanqui. — Des Associations ouvrières, par M. Villermé.

486. Economie sociale. *Paris*, 1857-1887. — Réunion de 10 vol. in-12, demi-rel. v. f.

> Simples Leçons d'économie sociale, par B. Templar, traduit de l'anglais par M. E. de l'Etang. — Mélanges économiques, par M. Frédéric Passy. — Mélanges de morale, d'économie et de politique, extraits des ouvrages de B. Franklin, par A. Ch. Renouard. — L'Homme et la Révolution. Huit études par J. A. Langlois, 2 vol. — Les Banques du peuple en Allemagne, par Eug. Seinguerlet. — Etudes sur l'Angleterre, par Lucien Davesiès de Pontès. — Le Logement de l'ouvrier et du pauvre, par Arthur Raffalovich (2 *exemplaires*). — La Prévoyance et l'Etat, par MM. Théodore Cardot et E. Schwanhard.
> Envois autographes des auteurs sur 2 volumes.

487. Economie sociale. — Réunion de 9 vol. in-12, demi-rel. v. bleu.

> Charles Fourier, sa vie et sa théorie, par Ch. Pellarin. *Paris*, 1843. — Etudes sur les Réformateurs ou Socialistes modernes, par Louis Reybaud. *Paris*, 1864, 2 vol. — Solidarité, vue synthétique sur la doctrine de Ch. Fourier, par H. Renaud. *Paris*, 1869. — Cours d'économie politique, par Schulze-Delitzsch. *Paris*, 1874, 2 vol. — Les Salles d'asile en France, et leur fondateur Denys Cochin, par Emile Gossot. *Paris*, 1884. — Le Patron, sa fonction, ses devoirs, ses responsabilités, par Charles Périn. *Lille et Paris*, 1886. — Jules Domergue. La Comédie libre-échangiste. *Paris*, 1891.

488. Economie sociale. — Réunion de 6 vol. in-8, demi-rel. v. f. r. et bleu.

> Morale Sociale, ou Devoirs de l'Etat et des citoyens en ce qui concerne la propriété, la famille, l'éducation, la liberté, l'égalité, etc. par Adolphe Garnier. *Paris*, 1850. — Etudes sur la science sociale, par J.-G. Courcelle-Seneuil. *Paris*, 1862. — La Morale dans la démocratie par Jules Barni. *Paris*, 1868. — La Civilisation et ses lois, morale sociale, par Th. Funck-Brentano. *Paris*, *Plon*, 1876. — Quelques réflexions sur les lois sociales, par le Duc d'Harcourt. *Paris*, 1886. — Le Socialisme au XVIIIe siècle, par André Lichtenberger. *Paris*, 1895.

489. Etudes sur le Socialisme. — Réunion de 10 vol. in-12, demi-rel. v. r. dos orné, tête dor.

> L'Anarchie et les Anarchistes, par J. Garin. *Paris*, 1885. — La France socialiste, par Mermeix. *Paris*, 1886. — Le Socialisme contemporain, par Emile de Laveleye. *Paris*, 1888. — Les Principes de 1789 et la science sociale, par Th. Ferneuil. *Paris*, 1889. — Les Problèmes du paupérisme, par Louis Morosti. *Paris*, 1891. — Le Socialisme allemand et le Nihilisme russe, par J. Bourdeau. *Paris*, 1892. — Le Mouvement socialiste en Europe, par T. de Wyzewa. *Paris*, 1892. — Socialisme, communisme et collectivisme, par Eugène d'Eichthal. *Paris*, 1892. — Etc.
> Envoi autographe sur 7 volumes.

SCIENCES ET ARTS

490. Mélanges sur le Socialisme. — Réunion de 10 vol. in-12 et in-16, reliés et cart.

Ch. Gide. Charles Fourier, œuvres choisies. *Paris, Guillaumin, s. d.* — Le Socialisme allemand et le Nihilisme russe, par J. Bourdeau. *Paris, 1892.* — Nihilisme et Anarchie, par E. de Cyon. *Paris, 1892.* — Les Syndicats agricoles et le socialisme agraire. *Paris, 1893.* — L'Evolution sociale, par Bernard-Lavergne. *Paris, 1893.* — Les Causes de l'effondrement économique suivies du prolétariat agricole et du prolétariat ouvrier, par E. Leverdays. *Paris, 1893.* — Etc., etc.

b. Population. Questions ouvrières et sociales.

491. Henri Bossanne. Le Peuple, préface par Charles Buet. *Paris, Rétaux,* 1892, in-12, demi-rel. v. r. dos orné, fil. tête dor. non rog.

Exemplaire *tiré spécialement sur* PAPIER DU JAPON, *pour M. Jules Simon.* Envoi autographe de l'auteur.

492. Traités divers sur la population : la bourgeoisie, la démocratie, le paupérisme, la mortalité, etc. — Réunion de 10 vol. in-8, demi-rel. v. et chag. sauf 2 cart. et 1 br.

Le Paupérisme en France, par Victor Modeste. *Paris, 1857.* — La Misère au temps de la Fronde et saint Vincent de Paul, par Alph. Feillet. *Paris, 1862.* — Origines de la Démocratie. La France au Moyen Age, par Frédéric Morin. *Paris, 1865.* — Histoire des classes rurales en France et de leurs progrès dans l'égalité civile et la propriété, par Henry Doniol. *Paris, 1865.* — De la Mortalité des nourrissons en France, par le Dr Brochard. *Paris, 1866.* — Anthropologie de la France, par Gustave Lagneau. *Paris, 1879.* — Le Peuple et la bourgeoisie par M. Emile Deschanel. *Paris, 1881.* — Mouvements et diminution de la population agricole en France, par Georges Guéry. *Paris, 1895.* — Des Enfants assistés en France, par Roger Lagrange. *Paris, 1891.* — Etude historique sur les gens de condition mainmortable en France, au XVIIIe siècle, par Gabriel Demante. *Paris, 1894.*

493. Henri Baudrillart : Les Populations agricoles de la France: Normandie et Bretagne, Maine, Anjou, Touraine, Poitou, Flandre, Artois, Picardie, Ile-de-France. — Gentilshommes ruraux de la France. *Paris,* 1885-1893, 3 vol. in-8, demi-rel. v. bleu, dos orné, fil. tête dor. non rog.

Envoi autographe de l'auteur sur 2 volumes.

494. Les Populations agricoles de la France, par M. H. Baudrillart : La Normandie (passé et présent). *Paris, Hachette,* 1880, in-8, demi-rel. v. bleu. — Les Populations du Midi. *Paris, Guillaumin,* 1893, in-8, demi-rel. v. bleu, dos orné, fil. tête dor. non rog. — Ens. 2 vol.

495. Enquête sur la condition des classes ouvrières et sur le travail des enfants. *Bruxelles, Lesigne,* 1846-48, 3 vol. in-8, demi-rel. chag. r.

Publication du *Ministère de l'Intérieur du Royaume de Belgique.*

496. Les Classes ouvrières en Europe, études sur leur situation matérielle et morale, par René Lavollée. *Paris, Guillaumin*, 1882-1896, 3 vol. in-8, dont 2 en demi-rel. chag. r. non rog. et 1 br.

<small>Première édition.
Envoi autographe au tome III.</small>

497. Les Classes ouvrières en Europe. Etudes sur leur situation matérielle et morale, par René Lavollée. Deuxième édition, revue et complétée d'après les documents les plus récents. *Paris, Guillaumin*, 1884, 2 vol. gr. in-8, br.

<small>Tome I. Allemagne, Pays-Bas, Etats Scandinaves, Russie. — Tome II. Suisse, Belgique, Autriche-Hongrie, Italie, Espagne-Portugal.</small>

498. Les Classes ouvrières en Europe. Etudes sur leur situation matérielle et morale, par René Lavollée. Deuxième édition, revue et complétée d'après les documents les plus récents. *Paris, Guillaumin*, 1884, 2 vol. gr. in-8, demi-rel. v. f. dos orné, fil. tête dor. non rog.

<small>Tomes I et II.</small>

499. Les Classes ouvrières en Europe. Etudes sur leur situation matérielle et morale, par René Lavollée. Deuxième édition, revue et complétée d'après les documents les plus récents. *Paris, Guillaumin*, 1884, 2 vol. gr. in-8, demi-rel. v. f. dos orné, tête dor. non rog.

<small>Tomes I et II.</small>

500. Les Classes ouvrières en Europe, par René Lavollée. *Paris, Guillaumin*, 1884, 1 vol. (*Tome I* : Allemagne, Pays-Bas, Etats Scandinaves, Russie). — Les Banques d'émission en Europe, par Octave Noël. *Paris, Berger-Levrault*, 1888, 1 vol. (*Tome I*: Angleterre, France, Allemagne, Autriche-Hongrie, Belgique). — Histoire parlementaire des finances de la monarchie de juillet, par A. Calmon. *Paris, Lévy*, 1895, 2 vol. (*Tomes I et II*). — Ens. 4 vol. gr. in-8 et in-8, br.

501. Etat des habitations ouvrières à la fin du XIXe siècle. Etude suivie du compte rendu des Documents relatifs aux petits logements qui ont figuré à l'Exposition universelle de 1889, par Emile Cacheux. *Paris, Baudry*, 1891, in-8, 18 pl. demi-rel. v. f. dos orné, fil. tête dor.

<small>Envoi autographe de l'auteur A Monsieur le Sénateur Jules Simon, Président d'honneur de la Société française des Habitations à bon marché.</small>

502. Enquête sur les conditions de l'habitation en France, les maisons-types, avec une introduction de M. Alfred de Foville. *Paris, Leroux*, 1894, gr. in-8, cartes et nombr. fig. demi-rel. v. r. dos orné, fil. tête dor. non rog.

<small>Publication du *Comité des travaux historiques et scientifiques*, section des Sciences économiques et sociales.</small>

503. Enquête sur les conditions de l'habitation en France, les maisons-types, avec une introduction de M. Alfred de Foville, *Paris, Leroux,* 1894, gr. in-8, nombr fig. demi-rel. v. f. dos orné, fil. tête dor. non rog.

<small>Publication du *Comité des Travaux historiques et scientifiques.*</small>

504. Etudes sur la classe ouvrière, la question sociale, le travail et les salaires. — Réunion de 12 vol. in-12, demi-rel. v. r. f et bleu.

<small>Les Classes laborieuses, leur condition actuelle, leur avenir, par la réorganisation du travail, par Cl. Compagnon. *Paris,* 1858. — De l'état moral et intellectuel des populations ouvrières, par Paul Leroy-Beaulieu. *Paris,* 1868. — La Question ouvrière au XIXe siècle, par Paul Leroy-Beaulieu. *Paris,* 1872. — La Vie morale et intellectuelle des ouvriers, par M. Eugène Tallon. *Paris,* 1877. — Lujo Brentano. La Question ouvrière. *Paris,* 1885. — Travail et salaires, par H. Fawcett. *Paris,* 1885. — La Question sociale, par Edmond Villey. *Paris,* 1887. - Dr Burggraeve. Concours Guinard pour l'amélioration de la position matérielle et intellectuelle de la classe ouvrière en général. *Gand,* 1887. — Le Devoir social, par Léon Lefébure. *Paris,* 1890. — Gustave Théry. Exploiteurs et salariés. *Paris,* 1895. — La Législation internationale du travail, par Paul Boilley. *Paris,* 1892. — La Question ouvrière et sociale, par le Cardinal Manning. *Paris,* 1892.
Envoi autographe des auteurs sur 7 volumes.</small>

505. Traités de la Question ouvrière en divers pays étrangers. — Réunion de 5 vol. in-8, demi-rel. chag. et v. bleu et r.

<small>Rapport sur la situation des ateliers d'apprentissage de la Flandre Occidentale. *Bruges,* 1863. — Les Institutions ouvrières de la Suisse, par Gustave Moynier. *Genève,* 1867. — De la Situation des ouvriers en Angleterre, par M. le Comte de Paris. *Paris,* 1873. — La Question ouvrière à la fabrique Néerlandaise de levure et d'alcool. Essai de solution pratique, par J. C. Van Marken. *Paris,* 1881. — Des Classes ouvrières à Rome, par A. Typaldo-Bassia. *Paris,* 1892.</small>

506. Etudes sur la question ouvrière. — Réunion de 5 vol. in-8, demi-rel. v. f. et bleu.

<small>Tableau de l'état physique et moral des ouvriers employés dans les manufactures de coton, de laine et de soie, par M. Villermé. *Paris,* 1840, 2 vol. — Des Institutions ouvrières au dix-neuvième siècle, par Henri Ameline. *Paris,* 1866. — L'Avenir de l'ouvrier : travail et prévoyance, par Paul Matrat. *Paris,* 1884. — Etude historique, économique et juridique sur les coalitions et les grèves dans l'industrie, par A. Crouzel. *Paris,* 1887.</small>

507. Le Placement des employés, ouvriers et domestiques en France, son histoire, son état actuel ; avec un appendice relatif au placement dans les pays étrangers. *Paris, Berger-Levrault,* 1893, gr. in-8, demi-rel. v. f. dos orné, fil. tête dor. ébarbé.

<small>Publication de l'*Office du Travail,* au Ministère du Commerce et de l'Industrie.</small>

508. Le Placement des employés, ouvriers et domestiques en France, son histoire, son état actuel ; avec une appendice relatif au placement dans les pays étrangers. *Paris, Berger-*

Levrault, 1893, gr. in-8, demi-rel. v. f. dos orné, fil. tête dor, ébarbé.

<small>Publication de l'*Office du Travail au Ministère du Commerce et de l'Industrie*.</small>

509. De la Liberté du travail, ou Simple exposé des conditions dans lesquelles les forces humaines s'exercent avec le plus de puissance, par Charles Dunoyer. *Paris, Guillaumin*, 1845, 3 vol. in-8, demi-rel. chag. La Vall.

<small>Signature de M. Jules Simon sur le titre du Tome I.</small>

510. Liberté du travail; régime des manufactures; Inspection et réglementation du travail. — Réunion de 7 vol. gr. in-8 et in-8, demi-rel. v. f. et bleu, sauf 2 cart.

<small>Etudes sur le régime des manufactures, par Louis Reybaud. *Paris*, 1859. — Travail et liberté, études critiques d'économie sociale, par Th. Mannequin. *Paris*, 1863, 2 vol. — Max. Wirth. Lois du Travail au XIXe siècle. *Paris*, 1874. — Patrons et ouvriers de Paris, par A. Fougerousse. *Paris*, 1880. — La Femme dans les emplois publics, par Louis Frank. *Bruxelles*, 1893. — Les Inspecteurs du travail dans les fabriques et les ateliers, études d'économie sociale, par Cyr. Van Overbergh. *Paris*, 1893.</small>

511. Dupont-White : Essai sur les relations du travail avec le capital. — L'Individu et l'Etat. — La Centralisation. — La Liberté politique considérée dans ses rapports avec l'administration locale. *Paris, Guillaumin*, 1846-1864, 4 vol. in-8, dont 3 en demi-rel. v. f. et 1 en demi-rel. chag. noir.

<small>Envoi autographe de l'auteur sur chaque volume.</small>

512. Recueil de Rapports adressés au Ministre des Affaires étrangères sur les conditions du travail dans les pays étrangers. *Paris, Berger-Levrault*, 1890, 6 ouvrages en 2 vol. gr. in-8, demi-rel. v. f. dos orné, fil. tête dor, non rog.

<small>Empire d'Allemagne : Bavière, Saxe, Wurtemberg, Bade, Hesse, Hambourg. — Pays-Bas, avec une annexe concernant le Grand-Duché de Luxembourg, Suisse, Espagne et Portugal, Autriche et Hongrie, Suède et Norvège.</small>

513. Enquête sur les Rapports qui existent entre le capital et le travail au Canada. *Ottawa, imprimé pour l'imprimeur de la Reine*, 1889, 4 forts vol. gr. in-8, br.

<small>Provinces de : Ontario ; Nouveau-Brunswick ; Nouvelle-Ecosse ; et Témoignages-Québec, 2e partie.</small>

514. La Participation aux bénéfices, étude pratique sur ce mode de rémunération du travail, par le Dr Victor Böhmert, traduit de l'allemand, par Albert Trombert, avec une préface de M. Charles Robert. *Paris, Chaix et Guillaumin*, 1888, gr. in-8, demi-rel. v. bleu, dos orné, fil. tête dor.

SCIENCES ET ARTS

515. De la Conciliation et de l'arbitrage dans les conflits collectifs entre patrons et ouvriers, en France et à l'étranger. *Paris, Impr. Nationale,* 1893, gr. in-8, demi-rel. v. bleu, dos orné, fil. tête dor. ébarbé.

Publication de l'*Office du Travail* du Ministère du Commerce, de l'Industrie et des Colonies.

516. Associations ouvrières, sociétés de secours mutuels, coopératives. — Réunion de 13 vol. in-12, demi-rel. v. f. r. et bleu.

Guide pour l'organisation et l'administration des Sociétés de secours mutuels, par M. Victor Robert. *Paris,* 1863. — Les Associations populaires de consommation, de production et de crédit, par Léon Wabras. *Paris,* 1865. — Des Associations ouvrières de consommation, de crédit et de production en Angleterre, en Allemagne et en France, par Eugène Véron, *Paris,* 1865. — Guide de l'Association, par Cohadon. *Paris,* 1868. — Le Paupérisme et les Associations ouvrières en Europe, par M. Charles D'Assailly, *Paris,* 1869. — Troisième procès de l'Association Internationale des travailleurs à Paris. *Paris,* 1870. — Des Associations coopératives de consommation, par Antony Roulliet. *Paris,* 1876. — Manuel pratique pour l'organisation et le fonctionnement des sociétés coopératives de production, par Schulze Delitzsch. *Paris,* 1876, 2 vol. — Histoire d'une Association ouvrière : L'Imprimerie Nouvelle, 1870-1878. *Paris,* 1878. Histoire de la Coopération à Rochdale, par G. J. Holyoake. *Paris,* 1888. — Etc., etc.

Envoi autographe sur 5 volumes.

517. Etudes sur les associations ouvrières, la coopération, la mutualité, la participation aux bénéfices. — Réunion de 10 vol. gr. in-8 et in-8, dont 5 reliés, 4 cart. et 1 br.

Du mouvement coopératif international. Etude théorique et pratique sur les différentes formes de l'Association, par Eugène Pelletier. *Paris,* 1867. — Les Sociétés coopératives en Allemagne et le Projet de loi français, par Frédéric Reitlinger. *Paris,* 1867. — Des Associations ouvrières, (Sociétés coopératives) et de leur situation légale en France, par Paul Hubert-Valleroux *Paris,* 1869. — Oscar Testut. Association Internationale des travailleurs. *Lyon,* 1870. — Les Logements d'ouvriers, par E. Pavoux. *Arlon,* 1871. — Essai d'une théorie rationnelle des sociétés de secours mutuels, par Prosper de Lafitte. *Paris,* 1888. — Les Questions d'économie sociale dans une grande ville populaire. Etude et action, par Eugène Rostand. *Paris,* 1889. — Le Travail collectif en France, ses intérêts, ses besoins, par Th. Villard. *Paris,* 1891. — Guide pratique pour l'application de la participation aux bénéfices, par Albert Trombert. *Paris,* 1892. — Le Passé, le présent et l'avenir de la mutualité, par Eugène Joly. *Saint-Etienne,* 1893.

518. Le Mouvement coopératif à Lyon et dans le midi de la France. par Eugène Flotard. *Paris,* 1867. — Les Petits logements dans les grandes villes et plus particulièrement dans la ville de Lyon, par F. Mangini. *Lyon,* 1891, 12 grandes pl. pliées. — Notice et Documents sur le Sauvetage de l'enfance dans la région lyonnaise. *Lyon, Storck,* 1894, pl. et fig. — Ens. 3 vol. in-8, demi-rel. v. f. sauf 1 cart. dos de perc.

519. Eugène Véron : Les Institutions ouvrières de Mulhouse et des environs. — Supériorité des arts modernes sur les arts anciens. *Paris, Hachette et Guillaumin,* 1862-66, 2 vol. in-8, demi-rel. v. f.

Envoi autographe de l'auteur sur chaque volume.

SCIENCES ET ARTS

520. Un Industriel Alsacien : Vie de F. Engel-Dollfus, par X. Mossmann. *Mulhouse, Brustlein,* 1886, gr. in-8, pap. vergé, portrait gr. demi-rel. v. vert, dos orné, fil. tête dor. non rog.

521. Les Associations ouvrières en Angleterre (Trades-Unions), par M. le Comte de Paris. *Paris, Baillière,* 1869, in-12, demi-rel. v. bleu avec coins.

<small>Envoi autographe de l'auteur ainsi libellé : « *A Monsieur Jules Simon, de la part de l'auteur, souvenir d'un voyage à Manchester et à Sheffield. Louis Philippe d'Orléans.* »</small>

522. Francesco Vigano : Histoire des Equitables Pionniers de Rochdale de Holyoake. — L'Ouvrier coopérateur ou Traité d'économie populaire, avec des dialogues sur la coopération. — La Fraternité humaine. *Paris, Guillaumin,* 1880-81, 3 vol. gr. in-8, demi-rel. v. bleu.

523. Delegierte der Internationalen Arbeiterschutzkonferenz. *Berlin,* 1890, in-fol. oblong de 19 photographies collées sur bristol, en feuilles dans un carton.

<small>Ces photographies représentent les délégués des pays Européens au Congrès international de Berlin concernant le règlement du travail.
On y a joint : Programme des Délibérations, Rapports et Protocoles 3 à 7 et annexes, de la *Conférence Internationale de Berlin,* 1890, 3 vol. in-fol. dont 1 cart. et 2 en feuilles.</small>

c. Paupérisme. Assistance publique. Prisons et systèmes pénitentiaires.

524. Histoire économique de la propriété, des salaires, des denrées et de tous les prix en général depuis l'an 1200 jusqu'en l'an 1800, par le vicomte G. d'Avenel. *Paris, Impr. Nationale,* 1894, 2 forts vol, gr. in-8, 2 pl. demi-rel. v. f. dos orné, fil. tête dor. non rog.

<small>Envoi autographe de l'auteur.</small>

525. Victor Modeste : De la Cherté des grains et des préjugés populaires qui déterminent des violences dans les temps de disette. — La Vie, étude d'économie politique. — La Nuit du 4 août, 1789-1889. — Le Prêt à intérêt, dernière forme de l'esclavage. *Paris,* 1854-1889, 5 vol. in-12, demi-rel. v. bleu et r. dos orné, sauf 1 cart. dos de perc.

<small>Envoi autographe de l'auteur sur chaque volume.</small>

526. Etudes économiques sur le XVIIIe siècle, par Léon Biollay : Le Pacte de famine. Les Prix en 1790. *Paris, Guillaumin,* 1885-86, 2 vol. in-8, demi-rel. v. bleu, non rog.

527. De la Production et de la consommation des boissons alcooliques en France, et de leur influence sur la santé physique et intellectuelle des populations, par le D' L. Lunier. *Paris, Savy,* 1877. — Leçons sur l'alcoolisme faites à l'Hôtel-Dieu de Marseille, par le Dr A. Villard. *Paris, Masson,* 1891. — Ens. 2 vol. gr. in-8, demi-rel. v. f. et bleu.

528. De la Misère des Classes laborieuses en Angleterre et en France; de la nature de la misère, de son existence, de ses effets, de ses causes et de l'insuffisance des remèdes qu'on lui a opposés jusqu'ici, avec l'indication des moyens propres à en affranchir les Sociétés, par Eugène Buret. *Paris, Paulin,* 1840, 2 vol. in-8, demi-rel. v. bleu, dos orné.
   Signature de M. Jules Simon sur le titre du tome I.

529. Quelques mots sur la misère, son histoire, ses causes, ses remèdes, par Jules Siegfried. *Hâvre, Poinsignon,* 1877, in-12, pap. de Hollande, demi-rel. v. bleu.
   EDITION ORIGINALE tirée à 105 exemplaires numérotés (n° 28).
   Envoi autographe de l'auteur.

530. Yves Guyot : La Prostitution. — Les Principes de 89 et le socialisme. — La Tyrannie socialiste. — Trois ans au ministère des Travaux Publics. *Paris,* 1882-1895, 4 vol. in-12, demi-rel. v. r. sauf 1 br.
   Envoi autographe de l'auteur sur 3 volumes.

531. De la Bienfaisance publique, par M. le Bon De Gérando. *Paris, Renouard,* 1839, 4 vol. in-8, demi-rel. v. f. dos orné, ébarbés.
   Ex-libris G. PIETERS.

532. Histoire de l'Assistance publique dans les temps anciens et modernes, par Alexandre Monnier. Deuxième édition. *Paris, Guillaumin,* 1857, gr. in-8, demi-rel. v. f.

533. C. Tollet : De l'Assistance publique et des hôpitaux jusqu'au XIX° siècle. Plan d'un Hôtel-Dieu attribué à Philibert Delorme. — Les Hôpitaux au XIX° siècle. Etudes, projets, discussions et programmes relatifs à leur construction. L'Hôpital civil et militaire de Montpellier. *Paris, chez l'Auteur* 1889. — Ens. 2 ouvrages en 1 vol. in-4, nombr. fig. demi-rel. chag. vert, dos orné, fil. tête dor.
   Envoi autographe de l'auteur.

534. Traité de l'Administration hospitalière, précédé d'un historique des établissements de bienfaisance, par Gabriel Cros-Mayrevieille. *Paris, Paul Dupont,* 1886, gr. in-8, pl. demi-rel. v. f. dos orné, fil. tête dor. non rog.
   Envoi autographe de l'auteur.

SCIENCES ET ARTS

535. L'Individuo, lo stato e la Societa, owero Proposta d'un codice sull'assistenza pubblica di G. Minghelli Vaini. *Firenze, Boncompagni*, 1868, fort vol. gr. in-8, demi-rel. chag. r. — Le Istituzioni di pubblica beneficenza. Monografia del Cav. Uff. Salvatore de Luca Carnazza. *Catania*, 1891, gr. in-8, br. (2 *exemplaires*). — Ens. 3 vol.

<small>Envoi autographe sur chacun des deux exemplaires du second ouvrage.</small>

536. Revue des Institutions de prévoyance, paraissant tous les mois, sous la direction de M. Hippolyte Maze. *Paris, Berger-Levrault*, 1887-89, 2 vol. gr. in-8, br.

<small>1re et IIIe années.
Envoi autographe de l'auteur sur chaque volume.</small>

537. Congrès international d'assistance, tenu à Paris, du 28 juillet au 4 août 1889. *Paris, Rongier*, 1889, in-8, br. (*Tome I*). — Congrès National d'assistance, tenu à Lyon du 26 juin au 3 juillet 1894. *Lyon, Waltener*, 1894, 2 vol. in-8, demi-rel. v. bleu, dos orné, fil. tête dor. ébarbés. — Ens. 3 vol.

538. Traités sur l'assistance publique, le paupérisme et les établissements de charité. — Réunion de 8 vol. in-8, demi-rel. v. t. r. et bleu.

<small>De la Charité dans ses rapports avec l'état moral et le bien-être des classes inférieures de la Société, par M. T. Duchâtel. *Paris*, 1829. — Le Paupérisme et les Associations de prévoyance, par Emile Laurent. *Paris*, 1865, 2 vol. — La Femme pauvre au XIXe siècle, par Mme J. V. Daubié. *Paris*, 1866. — De l'Extinction du paupérisme et de l'avenir du travail dans les sociétés modernes, par R. de la Saussaye. *Paris*, 1870. — Des Etablissements charitables considérés au point de vue de l'amélioration et de l'éducation de la classe ouvrière, par Ch. G. P. Verstraëte. *Gand*, 1876. — Hygiène sociale contre le paupérisme, par Adolphe Coste. *Paris*, 1882. — Questions d'assistance publique traitées dans les Conseils généraux en 1891. *Paris*, 1892.</small>

539. Léon Lallemand. Histoire des enfants abandonnés et délaissés. Etudes sur la protection de l'enfance aux diverses époques de la civilisation — La Question des enfants abandonnés et délaissés au XIXe siècle. *Paris, Picard et Guillaumin*, 1885, 2 vol. in-8, dont 1 en demi-rel. v. bleu, non rog. et 1 cart. dos de toile bleue, non rog.

540. Assistance publique et questions diverses se rattachant à l'enfance. — Réunion de 16 vol. in-8 et in-12, reliés, cart. et br.

<small>Les Institutions de bienfaisance, de charité et de prévoyance à Marseille, par E. Camau. *Marseille, s. d.* — Du Patronage légal des jeunes libérés, par M. Jules de Robernier. *Paris*, 1866. — La Vérité sur les enfants trouvés, par le Dr Brochard. *Paris*, 1876. — Affaiblissement de la natalité en France, par le marquis de Nadaillac. *Paris*, 1886. — Gustave Richet. La Recherche de la paternité. *Paris*, 1890. — Les Enfants en prison, par Guy Tomel et Henri Rollet. *Paris*, 1892. — Enfants révoltés et parents coupables, par Georges Bonjean. *Paris*, 1895. — Etc.</small>

541. Congrès International de la protection de l'enfance tenu au Palais du Trocadéro, les 15, 16, 18, 19, 20, 21, 22 et 23 juin 1883. Compte-rendu des travaux publié par M. Maurice Bonjean. *Paris, Pedone-Lauriel,* 1884-86, 2 vol. in-8, demi-rel. chag. vert avec coins, dos orné. — Congrès International de la protection de l'enfance, Bordeaux, 1895. Procès-verbaux, mémoires..., publiés par M. le Dr J. Courtin. *Bordeaux, Bourlange,* 1895, gr in-8, pl. br. — Ens. 3 vol.

542. Congrès International pour l'étude des questions relatives au patronage des détenus et à la protection des enfants moralement abandonnés. Anvers, 1890. *Bruxelles, Guyot,* 1891, in-8, demi-rel. v. bleu, dos orné, fil. tête dor. non rog.

Compte rendu sténographique, publié par le Ministère de la Justice de Belgique.

543. Essai de Bibliographie charitable, par Camille Granier. *Paris, Guillaumin,* 1891, in—8, demi-rel. v. bleu, dos orné, fil. tête dor. non rog.

---

544. Henri Joly : Le Crime, étude sociale. — La France criminelle. *Paris, Cerf,* 1888-89. — 2 vol. in-8, demi-rel. v. bleu, dos orné, fil. tête dor. non rog.

Envoi autographe de l'auteur sur chaque vol.

545. Principes fondamentaux de la Pénalité dans les systèmes les plus modernes, par Georges Vidal. *Paris, Rousseau,* 1890, in-8, demi-rel. v. bleu, dos orné, fil. tête dor. ébarbé.

Envoi autographe de l'auteur.

546. Traités de l'Administration et du service des prisons ; de la répression des crimes et délits. — Réunion de 6 vol. in-8, demi-rel. chag. et v. f. r. noir et bleu.

Des Conditions d'application du système de l'emprisonnement séparé ou cellulaire. *Bruxelles,* 1857. — De la Répression du vagabondage, par M. Th. Homberg. *Paris,* 1862. — Essai sur les peines et le système pénitentiaire, par J. Alauzet. *Paris,* 1863. — Traité pratique de l'administration et du service des prisons, par M. Lucien Barban et le Docteur Dominique Calvo. *Paris,* 1866. — De l'Etat anormal en France de la répression en matière de crimes capitaux et des moyens d'y remédier, par M. Ch. Lucas. *Paris,* 1885. — L'OEuvre pénitentiaire, par L. Herbette. *Melun,* 1891.

547. Identification anthropométrique. Instructions signalétiques, par Alphonse Bertillon. Nouvelle édition, considérablement augmentée, avec un album de 81 planches et un tableau chromatique des nuances de l'iris humain. *Melun,* 1893, in-8, nombr. pl. en phototypie et fig. cart. Bradel, demi-perc. grise, non rog.

548. Comte d'Haussonville : Les Etablissements pénitentiaires en France et aux colonies. — L'Enfance à Paris. — Etudes sociales : Misère et Remèdes. — Souvenirs de ma jeunesse (1814-1830). — Socialisme et Charité. *Paris, Calmann Lévy*, 1875-1895. 5 vol. in-8, demi-rel. v. f. et bleu, dos orné, tête dor. non rog.

549. Adolphe Guillot : Paris qui souffre. La Basse Geôle du Grand Châtelet et les Morgues modernes. — Les Prisons de Paris et les prisonniers. *Paris*, 1887-1890, 2 vol. gr. in-8, fig. demi-rel. chag. noir et v. f. dos orné, fil. tête dor. non rog.

550. Système pénitentiaire en divers pays. — Réunion de 4 vol. in-8, demi-rel. v. f. bleu et r.

Opuscules de MM. Nakwaski, Corne, Desportes, O. Du Mesnil, Demetz, etc. 1860-1866, 9 pièces en 1 vol. — La Suède, ses progrès sociaux et ses institutions pénitentiaires, par G. Fr. Almquist. *S. l. n. d.* — Van Der Brugghen Etudes sur le système pénitentiaire irlandais, par Fr. de Holtzendorff. *Berlin*, 1865. — Les Prisons cellulaires en Belgique, leur hygiène physique et morale, par J. Stevens. *Bruxelles*, 1878.

551. Histoire de la Colonisation pénale et des établissements de l'Angleterre en Australie, par le Marquis de Blosseville. *Evreux, Hérissey*, 1859, 2 vol. in-8, demi-rel. chag. vert, dos orné.

Envoi autographe de l'auteur.

552. La Transportation russe et anglaise, avec une étude historique sur la transportation, par Ivan Foïnitski et Georges Bonet Maury. Préface de J. Leveillé. *Paris, Lecène, Oudin*, 1895, in-8, br.

Ce volume est accompagné d'une étude critique faite par *M. Jules Simon* et comprenant quatorze feuillets d'écriture de sa main.

553. Rapports sur les pénitenciers des Etats-Unis, par MM. Demetz et Abel Blouet. — Rapport sur les prisons de l'Angleterre, de l'Ecosse, de la Hollande, de la Belgique et de la Suisse, par M. L. Moreau-Cristophe. *Paris, Impr. Royale*, 1837-39. — Ens. 2 vol. in-fol. et in-4, demi-rel. chag. noir.

554. Revue Pénitentiaire : Bulletin de la Société générale des Prisons. *Paris et Melun*, 1887 (*11ᵉ année*) à 1896, 71 fascicules in-8, br.

Année 1887, incomplète des fascicules 1 et 3 ; année 1888, incomplète du fascicule 6 ; années 1889 et 1890 : année 1891, incomplète des fascicules 2 et 3 ; années 1892 à 1895 ; et année 1896, incomplète des fascicules 6 à 8.

555. Statistique des prisons et établissements pénitentiaires (A partir de 1880 : Statistique pénitentiaire.) *Paris, Dupont, et Melun, Impr. Administrative*, 1856 (*origine*) à 1894, 40 tomes en 37 vol. in-8, dont 28 en demi-rel. v. bleu, et le reste br.

Années 1852 à 1889, et années 1891 et 1892.

SCIENCES ET ARTS

556. Bulletin de la Commission Pénitentiaire Internationale. Nouvelle Série. *Melun, Impr. Administrative*, janvier 1894 (origine) à juin 1895, 6 vol. — Ve Congrès Pénitentiaire International. Paris, 1895. *Melun, Impr. Administrative*, 1896-97, 6 vol. — Ens. 12 vol. in-8, br.

557. La Science pénitentiaire au Congrès de Stockholm, par MM. Fernand Desportes et Léon Lefébure. *Paris, Chaix et Pedone-Lauriel*, 1880, in-8, demi-rel. v. bleu.

558. Premier Congrès National du Patronage des libérés, tenu à Paris, du 24 au 27 mai 1893. *Paris, Marchal et Billard*, 1894, gr. in-8, 1 carte gr. en couleur, demi-rel. v. r. dos orné.

559. Actes du deuxième Congrès International d'anthropologie criminelle, biologie et sociologie. (Paris, août 1889.) *Lyon et Paris*, 1890, in-8, demi-rel. v. f. dos orné, fil. tête dor. ébarbé.

<small>Les pages 431 à 480 de cet ouvrage sont consacrées à une Etude médico-psychologique du Dr E. Régis, sur les *Régicides dans l'histoire et dans le présent*, avec 16 portraits.</small>

d. Finances. Impôts. Commerce. Statistique.

560. Victor Bonnet: Le Crédit et les finances. — Etudes d'économie politique et financière. — Etudes sur la monnaie. *Paris, Guillaumin*, 1865-1870, 3 vol. in-8, demi-rel. v. f. et bleu.

<small>Envoi autographe de l'auteur sur deux volumes.</small>

561. Finances ; crédit public ; etc. — Réunion de 9 vol. in-8, demi-rel. chag. et v. f. et bleu, sauf 1 cart.

<small>Les Finances et la politique, par Casimir Périer. *Paris*, 1863. — De la Monnaie de papier et des banques d'émission, par Ad. D'Eichtal. *Paris*, 1864. — Les Lois naturelles de la prospérité et de la justice, par Th. Mannequin. *Paris*, 1865. — La Liberté des banques, par J. E. Horn. *Paris*, 1866. — De l'Influence des lois sur la répartition des richesses par T. N. Benard. *Paris*, 1874. — M. Michel Chevalier et le bimétallisme, par Henri Cernuschi. *Paris*, 1876. — Bastiat et le libre-échange, par A. Bouchié de Belle. *Paris*, 1878. — Essai sur l'amortissement et sur les emprunts d'Etats, par M. Cucheval-Clarigny. *Paris*, s. d. — Dépréciation des richesses : crise qu'elle engendre, maux qu'elle répand, souffrances qu'elle provoque dans les classes laborieuses, par Alph. Allard. *Paris*, s. d.</small>

562. Traités sur les finances. — Réunion de 7 vol. in-8 et in-12, reliés, cart. et br.

<small>Théorie de la rente foncière, par M. P. A. Boutron. *Paris*, 1867. — La Spéculation devant les tribunaux, pratique et théorie de l'agiotage, par Gorges Duchêne. *Paris*, 1867. — Traité élémentaire des opérations de bourse et de change, par A. Courtois fils. *Paris*, 1875. — Etude historique sur l'organisation financière de la France, par Octave Noël. *Paris*, 1881. — Le Péril financier, par Raphaël Georges Lévy. *Paris*, 1888. — Théorie des changes étrangers, par G. J. Goschen, traduction et introduction, par M. Léon Say. *Paris*, 1892. — La Crise des changes, par Edmond Théry. *Paris*, 1894.
Envoi autographe sur 4 volumes.</small>

563. Fortune publique et finances de la France, par M. Paul Boiteau. *Paris, Guillaumin*, 1866, 2 vol. in-8, demi-rel. chag. r.

564. Collection de Comptes-rendus, pièces authentiques, états et tableaux, concernant les finances de France, depuis 1758 jusqu'en 1787 (publiée par Charles Joseph Mathon de La Cour). *Lausanne et Paris*, 1788, in-4, v. ant. marb.

<small>Signature de M. Jules Simon sur le titre.</small>

565. Adolphe Vuitry : Etudes sur le Régime financier de la France avant la Révolution de 1789. — Rapports et discours. *Paris*, 1878-1887, 2 vol. in-8, demi-rel. v. bleu.

566. Etudes sur le Régime financier de la France avant la Révolution de 1789, par M. Ad. Vuitry. *Nouvelle série* : Philippe Le Bel et ses trois fils, 1285-1328. Les trois premiers Valois, 1328-1380. *Paris, Guillaumin*, 1883, 2 vol. gr. in-8, demi-rel. v. f. dos orné, tête dor. non rog.

567. E. Levasseur : Recherches historiques sur le système de Law. — Statistique de la superficie et de la population des contrées de la terre. — L'Agriculture aux Etats-Unis. *Paris et Rome*, 1854-1894, 3 vol. in-8, demi-rel. v. bleu, chag. r. et cart.

<small>Envoi autographe de l'auteur sur 2 volumes.</small>

568. Les Causes financières de la Révolution Française, par Charles Gomel. *Paris, Guillaumin*, 1892-93, 2 vol. in-8, demi-rel. v. bleu, dos orné, tête dor. non rog.

<small>Envoi autographe de l'auteur sur chaque volume.</small>

569. Etudes sur les finances françaises. — Réunion de 7 vol. in-8, demi-rel. v. f. et bleu, sauf 1 br.

<small>Histoire de la Banque de France et des principales institutions françaises de crédit depuis 1716, par Alph. Courtois fils. *Paris*, 1875. — Les Grandes crises financières de la France, par M. Gustave de Puynode. *Paris*, 1876. — Les Finances françaises de 1870 à 1878, par Mathieu-Bodet. *Paris*, 1881, 2 vol. — Etude sur la gestion financière en France, depuis 1871, par Octave Noël. *Paris*, 1884. — Etude sur les comptabilités occultes, par Victor Marcé. *Paris*, 1887. — La Réforme des Caisses d'Épargne françaises, par Eugène Rostand. Deuxième partie. *Paris*, 1891.</small>

570. Wolowski : La Question des banques. — Les Finances de la Russie. — L'Or et l'argent. — La Liberté commerciale et les résultats du traité de commerce de 1860. — Wolowski, sa vie et ses travaux, par Antony Roulliet. *Paris, Guillaumin*, 1864-1880, 5 vol. in-8, demi-rel. chag. r. v. f. et bleu.

SCIENCES ET ARTS

571. Isaac Péreire : La Banque de France et l'organisation du Crédit en France. — Principes de la Constitution des Banques et de l'organisation du Crédit. *Paris, Paul Dupont*, 1864-65, 2 vol. in-8, demi-rel. v. f.

    Envoi autographe de l'auteur sur le 1ᵉʳ volume.

572. Traité du Crédit foncier, contenant l'explication de la législation spéciale et des diverses opérations du Crédit foncier en France, suivi d'une étude sur le Crédit foncier colonial, sur les Sociétés établies à l'étranger, sur le Crédit agricole... par J. B. Josseau. Troisième édition, revue et augmentée. *Paris, Marchal et Billard*, 1884-85, 2 vol. in-8, demi-rel. v. vert, dos orné, fil. tête dor. non rog.

    Envoi autographe de l'auteur.

573. Emile Worms : Sociétés par actions et opérations de bourse. — De la Propriété consolidée. — L'Allemagne économique ou Histoire du Zollverein allemand. — La Politique commerciale de l'Allemagne. *Paris*, 1867-1895, 4 vol. in-8, demi- rel. v. bleu, chag. r. et cart.

    Envoi autographe de l'auteur sur 3 volumes.

574. Banques populaires : banques en général, monts-de-piété, caisses d'épargne... ; avec de nombreux documents par Francesco Vigano. *Paris, Guillaumin*, 1865, 2 tomes en 1 vol. in-4, demi-rel. v. f. dos orné, ébarbé.

575. Projet d'une Dixme royale, qui suprimant la taille, les aydes, les doüanes d'une province à l'autre, les décimes du clergé.... produiroit au Roy un Revenu certain et suffisant..., par Monsieur le Maréchal de Vauban. S. l. (*A la Sphère*), 1707, in-12, 4 tableaux pliés, v. ant. jaspé.

    ÉDITION ORIGINALE, rare.

576. Projet d'une Dixme royale qui, suprimant la taille, les aides, les doüanes d'une province à l'autre, les décimes du clergé, les affaires extraordinaires & tous autres impôts onéreux..., produiroit au Roy un revenu certain et suffisant..., par Mʳ le Maréchal de Vauban. S. l. (*Paris*), MDCVIII (1708), pet. in-8, portrait gr. 3 grands tableaux pliés, demi-rel. v. br.

    Ouvrage rare. — *Signature de M. Jules Simon sur le titre.* — Les deux premiers feuillets sont plus courts de la marge supérieure.

577. Théorie et application de l'impôt sur le capital par Menier. *Paris, Plon et Guillaumin*, 1874, in-8, demi-rel. v. bleu.

    De la *Bibliothèque de la Réforme fiscale et économique.*
    Envoi autographe de l'auteur.

578. Etude sur les Tarifs de douanes et sur les Traités de commerce, par M. Amé. *Paris, Impr. Nationale,* 1876, 2 vol. gr. in-8, demi-rel. v. bleu.

<small>Envoi autographe de l'auteur.</small>

579. Abolition des Octrois communaux en Belgique. Documents et discussions parlementaires. *Bruxelles, Hayez,* 1867, 2 vol. in-4 à 2 col. demi-rel. chag. r.

580. Etudes sur les budgets, les impôts, les douanes et octrois. — Réunion de 9 vol. gr. in-8 et in-8, demi-rel. v. f. et bleu.

<small>Théorie critique de l'impôt, par Léon Walras. *Paris,* 1861. — Progression comparée des budgets de l'Etat sous le Second Empire (1853-1866), par Henry Merlin. *Paris,* 1869. — Etablissement en France du premier tarif général de douanes (1787-1791), par le Comte de Butenval. *Paris,* 1876. — Histoire du Pouvoir Royal d'imposer, depuis la féodalité jusqu'au règne de Charles V, par Alphonse Collery. *Bruxelles,* 1879. — Les Tarifs de douane, par Jules Clère. *Paris,* 1880. — La Question cléricale. Le Budget des cultes, par M. de Marcère. *Paris,* 1881. — Etudes sur la liste civile en France, par M. Alphonse Gautier. *Paris,* 1882. — L'Impôt, par M. H. E. Michaux. *Paris,* 1885. — De la Suppression des octrois et de leur remplacement. *Paris,* 1888.</small>

581. Traictie de la première invention des monnoies de Nicole Oresme, textes français et latin d'après les manuscrits de la Bibliothèque Impériale, et Traité de la Monnoie de Copernic, texte latin et traduction française, publiés et annotés par M. L. Wolowski. *Paris, Guillaumin,* 1864, gr. in-8, pap. vergé, demi-rel. chag. r. avec coins, fil. tête dor. non rog.

582. Histoire du Luxe privé et public depuis l'antiquité jusqu'à nos jours, par H. Baudrillart. *Paris, Hachette,* 1878-1880, 4 vol. in-8, demi-rel. v. bleu.

<small>Envoi autographe de l'auteur.</small>

583. Dictionnaire universel théorique et pratique du commerce et de la navigation : Marchandises, géographie commerciale, métrologie universelle, comptabilité, droit commercial, terrestre et maritime, navigation, marine marchande, douanes, économie politique appliquée. *Paris, Guillaumin,* 1859-1861, 2 forts vol. gr. in-8 à 2 col. (avec un *supplément*), cart. perc. noire.

584. H. Pigeonneau : L'Administration de l'Agriculture au Contrôle général des finances (1785-1787). — Histoire du commerce de la France. Première partie : depuis les origines jusqu'à la fin du XVe siècle. *Paris,* 1882-85, 2 vol. in-8, demi-rel. chag. vert et v. f.

<small>Envoi autographe de l'auteur sur chaque volume.</small>

585. Libre-échange et protection. — Réunion de 5 vol. in-8, demi-rel v. f. et bleu.

<small>Mécanique de l'Echange, par Henri Cernuschi. *Paris*, 1865. — Démocratie et protection, par Félix Depeaux. *Paris*, 1869. — La Comédie du Libre-Echange. *Paris*, 1874. — Protection et Libre-Echange, par E. Fauconnier. *Paris*, 1879. — Libre-Echange et Protection, par Léon Poinsard. *Paris*, 1893.</small>

586. Des Crises commerciales et de leur retour périodique en France, en Angleterre et aux Etats-Unis, par Clément Juglar, Deuxième édition. *Paris, Guillaumin*, 1889, gr. in-8, tableaux de statistique pliés, demi-rel. v. bleu, dos orné, fil. tête dor. non rog.

<small>Envoi autographe de l'auteur.</small>

587. Commerce. — Réunion de 5 vol. in-8, demi-rel. v. f. r. et bleu.

<small>Symptômes d'une prochaine révolution industrielle, par Ernest Stamm. *Paris*, 1862. — Du Progrès maritime, étude économique et commerciale, par Ernest Sageret. *Paris*, 1869. — La Liberté commerciale, les douanes et les traités de commerce, par Paul Rougier. *Paris*, 1874. — Jules Domergue. La Révolution économique et l'échéance de 1892. *Paris*, 1890. — Géographie commerciale par Ch. Duffart. *Paris*, 1892.
Envoi autographe des auteurs sur chaque volume.</small>

588. Louis Reybaud : Etudes sur le régime des manufactures. — Economistes modernes. — Le Coton, son régime, ses problèmes, son influence en Europe. — La Laine, nouvelle série des études sur le régime des manufactures. — Le Fer et la houille, suivis du canon Krupp et du familistère de Guise. *Paris, Michel Lévy*, 1859-1874, 5 vol. in-8, demi-rel. v. bleu, dos orné, fil. tête dor. non rog.

589. A. Audiganne : Les Chemins de fer aujourd'hui et dans cent ans chez tous les peuples, 2 vol. — Les Populations ouvrières et les industries de la France, 2 vol. — La Lutte industrielle des peuples. — Les Ouvriers d'à-présent et la nouvelle économie du travail. *Paris*, 1858-1868, 6 vol. in-8, demi-rel. v. f. sauf 1 en demi-rel. chag. vert.

590. Statistique de la France comparée avec les divers pays de l'Europe, par Maurice Block. Deuxième édition. *Paris, Guillaumin*, 1875, 2 vol. in-8, demi-rel. v. bleu.

591. La France actuelle : quelques études d'économie politique et de statistique, par M. Ramon Fernandez. *Paris, Delagrave*, 1888, in-8, pl. chag. blanc, dos orné, fil. tr. dor.

<small>PREMIÈRE ÉDITION renfermant une Lettre-Préface de M. Jules Simon. Sur le premier plat de la reliure se trouve gravée en or cette dédicace : *A M. Jules Simon, sénateur, membre de l'Institut. Hommage de l'Auteur.*</small>

592. La France actuelle, quelques études d'économie politique et de statistique, par M. Ramon Fernandez. *Paris, Delagrave*, 1888, fort vol. in-8, pl. cart. perc.

PREMIÈRE ÉDITION, avec une Lettre-Préface de M. Jules Simon.
2 exemplaires, dont un sur PAPIER VÉLIN FORT.

II. SCIENCES PHYSIQUES ET CHIMIQUES.

593. Physique d'Aristote ou Leçons sur les principes généraux de la nature, traduite en français pour la première fois et accompagnée d'une paraphrase et de notes perpétuelles, par J. Barthélemy Saint-Hilaire. *Paris, Durand*, 1862, 2 vol. gr. in-8, demi-rel. v. brun, dos orné.

Envoi autographe de M. Barthélemy Saint-Hilaire.

594. Météorologie d'Aristote, traduite en français pour la première fois et accompagnée de notes perpétuelles, avec le petit Traité apocryphe du monde, par J. Barthélemy Saint-Hilaire. *Paris, Ladrange*, 1863, gr. in-8, demi-rel. v. f. dos orné.

Rare.

595. Traité du Ciel d'Aristote, traduit en français pour la première fois et accompagné de notes perpétuelles, par J. Barthélemy Saint-Hilaire. *Paris, Durand*, 1866, gr. in-8, demi-rel. v. f. dos orné.

Envoi autographe de M. Barthélemy Saint-Hilaire.

596. Œuvres (physique et politique) de M. Franklin, traduites de l'anglois, sur la quatrième édition, par M. Barbeu Dubourg. *Paris*, 1773, 2 vol. in-4, 1 beau portrait et 12 pl. dessinés et gr. par Martinet, v. ant. jaspé, fil.

Bel exemplaire.

597. Ernest Bersot : Etudes sur le XVIIIe siècle. — Mesmer et le Magnétisme animal, 3° édition. — Le même ouvrage, 4e édition. — Libre Philosophie. *Paris*, 1855-1879, 4 vol. in-12, demi-rel. chag. et v. bleu et vert, dos orné.

Envoi autographe de l'auteur sur 2 volumes.

598. Spiritisme. *Paris*, 1889-1893. — Réunion de 6 vol. in-8 et in-12 en demi-rel. cart. ou br.

Urbain Feytaud. Le Spiritisme devant la conscience. — De la Suggestion et du somnambulisme, par Jules Liégeois. — W. de Fonvielle. Les Endormeurs. — Les Rêves, par le D^r Ph. Tissié. — A. Bué. Le Magnétisme curatif. — Dr Albert Coste. Les Phénomènes psychiques occultes.
Envois autographes des auteurs sur 4 volumes.

599. Mémoires de J. B. Boussingault. *Paris, Chamerot et Renouard*, 1892, gr. in-8, pap. vergé, portrait gr. br.

<small>Tome I contenant les années 1802-1822.
Ouvrage tiré à 300 exemplaires numérotés.</small>

III. SCIENCES NATURELLES.

600. Problematum Aristotelis sectiones duæ de quadraginta. Problematum Alexandri Aphrodisici libri duo, Theodoro Gaza interprete. *Lugduni, apud Paulum Mirallietum*, 1551, pet. in-12, v. br. ant. fil.

<small>Exemplaire aux armes de JACQUES FRANÇOIS LÉONOR DE GOYON, sire de MATIGNON, comte de Thorigny et duc de Valentinois. — Sur le titre, on lit cette note à l'encre : *Ce livre appartient à M. le Duc de Valentinois, 1718.*
Trois feuillets de garde de la fin du volume sont occupés par une *note manuscrite du XVI° siècle*. — Déchirure raccommodée au coin inférieur du titre.</small>

601. C. Plinii secundi Historiæ (naturalis) mundi libri. *Basileæ, in officina Frobeniana.* 1530, in-fol. lettres ornées et historiées, ais de bois recouverts de peau de truie estampée à froid, fermoirs. (*Rel. de l'époque.*)

<small>L'intérieur du second plat de la reliure est doublé avec un fragment d'une *superbe gravure sur bois allemande, datée de 1521 et portant le monogramme* S. K. Cette gravure satirique représente une sorte de *fête des fous* (?) et est relative à un évêque *Bennonis* (bischoff Bennonis).
Au centre du premier plat de la reliure, se trouve frappé, en or, le chiffre couronné de CLAUDE FRANÇOIS VICTOR DUHAMEL.
Signature de M. Jules Simon sur le titre.</small>

602. C. Plinii Secundi Historiæ naturalis libri XXXVII. *Lugduni Batavorum, ex officina Elzeviriana.* 1635, 3 vol. pet. in-12, titre-front. gr. vélin moderne à recouvr.

<small>Cette édition de Pline, la seule que les Elzevier aient publiée, a été revue par Jean de Laet. Elle passe à bon droit pour un de leurs chefs-d'œuvre. (Willems : *les Elzevier* n° 428.)</small>

603. Fr. Baconis de Verulamio Sylva sylvarum, sive hist. naturalis, et novus atlas. *Amstelodami, apud Ludovicum Elzevirium*, 1648, fort vol. pet. in-12, vélin à recouvr.

<small>PREMIÈRE ÉDITION elzevirienne, exécutée à Leyde, par Fr. Hackius. (Willems : *les Elzevier*, n° 1058). — Incomplet du titre; et 6 ff. prél. sont détachés.
Hauteur : 123 mill. 1|2.</small>

604. Les Métaux dans l'Antiquité et au Moyen Age. L'Etain, par M. Germain Bapst. *Paris, Masson*, 1884, gr. in-8, pl. demi-rel. v. violet, dos orné, fil. tête dor. non rog.

<small>De la *Bibliothèque de la nature*, publiée sous la direction de M. Gaston Tissandier.</small>

605. Hortus Botanicus Panormitanus sive plantæ novæ vel criticæ quæ in horto botanico Panormitano coluntur descriptæ et iconibus illustratæ, auctore Augustino Todaro. *Panormi*, 1876-1882, in-fol. 32 pl. lithog. en couleur, cart. et 4 fascicules br.

Tome 1, et les 4 premiers fascicules du tome II.

606. Charles Darwin. De l'Origine des espèces par sélection naturelle, ou des Lois de Transformation des êtres organisés, traduction de Mme Clémence Royer. *Paris, Guillaumin*, 1862. — Le même ouvrage. Quatrième édition. *Paris, Marpon et Flammarion*, s. d. — Ens. 2 vol. in-12, demi-rel. v. br. et bleu.

607. Mélanges sur l'anthropologie, l'ethnographie et la démographie, publiés de 1871 à 1886, par le D^r. Gustave Lagneau. — Réunion de 50 pièces en 3 vol. in-8, demi-rel. v. bleu. et cart. dos de perc. br.

608. Relazione sulla Cultura dei Cotoni in Italia, seguita da una monographia del genere Gossypium, compilate da Agostino Todaro. *Roma et Palermo*, 1877-78, in-fol. de 1 front. et 12 pl. en chromolithog. cart.

Planches seules.

609. Sciences naturelles. — Réunion de 7 vol. in-8 et in-12, demi-rel. chag. et v. r. f. bleu et brun.

Lettres sur les Révolutions du Globe, par Alexandre Bertrand. *Paris*, s. d. — La Terre et l'homme, par Alfred Maury. *Paris*, 1857. — Notre Pays, par Jules Duval. *Paris*, 1867. — Notre Planète, par Jules Duval. *Paris*, 1870. — Les Fleurs en pleine terre, par Vilmorin-Andrieux. *Paris*, 1870, nombr. fig. — Le Ciel géologique, prodrome de géologie comparée, par Stanislas Meunier. *Paris*, 1871. — L'Origine des Etres vivants, par Félix Hément. *Paris*, 1882.

IV. SCIENCES MÉDICALES.

610. Claudii Galeni Pergameni methodi medendi, id est, de morbis curandis libri quatuordecim, denuō magna diligentia Martini Gregorij recogniti, Thoma Linacro Anglo interprete. *Parisiis in ædibus viduæ Claudij Chevallonij*, 1538, in-8, car. ronds, demi-rel. chagr. noir, tr. dor.

Exemplaire portant au bas du titre : *Ex Musæo Antonij Valetij* probablement Antoine de La Valette jésuite et de nombreuses annotations manuscrites sur les marges qui paraissent être de la même écriture. — Jolie marque de Claude Chevallon sur le titre.

SCIENCES ET ARTS

611. Médecine. — Réunion de 8 vol. in-8, fig. demi-rel. v. bleu, f. et vert.

Le Médecin des salles d'asile, par le Dr L. Cerise. *Paris*, 1857. — De l'Organisation des facultés de médecine en Allemagne. *Paris*, 1864. — De l'Exercice de la médecine, lettres adressées à M. Jules Simon. *Paris*, 1865. — L'Enseignement de la médecine en Allemagne, par le Dr Louis Fiaux. *Paris*, 1877. — La Vie, études et problèmes de biologie générale, par E. Chauffard. *Paris*, 1878. — La Physionomie comparée, traité de l'expression dans l'homme, dans la nature et dans l'art, par Eugène Mouton. *Paris*, 1885. — Le Médecin des enfants, par le Dr G. Variot. *Paris*, 1892. — S. François d'Assise, étude sociale et médicale, par le Dr A. Bournet. *Lyon*, 1893.

612. Rapports du physique et du moral de l'homme, par P. J. G. Cabanis. *Paris, Crapart,* 1802, 2 vol. in-8, bas. ant. marb.

Au *verso* du titre du tome I, se trouve cette note : *Donné par l'Auteur au Citoyen Géruzez*, etc. — Raccommodage au faux-titre du tome I. Sur chaque volume, *ex-libris-etiquette* J. B. Geruzez, profess. *Rheims*.

613. Rapports du Physique et du moral de l'homme, par P. J. G. Cabanis. Nouvelle édition..., par le Docteur Cerise. *Paris, Masson,* 1855, 2 vol. in-12, demi-rel. v. f.

614. Methodik der Physiologischen Experimente und Vivisectionen, von E. Cyon. *Giessen & St-Pétersburg,* 1876, 2 vol. gr. in-8, dont 1 de texte et 1 atlas de 54 pl. gr. sur bois, demi-rel. v. vert.

Envoi autographe de l'auteur.

615. Traités de physiologie, de médecine et d'hygiène. — Réunion de 13 vol. in-8 et in-12, demi-rel. v.

Recherches physiologiques sur la vie et la mort, par F. X. Bichat. *Paris*, 1856. — Le Travail, son influence sur la santé, par A. Bouchardat. *Paris*, 1863. — Le Livre de tout le monde sur la santé, par le Dr Burggræve. *Paris*, 1863. — Traité de puériculture, ou Art d'élever les nouveau-nés jusqu'au sevrage, par P. F. Leplanquais. *Paris*, 1869. — Hygiène, inhumation, crémation ou incinération des corps, par A. Cadet. *Paris*, s. d. — Les Lois de la génération, sexualité & conception, par H. M. Gourrier. *Paris*, 1875. — Jacques de Béthencourt. Nouveau Carême de pénitence et Purgatoire d'expiation à l'usage des malades affectés du mal français ou mal vénérien. Traduction et commentaires, par Alfred Fournier. *Paris*, 1871. — Devoirs et droits des vétérinaires, par Emile Thierry. *Paris*, 1876. — De l'Administration de l'hygiène publique, par M. H. Ch. Monod. *Caen*, 1884. — Hygiène et maladies des Paysans, par Alexandre Layet. *Paris*, 1882. — Dr Adolphe Piéchaud. Les Misères du siècle, avec une lettre préface par M. Jules Simon. *Paris*, 1887. — Formulaire alimentaire, par le professeur G. Sée. *Paris*, 1893. — Eloges et Notices sur les Docteurs Ricord, Trélat, Richet, et Le Fort, par le D^r Ch. Monod. *Paris, Masson,* 1895, portr. en phototypie.
Envoi autographe sur 7 volumes.

616. Germain Sée : Du Régime alimentaire, traitement hygiénique des malades. — De la Phtisie bacillaire des poumons. — Des Maladies simples du poumon. *Paris, Delahaye et Lecrosnier,* 1884-87, 3 vol. in-8, fig. demi-rel. chag. vert et br. dos orné, tête dor. non rog.

Envoi autographe de l'auteur sur chaque volume.

SCIENCES ET ARTS

617. C. Husson (de Toul): L'Alimentation animale, ce qu'elle a été, ce qu'elle doit être, ce qu'elle devient, ce qu'elle produit, comment on la prépare. La Viande. — Etude sur les épices, aromates, condiments, sauces et assaisonnements; leur histoire, leur utilité, leur danger. *Paris, Dunod*. 1881-83, 2 ouvrages en 1 vol. gr. in-8, fig. et 5 pl. lithog. en couleur, demi-rel. v. r. dos orné.

618. Le Choléra, histoire d'une épidémie (Finistère, 1885-1886), par Henri Monod. *Paris, Delagrave*, 1892, fort vol. gr. in-8, pl. et cartes en couleur, demi-rel. v. f. dos orné, fil. tête dor. non rog.

Exemplaire sur GRAND PAPIER DE HOLLANDE.

619. Maladies mentales. — Réunion de 4 vol. in-12, demi-rel. v. f. bleu et r. dos orné.

Gheel, ou une Colonie d'aliénés vivant en famille et en liberté, par Jules Duval. *Paris*, 1867. — D^r Ad. Piéchaud. Les Misères du siècle, avec une lettre-préface par M. Jules Simon, *Paris*, 1887. — Les Irresponsables devant la justice, par A. Riant. *Paris*, 1888. — La Folie à Paris, par le Dr Paul Garnier. *Paris*, 1890.
Envoi autographe sur 2 volumes.

620. L'Aliéné devant la philosophie, la morale et la société, par Albert Lemoine. *Paris, Didier*, 1862, in-8, demi-rel. v. br. — Les Causes de la folie, prophylaxie et assistance, par Edouard Toulouse. *Paris*, 1896, gr. in-8, br. — Ens. 2 vol.

621. Louis Pasteur: Résultats de l'application de la méthode pour prévenir la rage après morsure, 13 pp. — Sur la Vaccination charbonneuse, 8 pp. *Paris, Gauthier-Villars*, 1884-86, 2 opuscules in-4, cart. dos de perc. et br.

Envoi autographe sur le premier opuscule. — On y a joint: Inauguration de l'Institut Pasteur, le 14 novembre 1888. Compte Rendu. *Sceaux*, 1888. — Biographie de M. Pasteur, 1822-1895. — Ens. 2 opuscules in-8, cart. dos de perc.

622. Fr. Bournand. Un Bienfaiteur de l'humanité: Pasteur, sa vie, son œuvre. *Paris, Tolra*, 1895, gr. in-8, fig. br. — 1822-1892. Jubilé de M. Pasteur (27 décembre). *Paris, Gauthier-Villars*, 1893, in-4, 6 pl. gr. demi-rel. v. f. dos orné, fil. tête dor. non rog. — Ens. 2 vol.

623. L'Industrie et l'art de l'ingénieur au service des sanatoriums et hôpitaux en Allemagne. Mémoire présenté au congrès allemand pour la lutte contre la tuberculose, par le Dr Gotthold Pannwitz. *Berlin*, 1900, in-4 à 2 col. texte français avec la traduction allemande en regard, nombr. fig. en phototypie, cart. dos et coins de perc. r.

SCIENCES ET ARTS

V. SCIENCES MATHÉMATIQUES.

624. Got. Gul. Leibnitii et Johan. Bernoullii Commercium philosophicum et mathematicum. *Lausannæ et Genevæ, sumpt. M. M. Bousquet*, 1745, 2 tomes en 1 vol. in-4, portrait gr. par Ficquet, 23 pl. gr. vélin.

625. Sciences mathématiques. — Réunion de 5 vol. de différents formats, reliés, cart. et br.

    Le Mètre International définitif, par Wilfried de Fonvielle. *Paris*, 1875. — De l'Analyse infinitésimale, étude sur la métaphysique du haut calcul, par M. Charles de Freycinet. *Paris*, 1881. — Mathématiques et mathématiciens, pensées et curiosités, recueillies par A. Rebière. *Paris*, 1893. — Etc.

626. L'Abbé Aoust : Analyse infinitésimale des courbes tracées sur une surface quelconque. — Analyse infinitésimale des courbes planes. *Paris, Gauthier-Villars*, 1869-1873, 2 vol. in-8, demi-rel. chag. r. avec coins, tête dor.

627. Note sur l'aérostat à hélice construit pour le compte de l'Etat sur les plans et sous la direction de M. Dupuy de Lôme. *Paris, Firmin Didot*, 1872. in-4, 9 grandes pl. gr. et pliées, demi-rel. v. bleu.

    Envoi autographe de l'auteur.

628. Cosmographia Petri Apiani, par Gemmam Frisium apud Lovanienses medicum & mathematicum insignē, iam demum ab omnibus vindicata mendis, ac nonnullis quoque locis aucta, figurisque novis illustrata : Additis eiusdem argumenti libellis ipsius Gēmæ Frisii. *Parisiis, Væneunt apud Vivantium Gaultherot*, 1551, pet. in-fol. fig. gr. sur bois, vélin moderne.

629. Camille Flammarion : La Fin du Monde, illustrations par Jean-Paul Laurens, Rochegrosse, E. Bayard, Robida... — Uranie, illustrations de Bieler, Gambard et Myrbach. *Paris, Marpon et Flammarion*, 1889-1894, 2 vol. in-8, nombr. fig. gr. sur bois, demi-rel. v. f. et bleu, dos orné, fil. tête dor. non rog.

630. Marine. — Réunion de 5 vol. in-8, demi-rel. v. bleu et r. sauf 2 cart.

    Pierre Latour Du Moulin, créateur de l'industrie du touage à vapeur, par le Baron Ernouf. *Paris*, 1877. — La Course au XVIIe siècle. Duguay-Trouin et Saint-Malo, la cité-corsaire, par l'abbé J. Poulain, *Paris*, 1882. — Oraison funèbre de l'Amiral Courbet, prononcée le 1er août 1885, à Poitiers, par l'abbé Frémont. *Paris*, 1886. — Lambert de Sainte-Croix. Essai sur l'Histoire de l'Administration de la marine de France, 1689-1792. *Paris*, 1892. — Notice historique sur les divers modes de transport par mer, par G. Trogneux. *Paris*, 1889, nombr. fig.

SCIENCES ET ARTS

631. J. C. Alfred Prost. Le Marquis de Jouffroy D'Abbans, inventeur de l'application de la vapeur à la navigation. *Paris, Leroux*, 1889, gr. in-8, 1 tableau plié, demi rel. v. bleu, dos orné, fil. tête dor. non rog.

<small>2 exemplaires, dont 1 broché.</small>

632. Flavii Vegetii de Re militari libri quatuor, post omnes omnium editiones, ope veterum librorum correcti à Godescalco Stewechio. Accesserunt Sex. Julii Frontini strategematôn libri quatuor ; Ælianus de instruendis aciebus ; modestus de vocabulis rei militaris ; castrametatio romanorum ex historiis Polybii. *Lugduni Batavorum, ex off. Plantiniana*, 1592, 2 parties en 1 fort vol. in-8, nombr. fig. gr. sur bois, v. br. ant. fil. milieu dor.

<small>Cassure à la page 27 de la première partie.</small>

633. Recueil de Diplômes militaires, publié par M. Léon Renier. *Paris, Impr. Nationale*, 1876, in-4, 37 pl. gr. demi-rel. v. bleu, non rog.

<small>Première livraison, *seule parue*.</small>

634. Le Rozier des Guerres, composé par le feu Roy Loys XI, pour Monseigneur le Dauphin Charles son fils, mis en lumière sur le manuscrit trouvé au Chasteau de Nérac, dans le cabinet du Roy ; & ensuite un Traitté de l'Institution du jeune Prince, fait par le sieur Président d'Espagnet. *Paris, Nic. Buon*, 1616, 2 parties en 1 vol. in-8 réglé, vélin, dos orné, fil. milieu doré, tr. dor.

<small>Le titre a été soigneusement refait.</small>

635. Histoire de Vauban, par Georges Michel. *Paris, Plon*, 1879. — Histoire de Henry de La Tour d'Auvergne, vicomte de Turenne, maréchal de France, par L. Armagnac. *Tours, Mame*, 1879. — Histoire sommaire, par ordre chronologique, des Sénéchaux et connétables de France, de 978 à 1789. *Lyon*, 1893. — Ens. 3 vol. in-8, demi-rel. v. bleu et r. sauf 1 cart. dos de perc.

636. Art militaire. — Réunion de 6 vol. in-8, dont 4 reliés et 2 br.

<small>L'Armée, son histoire, son avenir, son organisation et sa législation à Rome, en France, en Europe et aux Etats-Unis, par M. Corentin Guyho. *Paris*, 1870. — De la Guerre et des armées permanentes, par Patrice Larroque. *Paris*, 1870. — Les Réformes militaires et l'armée coloniale, par le général Montaudon. *Paris*, 1885. — Numa de Chilly. L'Espionnage. *Paris*, 1888. — Commandant Radoux. Les Combats futurs. *Paris*, 1891. — Le Service dans les Etats-majors, par le colonel Fix. *Paris*, 1891.</small>

SCIENCES ET ARTS

VI. ARTS ET MÉTIERS. — EXERCICES DIVERS.

637. Les Cartes à jouer et la cartomancie, par P. Boiteau d'Ambly. *Paris, Hachette*, 1854, in-12, fig. gr. sur bois, demi-rel. v. f.

638. La Science pratique de l'imprimerie, contenant des instructions très faciles pour se perfectionner dans cet art... (par Martin Dominique Fertel.) *Saint-Omer, Fertel*, 1723, in-4, pl. et fig. v. br. ant.

> PREMIÈRE ÉDITION de ce traité devenu rare ; l'auteur en a signé l'épître dédicatoire.
> Signature de *M. Jules Simon* sur le titre.

639. Arts industriels, professions. — Réunion de 5 vol. in-8, fig. reliés, cart. et br.

> Guide pour le choix d'un état ou Dictionnaire des professions, rédigé par M. Edouard Charton. *Paris, Chamerot*, 1851. — Les Chemins de fer en 1862 et en 1863, par Eugène Flachat. *Paris*, 1863. — Le Verre, son histoire, sa fabrication, par Eug. Peligot. *Paris, Masson*, 1877. — Recherches sur l'électricité, par Gaston Planté. *Paris*, 1879. — Les Industries nationales : celles qui naissent et grandissent, celles qui meurent ou se transforment, par P. Vibert. *Paris*, 1895.

640. Arts et Métiers. — Réunion de 13 vol. de différents formats, reliés, cart. et br.

> Traité de la typographie, par Henri Fournier. *Tours*, 1854. — Gerspach : La Mosaïque. L'Art de la verrerie. *Paris, Quantin*, s. d. 2 vol. — La Téléphonie, ses origines et ses applications, par Michelis di Rienzi. *Paris*, 1889. — L'Electricité à la portée des gens du monde, par Paul Vibert. *Paris*, 1892. — Lucien Tendret. La Table au pays de Brillat-Savarin. *Belley*, 1892. — Histoire du Repas à travers les âges, par Auguste Colombié. *Paris*, 1893. — Les Origines du caoutchouc. François Fresneau, ingénieur du Roi 1703-1770, par le baron de La Moinerie. *La Rochelle*, 1893. — Etc., etc.

641. Anatole France. Les Œuvres de Bernard Palissy, publiées d'après les textes originaux, avec une notice historique et bibliographique, et une Table analytique, par Anatole France. *Paris, Charavay*, 1880, in-8, demi-rel. v. f. dos orné, tête dor. non rog. couverture.

> ENVOI AUTOGRAPHE de M. Anatole France, ainsi libellé : « *A Monsieur Jules Simon, hommage très respectueux de l'éditeur* ».

642. Böhmens Glasindustrie und Glashandel. Quellen zu ihrer Geschichte. Im Auftrage der Handels-und Gewerbekammer in Prag, von Dr. Edmund Schebek. *Prag*, 1878, gr. in-8, demi-rel. chag. r. avec coins, dos orné, fil. tête dor.

643. Etudes sur l'orfèvrerie française au XVIIIe siècle. Les Germain, orfèvres-sculpteurs du Roy, par Germain Bapst. *Paris et Londres*, 1887, in-8, 1 pl. gr. à l'eau-forte sur Chine, fig. sur bois, demi-rel. v. grenat, dos orné. fil. tête dor. non rog.

SCIENCES ET ARTS

644. Gregorio Gregorii. Le Piccole Industrie fra i Contadini. *Treviso, Zoppelli*, 1891, in-4, br.

Envoi autographe de l'auteur ainsi libellé : « *Au noble auteur de l'Ouvrière, au noble combattant pour les travailleurs en petites industries, ce pauvre hommage.* »

645. España en la Exposicion Universal celebrada en Paris en 1878, par José Emilio de Santos. *Madrid*, 1880-81, 2 vol. — Catalogo de la Exposicion general de las Islas Filipinas, celebrada en Madrid en 1887. *Madrid*, 1887, pl. en phototypie. — Ens. 3 vol. in-8, dont 2 en demi-rel. bas. r. dos orné, plats de perc. tr. dor. et 1 cart. perc. bleue, fers spéciaux.

On a joint au premier ouvrage une Lettre adressée par l'*Ambassade de S. M. Catholique à Paris, à Monsieur Jules Simon*, et lui annonçant l'envoi du volume.

---

646. Le Duel à travers les âges, histoire et législation, duels célèbres, code du duel, par Gabriel Letainturier-Fradin, avec une préface de A. Tavernier. *Paris, Marpon et Flammarion*, s. d (1892), in-8, portr. et pl. demi-rel. v. f. dos orné, fil. tête dor. non rog.

Envoi autographe de l'auteur.

647. Gabriel Letainturier-Fradin : Les Jurys d'honneur et le duel. *Nice*, 1895. — Nice de France, préface de M. Jules Simon. *Paris*, 1893. — Hébrard de Villeneuve. Propos d'épée, 1882-1894. *Paris*, 1894. — Ens. 3 vol. in-12, dont 1 en demi-rel. v. f. dos orné, fil. tête dor. l'autre cart. et 1 br.

Envoi autographe de l'auteur sur les deux premiers volumes.

648. Belisarii Aquivivi Aragonii, Neritinorum ducis, aliquot aureoli verè libelli. De Principum liberis educandis. De Venatione. De Aucupio. De re militari. De singulari certamine. His additum est elegans poematium Michaelis Marulli de principum institutione, nunquam hactenus editum. — Imp. Cæs. Manuelis Palæologi Aug. Præcepta educationis regiæ... ex Jo. Sambuci V. C. bibliotheca Joan. Leunclavio interprete... *Basileæ, ex officina Petri Pernæ*, 1578. — Ens. 2 vol. in-8, v. f. ant. dos orné.

649. Gymnastique et Jeux. — Réunion de 8 vol. in-12, demi-rel. v. f. bleu et r. dos orné, fil. tête dor. sauf 1 cart. dos de perc.

L'Education physique des garçons, par J.-B. Fonssagrives. *Paris*, 1870. — Jeux et exercices en plein air, par G. de Saint-Clair. *Paris*, 1889. — L'Hygiène de l'exercice chez les enfants et les jeunes gens, par le Dr Fernand

Lagrange. *Paris*, 1890. — Denis Mamoz. De la Gymnastique en France au XIX⁰ siècle. *Paris*, 1891. — Les Effets moraux de l'exercice physique, par A. Magendie. *Paris*, 1893. — Le Surmenage intellectuel et les exercices physiques, par le Docteur A. Riant. *Paris*, 1889. — Général Lewal. L'Agonistique. Jeux actifs, exercices amusans, *Paris*, 1890. — Richter. Les Jeux des Grecs et des Romains. *Paris*, 1891.

Envoi autographe sur chaque volume.

650. Gaston Tissandier : Les Récréations scientifiques, ou l'Enseignement par les jeux. Troisième édition. — Souvenirs et récits d'un aérostier militaire de l'armée de la Loire. 1870-1871. *Paris*, 1883-1891, 2 vol. gr. in-8, nombr. fig. demi-rel. v. r. dos orné, tête dor. non rog.

Envoi autographe de l'auteur sur le 2ᵉ volume.

BEAUX-ARTS

651. Œuvres de Sully Prudhomme. Prose (1883). L'Expression dans les beaux-arts, application de la psychologie à l'étude de l'artiste et des beaux-arts. *Paris, Lemerre*, 1883, in-8, demi-rel. v. f. dos orné, tête dor. ébarbé.

Envoi autographe de l'auteur.

652. Beaux-Arts. — Réunion de 11 vol. ou opuscules de différents formats, reliés, cart. et br.

A travers les arts, causeries et mélanges, par Charles Garnier. *Paris*, 1869. — Le Sculpteur Danois, Wilhelm Bissen, par Eugène Plon. *Paris*, 1870. — François Rude, par Alexis Bertrand. *Paris*, s. d. — La Vérité sur le Salon. *Paris*, 1886. — La Peinture anglaise contemporaine, par Robert de La Sizeranne. *Paris*, 1895. — Etc., etc.

653. Beaux-Arts. — Réunion de 8 vol. in-8, fig. demi-rel. v. f. bleu et r. sauf 1 cart.

Histoire des plus célèbres amateurs étrangers et de leurs relations avec les artistes, par M. J. Dumesnil. *Paris*, 1860, 1 vol. (Tome V). — Essai sur la critique d'art, par A. Bougot. *Paris, s. d.* — L'Enseignement du dessin aux Etats Unis, par Félix Régamey. *Paris*, 1881. — Georges Lafenestre. Maîtres anciens, études d'histoire et d'art. *Paris*, 1882. — L'Art, simples entretiens à l'usage de la jeunesse, par E. Pécaut et C. Baude. *Paris, s. d.* — Essai sur le génie dans l'art, par Gabriel Séailles. *Paris*, 1883. — L'Histoire de l'art et de l'ornement, par Edmond Guillaume. *Paris*, 1886. — Armand Dayot. Notes sur la Peinture Française. Un siècle d'Art. *Paris*, 1890.

654. Histoire de l'Art pendant la Renaissance, par Eugène Müntz. I : Italie, les Primitifs. *Paris, Hachette*, 1889, gr. in-8, pl. en chromotypographie et en phototypie, nombr. fig. mar. noir, dos orné, fers spéciaux, tr. dor.

655. Les Souvenirs d'un artiste, par Antoine Etex. *Paris, Dentu*, s. d. in-8, portrait et 4 pl. en héliog. demi-rel. v. bleu.

Envoi autographe de l'auteur.

656. Valbert Chevillard. Un peintre romantique : Théodore Chassériau. *Paris, Lemerre*, 1893, in-8, 4 portr. dont 1 gr. à l'eau-forte et 3 en héliog. demi-rel. v. r. dos orné, fil. tête dor. non rog.

<small>Envoi autographe de l'auteur.</small>

657. Tullo Massarani : L'Arte a Parigi. *Roma*, 1878. Diporti e Veglie. *Milano*, 1889. — Ens. 2 vol. in-8 et in-12, demi-rel. chag. et v. r. dos orné.

<small>Envoi autographe de l'auteur sur chaque volume.</small>

658. Rapports sur les Musées et les Ecoles d'art industriel, et sur la situation des industries artistiques en Italie, en Autriche-Hongrie et en Russie, en 1885 ; et en Angleterre, en 1890. *Paris, Impr. Nationale*, 1885-1890, 1 vol. et 1 plaquette in-4, cart. dos de perc. bleue et r.

659. Le Musée Universel, par Edouard Lièvre, avec le concours des artistes et des écrivains les plus distingués. *Paris, Goupil*, 1868, in-4 de 25 pl. gr. à l'eau-forte, en héliog. et lithog. avec autant de feuillets de texte explicatif, en feuilles, dans un carton.

<small>Envoi autographe de l'auteur.</small>

660. Tableaux, statues, bas-reliefs et camées de la Galerie de Florence et du Palais Pitti, dessinés par Wicar et gravés sous la direction de C. L. Masquelier, avec les explications par Mongez. *Paris, Masquelier*, an XII (1804), 4 tomes en 2 vol. in-fol. 200 pl. gr. demi-rel. chag. br. dos orné, fil. tr. dor.

<small>Exemplaire aux armes de Pierre Léopold Joseph Grand Duc de Toscane. — Taches de rousseur et petite tache d'encre dans la marge de quelques feuillets.</small>

661. Traité de la Gravure à l'eau-forte, texte et planches par Maxime Lalanne. *Paris, Cadart et Luquet*, 1866, in-8, 8 pl. gr. à l'eau-forte, demi-rel. chag. r. non rog.

<small>Edition originale.
Exemplaire sur papier de Hollande.</small>

662. La Danse des Morts comme elle est dépeinte dans la louable et célèbre ville de Basle, pour servir d'un miroir de la nature humaine dessinée et gravée sur l'original de feu M. Matthieu Merian. On y a ajouté une description de la ville de Basle et des vers à chaque figure. *Basle, Im-Hoff*, 1744, in-4, texte allemand et français, titre-front. gr. et 43 fig. gr. cart.

<small>Marge intérieure de plusieurs ff. consolidée.</small>

663. Emblemata Andreæ Alciati, cum facili & compendiosa explicatione, qua obscura illustrantur, dubiaque omnia solvuntur, per Claudium minoem divionensem. *Antverpiæ, ex off. Plantiniana*, 1622, pet. in-12, nombr. fig. gr. sur bois, v. ant. marb.

664. Album Mariani, 34 portraits contemporains gravés à l'eau-forte par A. Lalauze. *Paris, Richard*, 1892. gr. in-8. 34 portr. gr. à l'eau-forte, et fac-similés d'autographes, br.

Deuxième série.
Exemplaire sur PAPIER DE HOLLANDE.

665. Album Mariani : Portraits, biographies, autographes. Soixante-quinze gravures à l'eau-forte par A. Lalauze. Prélude iconographique par Octave Uzanne. *Paris, Richard*, 1894, gr. in-8, 75 portr. gr. à l'eau-forte, et fac-similes d'autographes, br.

Tome I.
Exemplaire sur PAPIER DE HOLLANDE, *imprimé spécialement pour le Dr Simon.*

666. Esthétique du sculpteur, par M. Henry Jouin. *Paris, Laurens*, 1888, in-8, demi-rel. v. f. dos orné, fil. tête dor. non rog.

Envoi autographe de l'auteur.

667. Esthétique du sculpteur, par M. Henry Jouin. *Paris, Laurens*, 1888, in-8, demi-rel. chag. br. dos orné. fil. tête dor. non rog.

668. Hôtel de Ville de Paris, mesuré, dessiné, gravé et publié par Victor Calliat, avec une histoire de ce monument et des recherches sur le gouvernement municipal de Paris, par Le Roux de Lincy. *Paris, Carilian-Gœury et Dalmont*, 1844, 2 parties de texte et 1 front. 27 pl. et 5 fig. gr. — Supplément. *Paris, Morel*, 1859, 16 pl. et 2 fig. gr. sauf 2 en chromolithog. — Ens. 3 parties en 2 vol. gr. in-fol. en feuilles, dans 2 cartons.

669. Eglises Principales de l'Europe, dédiées à S. S. Léon XII, souverain pontife. *Milan & Rome*, 1824, in-fol. de 39 ff. de texte et 33 pl. gr. en feuilles.

Les 4 premiers cahiers.

670. Dictionnaire des Arts Décoratifs, à l'usage des artisans, des artistes, des amateurs et des écoles, par Paul Rouaix. *Paris, Librairie illustrée, s. d.* (1885), gr. in-8, nombr. fig. demi-rel. v. f. dos orné, tête dor. non rog.

671. Racontars illustrés d'un Vieux collectionneur, par l'auteur du « Voyage dans un grenier » Charles Cousin. *Paris, à la Librairie de « l'Art »*, 1887, in-4, pap. du Japon, pl. gr. à l'eau-forte, en chromotypie et en photogravure, br.

<small>Envoi autographe de l'auteur.</small>

672. Catalogues divers illustrés. — Réunion de 6 vol. ou plaquettes in-8, cart. dos de perc.

<small>Les Fresques de Raphaël provenant de la Magliana. — De l'Authenticité des fresques de Raphaël provenant de la Magliana. — De l'Historique et de l'authenticité de la fresque de Raphaël, par L. Oudry. *Paris*, 1873. Ens. 3 pièces en 1 vol. 1 photographie. — Catalogue des dessins, aquarelles et estampes de Gustave Doré exposés dans les salons du cercle de la Librairie. *Paris*, 1885, portrait gr. à l'eau-forte. — Galerie Michel-Ange. Collection appartenant à Mme Henry Hass, nombr. fig. — École des Beaux-Arts. Exposition générale de la lithographie, 1891. *Paris, Chamerot*, 1891, 1 pl. — Catalogue des tableaux anciens, œuvre de Simon Cognoulle. *Paris*, 1885, 7 photographies. — Cercle de la librairie. Première exposition. *Paris*, 1880, fig. en noir et en couleur.</small>

673. Peintures à l'huile, aquarelles, études de fleurs, 15 pièces, dans un carton. — 8 chromos et 6 planches gr. à l'eau-forte. — Ens. 31 pièces.

674. Scènes bibliques et religieuses par Murillo, Raphaël, Van Dyck, E. Lesueur, Ingres, N. Poussin, Andrea Del Sarto, P. Mignard, Paul Véronèse. — Réunion de 29 planches très grand in-fol. gr.

<small>Belles épreuves.
De la *Chalcographie du Louvre*.</small>

675. Scènes religieuses et historiques d'après Michel Ange, Raphaël, Murillo, Le Brun, Bourdon, E. Delacroix, Gros, H. Flandrin. — Réunion de 9 planches gr. in-fol.

<small>La Barque de Caron; La Sainte Famille dite de François Ier; la Très Sainte Vierge dite de Séville ; Entrée triomphante d'Alexandre dans Babilone, 2 pl. ; François Ier et Charles-Quint visitant les tombeaux des rois de France à St-Denis (1539) ; le Dante aux Enfers; etc.
Quelques planches proviennent de la *Chalcographie du Louvre*.</small>

676. E. Le Sueur, 1649. Saint-Paul prêchant à Éphèse. — Une planche gr. in-fol. gr. sur acier par Achille Martinet.

<small>Belle épreuve tirée sur CHINE, AVANT LA LETTRE, avec le nom de l'artiste à la pointe.
Envoi autographe de M. Achille Martinet à M. Jules Simon.</small>

677. Sujets gracieux d'après Le Corrège, Titien, Fr. Boucher, Terburg. — Réunion de 5 planches gr. in-fol.

<small>Jupiter & Antiope, (2 *exemplaires*) ; la Maîtresse du Titien ? Diane sortant du Bain; le galant militaire.
Belles épreuves, dont 3 tirées sur CHINE. — De la *Chalcographie du Louvre*.</small>

BEAUX-ARTS

678. Mignard. Tableaux de la Voute de la Galerie du Petit Appartement du Roy à Versailles, *désignés et gravés par G. Audran, d'après les peintures de P. Mignard.* — Réunion de 3 pl. très gr. in-fol.

<small>Apollon distribue des récompenses aux sciences et aux arts, et Minerve couronne le génie de la France ; La Prévoïance et le secret avec leurs symboles ; La Vigilance avec ses symboles, et Mercure comme le plus vigilant des Dieux.
Belles épreuves. — De la *Chalcographie du Louvre.* — On y a joint la Reproduction du fronton du Panthéon de Paris. *Sculpté par P. J. David d'Angers, 1837 ; dessiné et gravé par J. M. Leroux, 1838.* Une pl. très gr. in-fol. gr. sur acier et tirée sur Chine.</small>

679. Scènes militaires sous Louis XIV, *dessigné sur le naturel par F. Van der Meulen. R. Bonnart sculpsit.* — Trois planches très gr. in-fol.

<small>Arrivée du Roy devant Douay qu'il fait investir par sa cavalerie, en 1667. — Le Roy s'estant rendu maître de la ville de Cambray, attaque ensuite et prend la Citadelle, jusqu'alors estimée imprenable, en l'année 1677. — Le Rhin passé à la nage par les Français, à la veuë de l'armée de Hollande, 1672.
De la *Chalcographie du Louvre.*</small>

680. Décoration du Sacre de Louis XVI à Rheims, le 11 juin 1775. *Dessiné d'après nature et gravé par J. M. Moreau le jeune.* — Une Scène de Jeux. Belle pièce *avant toute lettre.* — Ens. 3 planches très gr. in-fol. en travers.

<small>De la *Chalcographie du Louvre.*</small>

681. J.-M. Moreau le jeune : Fêtes données au Roi et à la Reine, par la Ville de Paris, le 21 et le 23 janvier 1782, à l'occasion de la naissance de Monseigneur le Dauphin. — Ens. 4 planches tr. gr. in-fol.

<small>Le Feu d'artifice. — Le Festin Royal. — Le Bal Masqué. — Arrivée de la Reine à l'Hôtel de ville.
Belles épreuves. — De la *Chalcographie du Louvre.*</small>

682. La Semaine, dessins faits à Rome par J. Ingres en 1813, donnés à E. Gatteaux, gravés par W. Haussoullier en 1869. — Suite de 1 titre et 5 pl. in-fol. gr. sur acier et tirés sur Chine, en feuilles.

<small>De la *Chalcographie du Louvre.*</small>

683. Rubens. Fête flamande. — Une planche gr. in-fol. en travers, gr. sur acier par A^{lp}. Masson.

<small>2 exemplaires de cette belle et curieuse pièce.</small>

684. Paul Delaroche : Mort de Marie Stuart. — La Vierge en Contemplation. — Evanouissement de la Vierge. — Retour du Golgotha. — Le Vendredi Saint. *Paris, Goupil,* 1858-1865. — Ens. 5 planches gr. in-fol. gr. à la manière noire par Ed. Girardet.

<small>Superbes épreuves.</small>

685. Paysages et scène de chasse gravés à l'eau-forte, sur cuivre et sur acier d'après Ruisdaël, M. Poussin, Fr. Desportes. — Réunion de 5 planches gr. in-fol. et in-fol.

<small>Le Coup de soleil; Le Buisson ; Folle et Mitte, chiennes de Louis XIV ; etc.
De la *Chalcographie du Louvre*.</small>

686. Scène rustique. *Paris, Impr. Lemercier, s. d.* — Une planche gr. in-fol. lithog.

<small>Belle épreuve sur Chine AVANT TOUTE LETTRE.</small>

687. Ed. Willmann. Vue de Paris à vol d'oiseau, en 1860. dédiée à S. M. Napoléon III. — Une planche très gr. in-fol.

<small>De la *Chalcographie du Louvre*.</small>

688. Souvenirs artistiques du Siège de Paris, 1870-1871, 12 eaux-fortes par Maxime Lalanne. — Paris pendant le Siège, notes et eaux-fortes par A.-P. Martial, 12 pl. — St-Cloud brûlé ! 12 eaux-fortes par F. Pierdon. — Paris incendié, 12 eaux-fortes par A.-P. Martial. *Paris, Cadart et Luce, s. d.* — Ens. 48 pl. in-fol. gr. à l'eau-forte, en feuilles.

689. — Préfecture du département de la Seine. Ville de Paris. Collection de gravures d'après les principales peintures exécutées dans les édifices municipaux et départementaux. *Paris, Haro, s. d.* très grand in-fol. de 6 pl. gr. sur acier en feuilles, dans un carton.

<small>Première série; elle contient 6 tableaux décorant les Eglises Saint-Germain-des-Prés et Saint-Eustache, et une salle de l'Hôtel de Ville de Paris. Belles épreuves sur CHINE.</small>

690. Ove de Rochebrune, 1868-1872: Château de Blois, grand escalier de François Ier, 2 pl. — Le Louvre, façade de Henri II. — Vue générale des constructions du Château de Chambord. — Ens. 4 planches très gr. in-fol. gr. à l'eau-forte.

<small>Superbes épreuves.</small>

691. G. Toudouze, 1850-53: Vues de Jérusalem, 2 pl. — Vallée de Josaphat : Tombeau d'Absalon. — Ens. 3 planches in-fol. gr. à l'eau-forte, sur Chine.

692. Icones Principum virorum doctorum pictorum chalcographorum statuariorum nec non amatorum pictoriæ artis numero centum, ab Antonio Van Dyck. *Antverpiæ, Gillis Hendricx excudit, s. d.* pet. in-fol. de 1 titre-front. et 11 portraits gr. à l'eau-forte, en feuilles.

<small>De la *Chalcographie du Louvre*.</small>

BEAUX-ARTS

693. Portraits d'après Hans Holbein. Titien, Perouneau, Champaigne, Van Dyck, Prud'hon, Francia. — Réunion de 7 planches gr. in-fol. gr.

<small>Portraits d'Anne de Clèves, reine d'Angleterre; François I"; Laurent Cars; Philippe de Champaigne; Van Dyck; Baron Denon; et anonyme. Belles épreuves. Le portrait de Van Dyck est tiré sur CHINE AVANT LA LETTRE. — De la *Chalcographie du Louvre.*</small>

694. Portrait en pied de Jacques d'Estampes, marquis de la Ferté-Imbault..., maréchal de France..., né au Mont Saint-Sulpice en Bourgogne 1590, mort en son château de Mauny près Rouen 1668. *Paris, Cadart,* 1871. une planche in-fol. gr. à l'eau-forte par A. Masson.

<small>Envoi autographe à *M. Jules Simon*, signé : *Cte Th. d'Estampes.*</small>

695. Portrait de Meissonier par lui-même, gravé à l'eau-forte par Ch. Waltner. — Une planche in-fol.

<small>Superbe épreuve sur PEAU DE VÉLIN, avec remarque, et *signature de l'artiste.*
ENVOI AUTOGRAPHE ainsi libellé : « *A M. Jules Simon, président du comité du Monument Meissonier. Vve E. Meissonier.* »</small>

696. Estampes anciennes et modernes, portraits, etc. — Réunion de 23 pièces de différents formats, dont 3 collées sur carton.

---

697. Baudin !... 3 décembre 1851. — Chute de la colonne de la grande armée, place Vendôme, sous la Commune (avril 1871), 4 pièces. — Monument élevé à la mémoire de Henri Regnault, tué à Buzenval, janvier 1871. — 6 *photographies* in-fol. et in-4 collées sur bristol. — M. le curé Deguerry à Mazas, 1871, planche in-fol. gravée à l'eau-forte. — Ens. 7 pièces.

698. A. P. Roll. Reproductions photographiques de ses principaux tableaux. — Réunion de 7 photographies gr. in-fol. soigneusement collées sur bristol.

<small>La Grève des mineurs ; L'Inondation ; La Chasseresse ; La Fête de Silène ; et anonymes.
Envoi autographe de l'artiste à *M. Jules Simon*, sur chaque pièce.</small>

699. Vues du Mont et de l'Abbaye du Mont Saint-Michel; état actuel (1873), et projet de restauration générale, par Ed. Corroyer. — Réunion de 29 photographies in fol. collées sur bristol.

<small>Photographies faites d'après nature, et d'après les dessins exposés au Trocadéro et au Champ de Mars pendant l'Exposition universelle de 1878. — Une Pièce porte un *envoi autographe de M. Ed. Corroyer à M. Charles Blanc.*</small>

BEAUX-ARTS

700. Vues panoramiques de la ville du Hâvre. — Réunion de 10 photographies in-4 oblong, soigneusement collées sur bristol.

701. Vues du château de Blois. — Réunion de 8 *photographies* in-fol. soigneusement collées sur bristol.

702. Reproductions photographiques de monuments, tableaux, sculptures, statues, avec *envoi autographe des artistes à M. Jules Simon*. — Réunion de 14 *photographies* in-fol. et in-4, remontées sur bristol.

On remarque les signatures de MM. Devoll, Chatrousse, Léon Mayer, Pierre Ogé, Ch. P. Foulonneau, etc.

703. Reproductions photographiques de tableaux, portraits, statues et sculptures. — Réunion de 29 *photographies* de différents formats, collées sur bristol.

704. Vues de villes, monuments et œuvres d'art d'Italie. — Réunion de 140 *photographies* de différents formats, collées sur bristol.

Vues de Florence, Rome, Venise, Naples, Pompéï, Herculanum, etc.; et des antiquités et monuments que renferment ces villes. — Reproductions de tableaux et statues des Musées de Florence, du Vatican et de Naples.

---

705. Peinture chinoise sur soie, collée sur papier, et roulée sur baguette.

Ce grand makimono, d'une superbe exécution, représente une scène historique ; il ne contient pas de texte, et n'est ni daté, ni signé.
La longueur totale est de 7"25 ; et la hauteur 0"28.

---

706. Musique. *Paris*, 1876-1890. — Réunion de 6 vol. in-12 en demi-rel. v. bleu. cart. ou br.

Léon Pillaut. Instruments et musiciens. — Hygiène de la voix parlée ou chantée, par le Dr L. Mandl. — Charles Gounod. Le Don Juan de Mozart. — Portraits et silhouettes de musiciens, par Camille Bellaigue. — Psychologie musicale (par le même). — J. C. Alfred Prost. Le Comte de Ruolz-Montchal musicien.
Envois autographes des auteurs sur 4 volumes.

707. Charles Delprat. L'Art du chant et l'école actuelle. — Histoire de la musique dramatique en France, depuis ses origines jusqu'à nos jours, par Gustave Chouquet. — Hérold, sa vie et ses œuvres, par B. Jouvin. *Paris*, 1868-1873, 3 vol. in-8, portr. et fac-similés, dont 2 vol. en demi-rel. v. bleu et 1 vol. en chag. vert, tr. dor.

Envois autographes des auteurs sur deux volumes.

BELLES-LETTRES

I. LINGUISTIQUE. — RHÉTORIQUE.

708. Langue musicale universelle au moyen de laquelle (après seulement trois mois d'étude), tous les différents peuples de la terre, les aveugles, les sourds & les muets, peuvent se comprendre réciproquement. Langue à la fois parlée, écrite, occulte & muette, inventée par F. Sudre et approuvée par l'Institut de France. *S. l. n. d.* (*Paris*, 1862), in-8 oblong, chag. violet, dos orné, fil. et comp. doublé et gardes de moire blanche, dent. tr. dor.

Exemplaire aux armes du Pape Pie IX.

709. Langue catholique. Projet d'un Idiome International sans construction grammaticale, par le Dr Alberto Liptay. *Paris, Bouillon*, 1892, in-8, br.

Envoi autographe de l'auteur.

710. Linguistique. — Réunion de 7 vol. in-12, demi-rel. v. f. bleu et r. sauf 2 cart.

Marty-Laveaux : De l'Enseignement de notre langue. Grammaire historique. Grammaire élémentaire. *Paris*, 1872-75, 3 vol. — La Philosophie de la Science du langage, par A. Ed. Chaignet. *Paris*, 1875. — L'Art d'enseigner et d'étudier les langues, par François Gouin. *Paris*, 1880. — La Simplification de l'orthographe, par Louis Havet. *Paris*, 1890. — La Question du latin et la réforme de l'enseignement secondaire, par M. Guérin. *Paris*, 1890.
Envoi autographe sur 4 volumes.

711. Linguistique. — Réunion de 6 vol. in-8, demi-rel. v. f. et bleu, sauf 1 br.

Les Langues de l'Europe moderne, par A. Schleicher, traduit par Hermann Ewerbeck. *Paris*, 1852. — Grammaire des Grammaires, ou Analyse raisonnée des meilleurs traités sur la langue Française. *Paris*, 1859, 2 vol. — Observations sur l'orthographie ou ortografie française, par Ambroise Firmin-Didot. *Paris*, 1868. — Théorie de la Déclinaison des noms en grec et en latin, par A. Ed. Chaignet. *Paris*, 1875. — L'Origine du français, par l'abbé J. Espagnolle. *Paris*, 1886, 1 vol. (*Tome I.*)

712. Hesychius. Dictionarium (græce, edente Marco Musuro). (A la fin :) *Hagenoæ, in ædibus Thomæ Anshelmi Badensis*, 1521, in-fol. à 2 col. texte grec, demi-rel. vélin blanc avec coins.

Jolie marque de l'imprimeur *Thomas Anshelmus* au *recto* du dernier feuillet.
Nom à l'encre et cassure raccommodée au titre.

713. De Latinis et græcis nominibus arborum, fructicum, herbarū, piscium et avium liber : ex Aristotele, Theophrasto, Dioscoride, Galeno, Nicandro, Athenæo, Oppiano, Æliano, Plinio, Hermolao Barbaro et Johanne Ruellio : cū Gallica eorum

nominum appellatione. *Lutetiæ, ex officina Roberti Stephani*, 1544, pet. in-8 de 85 pp. de texte et 19 pp. non ch. pour l'Index, dérelié.

<small>Nombreuses *notes manuscrites de l'époque* dans les marges. — Court en tête.</small>

714. Dictionnaire grec-français et dictionnaire français-grec... par MM. C. Alexandre, Planche et Defauconpret... *Paris, Hachette*, 1859-1863, 2 vol. gr. in-8 à 2 et à 3 col. cart. toile grise.

<small>Signature de M. Jules Simon sur un des volumes.</small>

715. Nouveau Dictionnaire grec-français. Ouvrage rédigé d'après les plus récents travaux de philologie grecque... et précédé d'une introduction à l'étude de la langue et de la littérature grecques... par A. Chassang. *Paris, Garnier*, 1872, fort vol. gr. in-8 à 3 col. bas. rac. dos orné.

716. Fundamētū scholasticoǁrū non modo pueris veǁrum etiam magistris perutile. (A la fin:) *Regule ptiū grāmatice artis fundamentales ǁ totū latinitatis fundamētū ōtinētes felicē finezǁ habent. ǁ Id puū latinitatis op Ingenū adoleǁ scētes. Impressuʒ Davētrie p^{me} Jacoǁbum de Breda. Anno dn̄i* 1497, in-4 de 54 ff. non ch. car. goth. emblêmes des quatre évangélistes gravés au trait sur fond noir et sur bois sur le titre, demi-rel. vélin blanc avec coins.

717. M. Terentii Varronis opera quæ supersunt : in lib. de ling. lat. cōiectanea Josephi Scaligeri : in lib. de re rust. notæ eiusdem. Alia in eundem scriptorem, trium aliorū, Turn. Vict. August. Editio tertia, recognita et aucta. *S. l. (Excudebat Henr. Stēphanus)*, 1581, 5 parties en 1 vol. pet. in-8, peau de truie estampée à froid, fermoirs.

<small>Bonne édition. — *Signature de M. Jules Simon* sur le titre. — Piqûres de vers.</small>

718. Orthographiæ Ratio ab. Aldo Manutio Paulli F. collecta ex libris antiquis, grammaticis, etymologia, græce consuetudine. nummis veteribus, tabulis æreis, lapidibus amplius M D. Interpungendi ratio, notarum veterum explanatio, kalendarium vetus romanum, e marmore descriptum, cum Paulli Manutij patris, commentariolo, de veterum dierum ratione et kalendarij explanatione, Aldi Manutij. avi, de vitiata vocalium, ac diphthongorum prolatione, πάρεργον. — De veterum notarum explanatione quæ in antiquis monumentis ocurrunt Aldi Manulii Paulli F. commantarius. *Venetiis (Aldi)*, 1566, 3 parties en 1 vol. in-8, mar. vert à grain long, dos orné, fil. et angles dor. et dent. à froid, ancre aldine sur les plats, tr. dor.

<small>Edition la meilleure et la plus complète de cet important ouvrage.</small>

719. L. Quicherat: Dictionnaire latin-français... avec un vocabulaire des noms géographiques, mythologiques et historiques, — Dictionnaire français-latin, composé sur le plan du dictionnaire latin-français. — Thesaurus poeticus linguæ latinæ. — Addenda lexicis latinis. — *Paris, Hachette.* 1862-63. — Ens. 4 vol. gr. in-8 à 2 et 3 col. dont 1 en demi-rel. chag. vert, et 3 cart. toile grise.

720. Dictionnaires latin-français, anglais-français, allemand-français, hébreu-français, russe-français-allemand-anglais, etc. — Réunion de 9 vol. de différents formats, reliés et cart.

721. Cours graduel et complet de chinois parlé et écrit, par le comte Kleczkowski. *Paris, Maisonneuve,* 1876, gr. in-8, br.
Tome I.
Envoi autographe de l'auteur.

722. D ctionnaire étymologique Chinois-Aunamite Latin-Français, par G. Pauthier. *Paris, Firmin-Didot,* 1867, gr. in-8 à 2 col. demi-rel. chag. r. tête dor. non rog.
Première livraison, *seule parue*, comprenant les 10 premiers radicaux ou chefs de classes.

723. Arte y vocabulario de la lengua Lule y Tonocoté, compuestos por el Padre Antonio Machoni de Cerdeña. *En Madrid, por los herederos de Juan Garcia,* 1732, in-8, demi-rel. chag. noir.
Réimpression exécutée à *Buenos-Aires,* en 1877.

---

724. Rhétorique d'Aristote, traduite en français et accompagnée de notes perpétuelles, avec la rhétorique à Alexandre (apocryphe) et un appendice sur l'Enthymème, par J. Barthélemy Saint-Hilaire. *Paris, Ladrange,* 1870, 2 vol. gr. in-8, demi-rel. v. f. dos orné, couvertures.
Envoi autographe de M. Barthélemy Saint-Hilaire.

725. Le Discours d'Isocrate sur lui-même, intitulé : sur l'Antidosis, traduit en français pour la première fois, par Auguste Cartelier, revu et publié avec le texte, une introduction et des notes, par Ernest Havet. *Paris, Impr. Imp.* 1862, in-8, demi-rel. v. f.

726. Demosthenis Orationum (gr. nunc diligenti recognitione emendatæ a J. Bern. Feliciano). *Basileæ, per Joannem Hervagium,* 1547, in-8, texte grec, ais de bois recouverts de peau de truie estampée à froid, fermoirs. *(Rel. de l'époque.)*
Troisième partie. — *Signature de M. Jules Simon* sur 1 feuillet de garde. — 1ᵉʳ fermoir est cassé.

727. Themistii orationes XXXIII, e quibus tredecim nunc primum in lucem editæ, Dionysius Petavius latine plerasque reddidit, ac notis illustravit : accesserunt notæ et observationes Jo. Harduini. *Parisiis, in typographia regia*, 1684, in-fol. texte grec et latin, v. br. ant. fil. tr. dor.

<small>Edition la plus estimée.
Exemplaire donné en prix par le Collège Mazarin, et portant, au centre des plats de la reliure, les armoiries du Cardinal. — *Signature de M. Jules Simon* sur le titre.</small>

728. M. Tullii Ciceronis de oratore ad Quintum fratrem lib. III; de claris oratoribus, qui dicitur Brutus, lib. I; Orator ad Brutum, lib. I.... *Lutetiæ, ex officina Rob. Stephani*, 1546, pet. in-12, réglé, car. ital. mar. br. dos orné, fil. et comp. (*Rel. anc.*)

<small>Jolie édition. — Nom à l'encre sur le titre.
Exemplaire aux armes et au chiffre de Louis Bizeau, conseiller au Parlement.</small>

729. C. Plinii Secundi Novocomensis epistolarum libri X; Eiusdem Panegyricus Traiano principi dictus; Eiusdem de viris illustrib. in re militari... ; Suetonij Tranquilli de claris grammaticis & rhetoribus; Julij Obsequentis prodigiorum liber... (A la fin :) *Venetiis, in ædib. Aldi et Andreæ Asulani soceri*, 1518, pet. in-8, car. ital. v. ant. granit. fil. tr. dor.

<small>Edition rare et recherchée. — *Signature de M. Jules Simon* sur 1 feuillet de garde; notes manuscrites de l'époque à quelques feuillets. — Deux feuillets *blancs* préliminaires manquent.</small>

730. Histoire de l'éloquence latine, depuis l'origine de Rome jusqu'à Cicéron, d'après les notes de M. Adolphe Berger, réunies et publiées par M. Victor Cucheval. *Paris, Hachette*, 1872, 2 vol. in-8, demi-rel. v. bleu, non rog.

II. POÉSIE.

1. Poètes grecs et latins.

731. Poétique d'Aristote, traduite en français et accompagnée de notes perpétuelles, par J. Barthélemy Saint-Hilaire. *Paris, Durand*, 1858, gr. in-8, demi-rel. v. f. dos orné, non rog.

<small>Exemplaire sur grand papier vélin.</small>

732. Hesiodi Ascræi quæ extant Orphei & Procli philosophi hymni, omnia ab Antonio Maria Salvini in italam linguam translata, cum brevissimis annotationibus ex probatissimis auctoribus excerptis. Accedit Pasoris index vocabula singula Hesiodi complectens; accurante Antonio Zanolini. *Patavii*, 1747, in-8, v. ant. marb. fil.

<small>Belle édition, reproduisant le texte de Grævius. — Cachet de la Bibliothèque *De Cayrol*, et *Signature de M. Jules Simon* sur le titre.</small>

733. Pindari Olympia, Pythia, Nemea, Isthmia (gr. et lat.) Joh. Benedictus ad metri rationem..., totum authorem innumeris mendis repurgavit : metaphrasi recognita, latina paraphrasi addita.... arduum eiusdem sensum explanavit. Editio purissima, cum indice locupletissimo. *Salmurii, ex typis Petri Piededii,* 1620, in-4, vélin à recouvr.

> Le texte est celui de l'édition de Schmid, avec quelques corrections, mais la version latine est refaite et accompagnée d'un bon commentaire.

734. Pindari Carmina et Fragmenta græce, cum scholiis integris emendatius edidit varietatem lectionis adnotationem criticam et indices, adiecit Christianus Daniel Beckius. *Lipsiæ, apud G. E. Beerium,* 1792-95, 2 vol. in-8, demi-rel. mar. r. à long grain, dos orné.

> Signature de M. Jules Simon sur le titre du tome I.

735. Callimachi hymni, cum scholiis (græce). *Parisiis, apud Vascosanum,* 1549, in-4 de 32 ff. texte grec, v. ant. jaspé, fil. tr. dor.

> Bonne édition. — Sur le titre on remarque la signature de Boissonade, un des plus savants hellénistes français contemporains. — Notes à l'encre de l'époque, dans quelques marges.

---

736. Poetæ latini minores, sive Gratii Falisci Cynegeticon, M. Aurelii Olympii Nemesiani Cynegeticon, et ejusdem eclogæ IV; T. Calpurnii Siculi eclogæ VII; Claudii Rutilii Numatiani iter; Q. Serenus Samonicus de Medicina; Vindicianus sive Marcellus de Medicina; Q. Rhemnius Fannius Palæmon de ponderibus & mensuris; et Sulpiciæ Satyra; cum integris doctorum virorum notis, & quorundam excerptis, curante Petro Burmanno qui & suas adjecit adnotationes. *Leydæ, apud C. Wishoff et Dan. Gœdval,* 1731, 2 vol. in-4, 1 front. et vign. gr. v. ant. jaspé.

> Collection estimée à cause des notes savantes qu'elle renferme.
> Signature de M. Jules Simon sur le titre du tome I.

737. Fragmenta poetarum veterum latinorum, quorum opera non extant : Ennii, Accii, Lucilii, Laberii... undique à Rob. Stephano summa diligentia olim congesta : nunc autem ab Henrico Stephano eius filio digesta, et priscarū quæ in illis sunt vocum expositione illustrata... *Excudebat Henricus Stephanus,* 1564, in-8, vélin moderne à recouvr. titre calligraphié sur le dos.

> Recueil rare et recherché.

738. Poetæ latini rei venaticæ scriptores et bucolici antiqui... cum notis diversorum auctorum; quibus accedunt Gerardi Kempheri observationes in tres priores Calpurnii eclogas. *Lugduni Batavorum & Hagæ Comitum*, 1728, 2 parties en 1 vol. in-4, 1 front. et vign. gr. vélin.

<small>Collection estimée.</small>

739. Titi Lucretii Cari de Rerum Natura libri sex; accedunt selectæ lectiones dilucidando poëmati appositæ. *Lutetiæ Parisiorum, Coustelier*, 1744, in-12, front. 6 pl. et 6 vign. par Frans van Mieris, gr. par Duflos, mar. vert, dos orné, fil. à froid, tr. dor. (*Rel. anc.*)

<small>Exemplaire sur PAPIER DE HOLLANDE.</small>

740. Lucrèce. De la Nature des choses, traduction nouvelle (et texte en regard), avec des notes, par L* G* (Lagrange). *Paris, Bleuet*, 1768, 2 vol. in-8, pap. de Holl. 1 front. et 6 pl. par Gravelot, gr. par Binet, v. ant. éc. fil.

741. Catullus, Tibullus, Propertius, ad optimorum exemplarium fidem recensiti, cum mss. codicum variis lectionibus margini appositis. Ad Celsissimum Aurelianensium ducem (edente Mich. Brochart). *Lutetiæ Parisiorum, typis Ant. Urb. Coustelier*, 1723, in-4, v. f. ant. *lion aux angles des plats*.

<small>Exemplaire sur GRAND PAPIER. — Sur le titre se trouve cette note à l'encre : *Ex-libris Antonii Frollier*, 1724.</small>

742. P. Virgilii Maronis Opera; Nic. Heins. Dan. F. emembranis compluribus iisque antiquissimis recensuit. *Amstelodami, ex officina Elzeviriana*, 1676, pet. in-12, titre-front. gr. mar. r. fil. à froid, dent. int. tr. dor.

<small>Cette édition, quoique datée de 1676, n'est pas conforme à celles décrites par MM. Willems et Rahir; elle comprend 22 ff. préliminaires (*sur* 24, *les ff. 2 et 3 manquent*) et 380 pages sans table ni carte; le dernier f. préliminaire a la marge inférieure coupée. — Signature de M. Jules Simon sur le titre.</small>

743. P. Virgilii Maronis opera, cum integris notis Servii, Philargyrii, nec non J. Pierii variis lectionibus & selectissimis plerisque commentariis Donati, Probi, Nannii, Sabini... et aliorum. Quibus accedunt observationes Jacobi Emmenessii, cum indice Erythræi. *Lugd. Batavorum, apud Jac. Hackium*, 1680, 3 vol. in-8, pl. et fig. demi-rel. chag. vert, dos orné.

<small>Bonne édition pour l'ancienne collection *Variorum*. — Le Titre du tome 1 a été découpé à la lettre et remonté; quelques feuillets sont remmargés; la première planche du tome I manque. Signature de M. Jules Simon sur le titre du tome I.</small>

BELLES-LETTRES

744. P. Virgilii Maronis Opera interpretatione et notis illustravit Carolus Ruæus, jussu christianissimi regis, ad usum serenissimi Delphini. Editio novissima, accuratiùs recognita ac mendis purgata. *Lugduni, Cormon et Blanc*, 1822, 3 vol. in-12, demi-rel. v. f. dos orné.

745. Œuvres de Virgile, texte latin publié d'après les travaux les plus récents de la philologie, avec un Commentaire critique et explicatif, une introduction et une notice, par E. Benoist ; Bucoliques et Géorgiques. Deuxième édition. *Paris, Hachette,* 1876, gr. in-8, demi-rel. v. bleu, non rog.

746. Les Géorgiques de Virgile, traduites en vers français, avec les notes et variantes, accompagnées du texte latin, par M. l'abbé de Lille. *S. l. de l'Imprimerie de la Société littéraire typographique,* 1784, gr. in-8, mar r. dos orné, fil. tr. dor. (*Rel. anc.*)

Exemplaire sur GRAND PAPIER VÉLIN ?
Signature de M. Jules Simon sur le faux-titre.

747. Q. Horatius Flaccus, cum commentariis & enarrationibus commentatoris veteris, et Jacobi Cruquii ; accesserunt Jani Dousæ commentariolus : item auctarium commentatoris veteris a Cruquio editi. *Lugduni Batavorum, ex officina Plantiniana*, 1597, in-4, bas. ant. marb. tr. dor.

Edition recherchée par les savants pour le commentaire de Cruquius.

748. Quinti Horatii Flacci opera, accesserunt variæ lectiones (edente Jac. Talbot). *Cantabrigiæ, typis Academicis,* 1699, in-4, front. gr. mar. r. dos orné, fil. et comp. à la Du Seuil, tr. dor. (*Rel. anc.* défraîchie.)

Belle édition.

749. Quintus Horatius Flacus, ad lectiones probatiores diligenter emendatus, et interpunctione nova sæpius illustratus. Editio quarta. *Glasguæ, in ædibus Academicis,* 1760, pet. in-8, v. ant. jaspé, fil.

Signature de M. Jules Simon sur le faux-titre.

750. Quintus Horatius Flaccus (curante J. Livie). *Birminghamiæ, Typis J. Baskerville,* 1762, in-12, front. et fleuron sur le titre par Wale, gr. par C. Grignion, mar. r. dos orné, fil. tr. dor. (*Rel. anc.*)

Très jolie édition, recherchée et peu commune ; elle passe pour être l'édition la plus correcte qu'ait donné Baskerville. Légères piqûres d'humidité inhérentes au papier. — Signature de M. Jules Simon sur le titre.

BELLES-LETTRES

751. Q. Horatii Flacci opera. *Parmae, ex Regio typographeo*, 1793, gr. in-8, portrait gr. demi-rel. v. f. dos orné. (*Kœhler*.)
<small>Jolie édition, tirée à 150 exemplaires.</small>

752. Quintus Horatius Flaccus. *Parisiis, excudebam Petrus Didot, natu major, anno VIII* (1800), in-18, demi-rel. v. r. dos orné.
<small>Edition stéréotype.</small>

753. P. Ovidii opera. *Parisiis, apud Simonem Colinaeum*, 1529, 3 vol. pet. in-8, car. ital. v. f. ant fil. fatigué.
<small>Belle édition, dont on trouve bien rarement réunis les trois volumes, qui ont paru séparément et avec des titres particuliers. — Un volume est réglé; notes manuscrites dans quelques marges.
Exemplaire aux armes de Nicolas Lambert, seigneur de Thorigny et de Vermont.</small>

754. Pub: Ovidii Nasonis Opera. Daniel Heinsius textum recensuit. Accedunt breves notæ ex collatione codd. Scaligeri et Palatinis Iani Gruteri. *Lugd. Batavorum, ex officina Elzeviriana*, 1629, 3 vol. in-16, titre-front. gr. mar. r. à long grain, dos orné, fil. dent. int. tr. dor.
<small>Jolie édition, rare et recherchée.
Ex-libris Marigues de Champ Repus.</small>

755. P. Ovidii Nasonis opera omnia, cum integris Nicolai Heinsii, lectissimisque variorum notis..., studio Borchardi Cnippingii. *Lugduni Batavorum, ex officina Hac-Kiana*, 1670. 3 vol. in-8, front. portrait et pl. gr. par Philippe. vélin blanc, dos orné, fil. tr. dor.
<small>Belle édition, ornée de nombreuses notes savantes. — Signature de M. Jules Simon au faux-titre du tome II.
Sur chaque volume: ex-libris moderne portant cette devise: Ridet et Odit.</small>

756. Sex. Propertius. M Antonii Mureti in eum scholia. *Venetiis, apud Paulum Manutium, Aldi F.* 1558, pet. in-8, car. ital. v. ant. marb.
<small>Mouillure.</small>

757. Auli Persii Flacci Satyræ. *Bernae, ex off. hered. Wagneri*, 1765, in-8, texte latin avec la traduction française en regard, front. par Grim gr. par Holzhalb, fleuron et 6 vign. gr. vélin.
<small>Ex libris moderne amorié Vans Agnew of Shewchane.</small>

758. Auli Persii Flacci satiræ, ad codices parisinos recensitæ, lectionum varietate et commentario perpetuo illustratæ a N. L. Achaintre: accedunt C. Lucilii Suessani Auruncani satirarum fragmenta, nec non Sulpiciæ Caleni Uxoris satira. *Parisiis, sumptibus et typis Firmini Didot*, 1812, gr. in-8, portrait gr. vélin à recouvr. non rog.
<small>Belle édition, recherchée.
Exemplaire sur papier vélin, avec le portrait sur Chine.</small>

759. Lucanus. (A la fin :) *Venetiis, apud Aldum mense aprili M. DII.* (1502), pet. in-8, car. ital. vélin moderne à recouvr. titre calligraphié sur le dos.

<small>Quelques notes à l'encre dans les marges. — Signature de M. Jules Simon sur le titre.</small>

760. M. Annæus Lucanus (Pharsalia), Theodori Pulmanni opera emendata. *Antverpiæ, ex officina Christophori Plantini*, 1564, pet. in-12, car. ital. v. f. ant. fil.

<small>Belle édition. — Nom à l'encre sur le titre.</small>

761. La Pharsale de Lucain, ou les guerres civiles de César et de Pompée en vers françois par Mr de Brebeuf. *A la Haye, chez Arnout Leers (à la Sphère)*, 1683, in-12, titre-front. et pl. gr. v. bleu, dos orné, fil. tr. dor. (*Purgold Hering.*)

<small>Bel exemplaire. — Signature de M. Jules Simon sur le frontispice.</small>

762. Statii Sylviarum libri quinque. Thebaidos libri duodecim Achilleidos duo. (A la fin :) *Venetiis, in aedibus Aldi, mense augusto M.DII* (1502), in-8, car. ital. mar. bleu, ancre aldine sur les plats, dent. int. tr. dor. (*David.*)

<small>Bel exemplaire de cette édition rare, fort difficile à trouver complète.</small>

763. Statii Sylvarum libri V. Thebaidos libri XII. Archilleidos libri II. *Parisiis, apud Simonem Colinaeum*, 1530, in-8, car. ital. mar. bleu à long grain, fil. à froid, tr. dor.

<small>Bel exemplaire conforme à celui décrit par M. Renouard dans sa *Bibliographie des Editions de Simon de Colines*. — Quelques ff. rognés à la lettre en tête. *Ex-libris* armorié de Charles Collins.</small>

764. P. Statii Papinii opera quæ extant, Joh. Bernartius ad libros veteres recensuit & scholiis illustravit. *Antverpiae, ex officina Plantiniana*, 1595, 3 parties en 1 vol. pet. in-8, v. f. ant. fil. milieu doré, tr. dor.

<small>La reliure est restaurée.</small>

765. D. Junii Juvenalis et A. Persii satiræ: interpretatione ac notis illustravit Ludovicus Prateus, in usum Delphini. *Parisiis, ex typog. Fr. Leonard*, 1684, 2 parties en 1 vol. in-4, 1 front. gr. vélin.

<small>Belle édition.</small>

766. D. Jun. Juvenalis et Auli Persii Flacci Satyræ, ex doct. virorum emendatione. *Amstelaedami, apud Waesberge, Weistenium et Smith*, 1735, pet. in-12, titre-front. gr. mar. bleu, dos orné, fil. non rog.

<small>Edition imprimée en très petits caractères.</small>

767. Martialis. (A la fin :) *Venetiis, in aedibus Aldi et Andreae soceri*, 1517, pet. in-8, car. ital. v. f. ant.

<small>Signature de M. Jules Simon, et nom effacé sur le titre. — Piqûres de vers.</small>

768. M. Val. Martialis Epigrammaton libri 14. Summa diligentia castigati. Adjecta græcarum vocum quibus author utitur, interpretatione. *Parisiis, apud Simonem Colinaeum*, 1544, in 16, lettres ornées, v. f. ant. dos orné.

<small>Bonne édition conforme à la description de M. Renouard dans sa *Bibliographie des éditions de Simon de Colines* ; elle contient la traduction latine des citations grecques. Le titre est doublé.</small>

769. M. Valerii Martialis Epigrammatum libri XV ; Laurentii Ramirez de Prado novis commentarijs illustrati ; cum indice Josephi Langii. *Parisiis, apud Cl. Morellum*, 1607, 3 parties en 1 vol. in-4. bas. ant. marb.

<small>Signature de M. Jules Simon sur le titre. — Notes à l'encre dans quelques marges.</small>

770. M. Val. Martialis ex museo Petri Scriverii. *Amstelodami, typis Ludovici Elzevirii*, 1650, in-24, titre-front. gr. mar. r. dos orné, fil. doublé de mar. r. large dent. tr. dor. *(Rel. anc.)*

<small>PREMIÈRE ÉDITION elzevirienne. (Willems : *les Elzevier*, n° 1115.) — Le dos de la reliure est refait.</small>

771. Cl. Claudiani Opera quam diligentissime castigata (a Fr. Asulano) quorum indicem in sequenti pagina reperies. (A la fin :) *Venetiis in ædibus Aldi et Andreæ Asulani soceri, mense martio M.D.XXIII* (1523), pet. in-8, car. ital. cuir de R. dos orné, dent. tr. dor.

<small>Signature de M. Jules Simon sur le titre.</small>

772. Cl. Claudiani quæ exstant : ex emendatione Nicolai Heinsij Dan. F. *Amstelodami, apud Danielem Elzevirium*, 1677, in-24, titre-front. gr. bas. ant.

<small>Réimpression littérale de l'édition 1650.</small>

773. Aurelii Prudentii Clementis viri consularis opera ; a Victore Giselino correcta et annotationibus illustrata. *Parisiis, apud Hieronymum de Marnef*, 1562, in-12, car. ital. v. ant. granit, fil. tr. dor.

<small>Signature de M. Jules Simon sur le titre.</small>

774. Illustrium poetarum Flores per Octavianum Mirandulam collecti & a studioso quodam in locos communes nuper digesti, ac castigati. *Argentorati, ex aedibus Vuendelini Rihelij*, 1538, 2 parties en 1 fort vol. pet. in-8, car. ital. ais de bois recouverts de v. br. estampé. *(Rel. de l'époque restaurée.)*

<small>Découpure raccommodée dans le titre.</small>

775. Theodori Bezæ poemata varia... ab ipso auctore in unum nunc corpus collecta & recognita. S. l. (Genevæ, per H. Stephanum), 1597, in-4 de 8 ff. prél. non ch. et 372 pp. fig. emblématiques gr. sur bois, vélin blanc moderne.

<small>Bonne édition. — Mouillure; petites taches d'encre à quelques feuillets. Sur un feuillet de garde se trouve une *notice bibliographique manuscrite* concernant cette édition.</small>

776. Etudes critiques et littéraires sur les poëtes grecs et latins. — Réunion de 6 vol. in-8, demi-rel. v. f. et bleu.

<small>Le Poëme de Lucrèce: morale, religion, science, par C. Martha. *Paris*, 1869. — Etude bibliographique et littéraire sur le Satyricon, de Jean Barclay, par Monsieur Jules Dukas. *Paris*, 1880. — La Poésie de Pindare et les lois du lyrisme grec, par Alfred Croiset. *Paris*, 1880. — Des Variations de la langue et de la métrique d'Horace dans ses différents ouvrages, par Ad. Waltz. *Paris*, 1881. — La Poésie Alexandrine sous les trois premiers Ptolémées, par Auguste Couat. *Paris*, 1882. — Les Héros et les héroïnes d'Homère, par A. Ed. Chaignet. *Paris*, 1894.</small>

777. Etudes de mœurs et de critique sur les Poëtes Latins de la Décadence, par D. Nisard. Troisième édition. *Paris, Hachette,* 1867, 2 vol. in-12, demi-rel. chag. vert.

2. Poëtes français.

778. La Chanson de Roland, poëme français du Moyen Age, traduit en vers modernes, par Alfred Lehugeur. *Paris, Hachette,* 1870, in-12, texte original avec la traduction française en regard, demi-rel. v. f.

<small>Envoi autographe du traducteur.</small>

779. Les ‖ Œuvres de ‖ Clément Ma-‖rot, de Cahors, Vallet ‖ de Chambre ‖ du Roy ‖. Plus amples, et en meilleur ‖ ordre que paravant ‖. *A Paris, pour Oudin Petit,* 1558, fort vol. in-16, car. ital. mar. r. jans. dent. int. tr. dor. (*Reymann.*)

<small>Cette édition comprend 336 ff. chiff. pour les Œuvres, 12 ff. non chiffr. pour la Table et 79 ff. chiffr. pour les *Cinquante-deux Psalmes* qui ont un titre spécial, daté de 1558. — Tout le contenu du volume est bien indiqué dans les tables des feuillets 3 et 253, mais on trouve en outre à la suite des Œuvres et avant la table générale 16 ff. chiff. et sig. *aa* et *bb* contenant l'*Enfer de Marot et Du Coq à l'Asne*. — Le dernier cahier du volume n'a que 7 ff.</small>

780. Les Œuvres de Clément Marot de Cahors, valet de chambre du Roy, reveuës et augmentées de nouveau. *La Haye, Adrian Moetjens,* 1700, 2 vol. pet. in-12, mar. olive, fil. à froid, tr. dor. (*Rel. anc.*)

<small>Jolie édition.
Exemplaire du PREMIER TIRAGE.</small>

781. Œuvres choisies de Joachim Du Bellay, avec une introduction et des notes, par Léon Séché, une notice bio-bibliographique par Camille Ballu et des sonnets-hommages des principaux poètes contemporains. *Paris*, 1894, in-4, front. portr. et fig. br.

> Envoi autographe de l'auteur.

782. Les Odes de Pierre de Ronsard, gentil-homme Vandomois. Au Roy Henry II de ce nom. *A Lyon, pour Thomas Soubron*, 1592, pet. in-12 de 495 pp. et 4 ff. non chiff. pour la Table, vélin moderne à recouvr. titre calligraphié sur le dos.

> Tome premier des Œuvres de Ronsard publiées par Soubron en 1592, en 10 parties en 5 vol.
> Trou au titre enlevant la tomaison. — Signature de *Dupin* et autre signature sur le titre.

783. Les Œuvres de G. de Saluste, seigneur Du Bartas, reveües et augmentées par l'autheur et divisées en trois parties. *A Rouen par Pierre Retif*, 1591, in-16 de 79 ff. ch. et 1 f. avec fleuron typographique, vélin moderne à recouvr. titre calligraphié sur le dos.

> Première partie contenant les pièces suivantes : La Judit, divisée en six livres. — L'Uranie, ou Muse céleste. — Le Triomphe de la foy, départy en quatre chants. — Poësme dressé pour l'accueil de la Royne de Navarre faisant son entrée à Nerac, auquel trois Nymphes débattent qui aura l'honneur de saluër Sa Majesté.
> Signature de *M. Jules Simon* sur le titre. — Petites taches d'encre à quelques ff.

784. Les Premières Œuvres de Philippe Des Portes. Reveues, corrigées et augmentées outre les précédentes impressions. *Paris, Mamert Patisson, au logis de Robert Estienne*, 1581, in-12, v. f. ant. dos orné, fil. dent. int. tr. dor.

> Signature de *M. Jules Simon* sur le titre.

785. Les Satyres et autres œuvres de Régnier, avec des remarques (par Brossette). *Londres, Lyon et Woodman*, 1729, in-4, front. par Humblot gr. par Tardieu, fleuron, vign. et lettres ornées gr. v. f. ant.

> Exemplaire sur GRAND PAPIER.

786. Œuvres complètes de Mathurin Régnier, accompagnées d'une Notice biographique et bibliographique, de variantes, de notes, d'un glossaire & d'un Index, par E. Courbet. *Paris, Lemerre*, 1875, in-8, pap. de Holl. demi-rel. chag. br. avec coins, dos orné, fil. tête dor. non rog.

787. Les Œuvres de Monsieur Sarasin. *Paris, Aug. Courbé*, 1656, in-4, portrait gr. vélin.

> EDITION ORIGINALE, donnée par Ménage ; elle renferme un très long *Discours sur les Œuvres de M. Sarasin*, par Pellisson. — Le Portrait est découpé et remonté.

788. Alaric, ou Rome vaincue, poème héroïque dédié à la Reyne de Suède par Monsieur de Scudery... *Suivant la Copie de Paris, à la Haye, chez Jacob van Ellinckhuysen*, 1685, in-12, portr. front. et 10 pl. par Chauveau non signées, v. f. ant. dos orné. fil.

Nom à l'encre sur le titre.

789. Œuvres diverses du Sieur D*** (Boileau-Despréaux), avec un Traité du Sublime ou du Merveilleux dans le discours, traduit du grec de Longin. *Paris, Louis Billaine*, 1675, 2 parties en 1 vol. gr. in-12, front. et 4 pl. par Paillet, gr. par Vallet et Landry, v. f. dos orné, dent. tr. dor. (*Simier*.)

Légères taches.

790. Eugène Manuel : Pages intimes, poésies. — Pendant la guerre, poésies. — Poëmes populaires. *Paris, Michel Lévy*, 1866-1872, 3 vol. in-12, dont 2 en demi-rel. mar. vert, tête dor. et 1 en demi-rel. chag. bleu avec coins, dos orné, fil. tête dor. ébarbé.

Envoi autographe de l'auteur sur chaque volume.

791. Eugène Manuel. Pendant la guerre, poésies. Pour les blessés, les Pigeons de la République, Bon jour, bon an ! Henri Regnault, les Absents, l'Obus, Délivrance, etc. *Paris, Michel Lévy*, 1872, in-12, vélin à recouvr. titre calligraphié sur le dos, non rog.

EDITION ORIGINALE.
Envoi autographe de l'auteur.

792. Georges Lafenestre : Les Espérances. *Paris, Tardieu*, 1864, in-12, demi-rel. chag. vert, dos orné, tr. peignes. — Idylles et Chansons (1864-1870). *Paris, Lemerre*, 1874, in-12, demi-rel. v. bleu. — Ens. 2 vol.

EDITIONS ORIGINALES.
Envoi autographe de l'auteur sur chaque volume.

793. Xavier Marmier : Poésies d'un voyageur. — Rêveries et Réflexions d'un voyageur. *Paris, Lahure*, 1882-87, 2 vol. in-12, demi-rel. chag. br.

Ouvrages tirés à *cent cinquante exemplaires*.
Envoi autographe de l'auteur sur chaque volume.

794. François Coppée : Contes en vers et Poésies diverses. — Les Paroles sincères. — M. de Lescure : François Coppée, l'homme, la vie et l'œuvre (1842-1889), 4 portr. gr à l'eau-forte. *Paris, Lemerre*, 1881-91, 3 vol. in-12, demi-rel. chag. br. et vert, tête dor.

Les deux premiers ouvrages sont en ÉDITIONS ORIGINALES.
Envoi autographe sur chaque volume.

795. Léon Riffard. Contes et apologues illustrés de 150 dessins, dont 12 portraits de contemporains, par Frédéric Régamey. *Paris, Hachette*, 1886, in-8, front. gr. à l'eau-forte, fig. en couleur, br.

<small>Envoi autographe de l'auteur ainsi libellé : *A celui qui, le lendemain du 2 Xbre, il y a 37 ans ! en pleine Sorbonne, devant un auditoire dont l'auteur de ce livre faisait partie, a eu le courage de proclamer, en face du Coup d'Etat triomphant.* τὸν νομον ἀγραφον καὶ θεῖον κάλιστα !.. *Souvenir fidèle, ineffaçable; hommage respectueux. Léon Riffard,... Roanne, 17 7bre 1888.*</small>

796. Auguste Vacquerie. Futura. *Paris, Calmann Lévy*, 1890, in-8, demi-rel. v. r. dos orné, fil. tête dor. non rog.

<small>EDITION ORIGINALE. — Envoi autographe de l'auteur.</small>

797. Camille Saint-Saëns : Rimes familières. — Problèmes et mystères. *Paris*, 1890-94, 2 vol. in-12, demi-rel. chag. br. et v. bleu, dos orné, fil. tête dor.

<small>Envoi autographe de l'auteur sur chaque volume.</small>

798. Mme Gustave Mesureur. (Amélie De Wailly). Rimes Roses, lettre-préface de M. Alexandre Dumas. *Paris, Lemerre*, 1891, in-12, cart. dos de perc. grise, non rog.

<small>EDITION ORIGINALE. — Envoi autographe de l'auteur.</small>

799. Poésies de André Theuriet, 1860-1894 : Le Chemin des bois ; Le Bleu et le Noir ; Le Livre de la Payse ; Jardin d'automne. *Paris, Lemerre*, 1896, 2 vol. pet. in-12, portrait gr. à l'eau-forte, dont 1 en demi-rel. chag. br. dos orné, fil. tête dor. non rog. et 1 br. *couvertures.*

<small>Envoi autographe sur chaque volume.</small>

800. Poésies de divers genres, fables, contes, chansons, édités à *Paris*, de 1835 à 1895. — Réunion de 11 vol. in-8, reliés, cart. et br.

<small>Envoi autographe sur 6 volumes.</small>

801. Poésies diverses, éditées à Paris, de 1861 à 1892. — Réunion de 9 vol. in-12, reliés et cart. dos de perc.

<small>Epitres Rustiques, par Joseph Autran. — La Garibaldiade, par Th. Véron. — Jules Breton. Jeanne. — Léon Séché. La Chanson de la Vie. — Henri Bossanne. Les Ephémérides. — Louis Gallet. Patria. — Yann Nibor. Chansons et récits de mer. — Anaïs Magnat. Graves et souriantes. — Frédéric Bataille. Choix de Poésies.
Envoi autographe sur 7 volumes.</small>

802. Poésies éditées par *Jouaust*, de 1873 à 1891. — Réunion de 5 vol. in-8 et in-12, reliés et br.

<small>Madame Rattazzi : Cara Patria, échos italiens. — Edmond Dreyfus-Brisac. Au Pays de Ronsard. — Les Fables de La Fontaine, annotées par Buffon. — Poésies de Hippolyte Lucas. — Olivier de Gurcuff. Le Rêve et la vie, préface de M. Jules Simon.
Envoi autographe sur 2 volumes.</small>

BELLES-LETTRES

803. Poésies éditées par *Lemerre*, de 1875 à 1894. — Réunion de 7 vol. in-12, reliés, cart. et br.

<small>Jules Breton. Les Champs et la mer. — Stéphan Bordèse. Nouveaux petits poèmes et poésies diverses. *Paris, s. d.* — B^{ne} D'Ottenfels. Bouquet de pensées. — Œuvres de François Fabié. — Thérèse Maquet. Poésies posthumes. — Vicomte de Borrelli. Rimes d'Argent. — Auguste Dorchain. Vers la lumière.
Envoi autographe sur 5 volumes.</small>

804. Poésies éditées à Paris, de 1887 à 1896. — Réunion de 31 vol. ou opuscules in-8 et in-12, br.

<small>Envoi autographe sur 27 volumes ou opuscules.</small>

805. Poésies publiées dans différentes villes de France. — Réunion de 7 vol. in-12, dont 3 reliés et 4 br.

<small>Poésies de Barthélemy Tisseur. *Lyon*, 1885. — Tiburce, ou le Medium de la mort, sonnets par Th^{re} Véron. *Poitiers*, 1889. — P. E. Demouth. Rimes sincères. *Flers-de-l'Orne*, 1892. — Justin Pétratx. L'Atlantide, poème catalan, de Don J. Verdaguer. *Montpellier*, 1892. — Jules Duhamel: Fleurs étrangères. *Marseille*, 1893. — Jules Noirit. Rimes viriles. *Bordeaux*, 1895, 2 vol. (Tomes II et III).
Envoi autographe sur 3 volumes.</small>

---

806. L'Elégie du Tograï, avec quelques sentences tirées des poètes arabes, l'hymne d'Avicenne, et les proverbes du chalife Gali ; le tout nouvellement traduit de l'arabe, par P. Vattier. *Paris, Soubret*, 1660, pet. in-8 de 80 pp. demi-rel. chag. vert, dos orné.

<small>Ce livre, dédié à *Mgr. Foucquet, sur-intendant des finances*, est la traduction des pièces arabes contenues dans un recueil publié par Jac. Golius, sous le titre de *Proverbia quædam Alis imperatoris et carmen Tograi.... Lugd. Batav., Bonav. et Abrah. Elzevirii*, 1629.
Signature de M. Jules Simon sur le titre. — Notes à l'encre de l'époque dans quelques marges ; petites piqûres de vers.</small>

III. THÉATRE.

807. Théâtre des Grecs, par le P. Brumoy. Nouvelle édition, enrichie de très belles gravures... et de comparaisons, d'observations et de remarques nouvelles, par MM. de Rochefort et du Theil, & par M*** (Pierre Prevost et A. C. Brotier). *Paris, Cussac*, 1785-89, 13 vol. in-8, pl. gr. d'après Borel, Defraine, Le Barbier, Maréchal, etc. v. ant. éc. fil. tr. dor.

<small>Bel exemplaire. — *Signature de M. Jules Simon* sur le titre du tome I.</small>

808. Æschyli tragœdiæ VII, (græce) quæ cum omnes multo quam antea castigatiores eduntur, tum vero una, quæ mutila & decurtata prius erat, integra nunc profertur. Scholia in eas-

dem, plurimis in locis locupletata & emendata, Petri Victorii cura et diligentia (cum H. Stephani observationibus). *S. l. ex officina Henrici Stephani, 1557*, in-4, texte grec, bas. ant. fatiguée.

Bonne édition. — Au centre du second plat de la reliure se trouve estampé en or un *dauphin couronné* (Emblème attribué à François II ?); celui du premier plat est effacé. Le dos de la reliure porte *2 fleurs de lys*.

809. Sophoclis Tragœdiæ septem, cum interpretationibus vetustis & valde utilibus (græce, edente Francino Varchiensi). *Florentiae (apud Junctam), 1547*, in-4 de 4 ff. prél. non ch. et 194 ff. texte grec, vélin.

Edition rare, plus complète et préférable à la première édition juntine de 1522. — Notes manuscrites de l'époque sur quelques marges et à 1 feuillet de garde.

810. Sophoclis Tragœdiæ septem, cum interpretatione latina et scholiis veteribus ac novis. Editionem curavit Joan. Capperonnier, eo defuncto, edidit, notas, præfationem & indicem adjecit Jo. Fr. Vauvilliers. *Parisiis, apud G. De Bure, 1781*, 2 tomes en 1 fort vol. in-4, vélin, dos orné, dent. et comp. attaches.

Edition pour laquelle les éditeurs ont adopté le texte, la version et les scolies de Johnson.
Exemplaire aux armes de la VILLE D'AMSTERDAM.

811. Aristophanis Comœdiæ undecim, græce & latine, ut et fragmenta earum quæ amissæ sunt; cum emendationibus virorum doctorum, præcipue Jos. Scaligeri... *Amstelædami, apud Joan. Ravesteinium, 1670*, fort vol. pet. in-12, front. gr. vélin.

Jolie édition.
Ex-libris YEMENIZ.

812. Aristophanis Comœdiæ undecim, græce et latine, ad fidem optimorum codicum mss. emendatæ cum nova octo comœdiarum interpretatione latina, & notis ad singulas ineditis St. Bergleri nec non Car. Andr. Dukeri ad quatuor priores. Accedunt deperditarum comœdiarum fragmenta..., earumque indices a Joh. Meursio & Joh. Alb. Fabricio digesti, curante P. Burmanno secundo, qui præfationem præfixit. *Lugduni Batavorum, apud Sam. et Joan. Luchtmans, 1760*, 2 tomes en 1 fort vol. in-4, bas. ant. rac.

Signature de M. Jules Simon sur le titre du tome I.

---

813. Plauti Comœdiæ XX, ex emendationibus atque commentariis Bernardi Saraceni, Joan. Petri Vallæ... (A la fin :) *Impressum Venetiis, per Lazarum Soardum, 1511*. 2 parties en 1 vol.

in-fol. titre avec encadr. et nombr. fig. gr. sur bois, car. ronds, v. ant. raccommodé.

<small>Réimpression augmentée de l'édition de 1499; elle est décorée d'un grand nombre de figures sur bois signées B. — Incomplet des feuillets 44 et 48 de la 2ᵉ partie. — Piqûres de vers; mouillures.
Signature de M. Jules Simon sur le titre.</small>

814. Ex Plauti Comœdiis XX. quarum carmina magna ex parte in mensum suum restituta sunt. (A la fin :) *Veneliis, in aedibus Aldi et Andreae Asulani*, 1522, pet. in-4 de 14 ff. prél. non ch. et 284 ff. car. ital. vélin.

<small>Edition recherchée.</small>

815. Théâtre de Plaute, traduction nouvelle accompagnée de notes, par J. Naudet. Deuxième édition. *Paris, Lefèvre*, 1845, 4 vol. in-12, demi-rel. v. f.

<small>Signature de M. Jules Simon sur le titre.</small>

816. Terentius, a M. Antonio Mureto locis prope innumerabilibus emendatus. Eiusdem Mureti argumenta in singulas comœdias, et annotationes... *Venetiis, apud Paulum Manutium Aldi F*, 1555. in-8 de 16 ff. prél. non ch. 152 et 36 ff. car. ital. bas. ant. marb.

<small>Première édition avec ce commentaire.</small>

817. Pub. Terentii Comœdiæ sex ex recensione Heinsiana. *Lugd. Batavorum, ex officina Elzeviriana*, 1635, pet. in-12, titre-front. gr. mar. r. dos orné, large dent. et milieu dor. à petits fers, dent int. tr. dor. (Rel. anc.)

<small>Seconde édition sous cette date.</small>

818. P. Terentii Comœdiæ; recensuit notasque suas et Gabr. Faerni addidit Ric. Bentleius; editio altera, denuo recensita, ac indice amplissimo aucta.—Phaedri fabulæ, et Pub. Syri, et aliorum veterum sententiæ; recensuit et notas addidit Ric. Bentleius. *Amstelaedami, apud R. et J. Wetstenios, et G. Smith*, 1727, 2 parties en 1 vol. in-4, 2 front. et 1 beau portrait gr. par Houbraken, v. f. ant.

<small>Bonne édition.</small>

819. Publii Terentii Afri Comœdiæ, accesserunt variæ lectiones. *Londini, impensis J. et P. Knapton, et G. Sandby*, 1751, 2 vol. in-8, fleuron répété sur chaque titre, et 6 pl. gr. par J. S Müller, mar. r. dos orné, fil. (Rel. anc.)

820. Tragedie Senece cum duobus commentariis (A la fin:) *Impssum Venetiis a Philippo pincio mantuano*, 1510, in-fol. réglé, car. ronds, fig sur bois, v. ant. marb.

<small>Nom à l'encre et cassure au titre; piqûres de vers.</small>

BELLES-LETTRES

821. L. Annœi Senecœ Tragœdiæ, cum notis integris J. F. Gronovii et selectis Justi Lipsii, M.Ant. Debrii, Jani Gruteri... itemque observationibus nonnullis Hugonis Grotii. Omnia recensuit, notas, animadversiones, atque indicem novum locupletissimumque adjecit J. C. Schröderus. *Delphis, apud Adr. Beman,* 1728, in-4, front. gr. v. f. ant. fil. tr. dor.

<small>Bonne édition.</small>

---

822. La Farce de Maistre Pierre Pathelin, précédée d'un Recueil de monuments de l'ancienne langue française, depuis son origine jusqu'à l'an 1500, avec une Introduction par M. Geoffroy-Chateau. *Paris, Amyot,* 1853, in-12, demi-rel. v. f.

<small>Réimpression de l'édition de 1762, tirée à 500 exemplaires.</small>

823. Henry Meilhac : comédies. *Paris,* 1856-1887, 13 vol. ou plaquettes in-12, cart. dos de perc. grise.

<small>La Sarabande du Cardinal. — Un Petit-fils de Mascarille. — Ce qui plaît aux hommes. — L'Autographe. — L'Etincelle. — L'Attaché d'ambassade. — La Vertu de Célimène. — Le Café du Roi. — Les Bourguignonnes. — Suzanne et les Deux Vieillards. — La Duchesse Martin. — Le Copiste. — La Lettre de Toto.
La plupart de ces pièces sont en ÉDITIONS ORIGINALES.</small>

824. Décoré, comédie en 3 actes, par Mr H. Meilhac, 82 feuillets. — Gotte, comédie en 3 actes, 103 feuillets. — Ens. 2 vol. in-4, cart. dos de perc. grise.

<small>COPIES MANUSCRITES.</small>

825. Henri Meilhac, Ludovic Halévy, Arthur Delavigne, Charles Narrey, A. Millaud, P. Gille : Comédies, vaudevilles, opéras-bouffes, opéras-comiques. *Paris, Michel et Calmann Lévy,* 1862-1888, 45 vol. ou plaquettes in-12, cart. dos de perc. grise.

<small>Les Moulins à vent. — Le Brésilien. — Le Train de Minuit — Les Brebis de Panurge. — Le Singe de Nicolet. — Les Curieuses. — Le Photographe. — Tout pour les dames. — Le Roi Candaule. — La Mi-Carême. — Fanny Lear. — Les Sonnettes. — La Veuve. — La Vie Parisienne. — Loulou. — La Clé de Métella. — Barbebleue. — Madame attend Monsieur. — Le Prince. — La Boulangère a des écus. — La Boule. — Tricoche et Cacolet. — Le Réveillon. — La Petite mère. — Toto chez Tata. — Le Mari de la Débutante. — La Cigarette. — La Roussotte. — La Périchole. — Les Brebis de Panurge. — Le Petit Duc. — La Cigale. — La Petite Marquise. — Carmen. — Froufrou. — Lolotte. — Les Brigands. — L'Ingénue. — Le Bouquet. — La Belle Hélène. — L'Eté de la Saint-Martin. — La Grande-Duchesse de Gérolstein. — Le Petit Hôtel. — Mam'zelle Nitouche. — Manon.
Une grande partie de ces pièces sont en ÉDITIONS ORIGINALES.</small>

826. Adolphe Mony : Sœur Louise, drame en cinq actes, en vers, précédé d'une Préface par M. Louis Reybaud. — La Reine noire, drame en cinq actes, en vers. *Paris, Michel Lévy,* 1865-

66, 2 vol. in-12, chag. grenat, dos orné, fil. et comp. à froid, angles dorés, dent. int. non rog.

> Éditions originales. — Envoi autographe de l'auteur sur chaque volume.

827. Henry Becque : Comédies, drame, opéra. *Paris*, 1867-1888, 7 vol. in-12, cart. dos de perc. olive.

> Sardanapale. — L'Enfant prodigue. — La Parisienne. — Molière et l'École des femmes. — Michel Pauper. — La Navette. — Les Honnêtes femmes.

828. Henry Becque : Les Corbeaux. *Paris, Tresse, s. d.* in-8, cart. dos de perc. violette. (*Edition originale.*) — Théâtre complet. *Paris, Charpentier*, 1890, 2 vol. in-12, demi-rel. v. f. dos orné, fil. tête dor. non rog. (*Première édition collective*). — Ens. 3 vol.

> Envoi autographe de l'auteur sur 2 volumes.

829. Eugène Manuel : Les Ouvriers, drame. — L'Absent, drame. *Paris, Michel Lévy*, 1870-73, 2 vol. pet. in-8, pap. vergé, demi-rel. chag. vert, tête dor.

> Éditions originales.
> Envoi autographe sur chaque volume.

830. Edouard Pailleron : Prière pour la France, poëme. — La Critique de Francillon, comédie. — L'Age Ingrat, comédie ; 2ᵉ édition. — Le Monde où l'on s'ennuie, comédie ; 4ᵉ édition. — Le Monde où l'on s'amuse, comédie ; 4ᵉ édition. — Les Faux Ménages, comédie ; 7ᵉ édition. *Paris*, 1871-82, 6 vol. ou plaquettes in-8 et in-12, demi-rel. chag. r. et bleu, sauf 1 cart.

831. Vᵗᵉ Henri de Bornier : Les Noces d'Attila, 2ᵉ édition. — L'Apôtre. — Mahomet. — Agamemnon. *Paris, Dentu*, 1880-1890, 4 vol. gr. in-8, demi-rel. chag. vert, grenat et brun, sauf 1 cart.

> Les 3 dernières pièces sont en éditions originales. — Sur chaque volume, envoi autographe de l'auteur.

832. Victor Hugo. Torquemada, drame. *Paris, Calmann Lévy*, 1882, in-8, demi-rel. v. bleu.

> Édition originale.
> Envoi autographe ainsi libellé : « A Jules Simon, Victor Hugo. »

833. Pièces de Théâtre. — Réunion de 19 vol. ou opuscules in-8 et in-12, reliés, cart. et br.

> La Jeunesse, comédie, par Emile Augier ; 2ᵉ édition. *Paris*, 1858. — Néron, drame, par Jules Barbier. *Paris*, 1885. — Théâtre de Campagne : F. Legouvé, H. Meilhac, H. de Bornier, E. d'Hervilly... *Paris*, 1876. — Coriolan, drame de Shakespeare. *Agen*, 1890. — Nos Bons maîtres-chanteurs, par Gaston Routier. *Paris*, 1895. — Etc.
> Envoi autographe sur 11 volumes ou opuscules.

BELLES-LETTRES

834. Pièces de Théâtre. — Réunion de 7 vol. ou plaquettes, gr. in-8 et in-8, reliés et cart.

<small>Ernest Renan. Caliban. *Paris*, 1878. — Daniel Rochat, par Victorien Sardou. 4e édition. *Paris*. 1880. — Henri Martin. Vercingétorix. *Paris*, 1865. — Louis Tiercelin. Trois drames en vers : Keruzel. Le Cœur Sanglant. Le Cilice. *Paris*, 1894. — Etc.
Envoi autographe sur 4 volumes.</small>

835. Mélanges sur le Théâtre. — Réunion de 11 vol. in-8 et in-12, reliés, cart. et br.

<small>Le Théâtre et le peuple, par Jules Bonnassies. *Paris*, 1872. — Le Théâtre français sous Louis XIV, par E. Despois. *Paris*, 1874. — La Tragédie française au XVIe siècle, par E. Faguet. *Paris*, 1883. — Jules Lemaître. Impressions de théâtre. *Paris*, 1889. — Auguste Baluffe. Autour de Molière. *Paris*, 1889. — Le Théâtre en France, par L. Petit de Julleville. *Paris*, 1889. — H. Dupont-Vernon : L'Art de bien dire. Discours et comédiens. *Paris*, 1888-1891, 2 vol. — Etc.
Envoi autographe sur 5 volumes.</small>

836. Construction, organisation et censure des Théâtres. — Réunion de 7 vol. in-8 et in-12, demi-rel. v. f. bleu et r. dos ornés.

<small>Histoire de la Censure théâtrale en France, par Victor Hallays-Dabot. *Paris*, 1862. — La Liberté des Théâtres, par Hippolyte Hostein. *Paris*, 1867. — Le Théâtre, par Charles Garnier. *Paris*, 1871. — La Censure dramatique. *Paris*, 1873. — Le Droit des pauvres sur les spectacles en Europe, par Gabriel Cros-Mayreveille. *Paris*, 1889. — La Danse au théâtre, par Mlle Berthe Bernay. *Paris*, 1890. — La Censure sous Napoléon III, rapports inédits et in extenso (1852-1866). *Paris*, 1892.
Envoi autographe sur 4 volumes.</small>

837. Lettre à Mylord*** (Petersborough) sur Baron et la D^{lle} Le Couvreur par George Winck (l'abbé d'Allainval). Lettre du Souffleur de la Comédie de Rouën au garçon de caffé (par Du Mas d'Aigueberre), publiées par Jules Bonnassies. *Paris, Willems*, 1870, 2 parties en 1 vol. in-16, pap. vergé, 2 photographies, demi-rel. chag. vert, non rog.

<small>Tiré à petit nombre.</small>

838. Albert Soubies : Soixante-sept ans à l'Opéra en une page (1826-1893). — Soixante-neuf ans à l'Opéra-Comique en deux pages (1825-1894). — La Comédie-Française depuis l'Epoque Romantique (1825-1894). *Paris, Fischbacher,* 1893-95, 3 vol. in-4, tableaux pliés, dont 2 cart. dos de perc. r. et 1 br.

839. Œuvres complètes de Shakspeare, traduction entièrement revue sur le texte anglais, par M. Francisque Michel et précédée de la vie de Shakspeare, par Woodsworth. *Paris, Firmin Didot,* 1842, 3 vol. gr. in-8 à 2 col. demi-rel. v. br.

BELLES-LETTRES

IV. ROMANS ET CONTES.

840. L'Apuleii Metamorphoseos, sive lusus Asini libri XI. Floridū IIII. De Deo Socratis I. De Philosophia I. Asclepius Trismegisti Dialogus codē Apuleio īterprete. Eiusdem Apuleij liber de Dogmatis Platonicis. Eiusdē liber dē Mundo, quē magna ex parte ex lib. Aristotelis eiusdē argumenti in latinum traduxit... Apologiæ II. Isagogicus liber Platonicæ philosophiæ per Alcinoū philosophum, græce impressus... (A la fin :) *Venetiis, in ædibus Aldi, et Andreæ soceri mense maio M.D.XXI* (1521), 2 parties en 1 vol. in-8, car. ital. v. brun, dos orné, fil. tr. r.

<small>Bonne édition, rare et recherchée.</small>

841. L. Apuleii Metamorphoseos, sive lusus Asini libri XI. Floridorū IIII. De Deo Socratis I. De Philosophia I. Asclepius Trismegisti Dialogus codē Apuleio īterprete. Eiusdem Apuleij liber de Dogmatis Platonicis. Eiusdē liber de Mundo, quē magna ex parte ex lib. Aristotelis eiusdē argumenti in latinum traduxit... Apologiæ II. Isagogicus liber Platonicæ philosophiæ per Alcinoū philosophum, græce impressus... (A la fin :) *Venetiis, in ædibus Aldi, et Andreæ soceri mense maio M.D.XXI* (1521), 2 parties en 1 vol. in-8, car. ital. vélin.

<small>Bonne édition, rare et recherchée.
Exemplaire grand de marges.</small>

842. Jo. Barclaii Argenis. Editio novissima ; cum clave, hoc est, nominum propriorum elucidatione hactenus nondum edita. *Amstelodami, apud Ludovicum Elzevirium*, 1655, pet. in-12, front. gr. vélin.

<small>Première édition elzevirienne d'Amsterdam. (Willems : *les Elzevier*, n° 1180.)
Ex-libris ancien, armorié et gravé, anonyme. Belle pièce signée : G. Hains delin. W. H. Toms sculp. 1752.</small>

---

843. Galanteries des Rois de France, depuis le commencement de la Monarchie jusques à présent (par Vannel). *A Bruxelle, (à la Sphère)*, 1694, 2 tomes en 1 vol. pet. in-8, 2 front. gr. demi-rel. mar. bleu.

<small>Signature de M. Jules Simon sur le titre.</small>

844. Nouvelles Genevoises, par R. Töpffer, illustrées d'après les dessins de l'Auteur, gravures par Best, Leloir, Hotelin et Régnier. 3e édition illustrée. *Paris, Garnier*. 1854, in-8, front. pl. et vign. gr. sur bois, demi-rel. chag. noir, dos orné, plats de perc. tr. dor.

845. George Sand : Mont-Revêche. — André. — Valentine. — Indiana. — Jean de La Roche. — La Ville noire. — Promenades autour d'un village. — Les Dames Vertes. *Paris*, 1855-1861, 8 vol. in-12, demi-rel. chag. vert, dos orné.

Quelques ouvrages sont en ÉDITIONS ORIGINALES.

846. Théophile Gautier : Militona. (*Première édition in-12.*) — Italia ; 2ᵉ édition. — Le Roman de la Momie (*Edition originale*). *Paris, Hachette*, 1855-58, 3 vol. in-12. dont 1 en demi-rel. chag. vert, dos orné, et 2 cart. perc. noire.

847. Alexandre Dumas fils : Antonine. — La Recherche de la paternité. Quatrième édition. — Une Lettre sur les Choses du jour. Troisième édition. — Tiphaine. *Paris*, 1856-1883, 4 vol. in-12, cart. sauf 1 broché, couvertures.

Envoi autographe de l'auteur sur un volume.

848. Louis Ulbach. Suzanne Duchemin. *Paris, Librairie Nouvelle*, 1858, in-12, mar. bleu, dos orné, fil. et comp. à froid, dent. int. tr. dor. (*Simier.*)

EDITION ORIGINALE.
ENVOI AUTOGRAPHE de l'auteur à *Madame Jules Simon*.

849. Ferdinand Fabre : Les Courbezon, scènes de la vie cléricale. — Ma Vocation. — Julien Savignac. — L'abbé Tigrane. (*2 exemplaires*). *Paris*, 1862-1889, 5 vol. dont 2 in-12, et 3 in-16, reliés, cart. et br.

Envoi autographe de l'auteur sur chaque volume.

850. Victor Cherbuliez : Paule Méré. — Le Grand Œuvre. — Profils étrangers. — Une Gageure. *Paris, Hachette*, 1865-1890, 4 vol. in-12, dont 3 en demi-rel. v. bleu. et 1 cart. dos de perc. r.

Envoi autographe de l'auteur sur 2 volumes.

851. Gustave Droz : Le Cahier bleu de Mˡˡᵉ Cibot. Sixième édition. — Monsieur, Madame et Bébé. — Tristesses et sourires. *Paris*, 1866-1884, 3 vol. in-12, demi-rel. chag. br. et vert, et v. f. dos orné, fil. tête. dor. non rog.

Les deux derniers ouvrages sont en ÉDITIONS ORIGINALES. — Le dernier ouvrage est sur PAPIER DE HOLLANDE et possède le *premier plat de sa couverture bleue.*

852. Jules Sandeau : Fernand, Vaillance, Richard ; 6ᵉ édition. — Marianna ; 9ᵉ édition. — Le Docteur Herbeau, 8ᵉ édition. *Paris, Charpentier*, 1868-1872, 3 vol. in-12, dont 2 en demi-rel. v. bleu, et 1 br. *couvertures*.

ENVOI AUTOGRAPHE de l'auteur sur chaque volume.

853. Ludovic Halévy : Madame et Monsieur Cardinal, quatorzième édition. — L'Abbé Constantin. — Princesse. — Notes et souvenirs, 1871-1872. — Karikari. *Paris*, 1879-1892, 5 vol. in-12, demi-rel. v. bleu et f. dos orné, fil. tête dor.

<small>Les 4 derniers ouvrages sont en ÉDITIONS ORIGINALES, et portent chacun un ENVOI AUTOGRAPHE de l'auteur.</small>

854. Louis Ulbach : Françoise. Deuxième édition. — Mémoires d'un Inconnu. — Mémoires d'un assassin : Cyrille. — Les Buveurs de Poison : La Fée Verte. — Les Pensées d'une Reine. — Nos Contemporains. — Les Inutiles du mariage. *Paris*, 1877-1885, 7 vol. in-12, reliés, cart. et br.

<small>Les 6 derniers ouvrages sont en ÉDITIONS ORIGINALES. Envoi autographe de l'auteur sur 4 volumes.</small>

855. Claude Vignon : Révoltée, 2ᵉ édition. — Elisabeth Verdier. — les Drames ignorés. — Une Parisienne. *Paris, Calmann Lévy*, 1880-85, 4 vol. in-12, *brochés, couvertures*. — Œuvres de Claude Vignon, notice de Jules Simon. *Paris, Lemerre*, 1891, in-16, portrait gr. à l'eau-forte, demi-rel. v. f. dos orné, fil. tête dor. non rog. — Ens. 5 vol.

856. Jules Vallès : Les Réfractaires. — Jacques Vingtras. L'Insurgé, 1871. — Jacques Vingtras. Le Bachelier. *Paris, Charpentier*, 1884-86, 3 vol. in-12, demi-rel. v. r. dos orné, fil. tête dor. non rog.

857. Anatole France : Le Crime de Sylvestre Bonnard. Deuxième édition. — Le Livre de mon ami. — Balthasar. — Thaïs. — L'Etui de Nacre. *Paris, Calmann Lévy*, 1881-1892, 5 vol. in-12, demi-rel. v. bleu et chag. br. dos orné, ébarbés, sauf 1 cart. dos de perc. tête dor. non rog.

<small>Les quatre derniers ouvrages sont en ÉDITIONS ORIGINALES, et portent chacun un ENVOI AUTOGRAPHE de l'auteur.</small>

858. Eugène Mouton : Nouvelles, avec le Canot de l'Amiral, dessiné et gravé à l'eau-forte. — Fusil chargé. — L'Affaire Scapin. — Le Devoir de punir. — François Ranchin. *Paris*, 1882-1892, 5 vol. in-12, demi rel. v. bleu et r. dos orné, sauf 1 cart. dos de perc. verte.

<small>Envoi autographe de l'auteur sur chaque volume.</small>

859. Stéphen Liégeard. Les Grands Cœurs. *Paris, Hachette*, 1882, in-12, portrait gr. sur Chine, demi-rel. chag. br. dos orné, non rog. *couverture*.

<small>Un des 50 exemplaires sur PAPIER WHATMAN. — Envoi autographe de l'auteur.</small>

860. François Coppée : Contes en prose. — Vingt Contes nouveaux. — Les Vrais Riches, illustrations de Gambard et Marold. — Longues et brèves nouvelles. *Paris, Lemerre, 1883-1893, 4 vol. in-12, reliés et cart. sauf 1 broché.*
   Éditions originales. — Envoi autographe sur chaque volume.

861. Jules Claretie : Candidat ! — L'Américaine. — Feuilles de route aux États-Unis, par Léo Claretie. *Paris, 1887-1892, 3 vol. in-12, reliés, cart. et br.*
   Éditions originales. — Envoi autographe sur chaque volume.

862. Jean Aicard : Au Bord du Désert. — L'Ibis bleu. — L'Été à l'ombre. *Paris, 1888-1893, 3 vol. in-12, dont 1 en demi-rel. chag. br. dos orné, fil. tête dor. ébarbé, 1 cart. dos de perc. bleue, non rog. et 1 broché, couvertures.*
   Éditions originales.
   Envoi autographe de l'auteur sur les 2 premiers volumes.

863. René Vallery-Radot : Journal d'un Volontaire d'un an au 10ᵉ de ligne. — L'Étudiant d'aujourd'hui. — Un Coin de Bourgogne : le Pays d'Avallon. — Mᵐᵉ de Sévigné. *Paris, 1888-1892, 4 vol. in-12, demi-rel. v. bleu et vert, sauf 1 cart. dos de perc. r.*
   Envoi autographe de l'auteur sur chaque volume.

864. Paul Bourget : Le Disciple. — Un Cœur de femme. — Physiologie de l'amour moderne. — Un Scrupule, illustrations de Myrbach, gravées par L. Rousseau. *Paris, Lemerre, 1889-1893, 4 vol. in-12, cart. dos de perc. ébarbés.*
   Éditions originales.

865. Paul Bourget : Le Disciple. — Pastels (dix portraits de femmes). — Nouveaux Pastels (dix portraits d'hommes). *Paris, Lemerre, 1889-1891, 3 vol. in-12, cart. dos de perc. bleue, non rog.*
   Éditions originales.
   Envoi autographe de l'auteur sur 2 volumes.

866. Alphonse Daudet. Port-Tarascon, dernières aventures de l'illustre Tartarin ; dessins de Bieler, Conconi, Montégut, Montenard, Myrbach et Rossi. *Paris, Dentu, 1890, in-8, nombr. fig. demi-rel. v. bleu, dos orné, fil. tête dor. non rog.*
   Édition originale.
   Envoi autographe de l'auteur.

867. Léon A. Daudet : germe de poussière, trois causeries. — L'Astre Noir, roman. *Paris, Charpentier, 1891-93, 2 vol. in-12, cart. dos de perc. grise et r. non rog.*
   Envoi autographe de l'auteur sur chaque volume.

BELLES-LETTRES

868. Dubut de Laforest : Morphine, roman contemporain. — L'Abandonnée, mœurs contemporaines. *Paris*, 1891-92, 2 vol. in-12, demi-rel. v. bleu, dos orné, fil. tête dor. non rog. et 1 br. *couvertures*.

<small>Le premier ouvrage est sur papier du Japon. — Envoi autographe de l'auteur sur chaque volume.</small>

869. Emile Zola : La Débacle. — Le Docteur Pascal. — Lourdes. *Paris, Charpentier*, 1892-94, 3 vol. in-12, demi-rel. v. r. dos orné, fil. tête dor. ébarbés.

<small>EDITIONS ORIGINALES.
Envoi autographe de l'auteur sur chaque volume. — On y a joint : Auguste Sautour. L'Œuvre de Zola. *Paris, Fischbacher*, 1893, pet. in-8, br.</small>

870. Maurice Beaubourg. Nouvelles Passionnées. *Paris, Edition de la Revue Blanche*, 1893, in-8, front. br.

<small>Un des 50 exemplaires sur papier de Hollande.</small>

871. Charles de Berkeley : Vieille histoire. — Instinct du Cœur. *Paris, Colin*, 1894-95, 2 vol. in-12, br. *couvertures*.

<small>Envoi autographe de l'auteur sur chaque volume.</small>

872. Romans. — Réunion de 9 vol. in-12 et in-16, demi-rel. chag. vert et v. f.

<small>Julia Sévéra, ou l'An quatre cent quatre-vingt-douze, par J. C. L. Simonde de Sismondi. *Paris*, 1822, 3 tomes en 1 vol. — Zayde, histoire espagnole, par Mme de Lafayette. *Paris*, 1828, 2 vol. — Histoire du Marquis de Cressy, par Riccoboni. *Paris*, 1829. — Adolphe, anecdote, par Benjamin Constant. *Paris*, 1828. — La Vie de Marianne, par Marivaux. *Paris*, 1842. — Mémoires de Hollande, par Mme la Comtesse de La Fayette. *Paris*, 1856.</small>

873. Romans de Charles Nodier, H. de Balzac, Henry Murger, Rodolphe Töpffer, Prosper Mérimée, Alphonse Karr, Saintine, P. J. Stahl, etc. *Paris*, 1840-1860, 14 vol. in-12, demi-rel. chag. et v.

874. Romans publiés par Calmann Lévy, Chailley, Charavay, Charpentier, A. Colin, Dentu, Hachette, Havard, Lemerre, Ollendorff, Perrin, Plon, Quantin, Tallandier, etc. de 1863 à 1896. — Réunion de 69 vol. in-8 et in-12, dont quelques-uns illustrés, *brochés, couvertures*.

875. Romans de Benjamin Constant, Léon Cahun, Octave Feuillet, Eugène Fromentin, Guy-Valdor, Hégésippe Moreau, Louis Reybaud, etc. publiés de 1876 à 1892. — Réunion de 14 vol. in-8 et in-12, demi-rel. chag. et v. bleu, br. et r.

<small>Envoi autographe sur 9 volumes.</small>

876. Romans de Henri Allais, Jean Bertheroy, Armand Silvestre, Gilbert Augustin-Thierry, Paul Meurice, etc. publiés de 1891 à 1894. — Réunion de 6 vol. in-12, cart. dos de perc. non rog.

<small>Envoi autographe sur 4 volumes.</small>

877. Romans de Guy de Maupassant, Jeanne Mairet, Dick May, Robert Vallier, Pierre Berton, Jean de La Brète, Henri Mainguené, publiés en 1892 et 1893. — Réunion de 7 vol. in-12, cart. dos de perc.

<small>Envoi autographe sur 4 volumes.</small>

878. Don Quichotte de La Manche, traduit de l'espagnol (de Cervantès), par Florian. Ouvrage posthume. *Paris, Renouard,* 1820, 4 tomes en 2 vol. pet. in-12, pl. gr. demi-rel. v. r.

<small>Édition stéréotype.
Exemplaire sur PAPIER ROSE.</small>

879. Œuvres de J. F. Cooper, traduction Defauconpret. *Paris, Furne, Pagnerre, Perrotin,* 1866-1877, 17 vol. in-8, pl. gr. sur acier, br.

<small>Précaution. — L'Espion. — Le Pilote. — Lionel Lincoln. — Le Dernier des Mohicans. — Les Pionniers. — Le Corsaire rouge. — Les Puritains. — L'Écumeur de mer. — Le Bravo. — Le Paquebot. — Ève Effingham. — Le Lac Ontario. — Les Deux Amiraux. — La Prairie. — A Bord et à terre. — Lucie Hardinge.</small>

880. Romans anglais traduits en français et publiés chez *Hachette et Charpentier,* de 1841 à 1889. — Réunion de 32 vol. in-12, reliés, cart. et br.

<small>Ch. Dickens, 12 vol. — Sir Edward Bulwer Lytton, 6 vol. — Thackeray, 4 vol. — Fielding, 2 vol. — Etc.</small>

881. J. Tourguéneff : Scènes de la Vie Russe, 2 vol. — Terres Vierges. — Dimitri Roudine. — Récits d'un Chasseur. *Paris,* 1858-1893, 5 vol. in-12, reliés, cart. et br.

882. Romans étrangers. — Réunion de 6 vol. in-8 et in-12, demi-rel. chag. et v. sauf 1 cart.

<small>Les Mille et une Nuits. — Contes Allemands du temps passé. — Tarass Boulba. — Récits d'un nomade, etc.</small>

V. FACÉTIES. — CRITIQUES. — SATIRES. — PROVERBES.

883. L'Éloge de la folie, traduit du latin d'Érasme, par M. Gueudeville. Nouvelle édition revue & corrigée sur le texte de l'édition de Bâle, et ornée de nouvelles figures, avec des notes (par Meunier de Querlon). S. l. (*Paris*), 1753, in-12, front. fleuron, 13 pl. 1 vign. et 1 cul-de-lampe par Eisen, gr. par Aliamet, Flipart, etc. v. ant. marb. fil.

<small>Ex-libris ancien armorié GELIS, *gravé par Veissière Alby.*</small>

BELLES-LETTRES

884. Éloge de la folie, nouvellement traduit du latin d'Erasme, par M. de La Veaux, avec les figures de Jean Holbein, gravées d'après les dessins originaux. *Basle, Thurneysen*, 1780, in-8, nombr. fig. sur bois vélin moderne à recouvr. titre calligraphié sur le dos, *non rog*.

<small>Exemplaire sur GRAND PAPIER, *non rogné*. — *Signature de M. Jules Simon* sur le titre.</small>

885. Requeste des soufermiers (sic) du domaine du Roy, pour demander que les billets de confession soyent assujettis au contrôle. *S. l. n. d.* in-12 de 48 pp. v. ant. marb. dos orné.

<small>Cette curieuse facétie est attribuée à l'avocat J. H. Marchand, censeur royal et à M. l'abbé Claude Mey; elle fut condamnée par arrêt du Parlement en date du 22 juillet 1752. Très léger raccommodage au dernier f. — *Signature de M. Jules Simon* sur le faux-titre.</small>

886. Opuscules humoristiques de Swift, traduits pour la première fois, par Léon de Wailly. *Paris, Poulet-Malassis et De Broise*, 1859, in-12, demi-rel. v. r. — P. Max Simon. Swift; étude psychologique et littéraire. *Paris, Baillière*, 1893, in-16. cart. dos de perc. grise. — Ens. 2 vol.

---

887. Athenæi Deipnosophistarum libri XV, Isaacus Casaubonus recensuit... *S. l. Apud Hieronymum Commelinum*, 1597, in-fol. à 2 col. texte grec et latin, v. ant. dos orné, fil. milieu doré.

<small>Édition faite sous les yeux de Casaubon, et qui passe pour être plus correcte que les suivantes. — Nom à l'encre sur le titre, et nombreuses notes manuscrites dans les marges.</small>

888. Auli Gellii noctium Atticarum libri undeviginti. (A la fin :) *Parrhisiis, in aedibus Jodoci Badii*, 1524, 2 parties. — M. Fabii Quintiliani Institutionum Oratoriarū libri XII, et Declamationes XIX...; quibus addi possunt Petri Mosellani in septem Institutionum libros Annotationes. *Parrhisiis, in aedibus Jodoci Badii*, 1527-28, 3 parties. — Ens. 2 ouvrages en 1 vol. in-fol. car. ronds, 4 titres avec encadr. sur bois, lettres ornées, demi-rel. v. f. dos orné à petits fers.

<small>Sur 4 titres, marque de l'imprimeur *Josse Bade*. — Déchirure raccommodée dans la marge extérieure du premier titre ; piqûres de vers.</small>

889. Auli Gellii Noctium atticarum libri XX, prout supersunt quos ad libros mss. novo & multo labore exegerunt, perpetuis notis & emendationibus illustraverunt J. Fr. et Jac. Gronovii. Accedunt Gasp. Scioppii integra mss. duorum codicum collatio, Petri Lambecii lucubrationes gellianæ, & ex Lud. Carrionis castigationibus utilia excerpta, ut & selecta variaque

commentaria ab. Ant. Thysio & Jac. Oiselio congesta. *Lugduni Batavorum, apud Corn. Boutesteyn*, 1706, in-4, front. et fleuron gr. vélin.

<small>Edition la meilleure de cet ouvrage. — *Signature de M. Jules Simon* sur le 2e feuillet de garde.</small>

890. Les Nuits attiques d'Aulu-Gelle, traduites en français, avec le texte en regard, et accompagnées de remarques, par Victor Verger. Deuxième édition. *Paris, Brunot-Labbé*, 1830, 3 vol. in-8, demi-rel. v. bleu, dos orné, tr. marb.

891. Littérature grecque et romaine. — Réunion de 4 vol. in-12, demi-rel. v. f. et r.

<small>Alexis Pierron : Histoire de la littérature grecque et romaine. *Paris*, 1850-52, 2 vol. — Juvénal et ses satires, études littéraires et morales, par Auguste Widal. *Paris*, 1870. — Aristophane et l'ancienne comédie Attique, par A. Couat. *Paris*, 1889.
Envoi autographe sur 2 volumes.</small>

---

892. E. Géruzez : Essais d'histoire littéraire. — Mélanges et Pensées. — Histoire de la Littérature Française pendant la Révolution, 1789-1800. *Paris*, 1853-1866, 3 vol. in-12, demi-rel. v. f. et r.

893. C. Lenient : Etude sur Bayle. — Le Satire en France, ou la Littérature militante au XVIe siècle. *Paris*, 1855-1866, 2 vol. in-8, demi-rel. v. f. et brun.

894. Ch. Lenient : La Satire en France au Moyen Age. — La Comédie en France au XVIIIe siècle. 2 vol. — La Poésie Patriotique en France, au Moyen Age (et dans les temps modernes). 3 vol. *Paris*, 1859-1894, 6 vol. in-12, demi-rel. v. f. bleu et r. dos orné, tête dor.

<small>Envoi autographe sur 3 volumes.</small>

895. H. Taine : Les Philosophes Français du XIXe siècle. — Essai sur Tite Live. — La Fontaine et ses fables. — Essais de critique et d'histoire. *Paris, Hachette*, 1856-1882, 4 vol. in-12, demi-rel. chag. noir. et v. r. sauf 1 cart. perc. verte.

<small>Envoi autographe de l'auteur sur 2 volumes.</small>

896. Paul Stapfer : Les Artistes juges et parties, causeries parisiennes. — Petite Comédie de la Critique littéraire, ou Molière selon trois écoles philosophiques. — Etudes sur la Littérature française, moderne et contemporaine. — Variétés morales et littéraires. — Racine et Victor Hugo. — Rabelais, sa personne, son génie, son œuvre. *Paris*, 1866-89, 6 vol. in-12, demi-rel. v., bleu.

BELLES-LETTRES

897. Gustave Merlet : Origines de la Littérature Française, du IX⁰ au XVII⁰ siècle, 2 vol. — Portraits d'hier et d'aujourd'hui, 4 vol. *Paris*, 1873-78, 6 vol. in-12, demi-rel. v. bleu.

898. Jules Favre : Conférences et Discours littéraires. — Quatre Conférences faites en Belgique, au mois d'avril 1874. *Paris*, 1873-74, 2 vol. in-12, demi-rel. chag. vert, et cart. dos de perc.

> Sur le 1ᵉʳ volume, ENVOI AUTOGRAPHE ainsi libellé : « *A M. Jules Simon, au grand ministre et à l'ami bien cher, son bien fidèle, Jules Favre.* »

899. Paul Albert : La Prose. — La Poésie. — La Littérature Française, des origines à la fin du XVI⁰ siècle (aux dix-septième, dix-huitième et dix-neuvième siècles), 5 vol. *Paris*, 1876-1882, 7 vol. in-12, demi-rel. v. bleu.

900. Le Seizième siècle en France, tableau de la Littérature et de la langue, par MM. A. Darmesteter et Adolphe Hatzfeld. *Paris, Delagrave*, 1878, in-12, demi-rel. v. bleu. — James Darmesteter. La Légende Divine. *Paris, Lemerre*, 1890, in-12, demi-rel. v. f. dos orné, fil. tête dor. non rog. — Ens. 2 vol.

> LETTRE AUTOGRAPHE ajoutée au deuxième volume.

901. Emile Deschanel : Le Romantisme des classiques. — Racine, 2 vol. — Pascal, La Rochefoucauld, Bossuet. — Boileau, Charles Perrault. — Le Théâtre de Voltaire. *Paris, Calmann Lévy*, 1883-88, 6 vol. in-12, demi-rel. v. r. et bleu, dos orné.

> EDITIONS ORIGINALES.
> ENVOI AUTOGRAPHE de l'auteur sur chaque volume.

902. E. Caro : George Sand. — Poètes et Romanciers. — Mélanges et portraits, 2 vol. — Variétés littéraires. *Paris, Hachette*, 1887-89, 5 vol. in-12, demi-rel. v. bleu, dos orné, fil. tête dor. ébarbés. — Le Péché de Madeleine, par Mᵐᵉ E. Caro. Nouvelle édition. *Paris, Calmann Lévy*, 1881, in-12, cart. dos de perc. grise. — Ens. 6 vol.

903. Emile Faguet : Etudes littéraires sur le Seizième (le Dix-huitième et le Dix-neuvième) siècle. *Paris, Lecène et Houdin*, 1887-1894, 3 vol. in-12, dont 2 en demi-rel. v. bleu, dos orné. fil. tête dor. et 1 cart. dos de perc. r.

> EDITIONS ORIGINALES. — Envoi autographe sur chaque volume.

904. Léon Tyssandier. Figures parisiennes, préface par Arsène Houssaye. *Paris, Ollendorff*, 1887, in-12, demi-rel. chag. bleu, dos orné, fil. tête dor. non rog. *couvertures*.

> Un des 50 exemplaires sur PAPIER DU JAPON.
> Envoi autographe ainsi libellé : « *A mon Maître vénéré, Monsieur Jules Simon, à celui qui a pris pour devise : God and Liberty. Léon Tyssandier.* »

BELLES-LETTRES

905. La Vie Littéraire (Première, Deuxième et Troisième séries) par Anatole France. *Paris, Calmann Lévy,* 1888-1891, 3 vol. in-12, dont 1 en demi-rel. v. f. dos orné, fil. tête dor. ébarbé, et 2 *brochés, couvertures.*

ÉDITIONS ORIGINALES.
ENVOI AUTOGRAPHE de l'auteur sur chaque volume.

906. Ferdinand Brunetière : Questions de critique. — Nouvelles Questions de critique. — L'Evolution des genres dans l'histoire de la Littérature (*Tome I*). *Paris,* 1889-1890, 3 vol. in-12, demi-rel. v. r. dos orné, fil. tête dor. sauf 1 br.

Envoi autographe de l'auteur sur 2 volumes.

907. J. J. Weiss : Le Théâtre et les mœurs. — Combat Constitutionnel (1868-1886). — Sur Gœthe. *Paris,* 1889-1893, 3 vol. in-12; demi-rel. v. f. et bleu, dos orné, fil. tête dor. sauf 1 cart. dos de perc.

908. Henry Becque : Querelles littéraires. — Souvenirs d'un auteur dramatique. *Paris,* 1890-95, 2 vol. in-12, demi-rel. v. bleu et r. dos ornés, tête dor. non rog.

Envoi autographe de l'auteur sur chaque volume.

909. François Coppée : Mon franc parler (première, deuxième, troisième et quatrième séries). *Paris, Lemerre,* 1894-96, 4 vol. in-12, dont 1 en demi-rel. v. bleu, et 3 *brochés, couvertures.*

ÉDITIONS ORIGINALES. — Les trois derniers volumes sont tirés sur GRAND PAPIER VÉLIN.
Envoi autographe de l'auteur sur chaque volume.

910. Mélanges de critique, de littérature et d'histoire. — Réunion de 15 vol. in-12, reliés et cart.

Œuvres littéraires' et économiques d'Arnaud Carrel. *Paris,* 1854. — Arsène Houssaye. Histoire du 41ᵐᵉ fauteuil de l'Académie Française. *Paris,* 1857. — Singularités historiques et littéraires, par B. Hauréau. *Paris,* 1861. — Lettres inédites de J.-C.-L. de Sismondi. *Paris,* 1863. — Les Idées du temps présent, par Frédéric Morin. *Paris,* 1863. — Essais de fantaisie, par Arvède Barine. *Paris,* 1888. — Essais de Littérature et d'histoire, par René Lavollée. *Paris,* 1891. — Francis Charmes. Etudes historiques et diplomatiques. *Paris,* 1893. — Lectures historiques, par Albert Sorel. *Paris,* 1894. — T. Colani. Essais de critique. *Paris,* 1895. Etc., etc.

911. Critique, littérature et histoire. — Réunion de 13 vol. in-12, demi-rel. v. bleu.

Les Prosateurs français du XVIᵉ siècle, par Eugène Rendu. *Paris,* 1869. — Discours et mélanges littéraires, par M. Patin. *Paris,* 1876. — Histoire du livre, depuis ses origines jusqu'à nos jours, par E. Egger. *Paris, s. d.* — Essais d'histoire et de critique, par Albert Sorel. *Paris,* 1883. — La Poésie du Moyen Age, par Gaston Paris. *Paris,* 1885. — Concours littéraire, par Camille Doucet. *Paris,* 1886. — Du Réalisme dans la littérature contemporaine, par Charles Tilman. *Paris,* 1887. — Etudes de littérature et d'histoire, par Joseph Reinach. *Paris,* 1889. — Petite Histoire de la littérature française, par A. Gazier. *Paris, s. d.* — Etc.
Envoi autographe sur 8 volumes.

BELLES-LETTRES

912. Etudes littéraires. — Réunion de 8 vol in-8. dont 3 reliés, 2 cart. et 3 br.

Une Lettre inédite de Montaigne, accompagnée de quelques recherches à son sujet, par Achille Jubinal. *Paris*, 1850. — Guillaume Du Vair, étude d'histoire littéraire, par E. Cougny. *Paris*, 1857. — Les Noëls, essai historique et littéraire, par l'abbé Paul Terris. *Paris, s. d.* — La Genèse du scepticisme érudit chez Bayle, par Arsène Deschamps. *Liège*, 1878. — Histoire générale de la poésie, par l'abbé V. Huguenot. *Tours*, 1881. — Histoire générale de la prose, par l'abbé V. Huguenot. — René de La Ville Josse. Cincinnatus, étude contemporaine. *Paris*, 1881. — Le Midi de la France, ses poètes et ses lettrés, de 1874 à 1890, par A. Roque-Ferrier. *Paris*, 1892.

913. Mélanges sur la littérature française. — Réunion de 4 vol. in-8, demi-rel. v. f. bleu et r.

Histoire de la Littérature Française, du Moyen Age aux temps modernes, par E. Geruzez. *Paris*, 1852. — Tableau de la Littérature Française au XVIIe siècle, avant Corneille et Descartes, par Jacques Demogeot. *Paris*, 1859. — Tableau de la Littérature française, 1800-1815, par Gustave Merlet. *Paris*, 1878. — De l'Influence du Concile de Trente sur la Littérature et les beaux-arts chez les peuples catholiques, par Charles Dejob. *Paris*, 1884.

914. Etudes et portraits littéraires. — Réunion de 12 vol. reliés, cart. et br.

Les Troisièmes pages du journal « Le Siècle », portraits modernes, par Taxile Delord. *Paris, Poulet-Malassis*, 1864. — Etudes et portraits, par Oscar de Vallée. *Paris*, 1880. — K. O'Meara. Un Salon à Paris : Madame Mohl et ses intimes. *Paris, Plon, s. d.* — Mémoires d'aujourd'hui, par Robert de Bonnières. *Paris*, 1885. — Portraits littéraires, par M. Bérard-Varagnac. *Paris*, 1887. — Les Héros, le culte des héros et l'héroïque dans l'histoire, par Thomas Carlyle. *Paris*, 1888. — Frédéric Loliée. Nos Gens de lettres, leur vie intérieure, leurs rivalités, leur condition, avec une Préface de Paul Bourget. *Paris*, 1887. — Gaston Paris. Penseurs et Poètes. *Paris*, 1896. — Jules Lemaître. Les Contemporains. *Paris*, 1896. — Etc.

Envoi autographe sur 5 volumes.

915. Portraits et causeries littéraires. — Réunion de 4 vol. in-8, demi-rel. v. f. et bleu.

Variétés morales et littéraires, par Paul Albert. *Paris*, 1879. — Bérard-Varagnac. Portraits littéraires. *Paris*, 1887. — Le Portefeuille de Madame Dupin, dame de Chenonceaux, publié par le Comte Gaston de Villeneuve-Guibert. *Paris*, 1884, portrait en héliog. fac-similes d'autographes. — Edmond Biré. Causeries littéraires. *Lyon*, 1890.

---

916. Etudes et Critiques sur la littérature étrangère. — Réunion de 8 vol. in-12, demi-rel. v. f. bleu et r. sauf 1 br.

C. Courrière : Histoire de la littérature contemporaine en Russie et chez les Slaves. *Paris*, 1875-79, 2 vol. — Essai sur le Théâtre espagnol, par M. Louis de Vieil-Castel. *Paris*, 1882, 2 vol. — Les Poètes lyriques de l'Autriche, par Alfred Marchand. *Paris*, 1886. — Le Roman au temps de Shakespeare, par J. J. Jusserand. *Paris*, 1887. — Romanciers Allemands contemporains, par Edouard de Morsier. *Paris*, 1890. — La Littérature Russe, notices et extraits des principaux auteurs, depuis les origines jusqu'à nos jours, par Louis Léger. *Paris*, 1892.

Envoi autographe sur 6 volumes.

917. Etudes sur la littérature étrangère. — Réunion de 4 vol. in-8, demi-rel. v. r. vert et bleu.

<small>Etudes sur la littérature sanscrite, par A. Philibert Soupé. *Paris*, 1877. — Camoens et les Lusiades, étude biographique, historique et littéraire, par Clovis Lamarre. *Paris*, 1878. — Essais d'histoire et de littérature, par Lord Macaulay, traduits par M. Guillaume Guizot. *Paris*, 1882. — Vte E. M. de Vogüé. Le Roman Russe. *Paris*, 1886.</small>

918. Histoire et Etudes de la Littérature italienne. — Réunion de 3 vol. in-8, demi-rel. v. br. et bleu.

<small>Dino Compagni, étude historique et littéraire sur l'époque de Dante, par Karl Hillebrand. *Paris*, 1862. — Histoire de la littérature italienne, par F. T. Perrens. *Paris*, 1867. — Etudes sur les poètes italiens: Dante, Pétrarque, Alfieri et Foscolo, et sur le poète sicilien Giovanni Meli, avec la traduction en vers français, par Gustave Chatenet. *Paris*, 1892.</small>

919. Histoire et Etudes sur la littérature allemande. — Réunion de 4 vol. in-8, demi-rel. v. f. et bleu.

<small>Gœthe, ses précurseurs et ses contemporains, par A. Bossert. *Paris*, 1872. — Herder et la Renaissance littéraire en Allemagne au XVIIIe siècle, par Charles Joret. *Paris*, 1875. — Les Poètes lyriques de l'Autriche, par Alfred Marchand. *Paris*, 1881. — Histoire des doctrines littéraires et esthétiques en Allemagne, par Emile Grucker. *Paris*, 1883.</small>

920. La Russie épique, étude sur les chansons héroïques de la Russie, traduites ou analysées pour la première fois, par Alfred Rambaud. *Paris, Maisonneuve*, 1876, in-8, demi-rel. v. bleu.

921. James Darmesteter : Essais orientaux. *Paris, A. Lévy*, 1883, gr. in-8, demi-rel. chag. noir, tête dor. non rog. — Les Prophètes d'Israël. *Paris, Calmann Lévy*, 1892, in-8, demi-rel. v. f. dos orné, fil. tête dor. non rog. — Ens. 2 vol.

<small>Envoi autographe de l'auteur sur le deuxième volume.</small>

---

922. Titi Petronii Arbitri Satyricon, ex optimis exemplaribus emendatum. *Parisiis, Renouard*, 1797, 2 vol. in-18, pap. vélin, cart.

<small>Signature de M. Jules Simon sur le titre.</small>

923. Le Chef d'Œuvre d'un inconnu, poëme heureusement découvert et mis au jour, avec des remarques savantes et recherchées, par M. le Docteur Chrisostome Matanasius (Thémiseul de Saint-Hyacinte). *La Haye, Husson*, 1732, 2 tomes en 1 vol. pet. in-8, pl. gr. v. f. ant.

924. Apophthegmatum opus cum primis frugiferū, vigilanter ab ipso recognitum authore, e græco codice correctis aliquot locis, in quibus interpres Diogenis Laërtij lapsus erat, Desi-

derio Erasmo authore. *Lutetiæ, ex officina Rob. Stephani*, 1547, in-8, car. ital. v. ant. granit, fil. tr. dor.

<small>Signature de M. Jules Simon sur le titre. — Taches d'humidité aux 3 premiers feuillets.</small>

925. Desid Erasmi colloquia, nunc emendatiora, cum omnium notis. *Tiguri, typis H. Bodmeri*, 1677, fort vol. in-24, titre-front. gr. par C. N. Schurk, demi-rel. chag. vert, dos orné.

<small>Edition imprimée en petits caractères. — Signature de M. Jules Simon sur le titre. — Notes à l'encre sur quelques feuillets.</small>

VI. ÉPISTOLAIRES.

926. M. Tullii Ciceronis Epistolæ ad Atticū, ad. M. Brutum, ad Quintum fratrem, multorum locorū correctione illustratæ, cum suis commentarijs separatim impressis, auctore Paulo Manutio Aldi filio. *Venetiis apud. Aldi filios*, 1551, in-8, car. ital. cuir de R. dos orné, fil. tr. dor.

<small>Piqûres de vers.</small>

927. C. Plinii Cæcilii Secundi Epistolarum libri X et Panegyricus. Accedunt variantes lectiones. *Lugd. Batavorum, ex officina Elseviriorum*, 1640, pet. in-12, mar. r. dos orné, fil. tr. dor. (*Rel. anc.*)

<small>Première édition elzevirienne. — Signature de M. Jules Simon sur le titre.</small>

928 Josephi Scaligeri Epistolæ omnes quæ reperiri potuerunt, nunc primum collectæ ac editæ. Cæteris præfixa est eaquæ est de gente Scaligera, in qua de autoris vita, & sub finem Danielis Heinsii de morte eius altera. *Lugduni Batavorum, ex officina Bonaventurae & Abrahami Elzevir*, 1627, in-8, v. ant. jaspé.

<small>Ces lettres de Scaliger sont purement intimes. (Willems : *es Elzevier* n° 288.)</small>

929. Epistolæ. Authore R. P. Joanne Frontone, canonico regulari Sanctæ Genovefæ & Universitatis Parisiensis cancellario. *Parisiis, apud Carolum Savreux*, 1660-62, 7 pièces en 1 vol. in-4, v. f. ant.

<small>Lettres sur diverses questions théologiques, adressées à plusieurs ecclésiastiques et membres du Parlement, notamment à Pierre Belleur, J. Le Rebours, Guil. de La Moignon, Franc. de Harlay, Louis de Rechignevoisin de Guron, etc. — Quatre de ces épîtres portent sur le titre, les armoiries des personnes à qui elles sont adressées.</small>

930. Lettres de divers savants à l'abbé Claude Nicaise, publiées pour l'Académie des sciences, belles-lettres et arts de Lyon, par E. Caillemer. *Lyon*, 1885, gr. in-8, demi-rel. v. f. dos orné, tête dor.

931. Album del Comendador Moreno del Christo. *Paris, Mouillot*, 1888, in-8, 5 portr. en héliog. chag. r. dos orné, fil. dent. tr. dor.

<small>Recueil de lettres de célébrités contemporaines adressées au Commandeur Moreno del Christo, envoyé extraordinaire de la République Dominicaine.
Le premier plat de la reliure porte cette dédicace gravée : « *A l'Illustre Académicien M. Jules Simon, prince des Orateurs et gloire et honneur du Sénat*. »</small>

932. Lettres originales de Madame la Duchesse d'Orléans Hélène de Mecklenbourg-Schwerin et souvenirs biographiques recueillis par G. H. de Schubert. Seule édition française autorisée par l'auteur et ornée d'un beau portrait. Deuxième tirage. *Genève et Paris, Magnin*, 1859, in-8, portr. sur acier, demi-rel. v. f.

933. Fragmens de lettres originales de Madame Charlotte Elizabeth de Bavière, veuve de Monsieur, frère unique de Louis XIV, écrites à S. A. S. Monseigneur le Duc Antoine-Ulric de B** W****. & à S. A. R. Madame la Princesse de Galles, Caroline, née Princesse d'Auspach, de 1715 à 1720 (traduits de l'allemand, par J. de Maimieux). *Hambourg et Paris, Maradan*, 1788. 2 tomes en 1 vol. in-12, demi-rel. vélin blanc avec coins. dos orné.

VII. POLYGRAPHES.

1. *Polygraphes grecs et latins.*

934. Les Œuvres morales et meslées de Plutarque, translatées de grec en françois (par Jaques Amyot). — Les Vies des Hommes illustres, Grecs et Romains, par Plutarque de Chæronée, translatées par M. Jaques Amyot. *Genève, Stoer*. 1627-1635. — Ens. 2 vol. in-fol. portr. gr. sur bois en médaillons, bas. f. ant. fil. fatiguée.

<small>*Signature de M. Jules Simon* sur le titre du 2ᵉ ouvrage.
Sur chaque volume, *ex-libris* ancien, gravé et armorié : *de gueules au lion d'argent*.</small>

935. Luciani philosophi opera omnia quæ extant (gr.) cum latina interpretatione J. Bourdelotius cum regiis codd. aliisque mss. contulit, emendavit, supplevit ; adiectæ sunt eiusdem Bourdelotii, Theod. Marcilii, Gilb. Cognati notæ ; cum indice... *Luteliae-Parisiorum, apud Jul. Bertault*, 1615, in-fol. à 2 col. texte grec et latin, cuir de R. dos orné, fil. dent. à froid, tr. dor. *Armoiries*.

<small>Edition estimée. — Raccommodage dans la marge intérieure du titre.
Au verso du titre se trouve collé: *Ex-libris* ancien, armorié et gravé : *The most Noble William Duke of Devonshire, Knight of the most noble order of the Garter*. Superbe pièce mesurant 0ᵐ,134×0ᵐ,108.</small>

BELLES-LETTRES

936. Luciani opera, græce et latine, ad editionem Tiberii Hemsterhusii et Joannis Frederici Reitzii accurate expressa, cum varietate lectionis et annotationibus. *Biponti, ex Typographia Societatis*, 1789-93, 10 vol. in-8, fleurons gr. vélin.

Bonne réimpression de l'édition de Reitzius, et à laquelle est ajoutée la collation de quelques manuscrits de Paris.
Signature de M. Jules Simon sur le titre du tome I. — *Ex-libris* moderne B⁰ⁿ DE WARENGHIEN.

937. Essai sur la vie et les œuvres de Lucien, par Maurice Croiset. *Paris, Hachette*. 1882, in-8, demi-rel. v. f. dos orné, non rog.

938. M. T. Ciceronis Opera (studio et labore Rob. Stephani redintegrata). *Parisiis, ex off. Roberti Stephani*, 1538-39, 6 parties en 2 vol. in-fol. v. f. ant. dos et plats semés d'L couronnés alternant avec des fleurs de lys, tr. dor.

Jolie édition, fort bien exécutée. Sur chaque titre des 5 parties, se trouve une grande et belle marque de Robert Etienne.
Exemplaire aux armes de Louis XIV qui, d'après une note placée au recto du 3ᵉ feuillet préliminaire de chaque volume, aurait été donné en prix par le *Collège de Clermont*, à *André Le Fèvre d'Ormesson* plus tard avocat du Roi au Châtelet, conseiller au Grand Conseil, maître des Requêtes et Intendant de Lyon. Ces notes manuscrites portent la signature de *Gabriel Baillet Societatis Jesu studiorum præfectus*, et le cachet du Collège des Jésuites de Paris. A la partie inférieure des mêmes pages, on remarque la *Signature de M. Jules Simon, profr. de pphie. Caen,* 1837. — Notes à l'encre dans quelques marges ; mouillure.

939. M. Tullii Ciceronis Opera, recensuit J. N. Lallemand. *Parisiis, apud Saillant, Desaint, Barbou*, 1768, 14 vol. in-12, portrait gr. par L. J. Cathelin d'après P.P. Rubens, v. ant. marb. fil. tr. dor.

Un bon texte, des notes rédigées avec une habile concision, et de plus une impression soignée, ont assuré le succès de cette édition.
Bel exemplaire sur PAPIER FIN D'ANNONAY.

940. M. Cornelii Frontonis et M. Aurelii imperatoris epistulæ ; L. Veri et Antonini Pii et Appiani epistularum reliquiæ : fragmenta Frontonis et scripta grammatica : editio prima romana plus centum epistulis aucta ex codice rescripto bibliothecæ pontificiæ vaticanæ, curante Angelo Maio. *Romae, apud Burliacum*, 1823, in-8, portr. et pl. gr. vélin, dos orné, non rog.

Exemplaire sur GRAND PAPIER VÉLIN ?
Ex-libris armorié COMTE D. BOUTOURLIN.

941. Ouvrages de Henri Estienne. — Réunion de 3 ouvrages en 1 vol. in-8, vélin.

De Abusu linguæ græcæ, in quibusdam vocibus quas latina usurpat admonitio Henrici Stephani. *Excudebat Henricus Stephanus*, 1573.
Henrici Stephani epistola, qua ad multas multorum amicorum respondet, de suæ typographiæ statu, nominatimque de suo Thesauro linguæ græcæ. In posteriore autem eius parte, quam misera sit hoc tempore veterum scriptorum conditio in quorundam typographorum prela inciden-

tium exponit. Index librorum qui ex officina eiusdem Henrici Stephani hactenus prodierunt. *Excudebat Henricus Stephanus*, 1569.

Ciceronianum lexicon græcolatinum, id est, lexicon ex variis græcorum scriptorum locis a Cicerone interpretatis collectum ab Henrico Stephano. Loci græcorum authorum cum Ciceronis interpretationibus. *Ex officina Henrici Stephani Parisiensis typographi*, 1557.

La marque de l'imprimeur, placée sur le titre du 2ᵉ ouvrage, a été coloriée. — Notes manuscrites à quelques feuillets.

942. Epistolia, dialogi breves, oratiunculæ, poematia, ex variis utriusque linguæ scriptoribus. Inter poematia autem est satyra elegantissima, quæ inscribitur Lis, non prius edita (collegit H. Stephanus). *Excudebat Henr. Stephanus*, 1577. 2 tomes en 1 vol. pet.-in-8, vélin.

Sur le titre, signature de M. Meibomius, célèbre érudit allemand du XVIIᵉ siècle.

Ex-libris moderne armorié : Duke of Sussex.

943. D. Erasmi Rot. opus de conscribendis epistolis... *Basileae, per Nicolaum Brylingerum*, 1543, in-8, car. ital. v. ant. granit, fil. tr. dor.

Signature de M. Jules Simon sur le titre. — Piqûre de vers.

944. Petri Victorii Epistolarum libri X ; orationes XIIII ; et liber de laudibus Joannæ Austriacæ. *Florentiae, apud Junctas*, 1586, in-fol. portrait gr. demi-rel. chag. br.

Bonne édition.

945. Liber Selectarum declamationum Philippi Melanthonis, quas conscripsit et partim ipse in schola Vitebergensi recitavit, partim alijs recitandas exhibuit. (A la fin :) *Argentorati, ex officina Cratonis Mylii*, 1541, fort vol. in-4, car. ronds, ais de bois recouverts de v. f. ant. estampé. (*Rel. de l'époque.*)

Nom à l'encre et grattage au titre ; piqûres de vers. — La reliure, qui est restaurée, porte la date de 1543.

2. *Polygraphes français et étrangers.*

946. Les Œuvres diverses du sieur de Balzac, augmentées en cette édition, de plusieurs pièces nouvelles. *A Leide, chès les Elseviers*, 1651. — Lettres choisies du Sʳ de Balzac. *A Amsterdam, chez les Elseviers*, 1656. — Lettres de feu Monsieur de Balzac à Monsieur Conrart. *A Leide, chez Jean Elsevier*, 1659. — Ens. 3 vol. pet. in-12, 2 titres-front. gr. dont 1 vol. rel. en vélin ancien à recouvr. et 2 en demi-rel. vélin moderne avec coins.

947. Œuvres de Scarron, nouvelle édition, plus correcte que toutes les précédentes. *Paris, Bastien*, 1786, 7 vol. in-8, portrait gr. v. ant. marb. dent.

La *Mazarinade* et la *Baronade* se trouvent à la fin du tome I.

BELLES-LETTRES

948. Les Œuvres de Monsieur de Voiture (publiées par E. Martin de Pinchesne). Seconde édition. *Paris, Courbé*, 1650, in-4, front. gr. bas. marb. moderne.

Petite déchirure au coin inférieur du frontispice.

949. Œuvres diverses de Mr Pierre Bayle. *La Haye*, 1727-1731, 4 tomes en 5 vol. in-fol. à 2 col. nombr. pl. gr. v. anl. non unif.

Belle édition. — Sur chaque titre, *signature de M. Durand d'Aissey, conseiller-clerc*.

950. Œuvres de Freret, secrétaire de l'Académie des inscriptions et belles-lettres. *Londres*, 1787, 5 tomes en 3 vol. in-12, mar. r. dos orné, fil. dent. int. tr. dor. (*Rel. anc.*)

Exemplaire sur GRAND PAPIER. — *Ex-libris* gravé et armorié de C. J. L. COQUEREAU D. M. P. sur chaque volume.

951. Œuvres complètes de Condillac, revues, corrigées par l'Auteur, et imprimés sur ses manuscrits autographes. *Paris, Dufart, an XI*, 1803, 31 vol. in-12, bas. ant. rac.

Taches d'humidité.

952. J. C. L. Simonde de Sismondi : De la Richesse commerciale, ou Principes d'économie politique appliqués à la législation du commerce, 2 vol. — Nouveaux principes d'économie politique, ou de la Richesse dans ses rapports avec la population, 2 vol. — Histoire de la Renaissance de la liberté en Italie, de ses progrès, de sa décadence et de sa chute, 2 tomes en 1 vol. — Histoire de la chute de l'Empire Romain et du déclin de la civilisation, de l'an 250 à l'an 1000, 2 vol. — Etudes sur les Constitutions des peuples libres. *Genève, Paris et Bruxelles*, 1803-1836, 8 vol. in-8, demi-rel. v. f. chag. noir, et cart.

953. Michelet: Histoire Romaine, 2 vol. — Origines du droit français. — Introduction à l'histoire universelle. — Le Banquet, papiers intimes. — François 1er et Charles-Quint. *Paris*, 1831-1879, 6 vol. in-8, demi-rel. v. f. sauf 2 en demi-rel. chag. noir.

954. J. Michelet: Les Femmes de la Révolution, 2e édition. — L'Oiseau. — L'Amour ; 2e édition. — La Femme. — La Mer. — La Sorcière. — Précis de l'Histoire moderne ; 9e édition. — Bible de l'humanité. Mémoires d'une enfant. — Nos Fils. — Légendes démocratiques du Nord. Nouvelle édition. — L'Etudiant, cours de 1847-1848. — Le Prêtre, la femme et la famille. Nouvelle édition. — L'Insecte, dixième édition. — Le Peuple ; cinquième édition. — Les Soldats de la Révolution ; troisième édition. — Mon Journal, 1820-1823; quatrième mille.

— Rome. — Sur les Chemins de fer. *Paris*, 1855-1893, 19 vol. in-12, demi-rel. v. f. et bleu, sauf 1 cart.

<small>Quelques ouvrages sont en ÉDITIONS ORIGINALES.
On y a joint : Anthologie des Œuvres de J. Michelet, par M. Seignobos. *Paris*, 1889, in-12, demi-rel. v. f. dos orné, fil. tête dor.</small>

955. Pamphlets politiques et littéraires de P.-L. Courier, suivis d'un choix de ses lettres, précédés d'un essai sur la vie et les écrits de l'auteur, par Armand Carrel. *Paris, Masgana et Pagnerre*, 1839, 2 vol. in-16, demi-rel. v. bleu, dos orné.

956. M. & Mme Guizot ; Lettres de famille sur l'éducation : 2 vol. 1 portr. gr. — Monsieur Guizot dans sa famille et avec ses amis (1787-1874). — Lettres de M. Guizot à sa famille et à ses amis. Le Temps passé, mélanges de critique littéraire et de morale, 2 vol. — Six mois de guerre, 1870-1871. Lettres et journal. *Paris*, 1844-1894, 7 vol. in-12, demi-rel. v. f. dos orné, fil. tête dor. sauf 1 cart. dos de perc. verte.

957. Guizot. Ouvrages divers. *Paris*, 1855-1872, 27 vol. in-12, demi-rel v. f. sauf 1 cart.

<small>L'Amour dans le mariage, étude historique. — Histoire des origines du gouvernement représentatif et des Institutions politiques de l'Europe, depuis la chute de l'Empire Romain jusqu'au XIVe siècle, 2 vol. — Méditations et études. — Monk. Chute de la République et rétablissement de la monarchie en Angleterre, en 1660. — Essais sur l'histoire de France. — Etudes sur les beaux-arts en général. — Shakspeare et son temps, étude littéraire. — Abailard et Héloïse. — Corneille et son temps, étude littéraire. — Etudes sur la Révolution d'Angleterre : portraits politiques. — Sir Robert Peel. — Histoire de Charles Ier, 2 vol. — Histoire du Protectorat de Richard Cromwell et du Rétablissement des Stuart (1658-1660), 2 vol. — Histoire de la Civilisation en France depuis la Chute de l'Empire romain, 4 vol. — Histoire de la Civilisation en Europe, depuis la Chute de l'Empire Romain jusqu'à la Révolution Française. — Histoire de la République d'Angleterre et de Cromwel (1649-1668), 2 vol. — Un Projet de mariage royal. — Trois générations : 1789, 1814, 1848. — La France et la Prusse responsables devant l'Europe. — Le Duc de Broglie.</small>

958. Ouvrages divers et traductions de Xavier Marmier. *Paris*, 1847-1886. — Réunion de 15 vol. in-12, en demi-rel. v. f. brun ou cart.

<small>Les Fiancés du Spitzberg. — En Amérique et en Europe. — A la Maison. — Légendes des plantes et des oiseaux. — Lettres sur l'Amérique, 2 vol. — A la Maison. Etudes et souvenirs. — Robert Bruce. — Les Perce-neige. — Un Eté au bord de la Baltique et de la Mer du Nord. — Passé et présent. — Au Bord de la Néva. — Nouvelles allemandes. — Les Drames intimes. — Nouvelles danoises.
Envoi autographe de l'auteur sur huit volumes.</small>

959. Edouard Laboulaye : Considérations sur la Constitution. — La Liberté religieuse. — Le Parti libéral, son programme et son avenir. — Trente ans d'enseignement au Collège de France (1849-1882). *Paris*, 1848-1888, 4 vol. in-12, demi-rel. v. f. et bleu.

<small>Envoi autographe de l'auteur sur un volume.</small>

BELLES-LETTRES

960. Victor Hugo. Œuvres diverses. *Paris, Lecou, Hetzel et Hachette,* 1853-58, 12 vol. in-12, demi-rel. chag. br.

 Théâtre : Lucrèce Borgia, Marion Delorme, Marie Tudor, la Esmeralda, Ruy Blas, Hernani, le Roi s'amuse, les Burgraves, Angelo, Procès d'Angelo et d'Hernani, Cromwel, 3 vol. — Les Contemplations, 2 vol. — Le Rhin, 2 vol. — Poësies : les Orientales, les Voix intérieures, les Rayons et les Ombres, Odes et Ballades, les Feuilles d'automne, les Chants du crépuscule, 2 vol. — Bug-Jargal, le Dernier Jour d'un condamné, Claude Gueux. — Littérature et philosophie mêlées, 1 vol. — Han d'Islande, Mélanges littéraires, 1 vol. — Notre-Dame de Paris.

961. Victor Hugo. Les Enfants. (Le Livre des Mères.) *Paris, Hachette,* 1858. *(Première édition sous ce titre.)* — Charles Hugo. Les Hommes de l'Exil, précédés de Mes Fils, par Victor Hugo. *Paris, Lemerre,* 1875 — Georges Hugo. Souvenirs d'un Matelot. *Paris, Charpentier,* 1896. *(Edition originale.)* — Ens. 3 vol. in-12, demi-rel. chag. br. et noir, sauf 1 br. *couvertures.*

 Envoi autographe sur le dernier ouvrage.

962. Mignet : Notices et portraits historiques et littéraires, 2 vol. — Histoire de Marie Stuart, 2 vol. — Eloges historiques. — Études historiques. — François Mignet, par Edouard Petit. *Paris,* 1854-1889, 7 vol. in-12, demi-rel. v. f. et r.

963. Prevost-Paradol : Revue de l'histoire universelle. — Elisabeth et Henri IV (1595-1598). Ambassade de Hurault de Maisse en Angleterre au sujet de la paix de Vervins. — Jonathan Swift, sa vie et ses œuvres. — Essais de politique et de littérature. — La France Nouvelle. *Paris,* 1854-1868, 5 vol. in-8, demi-rel. v. f. et bleu.

 Envoi autographe sur 4 volumes.

964. Edmond About : La Grèce contemporaine. — Le Roi des Montagnes. — Trente et Quarante. Sans Dot. Les Parents de Bernard. — Le Progrès, 4ᵉ édition. — Le Dix-neuvième siècle. *Paris,* 1854-1892, 5 vol. in-12, demi-rel. v. f. bleu et vert, sauf 1 cart. non rog.

 Les 3 premiers ouvrages sont en ÉDITIONS ORIGINALES.

965. Paul Janet : La Famille, leçons de philosophie morale, 2ᵉ édition. — La Philosophie Française contemporaine. — Les Lettres de Madame de Grignan. — Les Passions et les Caractères dans la Littérature du XVIIᵉ siècle. — Histoire de la Révolution Française ; 3ᵉ édition. *Paris,* 1856-1888, 5 vol. in-12, demi-rel. v. f. et bleu, sauf 1 cart. dos de perc.

 Envoi autographe de l'auteur sur 3 volumes.

966. Charles de Rémusat : L'Angleterre au XVIIIᵉ siècle, 2 vol. — Critiques et études littéraires du passé et présent, 2 vol. — Philosophie religieuse : de la Théologie naturelle en France et en Angleterre. — Saint Anselme de Cantorbéry. — Lord Herbert de Cherbury. *Paris,* 1856-1874, 7 vol. in-12, demi-rel. chag. br. et vert.

BELLES-LETTRES

967. Charles de Rémusat: Bacon, sa vie, son temps, sa philosophie et son influence jusqu'à nos jours. — La Saint-Barthélemy, drame. — Politique libérale. *Paris*, 1857-60, 3 vol. in-8, demi-rel. chag. noir, v. bleu et br.

968. Œuvres politiques et littéraires d'Armand Carrel, mises en ordre, annotées et précédées d'une notice biographique sur l'auteur, par M. Littré et M. Paulin. *Paris, Chamerot,* 1857-1859, 5 vol. in-8, portr. demi-rel. v. f. dos orné.

969. Oscar de Vallée: Le Duc d'Orléans et le Chancelier Daguesseau. — Nouvelles études et nouveaux portraits: M. Guizot, M. Villemain, le P. Didon... *Paris, Michel et Calmann Lévy,* 1860-1886, 2 vol. in-8, demi-rel. v. f. et bleu.

Envoi autographe de l'auteur sur chaque volume.

970. Gaston Boissier : Etude sur la vie et les ouvrages de M. T. Varron. — L'Opposition sous les Césars. *Paris, Hachette,* 1861-1875, 2 vol. in-8, demi-rel. v. f. et bleu.

971. Ch. L. Chassin : La Presse Libre selon les Principes de 1789. — L'Eglise et les Derniers Serfs. — Les Cahiers des curés, étude historique. *Paris,* 1862-1882, 3 vol. in-12, demi-rel. v. r. bleu et brun.

Envoi autographe sur le premier volume.

972. Edmond de Pressensé : L'Eglise et la Révolution française, histoire des relations de l'Eglise et de l'Etat, de 1789 à 1802. — Jésus-Christ, son temps, sa vie, son œuvre. — Les Origines, le problème de la connaissance, le problème cosmologique, le problème anthropologique... — *Paris,* 1864-1889, 4 vol. in-8, demi-rel. v. f. et bleu.

973. Edmond de Pressensé : La Liberté religieuse en Europe depuis 1870. — Alexandre Vinet d'après sa correspondance inédite avec Henri Lutteroth. — Variétés morales et politiques. *Paris, Fischbacher,* 1874-1891, 3 vol. in-12, demi-rel. v. bleu.

Envoi autographe de l'auteur sur un volume.

974. A. Thiers : Discours prononcés dans la session 1863-1864. — Les Pyrénées et le Midi de la France pendant les mois de novembre et décembre 1822. *Paris,* 1864-1877, 2 vol. in-8, demi-rel. v. f.

Envoi autographe de l'auteur sur le premier volume.

975. H. Wallon : La Vie de Jésus et son Nouvel historien. — Jeanne d'Arc. — Eloges Académiques, 2 vol. *Paris, Hachette,* 1864-1882, 4 vol. in-12, dont 3 en demi-rel. v. f. et r. et 1 cart. perc. verte.

Envoi autographe de l'auteur sur 1 volume.

BELLES-LETTRES

976. **Louis Ménard** : Tableau historique des beaux-arts. — Hermès Trismégiste. — De la Sculpture antique et moderne. — Histoire des Grecs, 2 vol. — Histoire des anciens peuples de l'Orient. — Histoire des Israélites d'après l'Exégèse biblique. *Paris*, 1866-1883, 7 vol. in-12, demi-rel. v. f. et r. dos orné, tête dor.

977. **Hector Pessard** : Yo, et les Principes de 89, fantaisie chinoise, préface de M. Prévost-Paradol. *Bruxelles*, 1866, in-12, demi-rel. chag. r. — Mes petits papiers, 1860-1873. *Paris*, 1887-88, 2 vol. in-12, demi-rel. v. r. — Ens. 3 vol.

Envoi autographe de l'auteur sur 2 volumes.

978. **Léon Say** : Examen critique sur la situation financière de la ville de Paris. — Dix Jours dans la Haute-Italie. — Economie sociale. Exposition Universelle de 1889. Groupe de l'Economie sociale ; rapport général. *Paris*, 1866-1891, 3 vol. in-8, dont 2 en demi-rel. et 1 cart. perc. verte, non rog.

Envoi autographe de l'auteur au dernier volume.

979. **Louis Jousserandot** : La Civilisation moderne. *Paris, Didier*, 1866, in-8, chag. noir. — Du Pouvoir judiciaire et de son organisation en France. *Paris, Marescq*, 1878, in-8, demi-rel. v. bleu. — Ens. 2 vol.

980. **Athanase Coquerel fils** : Libres Etudes : Religion, critique, histoire, beaux-arts et voyages. — Jean Calas et sa famille, étude historique d'après les documents originaux... *Paris*, 1868-69, 2 vol. in-8, demi rel. v. bleu et demi-rel. chag. noir.

981. **Joseph Bertrand** : L'Académie des Sciences et les Académiciens de 1666 à 1793. — Les Fondateurs de l'Astronomie moderne : Copernic, Tycho Brahé, Képler, Galilée, Newton. *Paris, Hetzel*, 1869, 2 vol. in-8, demi-rel. chag. vert avec coins, tr. peigne, et demi-rel. v. br. avec coins, dos orné, fil. tête dor.

Découpure dans le faux-titre du 1er ouvrage.

982. **A. Mézières** : La Société Française. — En France : XVIII° et XIX° siècles. — Hors de France : Italie, Espagne, Angleterre, Grèce moderne. — Vie de Mirabeau. *Paris*, 1869-1892, 4 vol. in-12, demi-rel. chag. br. et v. bleu.

Envoi autographe de l'auteur sur chaque volume.

983. **Charles Aubertin** : Sénèque et Saint Paul. — L'Esprit public au XVIII° siècle. — L Eloquence politique et parlementaire en France, avant 1789. *Paris*, 1869-1882, 3 vol. in-8, demi-rel. v. bleu.

Envoi autographe de l'auteur sur 2 volumes.

984. Emile Boutmy : Philosophie de l'architecture en Grèce. — Etudes de Droit constitutionnel en France, en Angleterre et aux Etats-Unis. — Le Développement de la Constitution et de la Société politique en Angleterre. — Le Recrutement des administrateurs coloniaux. *Paris*, 1870-1895, 4 vol. in-12, demi-rel. v. bleu et r. sauf 1 cart. dos de perc. grise.

Envoi autographe de l'auteur sur 1 volume.

985. Emile Burnouf : La Science des Religions. — La Légende athénienne. — La Ville et l'Acropole d'Athènes aux diverses époques, 21 pl. — Eugène Burnouf, ses travaux et sa correspondance, par J. Barthélemy-Saint-Hilaire. *Paris*, 1872-1891, 4 vol. in-8, demi-rel. v. bleu et chag. r.

986. La Boëtie. La Servitude volontaire ou le contr'un, réimprimé sur le manuscrit d'Henry de Mesmes par D. Jouaust. — Voyage autour de ma chambre, par Xavier de Maistre. — *Paris, Libr. des Bibliophiles*, 1872. — Ens. 2 vol. in-16, pap. de Hollande, demi-rel. vélin avec coins, non rog.

De la Collection des *Petits Chefs-d'œuvre*.

987. E. Caro : Les Jours d'épreuve (1870-1871). — La Fin du dix-huitième siècle : études et portraits, 2 vol. — Poètes et romanciers. — Mélanges et Portraits, 2 vol. *Paris*, 1872-1888, 6 vol. in-12, demi-rel. v. bleu, dos orné, fil. tête dor.

988. E. Legouvé : Sully. — L'Art de la Lecture, 3º (et 20º) édition, 2 vol. — Histoire morale des femmes, 8º édition. — La Lecture en action. — Fleurs d'hiver. Fruits d'hiver. Histoire de ma maison. (*Edition originale*.). *Paris*, 1873-1890, 6 vol. in-12, demi-rel. v. f. bleu et r. sauf 1 br.

Envoi autographe de l'auteur sur 4 volumes.

989. Eugène Fromentin : Une Année dans le Sahel. Un Eté dans le Sahara. *Paris, Lemerre*, 1874, 2 vol. — Les Maîtres d'autrefois : Belgique, Hollande. *Paris, Plon*, 1876. — Ens. 3 vol. in-8, demi-rel. v. bleu.

Envoi autographe de l'auteur sur deux volumes.

990. Octave Gréard : De la Morale de Plutarque ; 2º édition. — Mme de Maintenon, extraits de ses lettres, avis, entretiens, conversations et proverbes sur l'éducation. — L'Education des femmes par les femmes. — Education et Instruction : Enseignements primaire, secondaire et supérieur, 4 vol. — Edmond Scherer. — Prévost-Paradol. *Paris*, 1874-1894, 9 vol. in-12, demi-rel. v. bleu, sauf 1 cart. dos de perc. brune.

BELLES-LETTRES

991. Henry Houssaye : Histoire d'Alcibiade et de la République Athénienne. Troisième édition, 2 vol. — Athènes, Rome, Paris : L'Histoire et les mœurs. — L'Art Français depuis dix ans. — Les Hommes et les Idées. — Aspasie, Cléopâtre, Théodora. — La Charge, dessin d'Edouard Détaille. — *Paris*, 1874-1894, 7 vol. in-12, dont 6 en demi-rel. chag. et v. bleu et br. et 1 cart. dos de perc. r.

Les 5 derniers ouvrages sont en ÉDITIONS ORIGINALES et portent chacun un Envoi autographe de l'auteur.

992. Paul Leroy-Beaulieu : L'Administration locale en France et en Angleterre. — De la Colonisation chez les peuples modernes. — Traité de la science des finances, 2 vol. — L'État moderne et ses fonctions. — Le Collectivisme. *Paris, Guillaumin*, 1874-1890, 6 vol. in-8, demi-rel. v. bleu.

Envoi autographe de l'auteur sur 4 volumes.

993. Félix Rocquain : Napoléon Ier et le Roi Louis. — L'Esprit Révolutionnaire avant la Révolution, 1715-1789. — La Papauté au Moyen Age : Nicolas Ier, Grégoire VII, Innocent III, Boniface VIII. *Paris*, 1875-1881, 3 vol. in-8, demi-rel. v. bleu.

994. Emile Worms : Sociétés humaines et privées. — De la Liberté d'Association au point de vue du droit public à travers les âges. — De la Propriété consolidée. — Les Attentats à l'honneur. — Exposé de la science des finances. *Paris*, 1875-1891, 5 vol. in-8, demi-rel. v. bleu, dos orné, fil. tête dor. non rog.

Envoi autographe de l'auteur sur 3 volumes.

995. Emile Gebhart : De l'Italie, essais de critique et d'histoire. — Rabelais, la Renaissance et la Réforme. — Les Origines de la Renaissance en Italie. — La Renaissance italienne et la philosophie de l'histoire. — L'Italie mystique, histoire de la Renaissance religieuse au Moyen Age. *Paris*, 1876-1890, 5 vol. in-12, demi-rel. v. bleu, dos orné, fil. tête dor. ébarbés.

Envoi autographe de l'auteur sur 3 volumes.

996. Emile Gebhart : De l'Italie, essais de critique et d'histoire. — Rabelais, la Renaissance et la Réforme. — Le Roman de Don Quichotte. — Autour d'une Table (1075-1085). — Moines et Papes, essais de psychologie historique. *Paris*, 1876-1896, 5 vol. in-12, dont 2 en demi-rel. v. bleu, 2 cart. dos de perc. et 1 br.

Envoi autographe sur 2 volumes.

997. Alfred Rambaud : La Russie épique, étude sur les chansons héroïques de la Russie. — La France Coloniale, histoire, géographie, commerce. *Paris*, 1876-1886, 2 vol. in-8, demi-rel. v. bleu et r.

998. Léon de Rosny : L'Enseignement de la vérité, ouvrage du philosophe Kôbaudaïsi, traduit du japonais. — Le Pays des dix-mille lacs : quelques jours de voyage en Finlande. — Le Hiaô-King, livre sacré de la piété filiale, publié en chinois avec une traduction française. — Le Taoïsme. *Paris*, 1876-1892, 4 vol. in-8, fig. dont 2 en demi-rel. v. bleu, dos orné, fil. tête dor. non rog. et 2 br.

999. Jules Favre : Rome et la République Française. — De la Réforme judiciaire. *Paris, Plon*, 1877, 2 vol. in-8, demi-rel. v. bleu.

<small>Envoi autographe de l'auteur sur chaque volume.</small>

1000. Alfred Fouillée : L'Idée moderne du droit en Allemagne, en Angleterre et en France. — La Science sociale contemporaine. — La Propriété sociale et la démocratie. — L'Enseignement au point de vue national. *Paris, Hachette*, 1878-1891, 4 vol. in-12, demi-rel. v. bleu.

<small>Envoi autographe de l'auteur sur chaque volume.</small>

1001. Anatole Leroy-Beaulieu : Un Empereur, un Roi, un Pape, une Restauration. — Un Homme d'État Russe (Nicolas Milutine). — La France, la Russie et l'Europe, 2e édition. — La Papauté, le Socialisme et la Démocratie. — Israël chez les Nations. *Paris*, 1879-1893, 5 vol. in-12, demi-rel. v. f. bleu et vert.

<small>Envoi autographe de l'auteur sur 3 volumes.</small>

1002. Le Comte d'Haussonville : Souvenirs et Mélanges ; 2e édition. — A Travers les Etats-Unis. — Prosper Mérimée. Hugh Elliot. — Le Salon de Madame Necker ; 2e édition, 2 vol. — Misère et remèdes; 2e, édition. *Paris, Calmann Lévy*, 1879-1885, 6 vol. in-12, dont 5 en demi-rel. v. bleu, dos orné, tête dor. et 1 cart. dos de perc. br.

<small>Envoi autographe sur 1 volume.</small>

1003. François Coppée : Théâtre, 1873-1878. — Poésies, 1874-1878. — *Paris, Lemerre*, 1879, 2 vol. pet. in-12, demi-rel. mar. br.

<small>De la *Petite Bibliothèque littéraire*.
Envoi autographe sur chaque volume.</small>

1004. François Coppée : Le Trésor. — Madame de Maintenon. — Severo Torelli. — Les Jacobites. — Le Pater. — Pour la Couronne. — *Paris, Lemerre*, 1879-1895, 6 vol. in-12, demi-rel. chag. et v. br. bleu et vert, sauf 1 cart. dos de perc.

<small>ÉDITIONS ORIGINALES. — Envoi autographe de l'auteur sur chaque volume.</small>

BELLES-LETTRES 151

1005. François Coppée : La Bataille d'Hernani, poésie dite par Mlle Sarah Bernhardt, à la Comédie-Française, le 25 février 1880. — Rivales, illustrations de Moisand. — Contes tout simples, illustrations de G. Neymark. *Paris, Lemerre,* 1880-1894, 3 vol. dont 1 in-4, cart. et 2 in-32, br.

    Les deux derniers ouvrages sont en ÉDITIONS ORIGINALES, et font partie de la *Collection Lemerre illustrée*.
    Envoi autographe sur chaque volume.

1006. Ernest Renan : Conférences d'Angleterre. Rome et le Christianisme, Marc-Aurèle. Troisième édition. — Pages choisies à l'usage des lycées et des écoles. Cinquième édition. — Feuilles détachées. Dixième édition. — Ma Sœur Henriette, avec illustrations d'après Henri Scheffer et Ary Renan. *Paris, Calmann Lévy,* 1880-1895, 4 vol. in-12, dont 3 en demi-rel. v. bleu, et 1 br. *couvertures*.

1007. Vte E. Melchior de Vogüé : Histoires Orientales. — Le Fils de Pierre le Grand. — Histoires d'hiver. — Souvenirs et visions. — Syrie, Palestine, Mont Athos. — Spectacles contemporains. — Heures d'histoire. *Paris,* 1880-1891, 7 vol. in-12, dont 6 en demi-rel. v. f. et r. dos orné, fil. tête dor. ébarbés, et 1 cart. dos de perc. r. non rog.

    La plupart de ces ouvrages sont en ÉDITIONS ORIGINALES.

1008. Raoul Frary : Le Péril National. — Manuel du Démagogue. — La Question du Latin. — Mes Tiroirs. — Essais de critique. *Paris,* 1881-86, 5 vol. in-12, demi-rel. v. f. bleu, vert et r.
    Envoi autographe de l'auteur sur chaque volume.

1009. Henri Welschinger : La Censure sous le Premier Empire. — Le Duc d'Enghien, 1772-1804. *Paris,* 1882-88, 2 vol. in-8, dont 1 en demi-rel. chag. vert, dos orné, et l'autre en demi-rel. v. f. dos orné, fil. tête dor. non rog.
    Envoi autographe de l'auteur sur chaque volume.

1010. Edmond Biré : Victor de Laprade, sa vie et ses œuvres. — Victor Hugo avant 1830. — Journal d'un Bourgeois de Paris pendant la Terreur. — Paris pendant la Terreur. *Paris,* 1883-1890, 4 vol. in-12, demi-rel. v. bleu et r.

1011. Paul Deschanel : Questions actuelles, discours prononcés à la Chambre des Députés. — La Question du Tonkin. — La Politique française en Océanie, à propos du Canal de Panama. — Orateurs et Hommes d'Etat. — Figures de femmes. *Paris.* 1883-1890, 5 vol. in-12, dont 3 en demi-rel. v. f. et bleu, e 2 br. *couvertures.*
    Envoi autographe de l'auteur sur chaque volume.

BELLES-LETTRES

1012. Augustin Filon : Histoire de la Littérature anglaise depuis ses origines jusqu'à nos jours. — L'Elève de Garrick, 1780. — Profils Anglais : Randolph Churchill, Joseph Chamberlain, John Morley, Parnell. — Mérimée et ses amis, avec une Bibliographie des Œuvres complètes de Mérimée, par le Vte de Spoelberch de Lovenjoul. *Paris*, 1883-1894, 4 vol. in-12, dont 3 cart. perc. grise, bleue et r. et 1 en demi-rel. v. r. dos orné, tête dor.

<small>Envoi autographe de l'auteur sur 1 volume.</small>

1013. Emile Montégut : Les Pays-Bas, impressions de voyage et d'art. — Livres et âmes des Pays d'Orient. — Ecrivains modernes de l'Angleterre. — Choses du Nord et du Midi. — Mélanges critiques. — Dramaturges et Romanciers. — Heures de lecture d'un critique. *Paris*, 1884-91, 7 vol. in-12, demi-rel. v. f. bleu et r.

1014. Emile Montégut : Libres opinions, morales et historiques. — Ecrivains modernes de l'Angleterre. *Paris, Hachette*, 1888-89, 2 vol. in-12, demi-rel. v. bleu, dos orné, fil. tête dor. non rog.

1015. Cte Charles de Moüy : Discours sur l'histoire de France. — Lettres athéniennes. — Don Carlos et Philippe II. *Paris*, 1885-88, 3 vol. in-12, demi-rel. v. f. et bleu, dos orné, tête dor. ébarbés.

<small>Envoi autographe de l'auteur sur 2 volumes.</small>

1016. Charles Benoist : La Politique du roi Charles V, la nation et la royauté. — Enquête algérienne. — Les Ouvrières de l'aiguille à Paris. *Paris*, 1886-1895, 3 vol. in-12, demi-rel. v. bleu, cart. et br.

<small>Envoi autographe sur chaque volume.</small>

1017. Joseph Fabre : Washington libérateur de l'Amérique. — Procès de réhabilitation de Jeanne d'Arc, 2 vol. — Jésus, mystère en cinq actes. *Paris*, 1886-88, 4 vol. in-8, demi-rel. v. br. et f. dos orné, fil. tête dor. ébarbés, sauf 1 cart. dos de perc.

<small>Envoi autographe de l'auteur sur chaque volume.</small>

1018. Albert Desjardins : Les Sentiments moraux au XVIe siècle. — La Méthode expérimentale appliquée au droit criminel en Italie. *Paris, Durand et Pedone-Lauriel*, 1887-1892, 2 vol. in-8, dont 1 en demi-rel. v. bleu, dos orné, fil. tête dor. non rog. et 1 cart. dos de perc. verte, non rog.

1019. Philibert Audebrand : P. J. Proudhon et l'Ecuyère de l'Hippodrome. — Alexandre Dumas à la Maison d'Or. — Léon

BELLES-LETTRES

Gozlan. — Petits Mémoires du XIXe siècle. — Mémoires d'un Passant. *Paris*, 1888-1893, 5 vol. in-12, demi-rel. v. r. bleu et vert, sauf 1 cart. dos de perc.

Envoi autographe sur 4 volumes.

1020. Edouard Lockroy: Ahmed Le Boucher. La Syrie et l'Egypte au XVIIIe siècle. — M. de Moltke, ses mémoires et la Guerre Future. — Une Mission en Vendée, 1793. *Paris*, 1888-1893, 3 vol. in-12, demi-rel. v. f. et r. dos orné, fil. tête dor. ébarbés.

1021. Sully Prudhomme: Le Bonheur, poème. — Que sais-je ? Examen de conscience. Sur l'Origine de la Vie terrestre. — Réflexions sur l'Art des vers. *Paris, Lemerre*, 1888-1896, 3 vol. in-12, demi-rel. chag. br. et v. f. dos orné, fil. tête dor. non rog.

ÉDITIONS ORIGINALES.
Envoi autographe de l'auteur sur 2 volumes.

1022. Opuscules de M. Jules Simon :

1° La Neutralité scolaire, discours prononcé au Sénat français le 18 mars 1886. *Paris*, 1886, in-8 de 59 pp. (*17 exemplaires*).
2° Discours prononcé par M. Jules Simon au Sénat, séance du 18 mars 1886. Seconde délibération sur le projet de loi relatif à l'enseignement primaire. *Paris*, 1886, in-8 de 37 pp. (*16 exemplaires.*)
3° Discours prononcé par M. Jules Simon à l'inauguration du Nouvel Asile de nuit 44, rue Labat. *Paris*, 1888, in-8 de 29 pp. (*17 exemplaires*).
4° Séance de l'Académie Française du 4 avril 1889. Réponse de M. Jules Simon, directeur de l'Académie Française, au Discours de M. Henry Meilhac. *Paris*, 1889, in-8 de 37 pp. (*6 exemplaires*).
5° Conférence sur l'éducation faite au Théâtre de Lille, par M. Jules Simon. *Lille*, 1889, in-8 de 17 pp. (*8 exemplaires*).
6° Discours de M. Jules Simon prononcé à l'Assemblée générale de la Société Protectrice de l'Enfance, tenue à la Sorbonne, le 22 février 1891, in-8 de 27 pp. (*17 exemplaires*).
7° De l'initiative privée et de l'Etat en matière de réformes sociales. Conférence faite par M. Jules Simon. *Bordeaux*, 1892, in-8 de 20 pp. (*10 exemplaires*).
8° Notice bibliographique sur les œuvres de M. Jules Simon. *Paris*, 1893, in-8 de 16 pp. (*13 exemplaires*).
9° Le Musée Social. Inauguration du 25 mars 1895. Discours de M. Jules Simon. *Paris*, 1895, in-4 de 64 pp. (*8 exemplaires*).
10 Jules Simon. Notice historique, par M. Georges Picot. *Paris*, 1897, in-12 de 108 pp. (*44 exemplaires*).

1022 *bis*. J. Barthélemy Saint-Hilaire : Fragments pour l'histoire de la diplomatie française, du 23 septembre 1880 au 14 novembre 1881. — L'Inde Anglaise, son état actuel, son avenir. — La Philosophie dans ses rapports avec les sciences et la religion. — Ens. 3 vol. in-8, dont 2 en demi-rel. v. bleu, dos orné, fil. tête dor. et 1 en demi-rel. chag. noir.

1023. Philippe Gille : La Bataille Littéraire (Ire, IIe, IIIe, IVe, V^e et VIIe séries), 1875-1893, 6 vol. — Les Prisonniers de Cabrera. Mémoires d'un Conscrit de 1808. *Paris, Havard*,

1889-1894, 7 vol. in-12, dont 3 en demi-rel. v. bleu et r. dos orné, fil. tête dor. et 4 br. *couvertures*.

<small>Envoi autographe de l'auteur sur chaque volume.</small>

1024. Pierre Loti : Japoneries d'automne. — Au Maroc. — Le Livre de la Pitié et de la mort. — Aziyadé. — Le Roman d'un enfant. — Pêcheur d'Islande. — Matelot, illustrations de Myrbach. — Discours de réception à l'Académie française. — *Paris*, 1889-1893, 8 vol. in-12, dont 4 en demi-rel. v. f. bleu et r. et 4 cart. dos de perc. r.

<small>Quelques ouvrages sont en ÉDITIONS ORIGINALES.
ENVOI AUTOGRAPHE sur 3 volumes.</small>

1025. Ernest Legouvé : Nos filles et nos fils, scènes et études de famille. — Épis et bleuets, souvenirs biographiques, études littéraires et dramatiques, scènes de famille. *Paris, Hetzel, s. d.* 2 vol. gr. in-8, front. et pl. gr. sur bois, demi-rel. v. bleu et rouge, dos orné, fil. tête dor. non rog.

<small>Envoi autographe de l'auteur sur un volume.</small>

1026. Jean Paul Clarens : Réaction. — Un Grand ignoré : J. de Strada (2 *exemplaires*). — Heures vécues. — Portraits d'hier. *Paris, Savine*, 1890-92, 5 vol. in-12, br. *couvertures*.

<small>Envoi autographe de l'auteur sur 2 volumes.</small>

1027. Paul Déroulède : Chants du Paysan. — Messire Du Guesclin, drames en vers. *Paris, Calmann Lévy*, 1894-96, 2 vol. in-16, cart. dos de perc. verte et bleue, non rog.

<small>ÉDITIONS ORIGINALES. — Envoi autographe de l'auteur sur chaque volume.</small>

1028. Œuvres choisies de Vico, contenant ses mémoires, écrits par lui-même, la science nouvelle, les opuscules, lettres, etc. précédées d'une introduction sur sa vie et ses ouvrages, par M. Michelet. *Paris, Hachette*, 1835, 2 vol. in-8, demi-rel. v. f.

1029. Tullo Massarani. Legnano, grandi e piccole storie. *Milano, Bernardoni*, 1876, in-4 de 6 ff. prél. non ch. et 105 pp. de texte, 8 pl. photographiées, demi-rel. mar. br. tête dor.

<small>Exemplaire *entièrement monté sur onglets*.
Envoi autographe de l'auteur.</small>

1030. Storia della Riviera di Salò, del conte F. Bettoni. *Brescia, Malaguzzi*, 1880, 4 vol. in-8, pap. vergé, cart. non rog.

1031. Léon Tolstoï : Katia. — Ce qu'il faut faire — La Liberté dans l'Ecole. — L'Ecole de Yasnaïa Poliana. — Le Progrès et l'Instruction publique en Russie. — Plaisirs Vicieux. — La Famine. — Zola. Dumas. Guy de Maupassant. — Maître et Serviteur. — *Paris*, 1888-1896, 10 vol. in-12, demi-rel. v. f. bleu et r. dos orné, fil. tête dor, sauf. 1 cart. et 1 br.

<small>Envoi autographe de plusieurs traducteurs.</small>

VIII. COLLECTIONS ET MÉLANGES.

1032. Bibliothèque Grecque, avec la Traduction latine et les Index. *Paris, Firmin-Didot*, 1840-1855, 3 vol. gr. in-8 à 2 col. dont 2 en demi-rel. chag. r. dos orné, plats de perc. tr. dor. et 1 en demi-rel. chag. br. non rog.

<small>Eschyle et Sophocle. — Euripide. — Théophraste, Antonin, Epictète, Arrien, Simplicius, Cébès, Maxime de Tyr.</small>

1033. Classiques Grecs. — Réunion de 6 vol. in-12, reliés et cart.

<small>Œuvres complètes de Lucien et de Xénophon, traduction nouvelle, avec une introduction et des notes, par Eugène Talbot. *Paris, Hachette*, 1857-59, 4 vol. — Eunape. Vie des philosophes et des sophistes, traduites en français par St. de Rouville. *Paris*, 1878. — A. Protillet. Tyrtée, traduction nouvelle. *Paris*, 1879.</small>

1034. Classiques grecs et latins en éditions du XVIe siècle. — Réunion de 8 vol. in-8 et in-12, dont un rel. en peau de truie estampée et 7 en veau ou bas. ant.

<small>Alexandri Aphrodisei enarratio de anima ex Aristotelis institutione, interprete Hieronymo Donato. *Venetiis*, 1538. — Statii Papinii Neapolitani Sylvarum libri V, Thebaidos lib. XII, Achilleidos lib. II. *Lugduni*, 1547. — Decii Ausonii opuscula varia. *Lugduni*, 15 9. — Divini Platonis Operum a Marsilio Ficino tralatorum. Tomus primus. *Lugduni*, 1550. — T. Livii Patavini Historiarum ab urbe condita, Decas quarta. *Basileæ*, 1554. — Jo. Bodini Methodus historica. *Basileæ*, 1576. — Hippocratis Aphorismi græce et latine. *Lugduni*, 1580. — Auli Gellii noctes atticæ Vigiliæ atticæ ad exemplar poussimum Henrici Stephani lucidiores redditæ. *Excudebat Samuel Crispinus*, 1602.</small>

1035. Classiques grecs et latins en éditions des XVIe, XVIIe et XVIIIe siècles. — Réunion de 10 vol. in-fol. et in-8, bas. ant. et vélin.

<small>Xenophontis omnia quæ extant opera... *S. l. Excudebat Henricus Stephanus*, 1561, 2 parties en 1 vol. (Incomplet du titre). — D. Justiniani Imperatoris Institutionum libri IV. *Lugduni*, 1607. — L. A. Senecæ philosophi et M. A. Senecæ rhetoris quæ extant opera. *Lutetiæ Parisiorum, apud Martinum Lasnier*, 1627, 2 parties en 1 vol. — P. Terentii Comœdiæ sex. *Lugd. Batav. apud F. Hackium*, 1644, front. gr. — M. Accii Plauti comœdiæ. *Lugd. Batav. apud Fr. Hackium*, 1645, front. gr. — Valerius Maximus. *Lugd. Batav. apud Fr. Hackium*, 1651, front. gr. — D. Junii Juvenalis et Auli Persii Flacci Satyræ. *Lugd. Batav. apud. Fr. Hackium*, 1658. — Titi Petronii arbitri satyricon, accedunt diversorum poetarum lusus in priapum... *Amstelodami, Blaeu*, 1669, front. gr. par Romyn de Hooghe. — M. Minucii Felicis Octavius. *Lugd. Batav. ex officina Hackiana*, 1672, front. gr. — Phædri Aug. liberti æsopiarum libri V. *Hagæ-Comitum, apud Henr. Scheurleer*, 1718, front. gr.</small>

1036. Classiques grecs et latins en éditions du XVIIe siècle. — Réunion de 9 vol. in-8 et in-12, rel. en v. ant. et vélin.

Caii Sollii Apollinaris Sidonii Opera. *Hanoviæ*, 1617. — M. Val. Martialis Epigrammata, cum notis Th. Farnabii. *Amstelodami*, 1634, titre-front. gr. — Titi Livii Patavini Historiarum libri. *Amsterdami*, 1635, titre-front. gr. C. Velleii Paterculi Historiæ romanæ libri duo. *Parisiis*, 1644. — Strabonis de Situ Orbis libri XVII. Editio prioribus emendatior. *Amstelodami*, 1652, 2 vol. front. gr. — Alexandri Aphrodisiensis ad Imperatores de fato et de eo quod nostræ potestatis est. *Londini*, 1658. — Titi Petronii Arbitri, Satyricon. *Roterodami*, 1693. — M. Accii Plauti Comœdiæ superstites XX, ad ultimam editionem J. F. Gronovii accuratissime expressæ. *Amstelodami*, 1721, titre-front. gr.

1037. Classiques grecs et latins traduits en français. — Réunion de 9 vol. in-4, in-8 et in-12, v. ant. sauf 1 en vélin.

Sever. Boetii Consolationis philosophiæ libri V. *Lugd. Batav. apud Franciscum Hackium*, 1636, 2 parties en 1 vol. 1 front. gr. — Histoire Romaine écrite par Xiphilin, par Zonare et par Zosime, traduite par M. Cousin. *Paris*, 1686. — Réflexions morales de l'Empereur Marc Antonin, avec des remarques de Mr et de Mad. Dacier. *Amsterdam*, 1710, 2 tomes en 1 vol. portrait gr. — Sethos, histoire ou vie tirée des monuments anecdotes de l'Ancienne Egypte, traduite d'un manuscrit grec (par l'abbé Jean Terrasson). *Paris*, 1731, 1 vol. (Tome I). L'Histoire des Empereurs Romains, avec leurs portraicts en taille-douce, escrit en latin par Suetone et nouvellement traduit par Mr Du Teil. *Paris, Loyson*, 1661, front. et portr. gr. — Ocellus Lucanus, de la Nature de l'Univers, avec la traduction françoise, par M. l'abbé Batteux. *Paris, Saillant*, 1768. — La Vie et la philosophie d'Epictète, avec le Tableau de Cébès, par Gilles Boileau. *Paris, Edme*, 1772. — Le Manuel d'Epictète et les Commentaires de Simplicius, traduits en françois par M. Dacier. *Paris*, 1776, 2 vol.

1038. Auteurs latins imprimés à *Paris, chez Coustelier, Barbou, Desaint, Saillant, Mérigot*. — Réunion de 39 vol. in-12, front. pl. et vign. gr. v. ant. marb. fil.

Les Commentaires de César, 1775, 2 vol. — Catullus, Tibullus et Propertius, 1754. — Cornelius Nepos, 1745. — Q. Curtius, 1757. — Fr. Jos. Desbillons fabulæ, 1769. — Erasmi encomium moriæ, 1765. — Eutropius, 1746. — Q. Horatius Flaccus, éditions de 1746, 1754 et 1767, 3 vol. — Justinus, 1770. — D. J. Juvenalis et A. Persius Flaccus, 1754. — M. Ann. Lucanus, 1767. — T. Lucretius Carus, éditions de 1713 et 1754, 2 vol. — P. Ovidius Naso opera, 3 vol. — Velleius Paterculus, 1754. — Phædri fabulæ, 1748. — Plauti comœdiæ, 1759, 3 vol. — Plinii epistolæ, 1769. — Ren. Rapini hortorum lib. IV, 1780. — Sarcotis, carmen (a Jac. Mascnio), 1771. — Sarbievii carmina, 1759. — Sallustius, 1761. — Corn. Tacitus, 1760, 3 vol. — P. Terentius, 1753, 2 vol. — Novum J. C. Testamentum, 1767. — Jac. Vanierii prædium rusticum, 1786. — P. Virgilius Maro, 1745, 3 vol.

Quelques volumes sont sur GRAND PAPIER. — On y a joint: Les Poüsies de Malherbe. *Paris, Barbou*, 1764. — Theodori Bezæ Vezelii Poemata. *Lugduni Batavorum*, 1757.

Signature de M. Jules Simon sur les titres de 15 volumes.

1039. Livres illustrés du XVIIIe siècle. — Réunion de 6 vol. in-8 et in-12, reliés, sauf 1 dérelié.

L'Iliade, poëme, avec un Discours sur Homère, par M. de La Motte. *Paris, Dupuis*, 1714, front. et 12 pl. par Delamonce, Natier, etc., gr. par Chaufournier et Edelinck. — La Colombiade, ou la Foi portée au Nouveau Monde, poëme par Madame Duboccage. *Paris*, 1758, portrait, 10 pl. par Chedel et culs-de-lampe. - Discours sur l'origine et les fondements de l'inégalité parmi les hommes, par Jean-Jaques Rousseau. *Amsterdam*,

Rey, 1759, front. par Eisen, gr. par Sornique. — Théorie des Sentimens agréables, (par Louis Jean Levesque de Pouilly, avec une préface de J.-J. Vernet). *Paris*, 1774, front. 1 fleuron et 2 vign. par de Sève, gr. par Robert, (2 *exemplaires*). — Œuvres de Boufflers. *Paris*, 1792, front. gr. Les Amours de Psyché et de Cupidon, par J. de La Fontaine. *Paris*, 1793, 3 pl. gr. Ens. 2 ouvrages en 1 vol.

1040. Bibliothèque utile. *Paris, Impr. de Dubuisson, s. d.* (1866), 36 vol. in-16, demi-rel. v. f. dos orné.

La Vie Éternelle, par P. Enfantin. — Voltaire et Rousseau, par Eugène Noël. — Les Délassements du travail, par Maurice Cristal. — Révolution d'Angleterre 1603 1688, par Eugène Despois. — L'Espagne et le Portugal, par Emmanuel Raymond. — Origine et fin des Mondes, par Charles Richard. — De la Justice criminelle en France, par Gustave Jourdan. — L'Algérie ancienne et nouvelle, par Achille Fillias. — Introduction à l'étude des sciences physiques, par J. Morand. — La Révolution Française, résumé historique, par H. Carnot, 2 vol. (*Envoi autographe*). — Mécanique appliquée: horloges, montres, chronomètres, par Charles Gaumont. — La France au Moyen Âge, par Frédéric Morin — Jeanne D'Arc, 1429-1431, par Frédéric Lock. — Principes de la Loi civile, par Morin. — Eléments d'hygiène générale, par le Docteur Louis Cruveilhier. — Décadence de la Monarchie française, par Eugène Pelletan. — L'Inde et la Chine, par A. Ott. — Médecine populaire, par le Docteur Léopold Turck. — Causeries sur la mécanique, par L. Brothier. — Les Phénomènes de l'atmosphère, par F. Zurcher. — Histoire de la Terre, par L. Brothier. — Histoire de la Maison d'Autriche, par Charles Rolland. — Histoire de la Restauration, 1814-1830, par F. Lock. — Les Phénomènes de la mer, par E. Margollé. — La Pologne, sa constitution, son histoire et ses démembrements, par C. F. Chevé. — Histoire de la Marine Française, par A. Doneaud. — De l'Instruction en France. — L'Asie Occidentale et l'Egypte, par A. Ott. — Notions d'Astronomie, par Eugène Catalan. — Histoire populaire de la philosophie par L. Brothier. — Les Principaux faits de la chimie, par A. Sanson. — De l'Enseignement professionnel, par A. Corbon. — L'Art et les Artistes en France, par Laurent Pichat. — Histoire de la formation de la Nationalité Française, par P. J. B. Buchez, 2 tomes en 1 vol. — La Science du Bonhomme Richard, par B. Franklin.

1041. Bibliothèque Scientifique Internationale, publiée sous la direction de M. Em. Alglave. *Paris, Alcan,* 1879-1892, 5 vol. in-8, nombr. fig. gr. sur bois, cart. perc. br.

L'Homme avant les métaux, par N. Joly. — La France préhistorique d'après les sépultures et les monuments, par Emile Cartailhac. — Physiologie des exercices du corps, par le Dr Fernand Lagrange. — Les Altérations de la personnalité, par Alfred Binet. (2 *exemplaires*.)
Envoi autographe des auteurs sur 2 volumes.

1042. Bibliothèque d'Histoire illustrée, publiée sous la direction de MM. J. Zeller et Vast. *Paris, Librairies-Imprimeries Réunies,* 1893-96, 4 vol. in-8, fig. sur bois, cart. perc. r. fers spéciaux.

F. T. Perrens, La Civilisation Florentine du XIIIe au XVIe siècle. — Roger Peyre. L'Empire Romain. — Edgar Zevort. La France sous le Régime du Suffrage Universel. — E. Denis. L'Allemagne, 1789-1810.

1043. Mélanges sur la Médecine, l'enseignement et l'éducation, l'histoire. Traités de propagande religieuse. Almanachs divers. — Réunion de 92 opuscules in-12, reliés et cart.

1044. Mélanges historiques, archéologiques et bibliographiques. — Réunion de 70 opuscules gr. in-8 et in-8, reliés et cart.

1045. Pièces diverses, en prose et en vers, publiées à *Paris* en 1826. — Réunion de plus de 50 pièces en 10 vol. in-16, demi-rel. bas. verte, dos orné.

<small>Petit Dictionnaire des Girouettes. — Petit Dictionnaire ministériel. — Compte Rendu des Constitutions des Jésuites. — Biographie pittoresque des Jésuites. — Biographie des Cardinaux, archevêques et évêques français vivans. — Biographie des Dames de la cour et du Faubourg Saint-Germain. — Biographie des Ministres depuis la Restauration. — Biographie des Souverains du XIXe siècle. — Biographie des préfets des 87 départements de la France. — Nouvelle Biographie pittoresque des Députés. — Petite Biographie des Pairs. — Petite Biographie des Quarante. — Nouvelle Biographie critique et anecdotique des Contemporains, par Napoléon. — Dame Censure ou la Corruptrice, tragi-comédie, par Népomucène Lemercier. — Procès de M. l'Abbé La Mennais. — Etc., etc.</small>

1046. Thèses présentées à la Faculté des lettres de Paris de 1835 à 1879. — Réunion de 101 thèses en 19 vol. in-8 en demi-rel. v. f. vert et bleu.

<small>Thèses de MM. Guigniaut Jacques, Bontoux, Vincent, Vacherot, Ravaisson, Wallon, H. Martin, J. Denis, Rondelet, P. Janet, Hatzfeld, Burnouf, Waddington-Kastus, Philarète Chasles, Ch. Labitte, Huet, Thommerel, Montès, Patru, Willelmi, Thurot, Berger, Saisset, Bach, Riaux, Jules Simon, A. Germain, Zévort, Henne, Ferrari, E. Havet, Gouraud, Daunas, Colincamp, Sadous, abbé Barret, Lalanne, Beulé, Lévêque, Robiou, Nourrisson, Taine, Meyer, Renan, Caro, Lescœur, Lenient, Boutroux, Couat, Fouillée, Feugère, Cratiunesco, Ph. Gonnet, Péchenard, Benoist, Berthault, Aulard, L. Moy, Bougot, Bellanger, Espinas, Liard, Delaunay, Luguet, Berlioux, Gérard, Boucher, Mamet, Paquier, Hinstin, Lebègue, Foncin, Dauriac, Joyau, Maillet, Royer, Brochard, Dupuy, Montaut et Penjon.
SIGNATURE DE M. JULES SIMON sur quelques volumes et nombreux envois autographes des auteurs.</small>

1047. Thèses présentées à la Faculté des lettres de Paris de 1841 à 1869. — Réunion de 31 vol. in-8, en demi-rel. v. f. r. ou bleu.

<small>Thèses de MM. Barni, Bonnel, Bonnet, E. Charles, Clavel, Crouslé, Delondre, Drapeyrou, Gaffarel, Gaudar, Grenier, Hallberg, Joly, Lamarre, Ch. Labitte, Legrand, Lescœur, Lavollée, Mourier et Deltour, Nicolas, Nourrisson, L. Petit, Petit de Julleville, Philibert, Revillout, Robert, Robiou, Taine, Tournier, abbé Vaillant, J. Zeller.
Nombreux envois autographes des auteurs.</small>

1048. Thèses présentées à la Faculté des lettres de Paris de 1870 à 1879. — Réunion de 59 vol. in-8, demi-rel. v. bleu sauf 1 vol. cart.

<small>Thèses de MM. Aulard, Bayet, abbé Bellanger, Benoist, Belot, Berthault, Berlin, Boucher, Bourgain, Boutroux, Bozon, Carel, Couat, Darmesteter, Debidour, Delaunay, Denis, Duchesne, Dupuy, Espinas, G. Feugère, A. Feugère, Flach, Foncin, Fontaine, Gasquet, Gazier, Gerard, Giraud, Guay, Hémardinquer, Hinstin, Joyau, Lachelier, Lance, La Berge, Lallier, Léotard, Lehanneur, Lebègue, Liard, Lichtenberger, Luchaire, Marion, Massebieau, Maillet, Mamet, Parmentier, Person, Péchenard, Penjon, Pigeonneau, Pons, Prat, Rambaud, Riemann, Sarradin, Thomas, E. Zevort.
Nombreux envois autographes des auteurs.</small>

BELLES-LETTRES

1049. Thèses présentées à la Faculté des lettres de Paris de 1880 à 1895. — Réunion de 47 vol. in-8, dont 2 vol. cart. 2 br. et 42 vol. en demi-rel. v. f. bleu, r. ou vert, plus 1 vol. br.

Thèses de MM. : Antoine, Beljame, Bernage, Bernier, A. Bertrand, J. Bertrand, Bourchenin, Bréton, Buisson, Cagnat, Colsenet, Cons, Constans, Dejob, Douarche, Doulcet, Evellin, Falgan, Fernique, Gebelin, Girard, Graux, Guerrier, L. Havet, Jacquet, Lafargue, Lemaître, Martha, Masqueray, Molinier, Léon Moy, Ollé-Laprune, Pasty, Pellissier, Porroud-Picavet, Ponloche, Souriau, Soury, Trouverez, Valois, B. Zeller et Jean, Zeller.
Nombreux envois autographes des auteurs.

1050. Auteurs étrangers. — Réunion de 7 vol. in-12, demi-rel. v. f. sauf 1 cart. dos de perc. bleue.

Œuvres complètes de Gessner. *Paris, Huzard, s. d.* 4 tomes en 2 vol. 4 pl. gr. — Œuvres diverses de Lord Macaulay, traduites par M. Amédée Pichot. *Paris, 1860,* 2 vol. — Voyages en France, par Arthur Young, traduction par M. Lesage. *Paris, 1860,* 2 vol. — Lettres de François Pétrarque à Jean Boccace, traduites par Victor Develay. *Paris, 1891.*

1051. Ouvrages divers, *en italien.* — Réunion de 8 vol. in-8 et in-12, reliés, cart. et br.

La Tentazione, poema drammatico di Giuseppe Montanelli. *Parigi, 1856.* — Doveri della donna, lezioni di Giuseppe Mastriani. *Napoli, 1866.* — Innocenzo X Pamfili e la sua Corte storia di Roma, dal 1644 al 1655, da nuovi documenti, per Ignazio Ciampi. *Roma, 1878.* — Fanny Zampini Salazar. Antiche lotte, Speranze nuove. *Napoli, 1891,* portrait. — Roberto Fava. Ricordi Rumeni, note di un viaggio in Transilvania e Romania. *Parma, 1894,* etc.
Envoi autographe sur 6 volumes.

1052. Ouvrages divers, *en espagnol et en portugais.* — Réunion de 9 vol. in-8 et in-12, reliés, cart. et br.

Los Restos de Colon, in forme de la Real Academia de la Historia. *Madrid, 1879.* — Recuerdos de la Dominacion de los Arabes en España, por Rafael Contreras. *Granada, 1882.* — Estudio descriptivo de los monumentos Arabes de Granada, Sevilla y Cordoba o sea la Alhambra, el Alcazar, y la Gran Mezquita de Occidente, por Rafael Contreras. *Madrid, 1885.* — Discursos y manifiestos politicos de J. R. de Betancourt. *Madrid, 1887.* — Prosa de mis versos, par J. Ramon de Betancourt. *Barcelona, 1887.* — Album del Comendador Moreno de Christo. *Paris, 1889.* — Pensamientos, por G. V. B. *Hamburgo, 1890-91,* 2 vol. — Visconde de Ouguella. A Lucta social. *Lisboa, 1894.* — Etc.
Envoi autographe sur 2 volumes.

1053. Mélanges historiques *en anglais.* — Réunion de 13 vol. in-8 et in-12, cart. perc.

The History of England, from the year 1830-1874, by William Nassau Molesworth. *London, 1877.* — The Public Letters of the Right Hon. John Bright. *London, 1885.* — A Defence of the Church of England against disestablishment, by Roundell, earl of Selborne. *London, 1886.* — France and the Confederate Navy, 1862-1868, by John Bigelow. *London, 1888.* (2 exemplaires). — Assyria, from the rise of the Empire to the fall of Nineveh, by Zénaïde A. Ragozin. *London, 1891,* nombr. pl. — The Revolutionary spirit preceding the French Revolution, by Félix Rocquain. — *London, 1891.* — The German Emperor and his eastern neighbors, by Poultney Bigelow. *London, 1892,* portrait. — Etc. etc.

160   HISTOIRE

1054. Ouvrages divers édités à *Santiago (de Chile), Buenos Aires, Rio de Janeiro, Santo Domingo* et *Mexico*. — Réunion de 14 vol. in-8 et in-12, reliés, cart. et br.

>Estudios sobre España, notas y proyectos para un libro, por Jorge Hunecus Gana. *Santiago de Chile*, 1889. 2 vol. — Historia de las religiones por Alejo Peyret. *Buenos Aires*, 1886. — Curso de electrotecnica de la Escuela profesional superior, por M. B. Bahia. *Buenos Aires*, 1894. (*Tome VI, 2 exemplaires*). — These para o concurso das cadeiras de philosophia racional e moral do collegio D. Pedro II, pelo Dr. Rozendo Moniz Barretto. *Rio de Janeiro*, 1880. — José Maria Da Silva Paranhos Elogio historico. *Rio de Janeiro*, 1884. — Moniz Barretto. Estudo. *Rio de Janeiro*, 1886. — Rozendo Moniz. Tribulos e Crenças. *Rio de Janeiro*, 1891. — Amelia Francaxi. Madre culpable, novela orijinal. *San Domingo*, 1894. — Traductor nacional Frances por Octavio Gumersindo Alvarez. *Mexico*, 1892.
>Envoi autographe sur la plupart des volumes.

1055. Ouvrages divers, *en Russe, Grec, Danois, Anglais, Chinois, Japonais*. — Réunion de 16 vol. in-8, reliés, cart. et br.

>Envoi autographe sur 8 volumes.

1056. Livres Chinois et Japonais. — Réunion de 70 vol. in-8, imprimés sur papier de riz, reliés, cart. et br.

>On y a joint 2 grandes cartes du Japon coloriées et pliées, et 4 tableaux destinés à l'enseignement des classes enfantines.

HISTOIRE

I. GÉOGRAPHIE. VOYAGES. — CHRONOLOGIE.
HISTOIRE UNIVERSELLE.

1057. Dionysii Byzantii de Bospori navigatione quæ supersunt (en grec et latin), una cum supplementis in geographos græcos minores aliisque ejusdem argumenti fragmentis e codicibus Mss. edidit Carolus Wescher. *Parisiis, e Typographeo publico*, 1874, in-4, demi-rel. v. bleu.

1058. Cartes et plans :

>Plans de Paris en 1789, 1790 et 1794. — Plan de Paris en 1860, à l'échelle de 1/10.000, plié in-8 et collé sur toile. — Plan de Paris en 1868, à l'échelle de 1/10.000, plié in-8 et collé sur toile. — Cartes des chemins de fer, de la navigation intérieure, et des routes impériales de l'Empire français, à l'échelle de 1/1.390.000. — Atlas de la production de la richesse de la France, par Menier. *Paris, Plon*, 1878, in-4. — Cartes de France à l'échelle de 1/100.000 dressée par le service vicinal. *Paris, Hachette*, 32 feuilles dans 1 carton. — Histoire de la Guerre Civile en Amérique, par M. le Comte de Paris. *Paris*, 1875-83, atlas in-fol. de 19 cartes (1 à 19). — Cartes pour servir à l'intelligence de la France avec ses Colonies, par Levasseur. *Paris, Delagrave*, 1876, 1er fascicule de texte in-4 et 8 pl. in-fol. contenant 114 cartes, dans 1 carton.

HISTOIRE

1059. A. Gislenii Busbequii omnia quæ extant. *Lugd. Batavorum, ex officina Elzeviriana*, 1613, fort vol. in-24, titre-front. gr. vélin à recouvr.

PREMIÈRE ÉDITION collective des lettres et opuscules du célèbre diplomate et voyageur Auger Ghisselin de Bousbecques. (Willems : *les Elzevier* n° 380.)

1060. De Paris à Venise, notes au crayon, par M. Charles Blanc. *Paris, Hachette*, 1857, in-12, demi-rel. chag. r.

EDITION ORIGINALE. — Envoi autographe de l'auteur.

1061. Journal du Voyage du Cavalier Bernin en France, par M. de Chantelou ; manuscrit inédit, publié et annoté par Ludovic Lalanne. *Paris, Gazette des Beaux-Arts*, 1885, gr. in-8, portraits et fig. demi-rel. v. r. dos orné, fil. tête dor. non rog.

Tiré à 250 exemplaires.

1062. Voyage aux eaux des Pyrénées, par H. Taine, illustré de 65 vignettes sur bois, par G. Doré. *Paris, Hachette*, 1855, in-12, nombr. fig. gr. sur bois, demi-rel. chag. vert, dos orné.

PREMIER TIRAGE. — Rare.
ENVOI AUTOGRAPHE de l'auteur.

1063. Voyage de la Haute Egypte, observations sur les arts Egyptien et Arabe, par M. Charles Blanc. *Paris, Renouard*, 1876. — L'Egypte à petites journées, études et souvenirs, par Arthur Rhoné. *Paris, Leroux*, 1877. — Joseph Joûbert. En Dahabieh, du Caire aux Cataractes : le Caire, le Nil, Thèbes, la Nubie, l'Egypte Ptolémaïque. *Paris, Dentu, s. d.* — Ens. 3 vol. in-8, nombr. fig. dont 1 en demi-rel. chag. r. 1 en demi-rel. v. bleu, et 1 br.

1064. De l'Atlantique au Niger par le Foutah-Djallon, carnet de voyage de Aimé Olivier, vicomte de Sanderval. *Paris, Ducrocq*, 1882. — De Koulikoro à Tombouctou, à bord du « Mage », 1889-1890, par le lieutenant de vaisseau Jaime. *Paris, Dentu, s. d.* — Ens. 2 vol gr. in-8, fig. demi-rel. v. f. et r. dos orné.

Envoi autographe sur chaque volume.

1065. A. Historical Inquiry concerning Henry Hudson, his friends, relatives and early life, his connection with the Muscovy Company and Discovery of Delaware Bay, by John Meredith Read. *Albany, Munsell*, 1866, in-4, 1 pl. d'armoiries en chromolithog. demi-rel. mar. r. avec coins, dos orné, fil. tête dor. non rog. (*Brad-street.*)

Envoi autographe de l'auteur.

1066. Six mois dans les Montagnes-Rocheuses, Colorado, Utah, Nouveau-Mexique, par H. Beaugrand. *Montréal, Granger*, 1890, in-8, 1 carte et fig. demi-rel. v. f. dos orné, fil. tête dor. non rog.

<small>Envoi autographe de l'auteur.</small>

1067. Voyages. — *Paris*, 1864-1894. — Réunion de 10 vol. in-12, portr. et fig. dont 1 vol. br. 1 cart. et 8 en demi-rel. v. f. r. brun ou bleu.

<small>Jean Erdic, En Bulgarie et en Roumélie. — Gaston Deschamps, Sur les routes d'Asie, Chine et extrême Orient, par le B⁰ⁿ G. de Contenson. — Correspondance inédite de Victor Jacquemont, 2 vol. — Robert de Flers, Vers l'Orient. — Jean Revel, Chez nos ancêtres. — La Mer Polaire, par Ferd. de Lanoye. — Stanley, sa vie, ses aventures et ses voyages, par A. Burdo. — L'Islande et l'Archipel des Færœer, par le D' Henry Labonne.
Envois autographes des auteurs sur 6 volumes.</small>

1068. L'Art de vérifier les dates des faits historiques, des chartes, des chroniques et autres anciens monumens, depuis la naissance de Notre-Seigneur (par D. Maur. Franc. d'Antine, D. Clémencet et D. Durand) *S. l. n. d. (Paris, Desprez, 1770)*, in-fol. v. f. ant.

<small>Seconde édition de cet ouvrage estimé. — Le titre manque ??</small>

1069. (CHRONICORUM LIBER, per Hartmannus Schedel.) Registrum ‖ hujus ope ‖ ris libri cro‖nicarum ‖ cū figuris et ymagī‖bus ab initio mūdi : ‖ (A la fin :) *Adest nunc studiose lector finis libri Cronicarum... Hunc librum dominus Anthonius Koberger Nuremberge impressit. Adhibitis tamē viris mathematicis pingendiqz arte peritissimis, Michaele Wolgemut et Wilhelmo Pleydenwurff, quarū solerti acuratissimaqz animadversione tum civitatum tum illustrium virorum figure inserte sunt. Consummatū autem duodecima mensis Julij. Anno salutis nre* 1493, gr. in-fol. goth. fig. sur bois, lettres ornées, v. br. ant. dos orné, fil.

<small>Ce livre, connu sous le nom de *Chronique de Nuremberg*, est très remarquable à cause des jolies gravures sur bois dont il est orné et qui sont au nombre de plus de 2.000.
Trou raccommodé au titre. — Signature de *M. Jules Simon*, notes à l'encre et cachet du *Mⁱˢ de Courtanvaux* sur le titre et à la fin du volume. — Cassure au f. 43 et trou aux ff. 103 et 262.
Ex-libris ancien gravé et armorié : D. D. LE TELLIER DE COURTANVAUX.</small>

1070. Johannis Bernartii de utilitate legendæ historiæ libri duo. *Antverpiæ, ex officina Plantiniana*, 1593, pet. in-8, vélin.

1071. Discours sur l'Histoire Universelle à Monseigneur le Dauphin, pour expliquer la suite de la Religion & les changemens des Empires, par Messire Jacques Benigne Bossuet. *Paris, Séb. Mabre-Cramoisy*, 1681, in-4, demi-rel. v. br. moderne, dos orné.

ÉDITION ORIGINALE. — Le titre est remonté.

II. HISTOIRE DES RELIGIONS.

1072. Sulpitii Severi Opera omnia quæ extant. *Amstelodami, ex officina Elzeviriana*, 1656, pet. in-12, titre-front. gr. vélin.

Troisième édition elzevirienne copiée ligne pour ligne sur la seconde édition de 1643. Ces éditions imprimées en petits caractères renferment en plus que la première la continuation de Sleidan et sont recherchées. — On a relié à la suite : Continuationis Historiæ Sacræ Sulpicii Severi libri tres, autore Christiano Scholano. *Franekeræ, Alberti*, 1656, 8 ff. prél. non ch. 226 pp. et 9 ff. non ch. pour la table.

1073. L'Histoire Eccle|siastique de Eusebe de Ce||saree, translatee de latin en || frācoys, par Messire Clau||de Seyssel, Evesque lors || de Marseille ℞ depuis || Archevesque de | Thurin. || ℭ *Imprime en Anvers par moy || Martin Lempereur || Lan de Nostre || Seigneur | MDXXXIII |* (1533), in-8 goth. de 8 ff. prél. non ch. et 299 ff. ch. de 1 à 297 ; les ff. 157 à 160 sont ch. deux fois et les ff. 294 et 296 n'existent pas, vélin.

Nombreux raccommodages et feuillets remmargés.

1074. Histoire de l'Eglise, écrite par Eusèbe, évêque de Césarée, traduite par Monsieur Cousin. *Paris, Rocolet*, 1675, 4 vol. in-4, v. ant. granit.

1075. Le Christianisme et ses origines, par Ernest Havet. *Paris, Michel Lévy*, 1871-1884, 4 vol. in-8, demi-rel. v. bleu.

1076. E. de Pressensé : Le Siècle apostolique, première et seconde période. — L'Ancien Monde et le Christianisme. *Paris, Fischbacher*, 1887-89, 3 vol. in-8, demi-rel. v. bleu.

1077. Histoire religieuse. — Réunion de 8 vol. in-8 et in-12, demi-rel. chag. et v. sauf 1 cart. et 1 br.

Etudes sur l'histoire de l'humanité, par F. Laurent. Le Christianisme. *Paris*, 1855. — Histoire des persécutions religieuses en Espagne : Juifs, mores, protestants, par E. La Rigaudière. *Paris*, 1860. — Les Esclaves chrétiens depuis les premiers temps de l'Eglise jusqu'à la fin de la domination romaine en Occident, par Paul Allard. *Paris*, 1876. — Notre-Dame de Lourdes, par Henri Lasserre. *Paris*, 1880. — L'Eglise et le siècle, conférences et discours de Mgr. Ireland. *Paris*, 1894. — L'Eglise catholique et la liberté aux Etats-Unis, par le Vicomte de Meaux. *Paris*, 1893. — Le Congrès des Religions à Chicago en 1893, par G. Bonet-Maury. *Paris*, 1895. — Etc.

Envoi autographe sur 3 volumes.

HISTOIRE

1078. Histoire des Religions. — Réunion de 7 vol. in-8, reliés, cart. et br.

Dictionnaire historique-portatif des ordres religieux et militaires, et des congrégations régulières et séculières qui ont existé jusqu'à nos jours par Monsieur M. C. M. D. P. D. S. J. D. M. E. G. *Amsterdam, Rey,* 1769. — De l'Importance des Opinions religieuses par M. Necker. *Paris,* 1788. — L'Abbé Fauchet : De la Religion Nationale. Discours sur la liberté françoise, prononcé le 5 août 1789. Second Discours sur la liberté françoise, prononcé le 31 août 1789. Troisième Discours sur la liberté françoise prononcé le 27 septembre 1789 dans l'Eglise Notre-Dame, pour la Bénédiction générale de tous les drapeaux de la garde-Nationale, en présence de MM. Bailly, de La Fayette. *Paris,* 1789. Ens. 4 pièces en 1 vol. — Le Mariage des Prêtres. *S. l.* 1790.— Histoire du Clergé pendant la Révolution Française, par M. l'abbé Barruel, 2 tomes en 1 vol. — Essai sur l'Esprit et l'Influence de la Réformation de Luther, par Charles Villers. *Paris,* 1808. — Discours sur cette question proposée par l'Institut de France : Quelle a été l'influence de la Réformation de Luther sur les lumières et la situation politique des différens Etats de l'Europe? par M. Leuliette. *Paris,* 1808. — Etc.

1079. Histoire des Religions. — Réunion de 5 vol. in-8 et in-12, demi-rel. chag. et v. r. bleu et noir, sauf 1 cart. dos de perc.r.

Histoire du Mahométisme, contenant la vie et les traits du caractère du Prophète Arabe, par Charles Mills. *Paris,* 1825. — Les dieux de l'Ancienne Rome, mythologie romaine de L. Preller. *Paris,* 1866. — Le Sentiment religieux en Grèce, d'Homère à Eschyle, par Jules Girard. *Paris,* 1879. — Léon de Rosny : Les Peuples orientaux connus des anciens Chinois. Le Bouddhisme éclectique. *Paris,* 1886-1894, 2 vol.

1080. Mélanges sur le catholicisme. — Réunion de 8 vol. in-8, reliés, cart. et br.

Mgr. Dupanloup, par Mgr. Pelletier. *Paris,* 1876. — Introduction à l'histoire du sentiment religieux en Italie, depuis la fin du XII° siècle jusqu'au Concile de Trente, par E. Gebhart. *Paris,* 1884. — Georges Romain. L'Eglise est-elle contraire à la liberté? *Paris,* 1886. — Un siècle de Révolutions en France, 1789-1889. Politique de la Révolution et Politique chrétienne française, par A. de Sainte-Marie. *Paris,* 1888. — Essai sur la Loi de la Vie dans le célibat et le mariage, par l'abbé Joseph Crozat. *Le Touvet,* 1893. — De la Révolution, son génie, ses œuvres et ses dangers, par M. l'abbé Lagoutte. *Montligeon,* 1894. — Carnet d'un Séminariste soldat, par Alfred Tastevin. *Paris, Ollendorff,* s. d. — Etc.

1081. Mélanges sur le catholicisme, le clergé séculier et régulier, etc. — Réunion de 50 opuscules gr. in-8 et in-8, reliés et cart.

1082. Catholicisme. — Réunion de 7 vol. in-8, demi-rel. chag. et v. noir et bleu, sauf 1 br.

De la Religion considérée dans ses rapports avec l'ordre politique et civil, par l'abbé F. de La Mennais. *Paris,* s. d. — Mélanges catholiques extraits de l'avenir. *Paris,* 1831, 2 vol. — Cas de conscience à propos des libertés exercées ou réclamées par les Catholiques, par Mgr Parisis. *Paris,* 1847. — Vrais et faux Catholiques, par L. A. M. *Paris,* 1857. — Essais historiques sur les 3° et 4° siècles de l'ère chrétienne, par M. Augustin Veyssière. *Paris,* 1860. — Etude sur l'administration de l'Eglise dans les temps apostoliques et siècles suivants, par M. Anselme Desroys. *Roanne,* 1869.

1083. Histoire de l'Eglise de France pendant la Révolution, par M. l'abbé Jager. *Paris, Firmin-Didot,* 1852, 3 vol. in-8, demi-rel. chag. br. plats de perc.

HISTOIRE

1084. L'Ultramontanisme, ou l'Eglise Romaine et la Société moderne, par M. E. Quinet. *Paris*, 1844, in-8, demi-rel. v. bleu.
<small>Envoi autographe de l'auteur à *M. Félix Ravaison*.</small>

1085. L'Eglise et l'Etat. — Réunion de 4 vol. in-8, reliés et cart.
<small>L'Eglise et la République, par Mgr. Guilbert. *Paris*, 1879. — Le Budget du Presbytère, lettre à M. Gambetta, par Mgr Fèvre. *Paris*, 1879. — L'Etat et l'Eglise, par L. Minghetti. *Paris*, 1882. — La Séparation de l'Eglise et de l'Etat, par Mgr J. Fèvre. *Paris*, 1892.</small>

1086. Histoire et questions religieuses en France. — Réunion de 12 vol. in-12, demi-rel. v. f. bleu et vert, sauf 2 cart.
<small>Le Clergé de Quatre-vingt-neuf, par Jean Wallon. *Paris*, 1876. — Histoire de M. Emery et de l'Eglise de France pendant la Révolution, par M. Elie Méric. *Paris*, 1885, 2 vol. — Etudes sur l'histoire religieuse de la Révolution Française, par A. Gazier. *Paris*, 1887. — La Pacification religieuse et les suspensions de traitements, par Georges Picot. *Paris*, 1892. — Le Clergé et les temps nouveaux, par Elie Méric. *Paris*, 1892. — Etc.
Envoi autographe sur 6 volumes.</small>

1087. Relacion historica del Auto General de Fe que se celebro en Madrid este año de 1680 con asistencia del Rey N. S. Carlos II... Refierense con curiosa puntualidad todas las circunstancias de tan glorioso triunfo de la fe, con el catalogo de los señores que se hicieron familiares, y el sumario de las sentencias de los reos, por Jose del Olmo. *Vendese en casa de Marcos de Ondatigui, a la Plateria, junto a San Salvador*, 1680, 2 parties en 1 vol. in-4, 1 grande pl. gr. au trait et pliée. demi-rel. chag. br.
<small>Réimpression fac-similé exécutée à *Madrid*, en 1820.</small>

1088. Comte de Montalembert : Vicissitudes de l'Eglise Catholique des deux rites, en Pologne et en Russie, 2 vol. — L'Eglise Libre dans l'Etat Libre. — Deuxième lettre à M. le Comte de Cavour. *Paris*, 1843-1861, 4 vol. in-8, dont 2 en demi-rel. chag. noir, et 2 en demi-rel. v. f.

1089. Le R. P. Allaire, missionnaire au Congo, d'après ses écrits et sa correspondance. *Paris*, *Oudin*, s. d. in-8, portrait et fig. br.
<small>2 exemplaires.</small>

1090. Mélanges historiques sur la Papauté. — Réunion de 7 vol. in-8, demi-rel. chag. et v.
<small>Histoire de la Constitution Unigenitus, par Lafiteau. *Besançon*, 1820. — Discours, rapports et travaux inédits sur le Concordat de 1801, publiés par le Vicomte Frédéric Portalis. *Paris*, 1845. — La Question Romaine, par Edmond About. *Bruxelles*, 1859. — Recueil des allocutions consistoriales, encycliques et autres lettres apostoliques des souverains pontifes Clément XII, Benoît XIV, Pie VI, Pie VII, Léon XII, Grégoire XVI et Pie IX. *Paris*, 1865. — Grégoire VII et les origines de la doctrine ultramontaine, par Edouard Langeron. *Paris*, 1869. — Pie IX et Victor-Emmanuel, par Jules Zeller. *Paris*, 1879. — Comte Henry D'Ideville. Le Comte Pellegrino Rossi, sa vie, son œuvre, sa mort (1787-1848). *Paris*, 188.</small>

1091. Mélanges historiques sur les Papes. — Réunion de 4 vol. in-12, demi-rel. v. f. et bleu.

<blockquote>Histoire politique des Papes, par P. Lanfrey. Paris, 1860. — Rome et le Pape devant la conscience et l'histoire, par W. E. Gladstone. Paris, 1877. — Le Pape Pie VII à Savone, par H. Chotard. Paris, 1887. — Léon XIII devant ses contemporains. Paris, 1892.</blockquote>

1092. Mgr Perraud : Oraison funèbre de son Eminence le Cardinal Guibert. — Le Cardinal Lavigerie. — Le Cardinal de Richelieu. Paris, 1882-93, 3 vol. gr. in-8, portraits, demi-rel. v. br. et cart.

1093. Mgr Perraud : L'Oratoire de France au XVIIe et au XIXe siècle. — Les Paroles de l'heure présente, 1870 et 1871. — Quelques Réflexions au sujet de l'Encyclique du 16 février adressée à la France. — A Propos de la mort et des funérailles de M. Ernest Renan. Paris, 1866-1893, 4 vol. in-12, demi-rel. chag. vert, sauf 2 cart. dos de perc.

1094. Le Cardinal Lavigerie, par Mgr Baunard. Paris, Poussielgue, 1896, 2 vol. in-8, 2 portr. en héliog. et en phototypie, br.

1095. Le Promptuaire des Conciles en leglise catholique, avec les scismes et la différence diceulx, faict par Jean le Maire de Belges. Lyon, Jean de Tournes, 1547, pet. in-12 de 214 pp. et 4 ff. non ch. pour la Table, vélin.

<blockquote>Edition rare. — Nom raturé sur le titre, et déchirure à la p. 21.</blockquote>

1096. Histoire du Concile de Trente, de Fra Paolo Sarpi... traduite par M. Amelot de la Houssaie... Troisième édition, reveüe et augmentée. Amsterdam, Blaeu, 1704. — Histoire du Concile de Trente... traduit de nouveau en françois avec des notes critiques, historiques et théologiques, par Pietre-François Le Courayer. Amsterdam, Wetstein, 1751. 3 vol. — Ens. 4 vol. in-4, portr. gr. v. ant. marb.

1097. Actes de l'Assemblée générale du Clergé de France sur la religion. S. l. 1765. — Requête des fidèles à Nosseigneurs les Evêques de l'Assemblée générale du Clergé de France. S. l. n. d. — Avertissement du Clergé de France sur les dangers de l'Incrédulité. Paris, 1770. — Avertissement de l'Assemblée générale du Clergé de France, sur les avantages de la Religion chrétienne. Paris, 1775. — Ens. 4 parties en 1 vol. in-12, v. br. ant. dos orné.

1098. Actes de l'Assemblée générale du Clergé de France sur la Religion. Extraits du procès-verbal de ladite assemblée, tenue à Paris, au Couvent des Grands-Augustins, en mil sept cent soixante-cinq. S. l. 1765, in-4 de 60 pages, cart. non rog.

<blockquote>Ce volume contient : Condamnation de plusieurs livres contre la reli-</blockquote>

gion ; Exposition sur les droits de la puissance spirituelle; Déclaration sur la Constitution Unigenitus ; etc. — Raccommodage dans la marge extérieure du dernier feuillet.

1099. Actes du second Concile national de France, tenu l'an 1801 de J. C. (an 9 de la République française), dans l'Eglise métropolitaine de Paris. *Paris, an X* (1802), 3 vol. in-8, demi-rel. bas. ant.

1100. Légende dorée, ou Sommaire de l'Histoire des Frères Mendians de l'Ordre de S. Dominique et de S. François, comprenant briefuement et véritablement l'origine, le progrez, la doctrine et les combats d'iceux, tant contre l'Eglise Gallicane principalement, que contre les Papes et entr'eux mesmes depuis quatre cens ans (par Nic. Vignier le fils). *Amsterdam, aux dépens de la Compagnie*, 1734, in-12, vign. sur cuivre sur le titre, v. f. ant. dos orné, large dent. à froid, tr. marb.

Exemplaire sur GRAND PAPIER. Cassure à la page 107.

1101. La Guerre Séraphique, ou Histoire des périls qu'a courus la barbe des Capucins par les violentes attaques des Cordeliers, (par J. B. Thiers). *La Haye, Pierre de Hondt*, 1740, in-12, demi-rel. bas. f.

Les pages 267 à 359 sont occupées par une *Dissertation sur l'Inscription du grand portail de l'Eglise des Cordeliers de Reims, par le Sieur de Saint-Sauveur.*

1102. Ouvrages sur les Jésuites. — Réunion de 3 vol. in-12, dont 2 en vélin, et 1 en v. ant.

Exercitia Spiritualia B. P. N. Ignatii de Loyola. *Mussiponti, per Melchiorem Bernardum*, 1605. — Alphonsi de Vargas. Relatio ad reges et principes christianos, de stratagematis & sophismatis politicis Societatis Jesu ad Monarchiam orbis terrarum sibi conficiendam. *S. l.* 1641. — Elixir Jesuiticum, sive quinta essentia Jesuitarum ex variis, inprimis Pontificiis authoribus Alembico veritatis extracta, mundi theatro exhibetur... collectore Gratiano Leosthene Saliceto. *S. l.* 1645.

1103. Plaidoiés contre les Jésuites. — Réunion de 6 pièces en 1 vol. pet. in-8, vélin à recouvr.

Plaidoyé de M. Antoine Arnauld, pour l'Université de Paris demanderesse, contre les Jésuites defendeurs. *Paris, Mamert Patisson*, 1594, 56 ff. — Plaidoyé de M. L. Dollé pour les Curez de la ville de Paris, demandeurs, contre les Jésuites défendeurs. *Paris, M. Patisson*, 1595, 36 ff. — Plaidoyé sur lequel a esté donné contre les Jésuites l'arrest du 16 octobre 1597, inséré à la fin d'iceluy. *Paris, M. Patisson*, 1597, 12 ff. — Plaidoyé de Mᵉ. Pierre de la Martelière pour le Recteur et Université de Paris, contre les Jésuites. *Paris, Jean Petit-Pas*, 1612, 48 ff. — Harangue de M. Pierre Hardivillier, recteur de l'Université de Paris, prononcée par luy au Parlement pour l'Université, contre les Pères et escholiers du Collège de Clermont, le 22 décembre 1611. *Paris, Jean Petit-Pas*, 1612, 18 ff. — Le même ouvrage, en latin, 18 ff. — Discours véritable de ce qui s'est passé en la ville de Troyes, sur les poursuites faites par les Jésuites pour s'y establir depuis l'an 1603, iusques au mois de juillet 1611. *Troyes*, 1612.

1104. Les Enluminures du fameux almanach des PP. Jésuites, intitulé la déroute et la confusion des Jansenistes, ou triomphe de Molina jesuiste sur S. Augustin (par I. L. Lemaistre de Sacy). *S. l.* (A la fin :) *Enluminé pour la premiere fois le 15 janvier, et pour la seconde le 8 février* 1654, 6 ff. prél. non ch. 100 pp. (en vers) et planche gr. et pliée.— Response à la lettre d'une personne de condition, touchant les règles de la conduitte des Saints Pères dans la composition de leurs ouvrages, pour la deffense des véritez combattuës, ou de l'innocence calomniée (par Antoine Arnauld). *S. l.* (A la fin :)*du 20 mars,* 1654, 104 pp. — Ens. 2 ouvrages en 1 vol. in-8, planche, v. brun ant.

   ÉDITIONS ORIGINALES. Le premier ouvrage est orné d'une grande planche qui a pour titre : *La Déroute et confusion des Janssenistes.*

1105. Pièces sur les Jésuites. — Réunion de 11 ouvrages ou pièces en 4 vol. in-12, dont 1 cart. dos de perc. bleue et 3 en vélin moderne à recouvr.

   Desseins pernicieux des Jésuites, où on prouve que ces Pères ont trompé le Roi, le Pape et les Evêques, dans les affaires présentes (par Ant. Arnauld). *En Europe*, 1756, VIII-158 pp. — Mœurs des Jésuites, leur conduite sacrilège dans le tribunal de la pénitence (par Nic. Jouin). *A Turin*, 1756, XII-360 pp. — Mémoires pour servir de suite à l'Histoire de la morale des Jésuites. *S. l. n. d.* 67 pp. — Lettre écrite de Paris, à un ami de province, sur l'éducation des jeunes gens dans les Collèges des Jésuites, par un homme de qualité. *S. l. n. d.* 46 pp. — Délibération et procuration de MM. les Etudians du 17 août 1756, 10 pp.— Arrest de la Cour de Parlement de Rouen du 2 avril 1759, 8 pp. — Relation de l'affaire de M. l'Evêque de Luçon avec les Jésuites, au sujet de son Séminaire, 1758, 92 pp. — Ordonnance de M. l'Archevêque de Pharsale, grand inquisiteur d'Espagne. *Madrid*, 1758, 19 pp. — Les Jésuites atteints et convaincus de ladrerie, 1759, 2 ff. et 23 pp. — Lettre de N. N. au marquis N. N. sur le supplément, au nombre 41 du Messager de Modène, par le P. Zaccheria Jésuite Italien, 1758, VIII-38 pp. — Discours aux Grands de Pologne, sur la nécessité de bannir les Jésuites hors du Royaume, 1759, VIII-126 pp.

1106. Essai philosophique sur le monachisme, par Mr L. (Linguet). *Paris*, 1775, in-8, demi-rel. v. br.

   Cet ouvrage n'est autre chose que les vingt-quatre premiers chapitres de *l'Histoire impartiale des Jésuites*, par le même auteur.

1107. Jésuites. — Réunion de 5 vol. in-8, reliés, cart. et br.

   Les Jésuites, les Congrégations et le Parti Prêtre en 1827. Mémoire à M. le Cte de Villèle, par M. le Cte de Montlosier. *Paris*, 1827. — Conjuration des Jésuites, publication authentique du Plan secret de l'ordre, par l'abbé Leone. *Paris*, 1848. — Histoire de Pierre Ayrault et de son fils René, pseudo-Jésuite, par Paul de Musset. *Paris*, 1879. — Les Jésuites à Pontoise (1593-1762), par Henri Le Charpentier. *Pontoise*, 1880. — Un Jésuite homme de lettres au XVIIe siècle : le P. Bouhours, par George Doucieux. *Paris*, 1886.

1108. Ouvrages sur les Jésuites. — Réunion de 8 vol. in-12, demi-rel. v. et vélin, sauf 1 cart. et 1 br.

   Les Jésuites jugés par les Rois, les évêques et le Pape. *Paris*, 1857. —

HISTOIRE

Les Jésuites, par Adolphe Michel. *Paris*, 1879. — Les Jésuites et la liberté religieuse sous la Restauration, par Antonin Lirac. *Paris*, 1879. — Ernest Boysse. Le Théâtre des Jésuites. *Paris*, 1880. — Les Jésuites instituteurs de la jeunesse française au XVII⁰ et au XVIII⁰ siècle, par le P. Ch. Daniel. *Paris*, 1880. — Les Jésuites dans l'Amérique du Nord au XVII⁰ siècle, par Francis Parkman. *Paris*, 1882. — Etc.

1109. Histoire abrégée de l'Abbaye de Port-Royal, depuis la fondation en 1204, jusqu'à l'enlèvement des Religieuses en 1709, (par Michel Tronchay). *Paris*, 1710. — Relations écrites par la mère Marie-Angélique Arnauld, de ce qui est arrivé de plus considérable dans Port-Royal. *S. l. n. d.* — Premier (second, troisième et quatrième) gémissement d'une âme vivement touchée de la destruction du saint Monastère de Port-Royal des Champs (par l'abbé Le Sesne d'Etemare et le P. Fr. Boyer). *S. l.* 1713-14, 3 parties. — Ens. 5 parties en 1 vol. in-12, v. ant.

1110. Les Constitutions du Monastère de Port-Royal du Saint Sacrement (ordre de Cisteaux). *Paris, Desprez*, 1721, in-12, v. ant. jaspé.

D'après une note manuscrite tirée du catalogue de l'abbé Goujet, le corps de ces Constitutions serait de la mère Agnès Arnauld ; le règlement pour les enfants, qui est un excellent traité d'éducation chrétienne, serait de la mère Euphémie Pascal, sœur du célèbre Blaise Pascal ; et l'Institution des novices serait de la sœur Gertrude.

1111. Mémoires sur Port-Royal. — Réunion de 14 pièces en 1 vol. in-4, demi-rel. bas. verte, dos orné.

Divers actes, lettres et relations des Religieuses de Port-Royal du Saint Sacrement, touchant la persécution et les violences qui leur ont été faites au sujet de la signature du Formulaire, 52 pp. — Relation de ce qui s'est passé à Port-Royal, depuis le commencement de l'année 1664 jusqu'au jour de l'enlèvement des Religieuses, qui fut le 26 aoust de la même année, 115 pp. — Relation de la visite de Mr. Hardoüin de Perefixe, archevêque de Paris à Port-Royal des Champs, les 15, 16 et 17 novembre 1664, 56 pp. — Relation de la Captivité de la Sœur Anne-Marie de Sainte Eustoquie de Flecelles de Bregi, religieuse de Port-Royal des Champs, écrite par elle-même, 36 pp. — Relation de la Captivité de la Mère Angélique de S. Jean, religieuse de Port-Royal des Champs, 112 pp. — Lettres de la Mère Angélique de S. Jean à Mr. Arnaud, écrites depuis que la Communauté fut transférée à Port-Royal des Champs, jusqu'à la paix de l'Eglise, 32 pp. — Relation faite par ma sœur Geneviève de l'Incarnation, de ce qui s'est passé à Port-Royal de Paris, depuis le 26 aoust 1664 jusqu'au 3 juillet 1665, 52 pp. — Relation contenant les lettres que les Religieuses de Port-Royal ont écrites, pendant les dix mois qu'elles furent renfermées sous l'autorité de la Mère Eugénie, 207 pp. — Mémoires touchant ma sœur Anne-Eugénie, religieuse de Port-Royal, dite dans le monde Madame de Saint Ange, avec la relation de sa captivité, 192 pp. — Journaux de ce qui s'est passé à Port-Royal depuis que la Communauté fut transférée à Port-Royal des Champs, jusques à la paix qui leur fut rendue en 1669, 199 pp. — Etc., etc.

1112. Hanc legendam beatissime virginis Katherine noviter ex quam plurib' recollectā fideliter cū uno parvo sermōe de eadē fecit... (A la fin :) *Impssa per magistrū Jacobū de Pforīzen civē*

Basilens, 1504, in-4 de 27 ff. non ch. et 1 f. blanc, car. goth. lettres initiales peintes en bleu et en rouge, demi-rel. bas. ant.

<small>*Ex-libris-étiquette* Georgius Klostz, *Francofurti ad Mœnum*.</small>

1113. **Biographies religieuses.** — Réunion de 10 vol. in-12, demi-rel. v. f. et bleu, sauf 2 cart. dos de perc.

<small>Histoire de Sainte Elisabeth de Hongrie, duchesse de Thuringe (1207-1231), par le Comte de Montalembert. *Paris*, 1849. — Le Père Lacordaire, par le Comte de Montalembert. *Paris*, 1862. — Massillon, par l'abbé Blampignon. *Paris*, 1879. — Le Cardinal Guibert, notes et récits par Louis Ress. *Paris*, 1884. — L'Episcopat de Massillon suivi de sa correspondance, par l'abbé Blampignon. *Paris*, 1884. — Vie de Mgr. Dauphin, 1806-1882, par Eugène Beluze. *Paris*, s. d. — Abbé Félix Klein. Le Cardinal Lavigerie et ses œuvres d'Afrique. *Paris*, 1893. — Saint Bernardin de Sienne, 1380-1444, par Paul Thureau-Dangin. *Paris*, 1896. — Etc.
Envoi autographe sur 4 volumes.</small>

1114. **Joh. Cloppenburgii, Amstelredamensis,** Sacrificiorum patriarchalium schola sacra. In qua examinatur sacrificiorum antiquitas, usus et antiquatio. Cum spicilegio. *Lugd. Batav. ex officina Elseviriorum*, 1637, pet. in-12, mar. r. dos orné, fil. tr. dor. (Rel. anc.)

<small>Signature de M. Jules Simon sur le titre.</small>

1115. **Hieronymi Magii Anglarensis de Equuleo liber postumus.** Cum notis Goth. Jungermanni, accedit appendix virorum illustrium, idem argumentum pertractantium. Editio novissima aucta, emendata, et figuris æneis exornata. *Amstelodami, sumptibus Andreæ Frisii*, 1664, in-12, fig. et pl. gr. demi-rel. chag. vert, tr. marb.

<small>Ouvrage curieux, orné de 10 figures représentant des instruments de supplices et de tortures destinés aux martyres. — Signature de M. Jules Simon sur le titre.</small>

1116. **Justi Lipsii diva Sichemiensis sive Aspricollis :** nova eius beneficia & admiranda. *Antverpiæ, ex off. Plantiniana*, 1620, in-4, fleuron gr. sur le titre, dérelié.

1117. **Lettre (et seconde lettre) aux Alacoquistes, dits Cordicoles,** sur l'origine et les suites pernicieuses de la Fête du Sacré Cœur de Jésus et de Marie (par l'abbé Marc. — Ant. Reynaud, curé de Vaux, diocèse d'Auxerre). S. l. (*Paris*), 1782, 2 parties en 1 vol. in-12, demi-rel. v. br.

<small>Réfutation énergique des faits et gestes de Marie Alacoque et des prétentions de ses partisans. L'auteur a pris pour épigraphe de son livre : *Mon Père, pardonnez-leur, car ils ne sçavent ce qu'ils font!*</small>

1118. **Les Sépultures devant l'Histoire, l'archéologie, la liturgie,** le droit ecclésiastique et la législation civile, par M. Ed. Hornstein. — Histoire des inhumations, chez les peuples anciens et modernes, par le docteur Favrot. *Paris*, 1868, 2 vol. in-8, demi-rel. chag. noir.

1119. Paul Parfait : L'Arsenal de la dévotion, notes pour servir à l'histoire des superstitions. — Le Dossier des Pèlerinages, suite de l'Arsenal de la Dévotion. *Paris*, 1876-77, 2 vol. in-12, demi-rel. v. bleu.

1120. L'Histoire de la vie et mort de feu Mr Jean Calvin, fidèle serviteur de Jésus-Christ, par Théodore de Bèze, augmentée de diverses pièces considérables, et surtout de plusieurs tesmoignages authentiques de ses adversaires qui servent à sa justification. *A Genève, pour Pierre Chouët*, 1657. in-8, portr. demi-rel. v. bleu avec coins, dos orné, fil.

> Edition fort rare de ce livre ; elle comprend en tout 204 pp. chiff. mais la dernière page est cotée par erreur 202. Entre les pp. 4 et 5 se trouve intercalé *un beau portrait de Calvin portant dans le bas le monogramme de Pierre Woeiriot*. — La biographie s'arrête à la page 165. Les pp. 166 à 173 contiennent un *catalogue des livres et escrits de M. Jean Calvin*, et le reste du volume est complété par deux lettres de Calvin à G. Farel et à Viret, et d'autres pièces.

1121. Antoine Court. Histoire de la Restauration du Protestantisme en France au XVIIIe siècle, d'après des documents inédits, par Edmond Hugues. Deuxième édition. *Paris, Michel Lévy*, 1872, 2 vol. in-8, demi-rel. v. bleu, non rog.

1122. Mélanges historiques et politiques sur le Protestantisme. — Réunion de 8 vol. in-8, demi-rel. v. f. br. et bleu.

> Introduction à l'histoire du Culte, par le Dr Whately, traduit de l'anglais par A. Réville. *Dieppe*, 1849. — La Liberté des Cultes, par A. Vinet. *Paris*, 1852. — De l'Influence de Luther sur l'éducation du peuple, par Ad. Schaeffer. *Paris*, 1853. — Histoire des Assemblées politiques des Réformés de France (1573-1622), par Léonce Anquez. *Paris*, 1859. — Considérations sur la Réformation et les lois de 1860 en Suède, par O. d'Adelsward. *Paris*, 1862. — La Bible en France ou les traductions françaises des Saintes Ecritures. Etude historique et littéraire, par Emmanuel Pétavel. *Paris*, 1864. — Les Précurseurs Français de la Tolérance au XVIIe siècle, par Frank Puaux. *Paris*, 1881. — Vie de S. François d'Assise, par Paul Sabatier. *Paris*, 1894.

1123. Mélanges sur le Protestantisme. — Réunion de 5 vol. in-12, demi-rel. v. et vélin, sauf 2 cart.

> Jean-Bon-Saint-André. Sa vie et ses écrits, mis en ordre et publiés par Michel Nicolas. *Paris*, 1848. — Notice sur la Société de l'Histoire du Protestantisme français, 1852-1872 (par le Bon Fernand de Schickler). *Paris*, 1874. — Lettre d'un Protestant à M. Jules Ferry sur ses projets de loi, par Eug. Bersier. Deuxième édition. *Paris*, 1879. — John Wesley, sa vie et son œuvre, par Matthieu Lelièvre. *Paris*, 1883. — La Révocation, discours prononcé dans le Temple de l'Oratoire de Paris, par Eugène Bersier. *Paris*, 1886.

1124. La Politique du Clergé de France, ou Entretiens curieux de deux catholiques romains, l'un parisien et l'autre provincial sur les moyens dont on se sert aujourd'huy pour destruire la religion protestante dans ce royaume. Dernière édition, augmentée de la lettre de Mr. Spon au P. La Cheze. *La Haye, Barent Beeck*, 1682. — Les derniers efforts de l'innocence affligée, ou Entretiens curieux de deux Catholiques Romains... sur les moyens dont on se sert aujourd'huy pour détruire la religion protestante dans ce royaume. *Amsterdam, Du Fresne*, 1682. — Ens. 2 ouvrages en 1 vol. pet. in-12, vélin.

<small>Ces deux ouvrages sont de Pierre Jurieu. — *Signature de M. Jules Simon* sur le titre du 1er ouvrage.</small>

1125. L'Explication de l'Edit de Nantes de M. Bernard, avec de nouvelles observations & les nouveaux édits, déclarations et arrests donnez jusqu'à présent, touchant la religion prétenduë réformée, par M. Soulier. *Paris, Dezallier*, 1683, in-8, demi-rel. v. br.

1126. Histoire des Camisards, où l'on voit par quelles fausses maximes de politique et de religion, la France a risqué sa ruine sous le règne de Louïs XIV. *Londres, Moyse Chastel*, 1754, 2 vol. in-12, bas. ant. marb.

1127. Mémoire (et Second Mémoire) sur le Mariage des protestans en 1785 (par Guil. de Lamoignon de Malesherbes). *Londres*, 1787, 2 parties en 1 vol. — Eclaircissemens historiques sur les causes de la Révocation de l'Edit de Nantes, et sur l'Etat des Protestants en France, depuis le commencement du règne de Louis XIV. jusqu'à nos jours (par Cl. Carl. de Rulhière). S. l. *(Paris)*, 1788. — Ens. 2 vol. in-8. demi-rel. chag. noir.

1128. In Darkest England and the Way out, by general Booth. *London, International Head quarters of the Salvation Army*, s. d. (1890), in-8, 1 grande planche allégorique en couleur et pliée, cart. perc. noire.

<small>Curieuse publication de l'*Armée du Salut*.</small>

1129. Histoire abrégée de l'origine et de la formation de la Société dite des Quakers, où sont exposés clairement leur principe fondamental, leur doctrine, leur culte, leur ministère et leur discipline... par Guillaume Penn. Nouvellement traduite de l'anglois par Ed. P. Bridel. *Londres*, 1790, pet. in-12, bas. f. ant.

1130. Initiation des FF.·. Emile Littré, Jules Ferry, H. Chavée, par la R.·. L.·. la Clémente Amitié, dans sa tenue solennelle du 8 juillet 1875. — Loge Française et Ecossaise de la Clémente Amitié. Fête anniversaire de la réception du F.·. Littré. *Paris*, 1875-76, 2 vol. in-8, cart. non rog.

<small>Envoi autographe de *M. Charles Cousin* sur chaque volume ; l'un d'eux est ainsi libellé : « Au F.·. *Jules Simon*, respectueux hommage d'un ami et disciple qui voudrait bien voir son maître un peu plus souvent. »</small>

1131. Opuscula mythologica, physica et ethica, græce et latine. (Cum notis variis, ex recensione Th. Gale). *Amstelædami, apud Henr. Wetstenium*, 1688, in-8, front. gr. vélin.

<small>Bonne édition donnée par Meibomius. — Petit trou au dernier feuillet de l'Index.</small>

1132. Explication de divers monumens singuliers qui ont rapport à la religion des plus anciens peuples, avec l'examen de la dernière édition des ouvrages de S. Jérôme & un Traité sur l'astrologie judiciaire, par le R. P. Dom*** (Martin). *Paris, Lambert*, 1739, in-4, pl. gr. et pliées, v. ant. jaspé.

1133. Gisb. Cuperi Harpocrates sive explicatio imagunculæ argenteæ perantiquæ, quæ in figuram Harpocratis formata representat solem, ejusdem monumenta antiqua inedita. *Trajecti ad Rhenum, apud Fr. Halma*, 1687, in-4, pl. et fig. gr. vélin.

1134. Des Associations religieuses chez les Grecs : Thiases, Eranes, Argéons, avec le texte des inscriptions relatives à ces associations, par P. Foucart. *Paris, Klincksieck*, 1873, in-8, demi-rel. v. bleu.

1135. La Religion des Gaulois, tirée des plus pures sources de l'Antiquité, par le R. P. Dom*** (Martin). *Paris, Saugrain*, 1727, 2 vol. in-4, nombr. pl. gr. v. ant. granit.

<small>Signature de *G. Peignot* sur le premier feuillet de garde du tome I.</small>

III. HISTOIRE ANCIENNE.

1136. Justini historiarum ex Trogo Pompeio lib. XLIV, cum notis Isaaci Vossii. *Amstelodami, ex officina Elzeviriana*, 1664, pet. in-12, titre front. gr. vélin à recouvr. titre calligraphié sur le dos.

<small>Cette jolie édition est la réimpression ligne pour ligne de la première donnée par les Elzevier d'Amsterdam en 1656. (Willems : *les Elzevier* n° 1327.)</small>

HISTOIRE

1137. Justini Historiæ Philippicæ ex recensione Joannis Georgii Grævii cum ejusdem castigationibus. *Amsterodami, apud Henricum Wetstenium*, 1694, in-8, front. gr. vélin, fil. et comp. à froid.

<small>Ex-libris C. PIETERS.</small>

1138. Manuel d'histoire ancienne de l'Orient jusqu'aux Guerres Médiques, par François Lenormant. *Paris, A. Lévy*, 1868-69. 3 vol. in-12 de texte, demi-rel. v. bleu, et 1 atlas in-4 de 24 cartes gr. en noir et en couleur, en feuilles dans 1 carton.

1139. Flavii Josephi de antiquitatibus judæorum libri decem. *Lugduni, apud Sebast. Gryphium*, 1528, pet. in-8, car. ital. v. ant. jaspé, fil. tr. dor.

<small>Edition fort bien imprimée. — Marque de l'imprimeur sur le titre et au *verso* du dernier feuillet.
Signature de M. Jules Simon sur le titre. — Taches d'humidité aux 2 premiers feuillets.</small>

1140. Histoire de Fl. Josephe, sacrificateur hébrieu, mise en françois par D. Gilb. Genebrard. *Paris, Abel l'Angelier*, 1609, 2 vol. in-fol. fig. sur bois, v. ant. marb.

<small>Signature de M. Jules Simon sur le titre du tome 1.</small>

1141. Mélanges historiques, politiques, littéraires et artistiques sur le Judaïsme. — Réunion de 7 vol. in-8, reliés et cart.

<small>Le Développement de l'idée religieuse dans le Judaïsme, le Christianisme et l'Islamisme, par le D' L. Philippson, traduit de l'allemand par L. Lévy-Bing. *Paris, Michel Lévy*, 1856. — Essai sur la morale du Talmud, par Marc Lévy. *Bruxelles, Lebègue*, s. d. — Etudes historiques, politiques et littéraires sur les Juifs d'Espagne, par Don José Amador de Los Rios, traduites par J. G. Magnabal. *Paris, Paul Dupont*, 1861. — Histoire de l'Art Judaïque tirée des textes sacrés et profanes, par F. de Saulcy. *Paris, Didier*, 1864. — Traduction correcte et littéraire des Psaumes, faite sur le texte hébreu par M. le Grand Rabbin Mossé. *Avignon*, 1878. — La Révolution Française et le Rabbinat Français. *Avignon*, 1890. — Les Juifs Russes : Extermination ou Emancipation ? par Léo Errera. *Bruxelles*, 1893.</small>

1142. Ouvrages sur les juifs et l'antisémitisme. — Réunion de 6 vol. in-12, demi-rel. v. bleu et r. sauf 1 cart. et 2 br.

<small>Couronne, histoire juive, par Alexandre Weil. *Paris*, 1857. — L'Immortalité de l'âme chez les Juifs, par le D' G. Brecher. — Léonce Reynaud. Les Juifs français devant l'opinion. *Paris*, 1887. — Jean de Ligneau. Juifs et Antisémites en Europe. *Paris*, 1891. — Les Juifs de Russie. *Paris*, 1891. — Bernard Lazare. L'Antisémitisme. *Paris*, 1894.</small>

1143. Mélanges historiques sur divers peuples de l'antiquité. — Réunion de 7 vol. in-8, demi-rel. chag. br. et v. bleu, sauf 1 cart.

<small>De l'Origine des lois, des arts et des sciences et de leurs progrès chez les anciens peuples, par Antoine-Yves Goguet. *Paris*, 1820, 3 vol. — Les Mythes et les Légendes de l'Inde et de la Perse, dans Aristophane, Platon, Aristote, Virgile, Ovide..., par Eugène Lévêque. *Paris*, 1880. — Augustin Marrast. La Vie Byzantine au VIe siècle. *Paris*, 1881. — La Condition juridique de la femme dans l'ancienne Egypte, par G. Paturet. *Paris*, 1886. — De l'éducation et de l'instruction des hommes et des femmes chez les anciens, par J. P. Rossignol. *Paris*, 1888.</small>

HISTOIRE

1144. Herodoti historiarum lib. IX, eiusdem Narratio de vita Homeri; cum Vallæ interpret. latina historiarum Herodoti, ab Henr. Stephano recognita. Item cum iconibus structurarum ab Herodoto descriptarum. Ctesiæ quædam de reb. Pers. & Ind. Editio scunda. *S. l. (Genevæ), Excudebat Henricus Stephanus*, 1592, in-fol. texte grec avec la traduction latine en regard, v. ant. marb.

<small>Bonne édition, ornée de deux grands plans *hors texte* gravés sur bois, et représentant Babylone.
Signature de M. Jules Simon sur le titre.</small>

1145. Thucydides cum scholiis et antiquis et utilibus sine quibus autor intellectu multum est difficilis ; accessit præterea diligentia Joachimi Camerarii in castigando tum textu, tum commentariis una cum annotationibus eius. *Basileæ, ex officina Hervagiana*, 1540, 2 parties en 1 vol. in-fol. texte grec, demi-rel. v. f. dos orné à petits fers.

<small>Signature de M. Jules Simon sur le titre. — Trou au titre qui a été doublé; cassure à plusieurs feuillets occasionnée par une forte mouillure.</small>

1146. Q. Curtii Historia Alexandri Magni, cum notis selectiss. variorum, Raderi, Freinshemii, Loccenii, Blancardi, &c. Editio accuratissima. Accurante C. S. M. D. *Amstelodami, ex officina Elzeviriana*, 1673, in-8, front. 1 carte, 1 pl. et fig. gr. vélin à recouvr. dos orné, fil.

<small>Edition donnée par Schrevelius ; mais contrairement à ce que dit M. Willems (*les Elzevier*, n° 1482), elle ne concorde pas, ligne pour ligne, avec l'édition de 1664. Notre exemplaire contient, en effet, 2 ff. prél., 751 pp. 93 pp. pour le Supplément, et 30 pp. non ch. pour l'Index (*au lieu de 46 pages*).
Signature de M. Jules Simon sur le titre.</small>

1147. Quinti Curtii Rufi de Rebus gestis Alexandri Magni libri superstites, cum omnibus supplementis, variantibus lectionibus, commentariis ac notis perpetuis Fr. Modii, V. Acidalii, T. Popmæ, Joh. Freinshemii, Joh. Schefferi, Christ. Cellarii...; curavit & digessit Henr. Snakenburg. *Delphis & Lugd. Bat. apud Adr. Beman et Sam. Luchtmans*, 1724, fort vol. in-4, front. pl. et carte gr. vélin, dos orné, dent. et comp. *armoiries de ville*.

<small>Edition très estimée.</small>

1148. Vetus Græcia, illustrata studio & opera Ubbonis Emmii. *Lugduni Batavorum, ex officina Bonaventurae & Abrahami Elzevir*, 1626, 3 tomes en 2 vol. in-8, vélin à recouvr.

<small>L'auteur étant décédé durant l'impression de son ouvrage, l'épître dédicatoire porte la signature de son fils : Wesselus Emmius. (Willems : *les Elzevier*, n° 262.)</small>

1149. Histoire de la Grèce ancienne, par V. Duruy. *Paris, Hachette*, 1862, 2 vol. in-8, demi-rel. v. br.

1150. E. Beulé: Etudes sur le Péloponèse. *Paris, Firmin-Didot,* 1855, gr. in-8, demi-rel. v. f. — L'Histoire de l'Art grec avant Périclès. *Paris, Didier,* 1868, in-8, demi-rel. mar. bleu avec coins, tête dor. — Ens. 2 vol.

1151. Mélanges littéraires, historiques et archéologiques sur la Grèce. — Réunion de 8 vol. in-8, demi-rel. v. f. et bleu.

<small>Recherches critiques sur l'âge et l'origine des traductions latines d'Aristote, par Amable Jourdain. *Paris,* 1843. — Essai sur l'histoire de la critique chez les Grecs, suivi de la Poétique d'Aristote, par M. E. Egger. *Paris,* 1849. — Phidias, sa vie et ses ouvrages, par Louis de Ronchaud. *Paris,* 1861. — Praxitèle, essai sur l'histoire de l'art et du génie grecs depuis l'époque de Périclès jusqu'à celle d'Alexandre, par M. Emile Gebhart. *Paris,* 1864. — Xénophon, son caractère et son talent. Etude morale et littéraire, par Alfred Croiset. *Paris,* 1873. — L'Eloquence politique en Grèce. Démosthène, par L. Brédif. *Paris,* 1879. — Etude sur les démons dans la littérature et la religion des Grecs, par J. A. Hild. *Paris,* 1881. — Mémoire sur les Hypothèses astronomiques d'Eudoxe, de Callippe, d'Aristote et de leur école, par M. Th. H. Martin. *Paris,* 1881.</small>

1152. Les Antiquités Romaines de Denys d'Halicarnasse, traduites en françois, avec des notes historiques, géographiques, chronologiques et critiques, par M··· (Fr. Bellanger). *Paris, Lottin,* 1723, 2 vol. in-4, cartes gr. et pliées, v. ant. marb.

<small>Traduction la plus estimée. — Exemplaire sur GRAND PAPIER.
Signature de M. Jules Simon sur le titre du tome I.</small>

1153. Titi Livii Patavini decas tertia. *Venetiis, in ædibus Aldi et Andreæ soceri mense februario* M. D. XIX (1519), in 8, car. ital. mar. brun, fil. et comp. estampés à froid. (*Rel. anc. remboîtée.*)

<small>Tome II de la PREMIÈRE ÉDITION ALDINE de Tite-Live, publiée de 1518 à 1533, en 5 volumes.</small>

1154. T. Livii Patavini, ex XIIII decadibus historiæ romanæ ab urbe condita, decades, prima, tertia, quarta & quintæ dimidium, singulari cum studio ac judicio, tum diligenti observatione annotationum Beati Rhenani Sigismundi & Gelenii recognitae ac restitutae... *Parisiis, ex off. Michaëlis Vascosani,* 1543, fort vol. in-fol. demi-rel. v. f.

<small>Belle édition. — Notes à l'encre sur quelques feuillets.</small>

1155. Titi Livii Historiarum libri ex recensione Heinsiana. *Lugd. Batavorum, ex officina Elzeviriana,* 1634, 3 vol. — Joh. Fred. Gronovii ad T. Livii Patavini libros superstites notæ... *Lugd. Batav. ex officina Elzeviriorum,* 1645. — Ens. 4 vol. pet. in-12, titre-front. gr. mar. r. à long grain, dos orné, dent. sur les plats et dent. int. tr. dor.

<small>Edition la meilleure et la mieux imprimée.
Bel exemplaire dans une reliure très fraîche. — *Signature de M. Jules Simon sur le titre du tome premier.*</small>

HISTOIRE

1156. Titi Livii Historiarum quod extat cum perpetuis Car. Sigonii & J. Fr. Gronovii Notis. Jac. Gronovius probavit, suasque & aliorum notas adjecit. Editio nova. *Basilcac, apud E. & J. R. Thurnisios,* 1740, 3 vol. in-8, 1 front. gr. par C. Störcklin, vélin.

<small>Signature de M. Jules Simon sur le titre du tome I.</small>

1157. Réflexions de Machiavel sur la première Décade de Tite Live; nouvelle traduction, précédée d'un Discours préliminaire, par M. D. M. M. D. R. (De Menc, maître des requêtes). *Amsterdam et Paris, Jombert,* 1782, 2 vol. in-8, v. ant. marb.

<small>Exemplaire sur GRAND PAPIER D'ANNONAY. — Signature de M. Jules Simon sur le titre du tome 1.</small>

1158. L. Annæus Florus. Cl. Salmasius addidit Lucium Ampelium e cod. ms. nunquam anthehac editum. *Lugd. Batav. apud Elzevirios,* 1638, pet. in-12, titre-front. gr. chag. brun, dos orné et angles dor. fil. et comp. à froid, dent. int. tr. dor.

<small>PREMIÈRE ÉDITION avec la sirène en tête de l'épitre dédicatoire. — Signature de M. Jules Simon sur le titre.</small>

1159. L. Annæi Flori Hist. : Rom : lib. IV. Cum notis integris Cl. Salmasii additus etiam L. Ampelius ex eiusdem bibliotheca. *Lugduni Batavorum, ex officina Elzeviriana,* 1635, in-8, titre-front. gr. par G. Wingendorp, v. f. ant.

<small>Edition qui a servi de base au Florus *variorum* publié par C. Schrevelius, chez les Elzevier d'Amsterdam, en 1660 et en 1674. (Willems : les Elzevier, nº 760.)</small>

1160. C. Velleius Paterculus cum selectis notis Antonius Theysius J. C. edidit, et accurate recensuit. *Lugd. Batavorum, ex officina Francisci Hackii,* 1639, in-8, titre-front. gr. mar. r. à long grain, dos orné et mosaïqué de mar. bleu, dent. sur les plats et dent. int. tr. dor. *(Lefebvre.)*

1161. M. Velleius Paterculus, cum notis Gerardi Vossii. *Amstelodami, ex officina Elzeviriana,* 1664, 2 parties en 1 vol. pet. in-12, titre-front. gr. v. ant. marb.

<small>Réimpression ligne pour ligne de l'édition de Leyde 1639. (Willems : les Elzevier nº 1329.)
Ex-libris ancien de DU GUET gravé et armorié.</small>

1162. Ca. Crispi Sallustii opera Ascensii familiaris interpretatio. *Venundantur Lugduni, a Stephano Gueynard,* 1506, in-4 de IV-137 ff. car. goth. fig. sur bois sur le titre, vélin.

<small>La figure du titre est coloriée. — Nom à l'encre et griffonnage sur le titre ; piqûres de vers.</small>

1163. C. Sallustius Crispus, cum veterum historicorum fragmentis. *Lugduni Batavorum, ex officina Elzeviriana,* 1634, pet. in-12, titre-front. gr. par Cor. Cl. Duysent, ais de bois recouverts de peau de truie estampée à froid, dos orné, fermoirs arrachés. (Rel. de l'époque.)

PREMIÈRE ÉDITION sous cette date, devenue fort rare. Elle comprend 12 ff. prél. non ch. 310 pp. et 19 ff. non ch. pour le *Florilegium* et l'*Index*. (Willems : *Les Elzevier*, n° 412). — La reliure est datée de 1646. — Nom à l'encre sur le titre.
Hauteur : 121 mill. 1/2.

1164. Caii Crispi Sallustii quæ exstant item epistolæ de Republica ordinanda declamatio in Ciceronem et pseudo-Ciceronis in Sallustium ; nec non Jul. Exsuperantius de bellis civilibus ac Porcius Latro in Catilinam. Recensuit et adnotationibus illustravit Gottlieb Cortius, accedunt fragmenta Constantius Felicius Durantinus de conjuratione Catilinæ et Index. *Venetiis, excudit Jo. Bapt. Paschalius*, 1737, fort vol. in-4, demi-rel. bas. ant. marb. avec coins.

Édition savante et très estimée. — *Signature de M. Jules Simon* sur le titre.
Ex-libris armorié COMTE D. BOUTOURLIN.

1165. C. Julii Cæsaris quæ extant ex emendatione Jos. Scaligeri. *Lugduni Batavorum, ex officina Elzeviriana*, 1635, pet. in-12, titre-front. gr. portr. fig. et cartes gr. mar. r. fil. à froid. dent. int. tr. dor. (*Thompson*.)

PREMIÈRE ÉDITION sous cette date et qui est la plus parfaite des productions elzeviriennes, le principal chef-d'œuvre entre tous ceux qui ont immortalisé le nom des grands typographes néerlandais. (Willems : *les Elzevier* n° 420.)

1166. C. Julii Cæsaris quæ extant omnia, cum animadversionibus integris Dion. Vossii, J. Davisii aliorumque variis notis, ut & qui vocatur Julius Celsus de vita et rebus gestis C. J. Cæsaris, ex musæo Jo. Georg. Grævii. *Lugduni Batavorum & Delphis*, 1713, fort vol. in-8, front. pl. et cartes gr. vélin, dos orné, fil. et comp. armoiries de ville.

Edition recherchée pour la collection *Variorum*.

1167. Les Commentaires de César (de la traduction de Nic. Perrot, sieur d'Ablancourt). *Paris, Aug. Courbé*, 1650, in-4, front. dessiné et gr. par F. Chauveau, 1 carte et 1 pl. gr. vélin à recouvr.

PREMIÈRE ÉDITION de cette traduction. — Sur le titre, on remarque la *Signature de M. Jules Simon*, et une petite étiquette portant cette note à l'encre : *B. de Balzac, d. m.* (le père du romancier ?)
Au *verso* du premier plat de la reliure se trouvent peintes les armoiries d'un BOURBON-CONDÉ.

1168. C. Cornelius Tacitus ex J. Lipsii accuratissima editione. *Lugduni Batavorum, ex officina Elzeviriana*, 1634, pet. in-12, titre-front. gr. mar. r. jans. dent. int. tr. dor. (*David*.)

Bel exemplaire de cette édition recherchée.

HISTOIRE

1169. H. Savilius in Taciti Histor. Agricolæ vitam, et commentarius de militia romana. *Amstelodami, apud Ludovicum Elzevirium*, 1649, pet. in-12. titre-front. gr. et planche pliée, vélin.

Recueil de notes sur les Histoires de Tacite et la vie d'Agricola, suivi d'un Traité de la milice romaine, le tout extrait d'une traduction anglaise de Tacite par Henri Savile et traduit en latin par Isaac Gruter. (Willems, *les Elzevier* n° 1091.)
PREMIER TIRAGE.

1170. C. Suetonii Tranquilli duodecim Cæsares, ex Erasmi recognitione. *Parisiis, apud Simonem Colinæum*, 1527, 2 parties en 1 vol. in-8, car. ronds, lettres ornées, v. ant. marb. dos orné.

Exemplaire conforme à celui décrit par M. Renouard dans sa *bibliographie des éditions de Simon de Colines*. Belle marque *Aux lapins* sur le titre. Annotations manuscrites sur les marges.

1171. Caius Suetonius Tranquillus cum annotationibus diversorum. *Amsterodami, typis Ludovici Elzevirii*, 1630, in-24, titre-front. gr. v. f. dos orné, fil. dent. int. tr. dor. (*Muller.*)

Signature de M. Jules Simon sur le feuillet de garde.

1172. C. Suetonius Tranquillus, cum notis integris Jo-Bapt. Egnatii, Henrici Glareani, Lævini Torrentii, Fulvii Ursini, Isacii Casauboni, Jani Gruteri... et selectis aliorum, curante Petro Burmanno, qui et suas adnotationes adjecit. *Amstelædami, apud Janssonio-Waesbergios*, 1736, 2 vol. in-4, 1 front. et 34 pl. de médailles gr. v. ant. rac. dos orné, fil. tr. peigne.

Edition recherchée à cause des notes savantes de Burmann qu'elle renferme.

1173. Cajus Suetonius Tranquillus, ex recensione Francisci Oudendorpii, qui variantes lectiones, suasque animadversiones adjecit, intermixtis G. Grævii et J. Gronovii, nec non ineditis Car. Andr. Dukeri adnotationibus. *Lugduni Batavorum, apud Sam. Luchtmans*, 1751, fort vol. gr. in-8, front. et pl. gr. vélin.

Edition recherchée pour les notes d'Oudendorp qu'elle renferme.
Signature de M. Jules Simon sur le titre.

1174. Herodiani historiarum libri VIII. (A la fin :) *Venetiis, in ædibus Aldi, et Andreae Asulani soceri, mense septembri M.D.XXIIII* (1524), pet. in-8 de 97 ff. ch. et 1 f. blanc non ch. avec l'ancre aldine au verso, car. ital. cart.

Version latine seule donnée par Ange Politien.

1175. Histoire des Empereurs et des autres princes qui ont régné durant les six premiers siècles de l'Eglise .. justifiée par les citations des auteurs originaux, avec des notes..., par le Sieur Lenain de Tillemont. Seconde édition. *Bruxelles, Fricx,*

1732-1740, 6 tomes en 3 vol. in-fol. à 2 col. fleurons et vign. gr. bas. br. ant.

<small>Piqûres de vers dans quelques marges ; taches d'humidité.</small>

1176. Procopii Cæsariensis anecdota arcana historia, qui est liber nonus historiarum, ex bibliotheca Vaticana Nicolaus Alemannus protulit, latine reddidit, notis illustravit. *Lugduni, sumpt. Andr. Brugiotti,* 1623, 2 parties en 1 vol. in-fol. à 2 col. texte grec et latin, vélin.

<small>Nom à l'encre sur le titre.</small>

1177. Mélanges historiques sur les Romains. — Réunion de 5 vol. in-8, demi-rel. v. bleu, sauf 2 cart.

<small>Rome et les Barbares, étude sur la Germanie de Tacite, par M. A. Geffroy. *Paris,* 1874. — Etude sur l'Assistance publique et privée chez les Romains, par Emile Brousse. *Paris,* 1876. — Le Différend entre César et le Sénat, par Paul Guiraud. *Paris,* 1878. — De la Révolution économique et monétaire qui eut lieu à Rome au milieu du IIIe siècle avant l'ère chrétienne et de la classification générale de la Société Romaine avant et après la première guerre Punique, par E. Belot. *Paris,* 1885. — La Religion à Rome sous les Sévères, par Jean Réville. *Paris,* 1886.</small>

1178. Etudes sur l'histoire ancienne et le moyen âge. — Réunion de 10 vol. in-8 et in-12, demi-rel. v. et chag. sauf 1 cart.

<small>César, scènes historiques, par J. J. Ampère. *Paris,* 1859. — Etudes sur les historiens Byzantins. Les Derniers jours d'un Empire, par Raymond François. *Paris,* 1870. — La Cité Antique, étude sur le culte, le droit, les institutions de la Grèce et de Rome, par Fustel de Coulanges. *Paris,* 1874. — Quatrième croisade : la diversion sur Zara & Constantinople, par Jules Tessier. *Paris,* 1884. — Les Institutions de la Grèce Antique, par Félix Robiou. *Paris, s. d.* Les Romains au temps de Pline le jeune, leur vie privée, par Maurice Pellisson. *Paris,* 1882. — Etudes morales sur l'Antiquité, par Constant Martha. *Paris,* 1883. — Etc.
Envoi autographe sur 4 volumes.</small>

1179. Recueil des Historiens des Croisades, publié par les soins de l'Académie des Inscriptions et Belles-Lettres : Historiens occidentaux. *Paris, Impr. Nationale,* 1886, in-fol. pap. vergé, br. non rog.

<small>Tome V, première partie.</small>

IV. HISTOIRE DE FRANCE.

1. Histoire générale. — Mœurs, usages, antiquités. — Mélanges.

1180. Les Illustrations de Gaulle et singularitez de Troye, contenant trois parties... Le tout composé par excellent hystoriographe maistre Jehan le Maire de Belges... nouvellement imprimé à Paris M. D. XL. *On les vend à Paris... par maistre Pierre Vidoue.* (A la fin du premier volume :) *Imprimé à Paris* M. D.

HISTOIRE 181

XL (1540), 2 vol. in-8, car. ronds, lettres ornées, v. ant. jaspé, avec comp. de v. f. fil. à froid.

<small>Bonne édition dont nous n'avons que les deux premiers livres avec les Epistres de l'Amant vert. Le troisième livre, l'épistre du Roy à Hector et le Traité de la différence des scismes... manquent. Raccommodages au titre.</small>

1181. De l'Estat et succez des affaires de France. Œuvre depuis les précédentes éditions, augmentée et illustrée, côtenant sommairement l'Histoire des Roys de France et les choses plus remarquables par eux instituées pour l'ornement et grandeur de leur royaume. Ensemble une sommaire Histoire des Seigneurs, Comtes et Ducs d'Anjou, par Bernard de Girard, Seigneur du Haillan. *Paris, Pierre l'Huillier*, 1573, 2 parties en 1 fort vol. in-16, portr. gravé sur bois, vélin moderne à recouvr. titre calligraphié sur le dos.

<small>Bonne édition de cet ouvrage recherché.
Signature de M. Jules Simon sur le titre.</small>

1182. Le Thrésor des Histoires de France, réduit par tiltres, partie en forme d'annotations, partie par les lieux communs, par Gilles Corrozet, augmenté et continué jusques à présent. *Paris, Jean Corrozet*, 1627, in-8, cart.

<small>Marque de Corrozet et signature de M. Jules Simon sur le titre.</small>

1183. Histoire de France, depuis Faramond jusqu'au règne de Louis le Juste, enrichie des portraits des rois, reines et dauphins... et d'un Recueil des médailles qui ont esté fabriquées sous chaque règne..., par le sieur F. de Mezeray. Nouvelle édition. *Paris, Thierry*, 1685, 3 vol. in-fol. 1 front. et portr. gr. v. ant. fatigué.

<small>Signature de M. Jules Simon sur le faux-titre du tome I. — Cachet sur les titres.</small>

1184. Nouvel Abrégé (et Supplément au) chronologique de l'Histoire de France, contenant les événemens de notre histoire depuis Clovis jusqu'à la mort de Louis XIV. Quatrième édition, (par le Président Hénault). *Paris, Prault*, 1752-56, 2 parties en 1 vol. in-4, vign. gr. d'après Cochin, v. ant. éc. fil. tr. dor.

<small>Signature de M. Jules Simon sur le titre.</small>

1185. Histoire de France populaire, depuis les temps les plus reculés jusqu'à nos jours (1792), par Henri Martin. *Paris, Furne*, s. d. (1867-75), 3 vol. gr. in-8 à 2 col. portr. front. et nombr. fig. sur bois dans le texte, demi-rel. v. r.

<small>Tomes I à III.
Envoi autographe de l'auteur.</small>

1186. Summa historiæ gallo-francicæ civilis et sacræ, edita a Johanne Michaële Lorenz. *Argentorati, Treuttel,* 1790-93, 4 vol. in-8, demi-rel. v. bleu, dos orné.

Cachet de la bibliothèque de M. *Ph. Le Bas* sur chaque titre.

1187. Les Recherches de la France d'Estienne Pasquier, augmentées par l'Autheur en ceste dernière édition, de plusieurs beaux placards et passages... *Paris, Laur. Sonnius,* 1617, fort vol. in-4, portrait gr. vélin à recouvr.

Déchirure à la marge inférieure du 7ᵉ feuillet préliminaire.

1188. Gregorii Turanici historiæ francorum libri decem. — Adonis Viennensis archiepiscopi, breviarium chronicorum, ab origine mundi ad sua usque tempora. *Parisiis, apud Guil. Morelium,* 1561, 2 parties en 1 fort vol. pet. in-8, v. br. fil.

Signature de M. *Jules Simon* sur le titre du premier ouvrage.

1189. Traittez concernant l'Histoire de France, sçavoir la Condamnation des Templiers, avec quelques actes ; l'Histoire du schisme, les Papes tenans le siège en Avignon, et quelques procez criminels, composez par Monsieur du Puy. *Paris, Du Puis et Edme Martin,* 1654, in-4, v. br. ant. fatigué.

Nom raturé sur le titre. — Un feuillet préliminaire paraît manquer. — Tache d'encre à 3 feuillets.
Ex-libris moderne Frédéric Pyndar Lowe.

1190. L'Etat de la France, où l'on voit tous les princes, ducs et pairs, maréchaux de France et autres officiers de la couronne : les évêques, les cours qui jugent en dernier ressort, les gouverneurs des provinces, les chevaliers des ordres, etc. Le tout enrichy d'un grand nombre de figures (rédigé par N. Besongne). *Paris, Le Gras,* 1689, 2 vol. in-12, nombr. fig. de blasons, vélin moderne à recouvr. titres calligraphiés sur les dos, tr. r.

1191. Mélanges sur l'Histoire de France. — Réunion de 6 vol. in-12, v. ant. et vélin.

Bouclier d'Estat et de Justice contre le dessein manifestement découvert de la monarchie universelle, sous le vain prétexte des prétentions de la Reyne de France. *S. l.* 1667. — Lettres du Cardinal Mazarin, où l'on voit le Secret de la Négociation de la Paix des Pirénées. Nouvelle édition. *Amsterdam, Wetstein,* 1693, 2 parties en 1 vol. — Histoire publique et secrète de la Cour de Madrid dès l'avènement du Roi Philippe V à la Couronne (par J. Roussel). *Cologne,* 1719, 5 portr. gr. — Ordonnance de Louis XIV pour le Commerce, donnée à S. Germain en Laye au mois de mars 1673. *Paris,* 1744. — Mémoires et Réflexions sur les principaux événements du règne de Louis XIV, et sur le caractère de ceux qui y ont eu la principale part, par Mʳ. L. M. D. L. F. (Le Marquis de la Fare). *Amsterdam,* 1755. — Mémoires historiques et critiques sur divers points de l'histoire de France, et plusieurs autres sujets curieux, par François Eudes de Mezeray. *Amsterdam,* 1753, 2 tomes en 1 vol.

HISTOIRE

1192. Mélanges sur l'Histoire de France. *Paris*, 1851-1889. — Réunion de 14 vol. in-12, demi-rel. v. r. dos orné.

Le Coup d'Etat de brumaire an VIII, par Paschal Grousset. — Révélations sur la Société du dix-décembre, par M. Gallix. — Les Hommes de 1852, par Corentin Guyho. — L'Opposition libérale sous l'Empire (1861-1863), par A. Darimon. — Voyage autour de la République, par Paul Bosq. — Les Garagouins, par *** (H. Belliot). — J. Grand-Carteret. La France jugée par l'Allemagne. — Henri Des Houx. Ma Prison. — Saint-Yves d'Alveydre. La France vraie, 2 vol. — Edmond Deschaumes. Le Grand patriote. — Les Chemins de fer en France et à l'étranger, par O. Noël. — Correspondance de P. Lanfrey, 2 vol.
Envois autographes des auteurs sur 8 volumes.

1193. Mélanges sur l'Histoire de France. *Paris*, 1857-1891. — Réunion de 8 vol. in-12, demi-rel. v. bleu.

La Noblesse française sous l'ancienne Monarchie, par Ch. Louandre. — H. de La Ferrière. Henri IV. — Le Désordre des finances à la fin du règne de Louis XIV, par Ad. Vuitry. — Histoire de Law, par A. Thiers. — André Chénier et les Jacobins, par Oscar de Vallée. — Causeries sur notre histoire, par Gustave Hubault. — Le Mal politique, par G. Giacometti. — La Réforme administrative, le vicomte G. d'Avenel.
Envois autographes des auteurs sur 6 volumes.

1194. Mélanges historiques et politiques sur la France. — Réunion de 21 vol. in-12, reliés, cart. et br.

Dix-huit années de gouvernement parlementaire, par M. le Comte de Montalivet. *Paris*, 1864. — Les Français de la décadence, par Henri Rochefort. *Paris*, 1867. — De l'Unité Nationale, par le Comte de Falloux. *Paris*, 1880. — Les Cahiers du Capitaine Coignet (1799-1815), publiés par Lorédan Larchey. *Paris*, 1883. — Les Suites d'une Capitulation : relations des captifs de Baylem, par Lorédan Larchey. *Paris*, 1884. — Histoire des Etats Généraux (1302-1614), par R. Jellifier. *Paris*, 1885. — Histoire de la Révolution de 1848, par A. Mouchanin. *Paris*, 1887. — La France du Centenaire, par Edouard Goumy. *Paris*, 1889. — La République Révolutionnaire, par F. Dubamet. *Paris*, 1889. — Sybil (Charles Benoist). Croquis parlementaires. *Paris*, 1891. — De Marcère. Entretiens et souvenirs politiques, 1892-1894. *Paris*, 1894, 2 vol. — Les Elections législatives depuis 1789, par G. D. Weil. *Paris*, 1895. — Victorien Sardou. La Maison de Robespierre. *Paris*, 1895. — Une Conspiration en l'an XI et en l'an XII, par Huon de Penanster. *Paris*, 1896. — Etc., etc.
Envoi autographe sur 8 volumes.

1195. Mélanges sur l'histoire de France. — Réunion de 12 vol. gr. in-8, br.

La Révolution Française, revue historique dirigée par Auguste Didot. *Paris*, 1884, 1 vol. (Tome VI). — Histoire de la Restauration, par Ernes. Hamel. *Paris*, 1887, 1 vol. (Tome I). — Histoire contemporaine de Strasbourg et de l'Alsace, par Charles Sœhling. Deuxième partie : 1853-1872. *Nancy* 1887. — Histoire générale des émigrés et la Société Française sous Napoléon Ier, par H. Forneron. *Paris*, 1890, 1 vol. (Tome III). — Les Origines du Concordat, par Léon Séché. *Paris*, 1894, 1 vol. (Tome I). — H. Thirria. Napoléon III avant l'Empire. *Paris*, 1895, 1 vol. (Tome I). — France et Allemagne, 1868-1871, par le Prince Lubomirski. *Paris*, 1896, 1 vol. (Tome VI). — Etc.

1196. Mélanges sur la géographie et l'histoire de France. — Réunion de 17 vol. in-12 et in-16, demi-rel. chag. et v. sauf 1 cart.

Les Souvenirs de Madame de Caylus. *Paris*, 1806. — Les Guerres de religion en France, par Jules Bastide. *Paris*, s. d. — Charlemagne et sa cour, par B. Hauréau (742-814). *Paris*, 1854. — Abrégé de l'Histoire de France, par V. Duruy. *Paris*, 1853, 2 vol. — Récits des Temps Mérovingiens, par Augustin Thierry. *Paris*, 1868. — Etudes sur l'ancienne France : histoire, mœurs, institutions, par Félix Rocquain. *Paris*, 1875. — Les Grands ports de commerce de la France, par L. Simonin. *Paris*, 1878. — L'Histoire du travail en Gaule à l'Exposition Universelle de 1889, par Salomon Reinach. *Paris*, 1890. — Etc., etc.

Envoi autographe sur 3 volumes.

1197. **Histoire de France sous divers règnes.** — Réunion de 12 vol. gr. in-8 et in-8, demi-rel. v. sauf 3 cart. et 2 br.

Jacques Maissiat : Jules César en Gaule. *Paris*, 1865, 1 vol. (*Tome I*). — La Gaule avant les Gaulois, par Alex. Bertrand. *Paris*, 1884. — Jeanne d'Arc Champenoise, étude critique, par E. Misset. *Paris*, 1895. — Le Génie de Jeanne d'Arc, par Arthur de Gravillon. *Paris*, 1895. — Jeanne d'Arc, sa vrai mission, par J. E. Choussy. *Orléans*, 1895. — La Saint-Barthélemy, par Hector de La Ferrière. *Paris*, 1892. — L'Esprit de la Ligue, par Anquetil. *Paris*, 1818, 2 vol. — L'Economie rurale de la France sous Henri IV (1589-1610), par M. G. Faguiez. *Paris*, 1894. — La France avant la Révolution, son état politique et social en 1787, par M. Raudot. *Paris*, 1841. — Les Exilés de Bourges, 1753-1754, par A. Grellet-Dumazeau. *Paris*, 1892. — Angelo de Gubernatis. La France. *Florence*, 1891.

1198. **Histoire de France sous divers règnes.** — Réunion de 11 vol. in-8, demi-rel. v. f. bleu et r. sauf 1 br.

La France de Saint Louis, d'après la poésie nationale, par Ed. Sayous. *Paris*, 1866. — R. de Maulde La Clavière. Louise de Savoie et François Ier, trente ans de jeunesse. *Paris*, 1895, portrait et 2 pl. en héliog. — Henri IV écrivain, par Eugène Jung. *Paris*, 1855. — Henri IV, sa vie, son œuvre, ses écrits, par J. Guadet. *Paris*, 1879. — Le Gouvernement de Louis XIV, ou la Cour, l'administration, les finances et le commerce de 1683 à 1689, par Pierre Clément. *Paris*, 1848. — De l'Administration de Louis XIV (1661-1672), d'après les mémoires inédits d'Olivier d'Ormesson, par A. Chéruel. *Rouen*, 1849. — L'Europe et les Bourbons sous Louis XIV, par Marius Topin. *Paris*, 1868. — Projets de gouvernement du Duc de Bourgogne, mémoire attribué au Duc de Saint-Simon. *Paris*, 1860. — Histoire de la Régence et de la minorité de Louis XV, par Lémontey. *Paris*, 1832, 2 vol. — Louis XV et Elisabeth de Russie, par Albert Vandal. *Paris*, 1832.

1199. **Dictionnaire Archéologique de la Gaule, époque celtique.** *Paris, Impr. Nationale*, 1870, in-4 à 2 col. 43 pl. gr. demi-rel. chag. vert, dos orné, non rog.

A-Déciates. — Le titre manque.

1200. **Eugène Bonnemère : Histoire des Paysans depuis la fin du Moyen Age jusqu'à nos jours, 1200-1850**, 2 vol. — La France sous Louis XIV, 1643-1715, 2 vol. *Paris*, 1856-1865, 4 vol. in-8, demi-rel. v. f. et r.

Envoi autographe sur le 2e ouvrage.

1201. **Histoire des Paysans, par Eugène Bonnemère. Quatrième édition.** *Paris, Fischbacher*, 1886, 3 vol. in-12, demi-rel. v. bleu, non rog.

HISTOIRE

1202. La Population française. Histoire de la population avant 1789 et démographie de la France comparée à celle des autres Nations au XIXe siècle, précédée d'une introduction sur la statistique, par E. Levasseur. *Paris, Rousseau*, 1889-1891, 2 vol. gr. in-8, pl. et cartes, demi-rel. v. f. dos orné, fil. tête dor. non rog.

    Tomes I et II.
    Envoi autographe de l'auteur.

1203. La Bourgeoisie Française : 1789-1848, par A. Bardoux. *Paris, Calmann Lévy*, 1886, in-8, demi-rel. v. f. dos orné, fil. tête dor. non rog.

    Envoi autographe de l'auteur.

1204. Albert Babeau : La Ville sous l'ancien Régime. *Paris, Didier*, 1880. — Les Bourgeois d'autrefois. Les Artisans et les domestiques d'autrefois. *Paris, Firmin-Didot*, 1886. — Ens. 3 vol. in-8, en demi-rel. v. f. et vert.

    Envoi autographe de l'auteur sur le dernier volume.

1205. Les Communes Françaises à l'époque des Capétiens directs, par Achille Luchaire. *Paris, Hachette*, 1890, in-8, demi-rel. v. bleu, dos orné, fil. tête dor. non rog.

    Envoi autographe de l'auteur.

1206. Histoire des biens communaux en France depuis leur origine jusqu'à la fin du XIIIe siècle, par Armand Rivière. *Paris, Durand*, 1856, in-8, demi-rel. v. f. dos orné.

1207. Histoire des Institutions Monarchiques de la France sous les premiers Capétiens (987-1180), par M. Achille Luchaire. *Paris, Impr. Nationale*, 1883, 2 vol. gr. in-8, demi-rel. v. f. dos orné, tête dor. non rog.

1208. Histoire des Etats Généraux, par Georges Picot, membre de l'Institut. Deuxième édition. *Paris, Hachette*, 1888, 5 vol. in-12, demi-rel. v. f. dos orné, fil. tête dor. ébarbé.

    Envoi autographe de l'auteur.

1209. Les Légistes, leur influence sur la Société Française, par A. Bardoux. *Paris, Baillière*, 1877, in-8, demi-rel. chag. vert, dos orné, fil. tête dor. ébarbé.

1210. Mélanges historiques sur les Institutions civiles et politiques de la France. — Réunion de 13 vol. in-8, demi-rel. v. f. et bleu, sauf 1 br.

    De la Réforme Parlementaire et la Réforme électorale, par M. P. Duvergier de Hauranne. *Paris*, 1847. — Etienne Marcel et le gouvernement de la bourgeoisie au XIVe siècle (1356-1358), par F. T. Perrens. *Paris*, 1860. — La Législature de 1857-1863, par André Lavertujon. *Bordeaux*, 1863. — Les Assemblées Provinciales sous Louis XVI, par M. Léonce de Lavergne.

Paris, 1864. — Un Projet de Décentralisation. *Nancy*, 1865. — La Police sous Louis XIV, par Pierre Clément. *Paris*, 1866. — Histoire des Institutions politiques de l'Ancienne France, par Fustel de Coulanges. *Paris*, 1875. — Des Assemblées Provinciales dans l'Empire Romain et dans l'ancienne France, des Conseils généraux des Départements, par Etienne Flandin. *Auxerre*, 1878. — Institutions municipales et provinciales comparées. Organisation locale en France, par H. de Ferron. *Paris*, 1884. — Histoire de l'administration provinciale, départementale et communale en France, par Emile Monnet. *Paris*, 1885. — Le Morcellement, par Alfred de Foville. *Paris*, 1885. — Discours sur les travaux publics prononcés par M. Albert Christophle. *Paris*, s. d. — La Décentralisation, étude pour servir à sou histoire en France, par le Comte de Luçay. *Paris*, 1895.

1211. Etudes et histoires des mœurs, usages et commerce en France. — Réunion de 7 vol. in-8, demi-rel. v. f. et bleu, sauf 1 cart.

Transformation des grandes villes de France, par A. Bailleux de Marisy. *Paris*, 1867. — Le Mariage en France. Statistique, réformes, par Ernest Cadet. *Paris*, 1870. — Le Mariage et les mœurs en France, par Louis Legrand. *Paris*, 1879. — Histoire du commerce extérieur de la France depuis la Révolution, par Octave Noël. *Paris*, 1879. — Noms commerciaux et médailles et récompenses industrielles honorifiques, par Eugène Loison. *Paris*, 1879. — La Prostitution en France, études morales et démographiques, par le Dr Armand Després. *Paris*, 1883. — Le Travail collectif en France, ses intérêts, ses besoins, par Th. Villard. *Paris*, 1891.

1212. Histoire de la Milice françoise et des changements qui s'y sont faits depuis l'établissement de la monarchie françoise dans les Gaules, jusqu'à la fin du règne de Louis le Grand, par le R. P. G. Daniel. *Amsterdam, aux dépens de la Compagnie*, 1724, 2 vol. in-4, pl. gr. v. ant. granit.

Ouvrage rempli de recherches curieuses.

1213. Histoire de la Marine Française pendant la guerre de l'Indépendance Américaine, sous la Première République, le Consulat et l'Empire, par E. Chevalier. *Paris, Hachette*, 1877-1886, 3 vol. in-8, demi-rel. v. f. dos orné, fil. tête dor. non rog.

Envoi autographe de l'auteur sur chaque volume.

1214. Etudes sur la Marine et biographies de Marins célèbres. *Paris*, 1869-1889. — Réunion de 7 vol. in-8 et in-12 en demi-rel. v. f. et bleu.

La Marine française et la marine allemande pendant la guerre de 1870-71, par E. Chevalier. — J. Pène-Siefert. La Marine en danger (1870-1888). — Les Marines de la France et de l'Angleterre, par M. Xavier Raymond. — Christophe Colomb Français, Corse et Calvais, par l'abbé Peretti, de Muro. — Félix Julien. L'Amiral Courbet d'après ses lettres. — L'Amiral Courbet, par Emile Ganneron. — L'Amiral Pothuau, par Alfred Barbou.

Envois autographes des auteurs sur 5 volumes.

1215. Le Vice-Amiral Jurien de La Gravière: L'Amiral Roussin. — L'Amiral Baudin. — Les Anglais et les Hollandais dans les mers polaires et dans la mer des Indes, 2 vol. — La Guerre de Chypre et la bataille de Lépante, 2 vol. *Paris, Plon*, 1888, 6 vol. in-12, demi-rel. v. f. et bleu, dos orné, fil. tête dor.

Envoi autographe de l'auteur sur 4 volumes.

HISTOIRE 187

1216. Jules Claretie. Le Drapeau. *Paris, Calmann Lévy*, 1886. in-12, pap. de Holl. demi-rel. v. bleu, dos orné, tête dor. non rog. *couverture bleue.*
   Envoi autographe de l'auteur.

2. Histoire particulière de la France sous divers règnes.

1217. La Vie politique de Louis de France, duc d'Orléans (1372-1407), par E. Jarry. *Paris et Orléans*, 1889, gr. in-8, demi-rel. v. f. dos orné, fil. tête dor. non rog.
   Envoi autographe de l'auteur.

1218. Richard II. Episode de la rivalité de la France et de l'Angleterre, par H. Wallon. *Paris, Hachette*, 1864, 2 vol. in-8, demi-rel. v. r. dos orné, tête dor. non rog.
   Envoi autographe de l'auteur.

1219. Joseph Fabre : Jeanne d'Arc, libératrice de la France. — Procès de condamnation de Jeanne d'Arc. — Procès de réhabilitation de Jeanne d'Arc, 2 vol. — Jeanne d'Arc, drame historique. — Le Mois de Jeanne d'Arc. *Paris*, 1883-1892, 6 vol. in-12, demi-rel. v. bleu et r. dos orné, fil. tête dor. ébarbés, sauf 1 cart. dos de perc. bleue.
   Envoi autographe de l'auteur sur chaque volume.

1220. Ouvrages sur Jeanne d'Arc. — Réunion de 6 vol. in-12, demi-rel. v. f. et r. sauf 1 br.
   Vie de Jeanne d'Arc (par le Vte A. d'Harcourt). *Paris*, 1864. — Jeanne d'Arc, modèle des vertus chrétiennes, par l'abbé V. Mourot. *Lille*, 1887, 2 vol. (2 exemplaires). — Jeanne d'Arc et le sentiment national, par Charles Lemire. *Paris*, 1892.
   Envoi autographe sur 2 volumes.

1221. Le XVIe siècle et les Valois d'après les documents inédits du British Museum et du Record office, par M. le Comte H. de La Ferrière. *Paris, Impr. Nationale*, 1879, in-8, demi-rel. v. f. dos orné, fil. tête dor. non rog.

1222. Histoire universelle de Jacque-Auguste de Thou, depuis 1543 jusqu'en 1607, traduite sur l'édition latine de Londres (par J. B. Le Mascrier, Ch. Lebeau, l'abbé des Fontaines, etc.) *Londres (Paris)*, 1734, 16 vol. in-4, portrait gr. v. ant. marb.
   Edition recherchée.
   Exemplaire aux armes d'un Duc de Bourbon.

1223. Nominum propriorum virorum, mulierum, populorum, &c. quæ in viri illustris Jac. Aug. Thuani index. *Genevae, apud P. Aubertum*, 1634, in 4 à 2 col. peau de truie estampée à froid.
   Signature de M. Jules Simon sur un feuillet de garde. — Piqûre de vers.

1224. Histoire de l'Estat de France, tant de la République que de la Religion, sous le règne de François II. S. l. 1576, pet. in-8 de 765 pp. et 17 ff. non ch. pour l'Index, vélin à recouvr.

> Cet écrit est l'ouvrage d'un chaud partisan de la Réforme. Selon les uns, il serait d'un sieur de La Planche, ministre protestant, mort avant l'impression de ce livre ; selon d'autres, il serait de Louis Régnier, sieur de La Planche.
> Déchirure enlevant un peu de texte à la partie supérieure des pages 39-40 ; Piqûres de vers.

1225. Mémoires de Condé, ou Recueil pour servir à l'histoire de France, contenant ce qui s'est passé de plus mémorable dans le Royaume sous le règne de François II et sous une partie de celui de Charles IX, où l'on trouvera des preuves de l'Histoire de M. de Thou, augmentés d'un grand nombre de pièces curieuses (par Den. Fr. Secousse). *Londres et Paris*, 1743, in-4, front. et portr. gr. v. ant. marb.

> Tome I. — Cachet sur le titre.

1226. Le Père de Madame de Rambouillet. Jean de Vivonne, sa vie et ses ambassades près de Philippe II et à la Cour de Rome, par le vicomte Guy de Brémond d'Ars. *Paris, Plon*, 1884. — Lettres du Maréchal de Tessé à Madame la Duchesse de Bourgogne, Madame la Princesse des Ursins, Madame de Maintenon, M. de Pontchartrain, etc. publiées par le Comte de Rambuteau. *Paris, Calmann Lévy*, 1888. — Du Pont de Nemours et l'Ecole Physiocratique, par G. Schelle. *Paris, Guillaumin*, 1888. — Ens. 3 vol. in-8, 2 portr. demi-rel. v. f. dos orné, fil. tête dor. non rog.

1227. Gaspard de Coligny, amiral de France, d'après ses contemporains, par le Prince Eugène de Caraman-Chimay. *Paris, Beauvais*, 1873, in-8, portrait gr. demi-rel. v. bleu, non rog.

1228. Histoire de la Saint-Barthélemy, d'après les chroniques, mémoires et manuscrits du XVIe siècle (par J. M. V. Audin). *Paris, Urbain Canel*, 1826, in-8, demi-rel. v. bleu.

> PREMIÈRE ÉDITION.

1229. Ch. Cauvin : Vie de François de Lorraine, duc de Guise, surnommé le Grand. — Henri de Guise : le Balafré. Histoire de France de 1563 à 1589. *Tours, Mame*, 1878-1881, 2 vol. gr. in-8, portr. et pl. gr. sur bois, demi-rel. chag. r. dos orné, tête dor. non rog.

> Envoi autographe de l'auteur sur chaque volume.

1230. La Vraye et entière histoire des troubles et guerres civiles advenues de nostre temps, tant en France qu'en Flandres et pays circonvoisins, depuis l'an mil cinq cens soixante, iusques à présent, par M. Jean le Frère de Laval. *Paris, Guillaume de la Nouë*, 1583-84, 2 forts vol. pet. in-8, cart.

<small>Signature de M. Jules Simon sur le titre du tome I. — Piqûres de vers.</small>

1231. Ephéméride de l'Expédition des Allemands en France (août-décembre 1587), par Michel de la Huguerye, publiée avec la collaboration de M. Léon Marlet et offerte à la Société de l'Histoire de France par le Comte Léonel de Laubespin. *Paris, Renouard*, 1892, in-8, pap. vergé, pl. demi-rel. v. f. dos orné, fil. tête dor. *couvertures.*

<small>Complément des Mémoires du même auteur, publiés par M. le Baron de Ruble.
Envoi autographe de M. de Laubespin.</small>

1232. Histoire du Roy Henry le Grand, composée par Messire Hardouin de Perefixe Evesque de Rodez, cy-devant précepteur du Roy. *A Amsterdam, chez Louys et Daniel Elzevier*, 1661, in-12, front. gr. vélin à recouvr.

<small>Première édition.</small>

1233. De Lescure : Lettres d'amour d'Henri IV. — Mémoires de l'abbé de Choisy, pour servir à l'histoire de Louis XIV, 2 vol. *Paris, Librairie des Bibliophiles*, 1886-88, 3 vol. in-12, dont 2 en demi-rel. v. bleu, dos orné, fil. tête dor. non rog. et 1 en demi-rel. v. r.

<small>Envoi autographe de M. de Lescure, sur 2 volumes.</small>

1234. Les Mémoires d'Estat de Messire Philippes Hurault, comte de Chiverny, avec une Instruction à Monsieur son fils. Ensemble la Généalogie de la Maison des Huraults. *Paris, Billaine*, 1636, in-4, demi-rel. vélin blanc avec coins.

<small>Le titre est remonté ; mouillure à la marge inférieure de quelques feuillets.</small>

1235. Satyre Menippée de la vertu du Catholicon d'Espagne et de la tenuë des Estats de Paris, à laquelle est adjousté un discours sur l'interprétation du mot de Higuiero d'Infierno, et qui en est l'autheur, plus le regret sur la mort de l'asne ligueur d'une Damoiselle, qui mourut durant le Siège de Paris, avec des remarques et explications des endroits difficiles. *A Ratisbonne, chez Mathias Kerner (à la Sphère)*, 1664, pet. in-12, planche gr. et pliée, v. brun, fil. à froid, dent. int. tr. dor. (*Koehler.*)

<small>Premier tirage sous cette date de cette jolie édition sortie des presses de Foppens à Bruxelles et qui s'annexe à la Collection elzevirienne. (Willems, *les Elzevier*, n° 2007.)
Exemplaire au chiffre de M. Rigaud contenant les 8 lignes d'errata et auquel on a ajouté les 2 figures du *charlatan espagnol* et du *charlatan lorrain*.</small>

1236. Satyre Menippée, de la vertu du Catholicon d'Espagne, et de la tenue des Etats de Paris, à laquelle est ajouté un Discours sur l'interprétation du mot de Higuiero del Infierno, & qui en est l'auteur. Plus le Regret sur la mort de l'Asne ligueur d'une damoiselle, qui mourut pendant le Siège de Paris. Dernière édition... *A Ratisbonne, chez les Héritiers de Mathias Kerner*, 1711, 3 vol. pet. in-8, front. répété sur chaque volume, portr. et pl. gr. v. f. ant.

<small>Bonne édition, imprimée à Bruxelles, et donnée par Le Duchat qui y a ajouté de nombreuses remarques et plusieurs pièces du temps qui en augmentent l'intérêt.
Sur chaque volume : *Ex-libris* ancien armorié et gravé, signé : *Loüise du Vivier f*. 1737.</small>

1237. Philipiques contre les bulles et autres pratiques de la faction d'Espagne. *Tours*, 1610-11, 2 parties en 1 vol. pet. in-8, v. f. ant. fatigué.

<small>L'Epître " Au Roy " est signée F. D. C. (François de Clary).
Exemplaire aux armes de Léonor d'Estampes de Valençay, archevêque de Reims. — Au verso du premier plat de la reliure, *signature autographe de* WM. LOWNDES, le bibliographe anglais.</small>

1238. A. Moreau de Jonnès : Etat économique et social de la France depuis Henri IV jusqu'à Louis XIV (1589-1715). — Aventures de guerre au temps de la République et du Consulat. *Paris*, 1867-1893, 2 vol. in-8, demi-rel. v. f. et r.

<small>Envoi autographe de l'auteur sur le 1ᵉʳ volume ainsi libellé : « *A Monsieur Jules Simon, au brave et éloquent défenseur de nos libertés, à l'homme de cœur et d'esprit, au Philosophe qui aurait été Franklin s'il eut été de son heureux temps et de son heureux pays. Hommage de la haute estime de l'auteur.* »</small>

1239. Henri Carré : Le Parlement de Bretagne après la Ligue (1598-1610). — La France sous Louis XV (1723-1774). *Paris. Quantin*, 1888-1891, 2 vol. gr. in-8, fig. dont 1 en demi-rel. v. f. dos orné, fil. tête dor. non rog. et 1 cart. perc. br. non rog.

1240. Historiarum Galliæ ab excessu Henrici IV, libri XVIII. Quibus rerum per Gallos tota Europa gestarum accurata narratio continetur, autore Gabr. Bartholomæo Gramondo. *Amstelodami, apud Ludovicum Elzevirium*, 1653, in-8, vélin à recouvr.

<small>M. Willems (*les Elzevier*, nº 1160) consacre une note très intéressante à cet ouvrage.
Signature de M. Jules Simon sur le titre.</small>

1241. Mémoires de Monsieur de Montrésor, contenans diverses pièces durant le ministère du Cardinal de Richelieu, la Relation de Monsieur de Fontrailles, et les affaires de Messieurs le Comte de Soissons, Ducs de Guise & de Bouillon, etc. *Cologne, Jean Sambix le jeune, à la Sphère*, 1723, 2 tomes en 1 fort vol. pet. in-12, v. f. dos orné, fil. et comp. dent. int. tr. dor.

<small>Bel exemplaire.</small>

HISTOIRE

1242. Histoire du Maréchal de Gassion, où l'on voit diverses particularités remarquables qui se sont passées sous le ministère des cardinaux de Richelieu & de Mazarin, & sous le règne de Gustave Adolphe, roi de Suède (par l'abbé M. de Pure). *Amsterdam, de Lorme et Roger*, 1696, 4 vol. in-12, 4 front. gr. v. ant. granit.

<small>Signature de M. Jules Simon sur le titre du tome I.</small>

1243. Le Véritable Père Joseph, capucin, nommé au Cardinalat, contenant l'Histoire anecdote du Cardinal de Richelieu (par l'abbé René Richard). *Saint-Jean-de-Maurienne, Butler*, 1704, in-12, demi-rel. v. br.

<small>En tête de l'ouvrage se trouve une *Préface servant de Clef pour l'intelligence du véritable Père Josef*.</small>

1244. R. Chantelauze : Le Cardinal de Retz et ses missions diplomatiques à Rome. — Saint Vincent de Paul et les Gondi. — Portraits historiques : Philippe de Commynes, le Grand Condé, Mazarin, Frédéric II, Louis XV et Marie-Thérèse. *Paris*, 1879-1886, 3 vol. in-8, demi-rel. chag. noir et v. bleu.

<small>Envoi autographe de l'auteur sur chaque volume.</small>

1245. Histoire des Diables de Loudun, ou de la Possession des religieuses ursulines, et de la condamnation et du suplice d'Urbain Grandier, curé de la même ville. Cruels effets de la vengeance du Cardinal de Richelieu. (par Aubin, réfugié françois). *Amsterdam, aux Dépens de la Compagnie*, 1752, in-12, demi-rel. v. br.

<small>Signature de M. Jules Simon sur le titre.</small>

1246. Recueil de diverses pièces curieuses pour servir à l'Histoire. *Cologne, Jean Du Castel (à la Sphère)*, 1664, pet. in-12, vélin à recouvr.

<small>Ce Recueil contient les pièces suivantes : Response faite aux Mémoires de M. le comte de La Chastre, par M. le Comte de Brienne. — Conjuration de la Donna Hyppolite d'Aragon, sur la ville de Barcelone, en faveur du Roy catholique. — Relation de la mort du marquis de Monaldeschi, par le R. P. Le Bel. — Motifs de la France pour la guerre d'Allemagne et quelle y a esté sa conduitte (par Sarrasin). — Lettre au nom d'un estranger, au sujet de la paix entre la France et l'Espagne (par le même).
Edition qui s'annexe à la Collection Elzevirienne et qui est une des plus jolies productions de Foppens à Bruxelles. (Willems: *les Elzevier* n° 2006.)</small>

1247. Histoire d'Henriette d'Angleterre, par Madame de La Fayette, avec une introduction par Anatole France. *Paris, Charavay*, 1882, in-12, pap. vergé, portrait gr. à l'eau-forte, demi-rel. chag. br. dos orné, non rog. premier plat de la couverture illustrée.

<small>Envoi autographe de M. *Anatole France*.</small>

1248. Histoire d'Henriette d'Angleterre, par Madame de La Fayette, avec une introduction par Anatole France. *Paris, Charavay*, 1882, in-12, pap. vergé, portrait gr. à l'eau-forte, demi-rel. v. r. dos orné, tête dor. ébarbé, *premier plat de la couverture illustrée*.

ENVOI AUTOGRAPHE de M. *Anatole France*.

1249. La Chalotais et le duc d'Aiguillon. Correspondance du Chevalier de Fontette, publiée par Henri Carré. *Paris, Quantin*, 1893, gr. in-8, demi-rel. v. f. dos orné, fil. tête dor. ébarbé.

1250. Anecdotes sur M. la Comtesse du Barri (par M. F. Pidansat de Mairobert). *Londres*, 1775, in-12, demi-rel. mar. brun.

Cassure raccommodée au dernier feuillet ; piqûres de vers.

1251. Arsène Houssaye : Le Dix-huitième siècle philosophique et littéraire ; la Régence ; Louis XV ; Louis XVI ; la Révolution. Dixième édition. *Paris, Dentu*, 1876, 10 vol. in-12, demi- rel. v. bleu.

Envoi autographe de l'auteur.

1252. Lucien Percy : Un Petit-Neveu de Mazarin, Louis Mancini-Mazarini, duc de Nivernais. — La Fin du XVIIIe siècle. Le Duc de Nivernais, 1754-1798. — Le Président Hénault et Madame Du Deffand. La Cour du Régent et la Cour de Louis XV et de Marie Leczinska. *Paris, Calmann Lévy*, 1890-93, 3 vol. in-8, portr. demi-rel. v. f. et bleu, dos orné, fil. tête dor. non rog.

1253. La Jeunesse (et les Dernières années de La Fayette), 1757-1792, par J. Bardoux. *Paris, Calmann Lévy*, 1892-93, 2 vol. in-8, demi-rel. v. bleu, dos orné, fil. tête dor. non rog.

Envoi autographe de l'auteur sur chaque volume.

1254. Le Salon de Madame Necker, d'après des documents tirés des archives de Coppet, par le Vicomte d'Haussonville. *Paris, Calmann Lévy*, 1882, 2 vol. in-12, demi-rel. v. bleu.

Envoi autographe de l'auteur.

1255. Mémoires justificatifs de la Comtesse de Valois de La Motte, écrits par elle-même. *Imprimés à Londres*, 1789, in-8, demi-rel. bas. ant.

Important ouvrage relatif à l'*Affaire du Collier*.

1256. Mémoires sur la Bastille et la Détention de l'Auteur dans ce château royal, depuis le 27 septembre 1780 jusqu'au 19 mai 1782, par M. Linguet. *Londres*, 1783, in-8, demi-rel. bas. ant.

Ouvrage orné d'un curieux frontispice gravé dont les marges extérieures sont rognées.

HISTOIRE

1257. Dernières années du Règne et de la vie de Louis XVI, par François Hue. Seconde édition. *Paris, Michaud,* 1816, portrait gr. — Louis XVI et sa cour, par Amédée Renée. *Paris,* 1858. — F. de Vyré. Marie-Antoinette, sa vie, sa mort, 1755-1793. *Paris, Plon,* 1889. — Ens. 3 vol. in-8, demi-rel. v. f. et bleu.

1258. Louis XVII, son enfance, sa prison et sa mort au Temple, d'après des documents inédits des Archives Nationales, par R. Chantelauze. *Paris, Firmin-Didot,* 1884, in-8, portrait et fig. demi-rel. chag. vert, dos orné, tête dor. non rog.

1259. Histoire de la Révolution Française, depuis 1789 jusqu'en 1814, par F. A. Mignet. Sixième édition. *Paris, Firmin-Didot,* 1836, 2 vol. in-8, 2 portr. et pl. gr. demi-rel. chag. violet.

<small>*Signature de M. Jules Simon* sur le titre du tome 1.</small>

1260. Les Lundis Révolutionnaires. Histoire anecdotique de la Révolution Française, par Jean-Bernard (1789 à 1793). *Paris, Maurice et Sevin,* 1891, 4 vol. in-12, dont 3 cart. dos de perc. olive, ébarbé, et 1 br.

1261. Les Femmes célèbres de 1789 à 1795, et leur influence dans la Révolution, pour servir de suite et de complément à toutes les histoires de la Révolution Française, par E. Lairtullier. *Paris, France,* 1840, 2 vol. in-8, demi-rel. v. f.

1262. Révolutions de Paris, dédiées à la Nation et au district des Petits Augustins, publiées par le sieur Prudhomme, avec gravures et cartes des départemens du Royaume. *Paris,* 12 juillet 1789 *(origine),* au 28 février 1794 (10 ventôse an II), 18 vol. in-8, nombr. pl. et cartes gr. bas. ant. marb.

<small>Tableau le plus complet, le plus exact, le plus impartial des agitations de la capitale pendant les premières et les plus dramatiques années de la Révolution. — Il ne manque à notre collection que quelques titres généraux et 1 table.</small>

1263. Les Actes des Apôtres. *Paris,* novembre 1789 *(origine)* à octobre 1791, 20 tomes en 10 vol. in-12, demi-rel. bas. ant.

<small>Contrefaçon d'une des feuilles royalistes les plus célèbres, et de toutes celles de l'époque la plus spirituelle et la plus piquante Fondée et dirigée par J. Gabriel Peltier, elle eut pour principaux collaborateurs le général Comte de Langeron, le Comte de Lauraguais, le Comte de Rivarol, Régnier, Bergasse, etc. Elle ne prit fin que sur l'ordre formel de Louis XVI. — Raccommodages à quelques feuillets.</small>

1264. Résumé général, ou Extrait des cahiers de pouvoirs, instructions, demandes & doléances, remis par les divers bailliages, sénéchaussées & pays d'Etats du Royaume, à leurs députés à l'Assemblée des Etats-Généraux, ouverts à Versailles le 4 mai 1789, avec une Table raisonnée des matières, par une

Société de gens de lettres (L. Prudhomme et Laurent de Mezières). *S. l. (Paris)*, 1789, 3 vol. in-8, demi-rel. v. f.

<small>Cet ouvrage fut trouvé tellement séditieux, qu'il fut saisi par la police. Le tome I est particulier au clergé, le tome II à la noblesse, et le tome III au Tiers-État, et en tête de chacun d'eux se trouve la liste de tous les députés. Le *Discours préliminaire*, formant 33 pages, est de Jean Rousseau.</small>

1265. Procès-verbal des Séances et des délibérations de l'Assemblée générale des Electeurs de Paris, réunis à l'Hôtel-de-Ville le 14 juillet 1789, rédigé depuis le 26 avril jusqu'au 21 mai 1789 par M. Bailly; et depuis le 22 mai jusqu'au 30 juillet 1789, par M. Duveyrier. *Paris, Baudouin*, 1790, 3 vol. in-8, v. ant. marb.

1266. Confédération Nationale, ou Récit exact et circonstancié de tout ce qui s'est passé à Paris, le 14 juillet 1790, à la Fédération, avec le recueil de toutes les pièces officielles et authentiques. *Paris, Garnéry, an II de la Liberté* (1790), in-8, 5 pl. gr. demi-rel. chag. r.

1267. Introduction aux Mémoires sur la Révolution Française, ou Tableau comparatif des mandats et pouvoirs donnés par les provinces à leurs députés aux Etats-Généraux de 1789, par F. Grille. *Paris, Pichard et Ponthieu*, 1825, 2 vol. in-8, demi-rel. v. br.

1268. Histoire des Tribunaux Révolutionnaires de Lyon et de Feurs, par E. Fayard. *Lyon et Paris*, 1888, gr. in-8, demi-rel. v. f. dos orné, fil. tête dor. non rog.

1269. Procès célèbres de la Révolution, ou Tableau historique de plusieurs procès fameux, tenant aux principaux événemens de l'interrègne révolutionnaire, par M. G. (Guichard), avocat. *Paris, Garnéry*, 1814, 2 vol. in-8, demi-rel. v. bleu.

<small>Ouvrage contenant le procès des Agents Royaux arrêtés en l'an 5 (1797); celui d'Aréna et autres; celui de la Machine Infernale; celui de Georges, Pichegru, Moreau et autres; celui relatif à une prétendue conspiration de la Reine d'Etrurie, etc.</small>

1270. Procédure (et Suite de la) criminelle instruite au Châtelet de Paris sur la dénonciation des faits arrivés à Versailles dans la journée du 6 octobre 1789. *Paris, Baudouin*, 1790, 2 vol. in-8, cart. non rog.

<small>Relation imprimée par ordre de l'Assemblée Nationale.</small>

1271. Le Glaive Vengeur de la République Française, ou Galerie Révolutionnaire, contenant les noms, prénoms, les lieux de naissance... de tous les grands conspirateurs et traîtres à la patrie, dont la tête est tombée sous le glaive national, par arrêt du tribunal extraordinaire, établi à Paris par une loi en date

HISTOIRE

du 10 mars 1793, pour juger sans appel de ce genre de délit, par un ami de la Révolution des mœurs et de la justice. (H. G. Dulac). *Paris, Galletti, an II* (1794), in-8, demi-rel. bas. r.

<small>Ouvrage orné d'un curieux frontispice gravé représentant une guillotine avec cette légende : « *Traîtres, regardez et tremblez, elle ne perdra son activité que quand vous aurez tous perdu la vie.* »</small>

1272. La Constitution Française, décrétée par l'Assemblée Nationale Constituante, aux années 1789, 1790 et 1791 ; acceptée par le Roi le 14 septembre 1791. *Paris, Impr. de Didot jeune*, 1791, in-32, mar. vert, dos orné, large dent. doublé et gardes de tabis rose, dent. tr. dor. (*Rel. anc.*)

<small>A l'intérieur du premier plat de la reliure est collée la carte de visite de M. Ducatel (*Boulogne-sur-Seine*) avec cette mention *manuscrite* : *A Monsieur Jules Simon, Ministre de l'Instruction publique et des Beaux-Arts. Souvenir de reconnaissance*, et au-dessus les vers suivants :</small>

<small>*Un jour certain coq trouva*
Une perle, qu'il donna
Au beau premier lapidaire !
..............................</small>

1273. La Constitution Française décrétée par l'Assemblée Nationale Constituante, aux années 1789, 1790 et 1791 ; acceptée par le Roi le 14 septembre 1791. *Paris, Impr. de Didot jeune*, 1791, in-32, mar. vert, dos orné, fil. tr. dor. (*Rel. anc.*). — Constitution du peuple Français, précédée du rapport du Comité de salut public fait à la Convention le 10 juin, par le citoyen Hérault, décrétée le 24 juin, l'an deuxième de l'égalité. *Paris, Froullé*, 1793, in-32, demi-rel. v. vert. — Constitution de la République Française du 5 fructidor, an III, acceptée par le peuple à l'usage des Ecoles. *Paris, Fournier, an VI* (1797), in-18, demi-rel. v. vert. — Ens. 3 vol.

1274. Almanach historique de la Révolution Françoise, pour l'année 1792, rédigé par M. J. P. Rabaut. On y a joint l'Acte constitutionnel des François avec le Discours d'acceptation du Roi. *Paris, Onfroy*, 1792, 2 parties en 1 vol. in-18, 6 pl par Moreau, gr. par Coiny, Helbou, Hubert, Langlois, de Longueil et Simonet, v. ant. jaspé, dos orné, fil. tr. r.

1275. Almanach du Père Gérard pour l'année 1792, IIIe de la liberté. Ouvrage qui a remporté le prix proposé par la Société des amis de la Constitution séante aux Jacobins à Paris, par J. M. Collot d'Herbois. *Paris, Buisson*, 1792, in-32, front. par Borel, gr. par de Launay, mar. r. dos orné, fil. tr. dor. (*Rel. anc.*)

Rare.

HISTOIRE

1276. Le Tiers Etat d'après la Charte de Beaumont et ses filiales, par Edouard Bonvalot. *Paris, Picard*, 1884, in-8, demi-rel. v. r. dos orné.

1277. Etat nominatif des pensions sur le trésor royal, imprimé par ordre de l'Assemblée Nationale. *Paris, Impr. Nationale*, 1789-1791, 4 vol. in-4, demi-rel. bas. f. ant.
Sur chaque volume *ex-libris* armorié moderne.

1278. Mémoires sur Carnot, par son fils. *Paris, Pagnerre*, 1861-1863, 2 vol. in-8, portr. sur acier, demi-rel. v. f.

1279. Carnot, d'après les Archives Nationales, le Dépôt de la Guerre et les Séances de la Convention, par M. Bonnal. *Paris, Dentu*, 1888, in-8, demi-rel. v. r. dos orné, fil. tête dor. non rog.
Envoi autographe de l'auteur.

1280. Ed. Bonnal : Manuel et son temps. — Capitulations militaires de la Prusse. — La Diplomatie Prussienne depuis la paix de Presbourg jusqu'au traité de Tilsitt. — Le Royaume de Prusse. *Paris, Dentu*, 1877-1883, 3 vol. in-8, dont 3 en demi-rel. v. bleu et 1 en demi-rel. v. r.

1281. Vie et Correspondance de Merlin de Thionville, publiées par M. Jean Reynaud. *Paris, Furne*, 1860, portr. gr. — Documents relatifs à la Révolution Française, extraits des œuvres inédites de A. R. C. De Saint-Albin. *Paris, Dentu*, 1873, portrait lithog. — François Descostes. Joseph de Maistre pendant la Révolution. *Tours*, 1895, 2 portr. en héliog. et 1 pl. en couleur. — Ens. 3 vol. in-8, demi-rel. v. bleu, r. et noir.
Envoi autographe sur les deux derniers volumes.

1282. De Lescure : Mémoires de Brissot. — Mémoires sur l'Emigration (1791-1800). — Mémoires sur les Comités de Salut public, de Sûreté générale et sur les Prisons (1793-1794). — Les Femmes Philosophes. — L'Amour sous la Terreur. *Paris*, 1877-1882, 5 vol. in-12, demi-rel. v. bleu.
Envoi autographe de l'auteur sur 2 volumes.

1283. Jules Claretie : Les Derniers Montagnards, histoire de l'Insurrection de Prairial an III (1795). — Camille Desmoulins. Lucile Desmoulins. Etude sur les Dantonistes. *Paris*, 1867-1875, 2 vol. in-8, portrait, demi-rel. chag. r. et v. bleu.
Envoi autographe de l'auteur sur chaque volume.

1284. La Terreur sous le Directoire, histoire de la persécution politique et religieuse, après le Coup d'Etat du 18 fructidor (4 septembre 1797), d'après les documents inédits, par Victor Pierre. *Paris, Retaux-Bray*, 1887, gr. in-8, demi-rel. v. r. dos orné, fil. tête dor. non rog.

HISTOIRE 197

1285. La Terreur sous le Directoire, histoire de la persécution politique et religieuse, après le Coup d'Etat du 18 fructidor (4 septembre 1797), d'après les documents inédits, par Victor Pierre. *Paris, Retaux-Bray*, 1887, gr. in-8, demi-rel. v. r. dos orné, fil. tête dor. non rog.

<small>Envoi autographe de l'auteur.</small>

1286. Histoire de l'Emigration, par Ernest Daudet : Coblentz, 1789-1793. Les Bourbons et la Russie, pendant la Révolution Française. Les Emigrés et la Seconde Coalition, 1797-1800. *Paris, s. d.* 3 vol. in-8, demi-rel. v. f. et bleu, dos orné.

<small>Envoi autographe de l'auteur sur chaque volume.</small>

1287. Arthur Chuquet : La Première Invasion Prussienne (11 août-2 septembre 1792). — La Retraite de Brunswick. — Valmy. — Jemmappes et la Conquête de la Belgique (1792-1793). — Le Général Chanzy, 1823-1883. *Paris, Cerf,* 1884-1890. 5 vol. in-12, demi-rel. v. bleu et r. dos orné, fil. tête dor.

<small>Envoi autographe de l'auteur sur 1 volume.</small>

1288. Alfred Rambaud : Les Français sur le Rhin (1792-1804). — L'Allemagne sous Napoléon 1er (1804-1811). — Français et Russes : Moscou et Sébastopol (1812-1854). — Histoire de la Russie, depuis les origines jusqu'à l'année 1884. — Histoire de la civilisation contemporaine en France. *Paris*, 1873-1888, 5 vol. in-12, demi-rel. v. bleu.

1289. Mélanges sur la Révolution Française — Réunion de 15 pièces en 1 vol. in-8, demi-rel. bas. ant. marb.

<small>Lettre de Monsieur, et de M. le Comte d'Artois au Roi leur frère, avec la Déclaration signée à Pilnitz, le 27 août 1791, par l'Empereur et le Roi de Prusse. *Paris, s. d.* — Déclaration d'une partie des députés aux Etats-Généraux, touchant l'acte constitutionnel et l'état du Royaume. *S. l. n. d.* — Appel de l'acte de dégradation extorqué de Louis XVI, au Roi de France. *S. l.* septembre 1791. — Les Jacobins dévoilés, suivi d'une Liste fidèle des Membres de la Propagande, par M. B**. *S. l. n. d.* — Liste des Députés à la nouvelle législature, contenant leurs noms et qualités, leur caractère et leurs principes, avec des notes relatives. *Paris,* 1791. — De la Nécessité d'une contre-Révolution en France, par M. de Montlosier. *S. l.* 1791. — Confession générale d'un député du côté gauche, par Caldaad. *Paris,* 1791. — Adresse du Club des enfers à tous les Clubs de France, cordeliers, jacobites. *S. l. n. d.* — Etc., etc.</small>

1290. Révolution Française. — Réunion de 10 vol. in-8 et in-12, reliés et cart.

<small>Opinion de Charles Chabroud, membre de l'Assemblée Nationale, sur quelques questions relatives à l'ordre judiciaire. *Paris, Impr. Nationale,* 1790. — Travail sur l'éducation publique trouvé dans les papiers de Mirabeau l'aîné, publié par P.-J.-G. Cabanis. *Paris, Impr. Nationale,* 1791 — Discours de Monsieur Mirabeau l'aîné sur l'éducation nationale. *Paris,* 1791. — Plan de Constitution présenté à la Convention Nationale, les 15 et 16 février 1793, par Condorcet. *Paris,* 1793. — Du Fanatisme dans la langue Révolutionnaire, par J. F. Laharpe. *Paris,* 1797. — Rapport fait</small>

à la Convention Nationale sur les rapports des idées religieuses et morales avec les principes républicains par Maxim. Robespierre. *Paris, an II de la République* (1795). — Des Effets de la Terreur, par Benjamin Constant. *Paris, an V* (1797). — L'Art de vérifier les dates de la Révolution. *Paris, an XII* (1804). — Etc.

1291. Révolution Française. — Réunion de 8 vol. in-8, demi-rel. v. f. bleu et r.

Anecdotes relatives à quelques personnes et à plusieurs évènemens remarquables de la Révolution, par J.-B. Harmand. *Paris*, 1814. — Fastes de la Révolution Française, revue chronologique de l'Histoire de France depuis 1787 jusqu'en 1835, par Armand Marrast et Dupont. *Paris*, 1836. (*Première partie*). — Essai sur la Révolution Française, par P. Lanfrey. *Paris*, 1858. — État de la France en 1789, par Paul Boiteau. *Paris*, 1861. — Mirabeau et la Constituante, par Hermile Reynald. *Paris*, 1872. — La Révolution Française et la féodalité, par Henry Doniol. *Paris*, 1874. — Les Derniers jours du Consulat, manuscrit inédit de Claude Fauriel, publié et annoté par Ludovic Lalanne. *Paris*, 1886. — Le XVIIIe siècle. Monarchie et Révolution, essais anecdotiques, par A. Pellissier. *Paris*, 1893.

1292. Mélanges historiques sur la Révolution Française. — Réunion de 10 vol. in-12, demi-rel. v. r. et bleu, sauf 2 cart. dos de perc.

Œuvres de Robespierre, recueillies et annotées par A. Vermorel. *Paris*, 1866. — Danton, par F. A. Aulard. *Paris*, s. d. — La Révolution Française, par H. Carnot. *Paris*, 1883. — La Première Invasion prussienne, (11 août-2 sept. 1792), par Arthur Chuquet. *Paris*, 1886. — La France & l'Irlande pendant la Révolution : Hoche et Humbert. *Paris*, 1888. — Les Girondins, leur vie privée, leur vie publique, leur proscription et leur mort, par J. Guadet. *Paris*, 1889. — Journal d'un Bourgeois de Paris pendant la Révolution Française, par H. Monin. *Paris*, 1889. — Jean-Bernard. Quelques poésies de Robespierre. *Paris*, 1890. — Gaston Maugras. Journal d'un Étudiant (Edmond Géraud) pendant la Révolution, 1789-1793. *Paris*, 1890. — Maurice Graterolle. Robespierre (1758-1794). *Paris*, 1894.

Envoi autographe sur 2 volumes.

1293. Mémoires et Mélanges sur Louis XVI et la Révolution. — Réunion de 11 vol. in-12, demi-rel. chag. et v. sauf 2 cart.

Histoire des principes, des institutions & des lois de la Révolution Française, depuis 1789 jusqu'à 1800, par M. F. Laferrière. *Paris*, 1850. — Histoire de l'Assemblée Nationale Constituante, par Babaud-Laribière. *Paris*, 1850, 2 vol. — Louis XVI, par M. le Comte de Falloux. *Paris*, 1852. — Histoire littéraire de la Convention Nationale, par Eugène Maron. *Paris, Poulet-Malassis*, 1860. — Mémoires de Madame Roland écrits durant sa captivité. *Paris*, 1864, 2 vol. — Le Vandalisme révolutionnaire, fondations littéraires, scientifiques et artistiques de la Convention, par Eugène Despois. *Paris*, 1868. — Souvenirs d'un Page de la Cour de Louis XVI, par Félix, comte de France d'Hezecques. *Paris*, 1873. — Hoche et Marceau, par Albert Duruy. *Paris*, 1885. — Le Capitaine La Tour d'Auvergne, par Émile Simond.

Envoi autographe sur 4 volumes.

1294. Mélanges sur l'Histoire de France, du Consulat à nos jours. — Réunion de 11 vol. in-12, demi-rel. v. bleu.

L'État de la France au 18 Brumaire, par Félix Rocquain. *Paris*, 1874. — La Révolution de 1848 et ses détracteurs, par J. Stuart Mill. *Paris*, 1875. — Ch. de Mazade, Le Comte de Serre. — La Politique modérée sous la Restauration. *Paris*, 1879. — Un Témoin des deux Restaurations

(Edmond Géraud). Fragments de journal intime, publiés par Charles Bigot. Paris, s. d. — Paul Dhormoys. La Comédie politique, souvenirs d'un comparse. Paris, 1886, 2 vol. — La République et la magistrature, par Louis Teste. Paris, 1880. — La Société du Consulat et de l'Empire, par Ernest Bertin. Paris, 1890. — Etc.
Envoi autographe sur 6 volumes.

1295. Mélanges sur la Révolution Française dans diverses provinces de France. — Réunion de 5 vol. in-8, dont 4 en demi-rel. v. f. et r. et 1 br.

Les Vosges pendant la Révolution, 1789-1795-1800. Etude historique par Félix Bouvier. Paris, 1885. — Mirabeau et la Provence en 1789, par Georges Guibal. Paris, 1887. — Bernard de Saintes et la Réunion de la principauté de Montbéliard à la France, par Armand Lods. Paris, 1888. — La Révolution Française en Corse, d'après des document nouveaux, par Maurice Jollivet. Paris, 1892. — Mes Souvenirs sur les principaux événements de la Révolution, principalement ceux du Département de la Vienne, par Thibaudeau. Poitiers, 1895.

1296. M¹ˢ Costa de Beauregard. Le Roman d'un Royaliste sous la Révolution, souvenirs du C¹ᵉ de Virieu. Paris, Plon, 1892, in-8, portrait en héliog. demi-rel. v. f. dos orné, tête dor. ébarbé.
Envoi autographe du M¹ˢ Costa de Beauregard.

1297. M¹ˢ Costa de Beauregard : Un Homme d'autrefois, souvenirs recueillis par son arrière-petit-fils. — Le Roman d'un Royaliste sous la Révolution ; Souvenirs du C¹ᵉ de Virieu. Paris, Plon, 1878-1892, 2 vol. in-8, 2 portr. dont 1 en demi-rel. v. bleu, et 1 br.

1298. Henri Welschinger : Le Théâtre de la Révolution, 1789-1799. — Le Divorce de Napoléon. — Le Roman de Dumouriez. Paris, 1880-1890, 3 vol. in-12, demi-rel. v. f. r. et bleu.
Envoi autographe de l'auteur sur chaque volume.

1299. Henri Welschinger : Le Maréchal Ney, 1815. — Le Duc d'Enghien, 1772-1804. Paris, Plon, 1888-1893, 2 vol. in-8, 2 portr. en héliog. demi-rel. v. f. dos orné, fil. tête dor. non rog.

1300. 1814 (et 1815), par Henry Houssaye. Paris, Perrin, 1888-1893, 2 vol. in-8, demi-rel. v. f. dos orné, fil. tête dor. non rog.
Envoi autographe de l'auteur sur chaque volume.

1301. Histoire de la Campagne de 1815, par Edgar Quinet. Paris, Michel Lévy, 1862, in-8, 1 carte pliée, demi-rel. v. f.

1302. Histoire de la Campagne de 1815, par le Colonel Charras. Paris, Hetzel, s. d. 5 grandes cartes pliées. — Les Généraux de la République : Kléber, Hoche, Marceau, par Hippolyte Maze. Paris, 1887, fig. — Commandant Parquin. Souvenirs et Campagnes d'un vieux soldat de l'Empire (1803-1814). Paris, Berger-Levrault, 1892, portrait. — Ens. 3 vol. in 8, demi-rel. chag. noir et v. f. sauf 1 br.

1303. Les Cahiers d'un Rhétoricien de 1815 (par Louise Ch. Garnier, née Bary; avec une Préface par Francisque Sarcey). *Paris, Hachette,* 1890, in-12, pap. vergé, demi-rel. v. vert, dos orné, fil. tête dor. non rog.

Envoi autographe de l'auteur.

1304. Etudes sur la famille Bonaparte. — Réunion de 6 vol. in-12, reliés, cart. et br.

Souvenirs de l'Empereur Napoléon Ier, extraits du Mémorial de Sainte-Hélène, de M. le Comte de Las Cases. *Paris,* 1854. — Napoléon et son historien M. Thiers, par Jules Barni. *Genève,* 1865. — Napoléon III, sa vie, ses œuvres et ses opinions. Commentaire historique et critique, par A. Morel. *Paris,* 1870. — Pierre Hachet-Souplet. Louis-Napoléon prisonnier au fort de Ham. La Vérité sur l'évasion de 1846. *Paris, s. d.* — Napoléon et ses détracteurs, par le Prince Napoléon. *Paris,* 1887. — Les Secrets des Bonaparte, par Charles Nauroy. *Paris,* 1889.

1305. Etudes sur les Bonaparte. — Réunion de 5 vol. in-8, dont 3 reliés et 2 br.

Analyse de la Question des sucres, par le Prince Napoléon Louis Bonaparte. *Paris,* 1843. — Parallèle entre César, Charlemagne et Napoléon par M. H. Castille. *Paris,* 1858. — Charles Duveyrier. L'Avenir et les Bonaparte. *Paris,* 1864. — La Politique Impériale de l'Empereur Napoléon III, depuis le 10 décembre 1848 jusqu'en juillet 1865. *Paris,* 1865. — Bonaparte et Hoche en 1797, par Albert Sorel. *Paris,* 1896.

1306. A. Bardoux : Le Comte de Montlosier et le gallicanisme. — La Comtesse Pauline de Beaumont. — Madame de Custine, *Paris, Calmann Lévy,* 1881-88, 3 vol. in-8, portrait gr. à l'eau-forte, demi-rel. chag. et v. vert et bleu.

Envoi autographe de l'auteur sur chaque volume.

1307. Les Pamphlets de la Fin de l'Empire, des Cent jours et de la Restauration. Catalogue raisonné d'une Collection de Discours. Mémoires, documents politiques, procès .. publiés en 1814, 1815, 1816, 1817, mis en ordre par A. Germond de Lavigne. *Paris, Dentu,* 1879, in-12, demi-rel. mar. br. tête dor. non rog.

Envoi autographe de l'auteur.

1308. F. Rittiez : Histoire de la Restauration, ou Précis des règnes de Louis XVIII et Charles X, 2 vol. — Histoire du Règne de Louis-Philippe Ier, 1830-1848, 3 vol. — Histoire du Gouvernement Provisoire de 1848, 2 vol. *Paris,* 1853-1867, 7 vol. in-8, dont 2 en demi-rel. chag. r. dos orné, et 5 en demi-rel. v. f.

1309. Histoire parlementaire des finances de la Restauration, par A. Calmon. *Paris, Michel Lévy,* 1868-1870, 2 vol. in-8, demi-rel. v. bleu.

Envoi autographe de l'auteur.

HISTOIRE

1310. Correspondance inédite du Prince de Talleyrand et du Roi Louis XVIII pendant le Congrès de Vienne, publiée par M. G. Pallain. *Paris, Plon,* 1881. — La Mission de Talleyrand à Londres, en 1792. *Paris, Plon,* 1889, portrait gr. — Lettres inédites de Talleyrand à Napoléon, 1800-1809, publiées par Pierre Bertrand. *Paris, Perrin,* 1889, portrait gr. — Ens. 3 vol. in-8, demi-rel. v. f. et r. dos orné, non rog.

<small>Envoi autographe sur chaque volume.</small>

1311. Diplomatie et Diplomates. Les Quatre ministères de M. Drouyn de Lhuys, par M. le Comte Bernard d'Harcourt. *Paris, Plon,* 1882. — Un Ministre de la Restauration. Le Marquis de Clermont-Tonnerre, par Camille Rousset. *Paris, Plon,* 1885. — Marquis de Dreux-Brézé. Notes et souvenirs pour servir à l'Histoire du parti royaliste, 1872-1883. *Paris, Perrin,* 1895 — Ens. 3 vol. in-8, demi-rel v. bleu, r. et noir, non rog.

1312. F. Guizot : Du Gouvernement de la France depuis la Restauration. — Discours sur l'histoire de la Révolution d'Angleterre. — L'Eglise et la Société chrétiennes en 1861. — Méditations sur l'essence (et l'état actuel de la Religion chrétienne, 2 vol. — Méditations sur la religion chrétienne dans ses rapports avec l'état actuel des sociétés et des esprits. — Les Vies des quatre grands chrétiens français : Saint Louis, Calvin. *Paris,* 1821-1873, 7 vol. in-8, demi-rel. v. f.

1313. Restauration, Seconde République et Second Empire. — Réunion de 6 vol. in-8, demi-rel. v. br bleu et r.

<small>Des Moyens de gouvernement et d'opposition dans l'état actuel de la France, par F. Guizot. Paris, 1821. — Histoire politique et littéraire de la Restauration, par H. Reynald. Paris, 1863 (2 exemplaires). — Journées de l'Insurrection de juin 1848, par un Garde National. Paris, s. d. — Histoire du Second Empire, par Hippolyte Magen. Paris, 1878. — Etudes sur le Second Empire, par Étienne Lamy. Paris, 1895.</small>

1314. Duc d'Orléans : Campagnes de l'Armée d'Afrique, 1835-1839. — Récits de Campagne, 1833-41. — Lettres, 1825-1842. *Paris, Michel et Calmann Lévy,* 1870-1890, 3 vol. in-8. portr. demi-rel. chag. r. v. f. et bleu.

1315. Charles de Lacombe : La Jeunesse de Berryer. — Berryer sous la République et le Second Empire. — Berryer et la Monarchie de Juillet. *Paris, Firmin-Didot,* 1894-95, 3 vol. in-8, portr. demi-rel. v. f. et r. dos orné, fil. tête dor. non rog.

1316. Décret de mise en jugement du Président de la République et de ses complices, rendu par les députés protestataires du Coup d'Etat, réunis à la Mairie du Xe arrondissement, le 2 décembre 1851. — Une pièce in-fol.

<small>Cette curieuse affiche de protestation, imprimée hâtivement, et par des procédés rudimentaires, est devenue fort rare.</small>

1317. **Coup d'Etat du 2 décembre 1851** : affiches et placards. — Réunion de 42 pièces in-fol. et in-4.

> Importante et curieuse réunion de proclamations, appels aux habitants de Paris et à l'armée, dépêches télégraphiques des départements, etc. signés Louis Napoléon Bonaparte, de Morny, Saint-Arnaud, de Maupas, etc.

1318. **Mélanges sur le Coup d'Etat du 2 décembre 1851, la Révolution du 4 septembre 1870, et le Gouvernement de la Défense Nationale.** — Réunion de 24 vol. in-8 et in-12, demi-rel. v. et vélin, cart. et br.

> Le Gouvernement du Deux décembre, par V. Schoelcher. *Londres*, 1853. — Paris (et la Province) en décembre 1851. Etude historique sur le Coup d'Etat, par Eugène Ténot. *Paris*, 1868, 2 vol. — La Chute de l'Empire, par Edouard Boinvilliers. *Paris*, 1887. — Ernest Dréolle. La Journée du 4 septembre au Corps Législatif, avec notes sur les journées du 3 et du 5 septembre. *Paris*, 1871. — Cte E. de Kératry. Le 4 septembre et le Gouvernement de la Défense Nationale. *Paris*, 1872. — La Diplomatie du Second Empire et celle du 4 septembre 1870, par Eugène Poujade. *Paris*, 1873. — L'Hôtel de Ville de Paris au 4 septembre et pendant le Siège, par Etienne Arago. *Paris*, s. d. — Dictature de Cinq Mois, par Al. Glais-Bizoin. *Paris*, 1873. — Un Ministère de la guerre de 24 jours, par le général Cousin de Montauban. *Paris*, 1871. — L'Assemblée au jour le jour, du 24 mai au 25 février, par Camille Pelletan. *Paris*, 1875. — Histoire de 4 ans : 1870-1873, par Théodore Duret. *Paris*, 1876, 2 vol. — Etc., etc.

1319. **Léon Faucher** : Sa correspondance et sa vie parlementaire. *Paris, Amyot*, 1867, 2 vol. in-8, portrait gr. demi-rel. v. f. dos orné à petits fers.

1320. **Histoire administrative de Frochot**, préfet de la Seine, par Louis Passy. *Evreux, Hérissey*, 1867, in-8, demi-rel. v. f.

1321. **Eugène Pelletan** : Heures de travail, 2 vol. — Nouvelles heures de travail. *Paris, Pagnerre*, 1854-1870, 3 vol. in-8, demi-rel. chag. r.

> Envoi autographe de l'auteur sur le 1er volume.

1322. **Comte d'Hérisson** : Journal d'un officier d'ordonnance, juillet 1870 à février 1871 ; 13e édition. — Journal d'un Interprète en Chine. — Autour d'une Révolution (1788-1799). — Le Cabinet noir : Louis XVII ; Napoléon ; Marie-Louise. *Paris*, 1885-87, 4 vol. in-12, demi-rel. v. f. r. et bleu, dos orné, tête dor.

> Envoi autographe de l'auteur sur chaque volume.

1323. **Le Prince Georges Bibesco** : campagne de 1870. Belfort, Reims, Sedan. Le 7e corps de l'armée du Rhin. — Au Mexique, 1862. Combats et retraite des six mille. — Recueil : Politique, religion, duel. *Paris, Plon*, 1878-1888, 3 vol. in-8, pl. et cartes, demi-rel. v. f. dos orné, fil. tête dor. non rog.

> Exemplaires imprimés pour *M. Jules Simon.*

1324. Mélanges sur la Guerre de 1870-71. — Réunion de 26 vol. in-8 et in-12, demi-rel. chag. v. et vélin.

La Vérité sur la Campagne de 1870, par Fernand Giraudeau. *Marseille*, 1871. — Campagne de l'Armée du Nord, par le général Faidherbe. *Paris*, 1871. — La France et la Prusse, devant l'Europe, par le Comte d'Haussonville. *Paris*, 1871. — Tablettes d'un mobile, ou journal historique et anecdotique du Siège de Paris. *Paris*, 1871. — Aux Avant-postes, par Amédée Le Faure. *Paris*, 1871. — L'Armée du Rhin, par le Maréchal Bazaine. *Paris*, 1872. — La Première armée de la Loire, par le général d'Aurelle de Paladines. *Paris*, 1872. — La Deuxième armée de la Loire, par le général Chanzy. *Paris*, 1873. — Histoire de la Guerre de 1870-1871, par le général Bon Ambert. *Paris*, 1873. — Traités de la France avec l'Allemagne. *Paris, Impr. Nationale,* 1873. — Edgar Rodrigues. Les Volontaires de 1870. *Paris*, 1874. — Les Débats du Procès Bazaine, par le Colonel Ch. Martin. *Paris, s. d.* — Eugène Seinguerlet. Propos de table du Comte de Bismarck pendant la Campagne de France. *Paris*, 1879. — L'Armée de Châlons et son mouvement sur Metz, par A Grouard. *Paris*, 1885. — Les Femmes de France pendant l'Invasion, par Joseph Turquan. *Paris*, 1893. — Etc., etc.

1325. Ouvrages sur le Siège de Paris : septembre 1870-janvier 1871. — Réunion de 28 vol. in-8 et in-12, demi-rel. v. et vélin, cart. et br.

L'Opinion Nationale pendant le Siège de Paris, Recueil des principaux articles publiés par MM. Ad. Guéroult, Louis Jesierski et J. A. Barral. *Paris*, 1871. — Les Fautes de la Défense de Paris, par le Colonel Comte de Meffray. *Paris*, 1871. — Le Journal du Siège de Paris, publié par le Gaulois. *Paris*, 1871. — Jules Claretie. Paris assiégé. *Paris*, 1871. — Paris pendant le Siège, par Arnold Henryot. *Paris*, 1871. — Chronique du Siège de Paris, par Francis Wey. *Paris*, 1871. — Lettres sur le Siège de Paris, par M. L. Vitet. *Paris*, 1871. — Le Siège de Paris, par Francisque Sarcey. *Paris*, 1871. — La Marine au Siège de Paris, par le vice-amiral B^{on} de La Roncière. Le Noury. *Paris*, 1872. — Journal du Siège de Paris, par Michel Cornudet. *Paris*, 1872. — Journal du Siège, par un Bourgeois de Paris. *Paris*, 1872. — Paris et les Allemands, journal d'un témoin, par A. Du Mesnil. *Paris*, 1872. — Paris, journal du Siège, par Mme Edgar Quinet. *Paris*, 1873. — Mémorial du Siège de Paris, par J. d'Arsac. *Paris*, 1873. — Les Prussiens devant Paris, par Edmond Neukomm. *Paris, s. d.* — Le Siège de Paris, par Adolphe Michel. *Paris, s. d.* — Le Pain du Siège, par M. E. Cheysson. *Paris*, 1889. — Le Blocus de Paris et la première armée de la Loire, par A. G. *Paris*, 1889-90, 2 vol. — Souvenirs du Siège de Paris. Une Page d'histoire de la Défense Nationale, 1870-71 (par Chaix). *Paris*, 1890. — Etc., etc.

Envoi autographe sur plusieurs volumes.

1326. Mélanges sur la Guerre de 1870-71 en Province. — Réunion de 17 vol. in-8 et in-12, demi rel. v. et vélin, sauf 1 br.

La Défense de Belfort, par Ed. Thiers et S. de La Laurencie. *Paris*, 1871. — Garibaldi et l'Armée des Vosges, par Aug. Marais. *Paris*, 1872. — Orléans, par le Général Martin des Pallières. *Paris*, 1872. — Versailles pendant l'occupation, par E. Delerot. *Paris*, 1873. — La Guerre en Province pendant le Siège de Paris, par Charles de Freycinet. *Paris*, 1872. (2 exemplaires). — Belfort, Reims, Sedan, par le Prince Georges Bibesco. *Paris*, 1872. — La Défense de Dreux, par Alfred Sirven. *Paris*, 1874. — Journal d'un provincial pendant la Guerre : Abbeville, par Ernest Pharond. *Paris*, 1874. — L'Armée de Bretagne, par un volontaire. *Paris*, 1874. — La Mission Suisse à Strasbourg pendant le Bombardement en septembre 1870, par Charles Staehling. *Strasbourg*, 1874 — Journal d'un habitant de Colmar, par Julien Sée. *Paris*, 1884. — Etc., etc.

204   HISTOIRE

1327. Histoire de la Révolution de 1870-71, par Jules Claretie. Edition illustrée. *Paris*, 1872-74, 2 vol. gr. in-8 à 2 col. nombr. fig. gr. sur bois, demi-rel. vélin blanc.

Envoi autographe de l'auteur.

1328. Souvenirs du 4 septembre, par Jules Simon. Origine et Chute du Second Empire, le Gouvernement de la Défense Nationale. Edition illustrée de scènes dessinées par Vierge, A. Marie, etc. *Paris, Librairie illustrée*, s. d. gr. in-8, fig. gr. sur bois, demi-rel. chag. r. dos orné.

1329. Ouvrages sur la Commune : 18 mars au 24 mai 1871. — Réunion de 46 vol. in-8, in-12 et in-16, demi-rel. v. vélin et cart.

Décrets et rapports officiels de la Commune de Paris. *Paris*, 1871. — Les Huit Journées de mai derrière les barricades, par Lissagaray. *Bruxelles*, 1871. — Frédéric Damé. La Résistance, les maires, les députés de Paris et le Comité central, du 18 au 26 mars. *Paris*, 1871. — Les Conciliabules de l'Hôtel-de-Ville. Comptes-rendus des séances du Comité central et de la Commune, par J. d'Arsac. *Paris*, 1871. — Les Clubs Rouges pendant le Siège de Paris, par G. de Molinari. *Paris*, 1871. — Jules de Gastyne. Mémoires secrets du Comité central et de la Commune. *Paris*, 1871. — Histoire de la Commune, par Auguste Lepage. *Paris*, 1871. — Le Livre Noir de la Commune de Paris. *Bruxelles*, 1871. — Histoire de la Révolution du 18 mars, par Paul Lanjalley et Paul Corriez. *Paris*, 1871. — Mon Journal pendant le Siège et la Commune, par un Bourgeois de Paris. *Paris*, 1871. — La Guerre civile et la Commune de Paris en 1871, par J. d'Arsac. *Paris*, 1871. — Les Prussiens à Paris et le 18 mars, par Charles Yriarte. *Paris*, 1871. — Rossel. Papiers posthumes. *Paris*, 1871. — Ch. L. Livet. Le Journal officiel de Paris pendant la Commune. *Paris*, 1871. — Le Comité central et la Commune, journal anecdotique, par Ludovic Hans. *Paris*, 1871. — Firmin Maillard. Histoire des journaux publiés à Paris pendant le Siège et sous la Commune. *Paris*, 1871. — Les Membres de la Commune et du Comité central, par Paul Delion. *Paris*, 1871. — La Commune et ses idées à travers l'histoire, par E. Bourloton et Ed. Robert. *Paris*, 1872. — Barbares et Bandits : la Prusse et la Commune, par Paul de Saint-Victor. *Paris*, 1872. — Chapitres nouveaux sur le Siège et la Commune, par Lucien Dubois. *Paris*, 1872. — Les Hommes de la Commune, biographie complète de tous ses membres, par Jules Clère. *Paris*, 1872. — L'Armistice et la Commune, par le Général Vinoy. *Paris*, 1872. — Tablettes d'une femme pendant la Commune, par M"" A. M. Blanchecotte. *Paris*, 1872. — Les Séances officielles de l'Internationale à Paris pendant le Siège et la Commune. *Paris*, 1872. — Le Colonel Rossel, par E. Gerspach. *Paris*, 1873. — Mes Souvenirs, par Charles Beslay. *Paris*, 1874. — Fr. Jourde. Souvenirs d'un Membre de la Commune. *Bruxelles*, 1877. — De la Nécessité de l'amnistie, par Xavier Raspail. *Paris*, 1876. — La Vérité sur la Commune, par Ch. Beslay. *Bruxelles*, 1878. — Histoire populaire et parlementaire de la Commune de Paris, par Arthur Arnould. *Bruxelles*, 1878. — Huitième anniversaire des martyrs d'Arcueil. *Paris*, 1879. — Gustave Courbet et la Colonne Vendôme. *Paris*, 1883. — Mémoires du Général Cluseret. *Paris*, 1887, 2 tomes en 1 vol. — La Commune. Journal d'un vaincu, recueilli et publié par Pierre de Lano. *Paris*, 1892. — Etc. etc.

Envoi autographe sur quelques volumes.

1330. Réparation des dommages résultant de l'invasion. Répartition des indemnités. Rapport présenté à M. Jules Simon, président du Conseil, par M. Henry Durangel, avec la collaboration de M. Boulan. *Paris, Impr. Nationale*, 1876, in-4, cart.

Publication du *Ministère de l'Intérieur*.

1331. Général de Wimpffen : Sedan. — De l'Instruction en Allemagne. — La Situation de la France et les Réformes nécessaires. *Paris*, 1872-73, 3 vol. in-8 et in-12, demi-rel. v. bleu.

Envoi autographe sur chaque volume.

1332. Etudes sur l'Armée Française — Réunion de 6 vol. in-8, demi-rel. chag. r. et v. f. et bleu.

Des Réformes militaires en 1867, par M. Paixhans. *Paris*, 1867. — L'Armée Française en 1867. *Paris*, 1867. — Les Institutions militaires de la France : Louvois, Carnot, Saint-Cyr. *Paris*, 1867. — Etude sur la Défense du territoire de la France, par E. Dusaert. *Paris*, 1874. — Légende Territoriale de la France, par M. Peiffer. *Paris*, 1877. — Monographie de l'Ecole Militaire de Paris, par Georges Farcy. *Paris*, 1890, 6 pl.

1333 Etudes critiques sur l'armée française. — Réunion de 7 vol. in-12, dont 4 en demi-rel. v. bleu, dos orné, tête dor. et 3 cart. dos de perc.

Les Institutions militaires de la France : Louvois, Carnot, Saint-Cyr. *Paris*, 1867. — La Puissance française, par un ancien officier. *Paris*, 1885, — L'Approvisionnement de Paris en temps de guerre, par A. Morillon. *Paris*, 1888. — Un Régiment de cavalerie légère de 1793 à 1815, par le Lieutenant Aubier. *Paris*, 1888. — L'Exagération des charges militaires et les prix de revient, par Emile Delivet. *Hâvre*, 1890. — Le Général Faidherbe, par J. M. Brunel. *Paris*, 1892. — Puissance militaire des Etats de l'Europe, par J. Molard. *Paris*, 1893.

1334. Etudes historiques et critiques sur l'armée française. — Réunion de 10 vol. in-12, demi-rel. v. r. dos orné, fil. tête dor.

Du Rôle de l'armée dans l'Etat, et des principes de l'Institution militaire, par M. Edouard Hueber. *Paris*, 1872. — L'Armée française en 1879, par un officier en retraite. *Paris, Hetzel*, 1879. — La Croix-Rouge, son passé et son avenir par Gustave Moynier. *Paris*, 1882. — L'Impôt du sang, étude sur le recrutement, de l'armée, par le Général·· *Paris*, 1884. — L'Armée et la démocratie. *Paris*, 1885. — La Puissance française, par un ancien officier. *Paris*, 1885. — E. Bricard. Alerte, patriotes! *Paris*, 1887. — La Bataille de Damvillers, recit anticipé de la prochaine campagne, par un Cavalier du 35e dragons. — *Paris, Delagrave*, 1888. — L'Armée sans chef. *Paris*, 1891. — L'Armée Française et son budget en 1890. *Paris*, 1890.

Envoi autographe des auteurs sur 3 volumes.

1335. Discours et Mélanges politiques, par le Comte de Falloux. *Paris, Plon*, 1882, 2 vol. in-8, demi-rel. chag. bleu.

1336. Rapports et Discours parlementaires de M. Delsol, sénateur de l'Aveyron (1871-1893). *Paris, Mouillot*, 1893, 2 vol. in-8, br.

Envoi autographe de l'auteur.

HISTOIRE

1337. Denormandie : Discours et rapports. *Auxerre*, 1892. — Notes et souvenirs, les Journées de juin 1848, le Siège de Paris, la Commune, l'Assemblée Nationale. (Première et troisième éditions.) *Paris*, 1895-1896. — Ens. 3 vol. in-8, br.
<small>Envois autographes de l'auteur.</small>

1338. Ernest Picard. Discours parlementaires. *Paris, Plon*, 1889-90, 2 vol. gr. in-8, demi-rel. v. r. dos orné, tête dor. non rog.
<small>Tome II. L'Union libérale, 1864-1869. — Tome III. Ministère Ollivier. La République, 1870 1877.</small>

1339. Jules Ferry : Discours et opinions, publiés avec commentaires et notes, par Paul Robiquet. *Paris, Colin*, 1895, 3 vol. (*Tome III*; et *tome IV*, 2 *exemplaires*). — Biographie de M. Jules Ferry. — Ens. 4 vol. gr. in-8 et in-8, br.

1340. Jules Ferry : La Lutte électorale en 1863. — Le Tonkin et la Mère-Patrie. *Paris*, 1863-1890, 2 vol. in-12, demi-rel. v. f.
<small>Envoi autographe de l'auteur sur 1 volume.</small>

1341. M. Dufaure, sa vie et ses discours, par Georges Picot. *Paris, Calmann Lévy*, 1883, in-8, portrait en photogravure sur Chine, demi-rel. chag. br. dos orné, non rog.
<small>Edition tirée à 200 exemplaires *non mis dans le commerce*. — Envoi autographe de l'auteur.</small>

1342. A. Bardoux : Dix Années de vie politique. (2 *exemplaires*). — Etudes d'un autre temps. *Paris*, 1882-89, 3 vol. in-12, demi-rel. chag. et v. vert, dos orné, fil. tête dor.
<small>Envoi autographe de l'auteur sur 2 volumes.</small>

1343. Mémoires d'aujourd'hui, par Robert de Bonnières. *Paris, Ollendorff*, 1883-88, 3 vol. in-12, demi-rel. v. f. dos orné, fil. tête dor. sauf un br.

1344. Charles Chincholle : Le Général Boulanger. — Les Mémoires de Paris, préface par Emile Zola. *Paris*, 1889, 2 vol. in-12, demi-rel. v. r. dos orné, fil. tête dor. ébarbé, et br.
<small>Envoi autographe sur chaque volume.</small>

1345. Biographies de Présidents de la République Française.— Réunion de 9 vol. in-8 et in-12, reliés, cart. et br.
<small>Monsieur Thiers, cinquante années d'histoire contemporaine, par Ch. de Mazade. *Paris*, 1884. — Etudes sur la vie parlementaire de M. Thiers, par A. Veyssière. *Martel*, 1884. — Lavialle de Lameillère. Le Président Carnot et ses funérailles au Panthéon. *Paris*, 1895, nombr. pl. en phototypie (2 *exemplaires*). — Notice historique sur M. Casimir Périer, par M. de Rémusat. *Paris*, 1871. — Félix Faure devant l'histoire : de son berceau à l'Elysée (1841-1895), par M. F. Martin-Ginouvier. *Paris*, 1895, 1 vol. (*Tome I*). — Thiers, par Edgart Zevort. *Paris*, 1892. — Thiers à l'Académie et dans l'histoire, par Emile Ollivier. *Paris*, 1879. — Notes critiques sur l'Histoire militaire : M. Thiers. *Lille*, 1891.</small>

HISTOIRE

1346. Maurice Dreyfous. Les Trois Carnot, histoire de Cent ans (1789-1888). *Paris, Dreyfous*, s. d. gr. in-8, nombr. fig. et portraits, demi-rel. v. r. dos orné, fil. tête dor. non rog.

Envoi autographe de l'auteur.

1347. France, par le R. P. Du Lac. Troisième édition. *Paris, Plon*, s. d. (1888), in-12, demi-rel. v. bleu, dos orné, fil. tête dor. non rog.

Envoi autographe ainsi libellé : « *A Monsieur Jules Simon, le Sauveur de la liberté de l'Instruction, et le vainqueur de la bataille de l'article 7, souvenir profondément respectueux et reconnaissant d'une victime des représailles. Canterbury, 20 | 5 | 88. Du Lac.* »

1348. L'Abbé Lanusse : Vingt minutes dans la vie d'un peuple. — Les Héros de Camaron. *Paris, Flammarion*, s. d. 2 vol. in-12, demi-rel. v. r. dos orné, fil. tête dor. et cart. dos de perc.

1349. A. Bocher : La France dans l'avenir, bases de son organisation future. — Les Progrès modernes, importance de leur rôle dans le présent et dans l'avenir. *Paris, Ollendorff*, 1891-1894, 2 vol. in-12, br.

Envoi autographe sur chaque volume. — On a joint au premier volume une LETTRE AUTOGRAPHE de l'auteur.

1350. Élie de Cyon : Histoire de l'entente Franco-Russe (1886-1894). — M. Witte et les finances Russes. *Paris*, 1895, 2 vol. in-8, demi-rel. v. bleu, dos orné, fil. tête dor.

1351. Le Sénat illustré, 1894-1897. *Paris*, 1894, gr. in-8, nombr. portr. gr. sur bois, cart. dos et coins de perc. br.

1352. Léon Muel : Gouvernements, ministères et constitutions de la France, depuis cent ans, 2ᵉ édition. — Le même ouvrage, 5ᵉ édition. — Précis historique des Assemblées parlementaires et des Hautes-Cours de justice en France, de 1789 à 1895. *Paris*, 1891-96, 3 vol. in-8, dont 1 en demi-rel. v. r. dos orné, fil. tête dor. non rog. et 2 br.

Envoi autographe de l'auteur sur 2 volumes.

1353. Troisième République. — Réunion de 7 vol. in-8, demi-rel. v. f. r. et bleu, sauf 4 br.

Félix Lambrecht, souvenirs recueillis par Abel Desjardins. *Paris*, 1873. — Histoire d'un Enfant du Peuple : Auguste Burdeau, par Charles Simond. *Paris*, 1894, portr. — Histoire diplomatique de la Troisième République (1870-1889), par Edmond Hippeau. *Paris*, 1889. — Gouvernements, ministères et constitutions de la France depuis cent ans, par Léon Muel. *Paris*, 1890. — Ed. Aynard, Discours prononcés à la Chambre des Députés pendant la législature de 1889 à 1893. *Paris*, s. d. — Vingt ans de vie publique par Charles Roux. *Paris*, 1892. — Histoire de l'Entente Franco-Russe, 1886-1894. Documents et souvenirs par Elie de Cyon. *Paris*, 1895.

1354. **Mélanges politiques sur l'Europe.** — Réunion de 3 vol. in-8 et in-12, demi-rel. v. f. et r.

> Sir Charles Wentworth Dilke. L'Europe en 1887. *Paris, Quantin,* 1887. — Le Centenaire de 1789, évolution politique, philosophique, artistique et scientifique de l'Europe depuis cent ans, par Georges Guéroult. *Paris, Alcan,* 1889. — L'Avenir de l'Europe, par Vigoureux. *Paris, Alcan,* 1891.

3. *Histoire de Paris et de diverses Provinces.*

1355. **Ouvrages sur Paris.** — Réunion de 8 vol. in-8 et in-12, demi rel. v. et chag. sauf 1 cart.

> Mercier. Tableau de Paris. Etude sur la vie et les ouvrages de Mercier, par Gustave Desnoiresterres. *Paris,* 1853. — Itinéraire archéologique de Paris, par M. F. de Guilhermy. *Paris,* 1855. — Les Boutiques de Paris. La Boutique du Marchand de nouveautés, par Eugène Muller. *Paris.* 1868. — Paul Belou et Georges Price. Paris qui passe, avec une préface de Jules Claretie. *Paris,* 1888. — La Vie privée d'autrefois : Arts et métiers, modes, mœurs, usages des Parisiens du XII⁰ au XVIII⁰ siècle, par Alfred Franklin. *Paris,* 1889. — Max Boucard. La Vie de Paris. *Paris,* 1892. — Etc.
> Envois autographes sur 2 volumes.

1356. **Mélanges sur Paris.** — Réunion de 5 vol. in-8, demi-rel. v. f. r. et bleu, sauf 1 cart.

> Les Consommations de Paris, par M. Armand Husson. *Paris,* 1856. — A. Corbon. Le Secret du Peuple de Paris *Paris,* 1863. — Les Anciennes Halles de Paris, par Léon Biollay. *Paris,* 1877. — Paris Port de mer, par A. Bouquet de La Grye. *Paris,* 1892. — Administration de l'Assistance Publique à Paris en 1889. *Montevrain,* 1889.

1357. **Statuts et Réglemens de la communauté des maitres et marchands bouchers de la ville et fauxbourgs de Paris.** *Paris, V⁰ Delatour,* 1744, in 8 de 102 pp. cart.

> Les Pages 41 à la fin sont occupées par les *Lettres patentes confirmatives et arrest d'enregistrement,* avec un Recüeil rangé par ordre de matières et de dattes de tous les édits, déclarations, ordonnances, arrêts & réglemens rendus en faveur des marchands bouchers, et au sujet du commerce de boucherie.

1358. **Mélanges littéraires et historiques sur la Normandie, publiés de 1885 à 1894.** — Réunion de 34 opuscules in-8, br.

> Envois autographes sur 30 opuscules.

1359. **Pierre Carel : Etude sur la Commune de Caen,** suivie de la liste des échevins. Analyse du Matrologe de la ville et du Registre du Cérémonial. — Une Emeute à Caen sous Louis XIII et Richelieu (1639). Episode de la révolte des Nu-Pieds en Basse-Normandie. *Caen,* 1886-1888. 2 vol. in-8, demi-rel. v. bleu, dos orné, fil. tête dor. non rog.

> Envoi autographe de l'auteur sur chaque volume.
> Forte mouillure et trous aux derniers feuillets du dernier ouvrage.

HISTOIRE

1360. Mélanges sur la Bretagne. — Réunion de 4 vol. in-4 et in-8, rel. cart. et br.

<small>Les Chouans, épisodes des Guerres de l'Ouest dans les Côtes-du-Nord, depuis 1792 jusqu'en 1800, par M. G. de Kerigant. *Dinan*, 1882. — Félix Soleil. La Danse macabre de Kermaria-An-Isquit. *Saint-Brieuc*, 1882, 4 pl. — Comptes-Rendus de l'Association Philotechnique de Saint-Brieuc. *Saint-Brieuc*, 1883. — Comic de Landemont. Fêtes Bretonnes, précédées de lettres de MM. José-Maria de Hérédia et Ferdinand Brunetière, illustrations de MM. J. Corabœuf, J. Pohier, L. Rouillé. *Ancenis, s. d.* (1894).</small>

1361. Mélanges littéraires et historiques sur la Bretagne et la Vendée. — Réunion de 14 vol. in-12, reliés, cart. et br.

<small>Joseph Rousse. Poésies bretonnes. *Paris*, 1882. — Les Origines de la Révolution en Bretagne, par Barthélemy Pocquet. *Paris*, 1885, 2 vol. — Coutumes populaires de la Haute-Bretagne, par Paul Sébillot. *Paris*, 1886. — Les Populations bretonnes, par Yves Kano. *Paris*, 1886. — La Baie de Saint-Malo, de Grandville au cap Fréhel. Illustrations de E. Alix. *Paris*, 1886. — Légendes bretonnes du Pays d'Avessac, par le Comte Régis de L'Estourbeillon. *Paris, s. d.* — Finistère, par Jules Michel. *Paris, s. d.* — Sylvanecte (Madame Georges Graux). Profils Vendéens, préface de Jules Simon. *Paris, s. d.* — Léon Bouchet. Profils Bretons. *Paris*, 1888. — Etc., etc.
Envoi autographe sur 8 volumes.</small>

1362. Mélanges littéraires, historiques et archéologiques sur la Bretagne, publiés de 1879 à 1893. — Réunion de 20 opuscules gr. in-8 et in-8, br.

<small>Envois autographes sur 13 opuscules.</small>

1363. H. de Balzac. Les Chouans. Compositions de Julien Le Blant, gravées à l'eau-forte par Emile Boilvin. Préface par Jules Simon de l'Académie française. *Paris, Testard,* 1890, gr. in-8 de 13 pp. de texte, pap. vélin et 8 eaux-fortes en feuilles dans un carton, perc. brune.

1364. N. Quellien : Annaïk, poésies bretonnes. — Bretons de Paris. — La Bretagne Armoricaine. *Paris*, 1880-1893, 3 vol. in-12, demi-rel. v. r. et br. sauf 1 cart. dos de perc. grise.

<small>Envoi autographe de l'auteur sur chaque volume.</small>

1365. N. Quellien : L'Argot des nomades en Basse-Bretagne. — Chansons et danses des Bretons. *Paris, Maisonneuve et Ch. Leclerc,* 1886-89, 2 vol. in-8, dont 1 en demi-rel. chag. r. dos orné, fil. tête dor. non rog. et 1 cart.

<small>Envoi autographe de l'auteur sur chaque volume.</small>

1366. Henri Finistère. Auguste Brizeux et l'Idée bretonne. *Rennes et Paris,* 1888, in-8 carré, demi-rel. chag. br. dos orné, fil. tête dor.

<small>Un des 25 exemplaires sur PAPIER DU JAPON. — LETTRE AUTOGRAPHE de l'auteur ajoutée.</small>

HISTOIRE

1367. Histoire de la fondation de Lorient, étude archéologique, par F. Jégou. *Lorient, Lesnard*, 1870, in-8, demi-rel. chag. vert, dos orné.

1368. La Vendée Patriote, 1793-1800, par Ch. L. Chassin. *Paris, Paul Dupont*, 1893-94, 2 vol. gr. in-8, demi-rel. v. r. dos orné, fil. tête dor. ébarbés.

    Tomes I et II.
    De la Collection des *Etudes Documentaires sur la Révolution Française*.

1369. La Vendée Patriote, 1793-1800, par Ch. L. Chassin. *Paris, Paul Dupont*, 1894, gr. in-8, br.

    Tome II.
    De la Collection des *Etudes Documentaires sur la Révolution Française*.

1370. Mélanges historiques sur le Midi de la France. — Réunion de 5 vol. in-4 et in-8, reliés et cart.

    La Renaissance à Montpellier, étude historique par A. Germain. *Montpellier*, 1871. — Alain le Grand, sire d'Albret, par Achille Luchaire. *Paris*, 1877. — Essai sur l'administration municipale de Bordeaux sous l'ancien régime, par M. H. Barckhausen. *Bordeaux*, 1878. — De la Police des livres en Guyenne (1713-1785), par E. Brives-Cazes. *Bordeaux*, 1883. — L'Instruction primaire à La Sauvetat de Gaure, au XVIe et au XVIIe siècle, par l'abbé Solassol. *Auch*, 1886.

1371. Ouvrages sur diverses provinces du Midi de la France. — Réunion de 9 vol. in-12, reliés, cart. et br.

    Charles Lenthéric : Les Villes mortes du Golfe de Lyon. La Grèce & l'Orient en Provence. *Paris*, 1876-78, 2 vol. — Le Mont-Blanc, par Charles Durier. *Paris*, 1880. — En Corse, par Paul Bourde. *Paris*, 1887. — La Renaissance Romane, par Raoul Lafayette. *Paris*, 1890. — La Vallée d'Ossau (Basses-Pyrénées), par F. Capdevielle. *Paris*, 1891. — Histoire de la réunion de la Savoie à la France, en 1792. *Paris*, 1892. — Quelques pages d'un manuscrit sous la Terreur en Béarn, 1793-1794, publié par Joseph Lochard. *Paris*, 1893. — Etc.
    Envoi autographe sur 6 volumes.

1372. Les Fondations du Pape Urbain V à Montpellier. Le Monastère Saint-Benoit et ses diverses transformations depuis son érection en cathédrale en 1536. Etude archéologique accompagnée d'un plan du monastère au XVIe siècle, par L. Guiraud. *Montpellier, Martel*, 1891, in-8, pap. vergé, 1 plan plié, demi-rel. v. f. dos orné, fil. tête dor. ébarbé.

    Tiré à *140 exemplaires*.

1373. Histoire du droit et des institutions de la Lorraine et des Trois Evêchés (843-1789), par Edouard Bonvalot, avec une introduction de M. Ernest Glasson. *Paris, Pichon*, 1895, in-8, demi-rel. v. bleu, dos orné, fil. tête dor. non rog.

    Ouvrage allant du *Traité de Verdun à la mort de Charles II*.
    Envoi autographe de l'auteur.

HISTOIRE

1374. L'Ancien Régime dans la province de Lorraine et Barrois, d'après des documents inédits (1698-1789), par l'abbé D. Mathieu. *Paris*, 1879. — Histoire communale de Landaville, par P. Pognon. *Neufchateau*, 1887. — Charles Grad. Le Sundgau : Mulhouse et Belfort. *Paris*, 1887. — Ens. 3 vol. in-4 et in-8, nombr. fig. sur bois, dont 1 en demi-rel. v. bleu, et 2 cart.

1375. Jean Heimweh : La Question d'Alsace. — Pensons-y & parlons-en. — Triple Alliance et Alsace-Lorraine. — L'Alsace-Lorraine et la Paix. — La Guerre et la Frontière du Rhin. La Solution. *Paris*, 1889-1891, 5 vol. in-12, dont 1 en demi-rel. v. r. dos orné, fil. tête dor. et 4 cart. dos de perc.

Envoi autographe de l'auteur sur 3 volumes.

1376. Mélanges sur l'Alsace-Lorraine. — Réunion de 4 vol. in-12, dont 1 en demi-rel. v. r. et 3 cart. dos de perc.

Pascal Lanroy. Metz et le Joug Prussien. *Paris, Savine*, 1890. — Mémoire pour la rétrocession de l'Alsace-Lorraine adressé à S. M. l'Empereur et Roi Guillaume II, par M. Edouard Waldteufel. *Paris, Didier*, 1893. Michel Jacquemin. A la Frontière de l'Est, notes et souvenirs. *Paris, Lemerre*, 1891. — Patiens. L'Alsace-Lorraine devant l'Europe. *Paris, Ollendorff*, 1894.
Envoi autographe sur chaque volume.

1377. Mélanges historiques sur diverses provinces de France. — Réunion de 5 vol. gr. in-8 et in-8, demi-rel. chag. noir, bleu sauf 1 br.

Fléchier. Mémoires sur les grands jours d'Auvergne (*Incomplet du titre*). — Registres, lettres et notes d'une famille Péronnaise, par François, Fursy et Henri Dabot. *Péronne*, s. d. 2 tomes en 1 volume. — L'Invasion de 1814 dans la Haute-Marne, par F. F. Steenackers. *Paris*, 1868. — La Vie agricole dans le Haut-Maine, au XIVe siècle, d'après le rouleau inédit de Mme d'Olivet (1335-1342), par M. André Joubert. *Mamers*, 1886. — Le Journal du Sire de Gouberville. Etude sur la vie rurale en Normandie au XVIe siècle, par Eugène de Robillard de Beaurepaire. *Caen*, 1893.

1378. Mélanges littéraires, historiques et archéologiques sur diverses provinces de France, publiés de 1869 à 1897. — Réunion de 34 vol. ou opuscules de différents formats, br. sauf 1 en demi-rel. chag. br.

Envois autographes sur 20 volumes ou opuscules.

V. HISTOIRE DE DIVERS PAYS ÉTRANGERS.

1379. Respublicæ variæ. — Réunion de 39 vol. in-24, *imprimés par les Elsevier, Jean Jansson, Jean Maire et Guillaume Blaeu*, ornés de front. gr. et reliés en v. ant. vélin et peau de mouton.

Japoniæ, a Bern. Varenio. *Amstelod.* 1649. — Respublica Leodiensis. *Amstelod.* 1633. — Portugallia. *Lugd. Batav.* 1641. — P. Cunæi de Republica Hebræorum. *Lugd. Batav.* 1632. — Belgii Confederati Respublica. *Lugd. Batav.* 1630. — De Principatibus Italiæ. *Lugd. Batav.* 1631. — Respublica sive status regni Galliæ. *Lugd. Batav.* 1626. — De Imperio Mogolis. *Lugd. Batav.* 1631. — Hispania. *Lugd. Batav.* 1629. — Hanseaticæ respublicæ. *Lugd. Batav.* 1631, 3 vol. *(sur 4)*. — Respublica Romana. *Lugd. Batav.* 1629. — Respublica Hungariæ. *S. l.* 1634. — Arabia. *Amstelod.* 1633. — Respublica Hollandiæ. *Lugd. Batav.* 1630. — Respublica Helvetia. *Lugd. Batav.* 1627. — Græcorum respublicæ. *Lugd. Batav.* 1632, 2 tomes en 1 vol. — Respublica Venetia. *Lugd. Batav.* 1631. — Dania et Norvegia. *Lugd. Batav.* 1629. — De Bosporo Thracio. *Lugd. Batav.* 1632. — Adr. Spigelii isagos in rem herbariam. *Lugd. Batav.* 1633. — Persia. *Lugd. Batav.* 1633. — Respublica Lutzenburgensis, Hannoniæ et Namurcensis. *Amsterdami*, 1635. — Scotiæ et Hiberniæ. *Lugd. Batav.* 1627. — Turcici Imperii status. *Lugd. Batav.* 1634. — P. Gyllii de Constantinopoleos topographia. *Lugd. Batav.* 1632. — Sabaudiæ. *Lugd. Batav.* 1634. — Suecia. *Lugd. Batav.* 1633. — Africæ. *Lugd. Batav.* 1632. — J. Simleri, Vallesiæ et Alpium. *Lugd. Batav.* 1633. — Respublica Bohemiæ. *Lugd. Batav.* 1634. — F. Sprecheri Rhetia. *Lugd. Batav.* 1633. — Regni Chinensis descriptio. *Lugd. Batav.* 1639. — De Republica anglorum. *Lugd. Batav.* 1630. — J. Sleidani de quatuor summis Imperiis. *Amsterodami, s. d.* — Respublica Poloniæ, Lituaniæ, Prussiæ, Livoniæ, etc. *Lugd. Batav.* 1642. — Russia, seu Moscovia itemque Tartaria. *Lugd. Batav.* 1630. — De Republica Venetorum. *Lugd. Batav.* 1628.

Sur 17 volumes, *ex-libris* ancien, armorié et gravé, d'un membre de la famille de Rosset. — Sur 1 volume, *ex-libris* ancien armorié et gravé Augustus Pfeiffer, SS. Theologiæ Doctor.

1380. **Mélanges historiques sur divers pays étrangers.** *Paris, Bordeaux, Berne et Neuchatel,* 1857-1896. — Réunion de 13 vol. in-12, dont 1 en mar. bleu, 2 br. et 10 en demi-rel. v. f. r. ou bleu.

Mémoires sur l'Italie, par J. Montanelli, traduction de F. Arnaud, 2 vol. — L'Art, la Religion et la nature en Italie, par E. Castelar, 2 vol. — Victor Tissot. La Suisse inconnue. — Histoire de la confédération Suisse, par L. Vulliemin. — Essai sur l'organisation militaire de la Suisse, par A. de Mandrot. — Camille Braylens. Un pied en Espagne. — Madame Adam (Juliette Lamber). La Patrie portugaise. — Le Peuple allemand, par Ch. Grad. — Gaston Deschamps. La Grèce d'aujourd'hui, etc.
Envois autographes des auteurs sur 2 volumes.

1381. **Mélanges historiques sur divers pays de l'Europe.** — Réunion de 8 vol. in-8, demi-rel. v. f. bleu et r. sauf 1 cart.

L'Angleterre, études sur le Self-government, par M***. *Paris,* 1864. — Pologne, par M. Charles Forster. *Paris,* 1871. — Correspondance diplomatique du Baron de Staël-Holstein, ambassadeur de Suède en France. *Paris,* 1881. — Souvenirs diplomatiques. La Prusse et son Roi pendant la Guerre de Crimée, par G. Rothan. *Paris,* 1888. — L'Irlande, depuis son origine jusqu'aux temps présents, par E. Gameron. *Tours,* 1888. — La Criminalité à Genève au XIXe siècle, par John Cuénoud. *Genève,* 1891. — Le Referendum en Suisse, par Simon Deploige. *Bruxelles,* 1892. — Guillaume Vautier. La Hongrie économique. *Paris,* 1893.
Envoi autographe sur chaque volume.

1382. **Mélanges historiques sur divers pays.** — Réunion de 8 vol. gr. in-8 et in-8. br.

Maxime Du Camp. Souvenirs littéraires. *Paris,* 1882 (Tome I). — Correspondance diplomatique de M. de Bismarck (1851-1859), publiée d'après l'édition allemande de M. de Poschinger, sous la direction de M. Th. Funck-Brentano. *Paris,* 1883. (Tome I). — De l'Organisation militaire chez les Romains, par Joachim Marquardt. *Paris,* 1891. — L'Italie et la Pologne, de 1860 à 1854, par le Prince Lubomirski. *Paris*, 1892. — La Cour de Rome et l'esprit de réforme avant Luther, par Félix Rocquain. *Paris*, 1893, 1 vol. (Tome I, 2 *exemplaires*). — OEuvres de Bartolomeo Borghesi. Tome IX 3ᵉ partie, Table des Lettres. *Paris, Impr. Nat.* 1893. — La Chronique de Sulpice Sévère, par André Lavertujon. *Paris*, 1896 (*Tome I*).

1383. Les Pays-Bas sous Philippe II. Les Gueux au XVIᵉ siècle, par Max Gossl. *Anvers*, 1877. — Soixante-dix ans d'histoire contemporaine de Belgique (1815-1884), par l'abbé Sylv. Balau. *Louvain*, 1890. — La Révolution Française en Hollande : La République Batave. *Paris*, 1894. — Ens. 3 vol. in-8, demi-rel. v. f. r. et bleu.

1384. Le Denouëment des Intrigues du temps, par la responce au livret intitulé, *Lettres et autres pièces curieuses sur les affaires du temps* fait par le S. I. P. P. B. (Baron F. P. de Lisola. *A Liège (à la Sphère*, 1672), 3 parties en 1 vol. in-12, mar. brun à grain long, dos orné, fil. dor. et dent. à froid, tr. dor. (*Simier, R. du Roi.*)

1385. Jules Zeller : Histoire de l'Italie, depuis l'Invasion des Barbares jusqu'à nos jours.— Abrégé de l'Histoire d'Italie, depuis la Chute de l'Empire Romain jusqu'en 1864. — Les Tribuns et les Révolutions en Italie. — Italie et Renaissance, 2 vol. — Entretiens sur l'Histoire : Antiquité et Moyen Age. 2 vol. — Les Empereurs Romains. — Histoire résumée de l'Allemagne et de l'Empire Germanique. *Paris*, 1853-1889, 9 vol. in-12, demi-rel. v. bleu et r.

1386. Italie. — Réunion de 8 vol. in-8. demi-rel. v. f. r. et bleu, sauf 1 cart.

OEuvre parlementaire du Comte de Cavour, traduite et annotée par J. Artom et Albert Blanc. *Paris*, 1862. — Lettres Napolitaines, par Pierre C. Ulloa. *Rome*, 1863. — F. Arnaud de l'Ariège. L'Italie. *Paris*, 1864, 2 vol. — Auguste Brachet. L'Italie qu'on voit et l'Italie qu'on ne voit pas. *Paris*, 1881. — Les Finances de l'Italie, 1866-1885, par M. Cucheval-Clarigny. *Paris*, 1885. — Les Révolutions politiques de Florence (1177-1530), par Gabriel Thomas. *Paris*, 1887. — Le Comte de Cavour et la Comtesse de Circourt, lettres inédites publiées par le Comte Nigra. *Turin-Rome*, 1894.

1387. Monografia della Citta di Roma e della Campagna Romana, presentata all Esposizione universale di Parigi, del 1878. *Roma, Tipografia Elzeviriana*, 1878, 2 tomes en 1 vol. gr. in-8 de texte, et 1 atlas in-fol. de 10 cartes en couleur, cart. perc. verte.

1388. Nicolai Machiavelli Historiæ Florentinæ, libri octo *Lugdui* (sic) *Batavorum, apud Hieronymum de Vogel*, 1645, pet. in 12, titre-front. gr. vélin à recouvr.

Volume imprimé par Phil. de Croy comme l'indique la souscription au verso du dernier feuillet ; Lugd. Batav., apud Philippum de Cröy, 1645. (Willems : *les Elzevier*, n° 1637.)

HISTOIRE

1389. Mis Costa de Beauregard : La Jeunesse du Roi Charles-Albert. Les Dernières années du Roi Charles-Albert. *Paris, Plon*, 1889-90, 2 vol. in-8. 2 portr. demi-rel. v. f. dos orné. fil. tête dor. non rog.

Envoi autographe de l'auteur.

1390. La Jeunesse (et les dernières années) du Roi Charles-Albert, par le Mis Costa de Beauregard. *Paris, Plon*, 1890-92, 2 vol. in-8, 2 portr. br.

1391. Hispaniæ et Lusitaniæ itinerarium, nova et accurata descriptione, iconibusqz novis et elegantibus loca earundem præcipua illustrans. *Amstelodami, apud Ægidium Janssonium Valckenier*, 1656, pet. in-12, titre-front. gr. nombr. plans et vues de villes, gr. et pliés, vélin.

La préface est signée Martinus Zoillerus.

1392. Histoire d'Espagne, depuis les premiers temps jusqu'à nos jours, par Ch. Romey. *Paris, Furne*, 1839-1850, 9 vol. in-8, vign. gr. sur bois sur les titres, demi-rel. v. br.

Les planches manquent.

1393. Espagne. — Réunion de 7 vol. in-8, dont 5 reliés, 1 cart. et 1 br.

Histoire des Arabes et des Mores d'Espagne, par Louis Viardot. *Paris*, 1851, 2 vol. — Commentaires de Charles-Quint, publiés pour la première fois par le Baron Kervyn de Lettenhove. *Paris*, 1862. — La Sierra-Nevada, par Luis de Rute. *Paris*, 1889. — Don Carlos d'Aragon, prince de Viane. Étude sur l'Espagne du Nord au XVe siècle, par G. Desdevises Du Dezert. *Paris*, 1889. — Juan Zorrilla de San Martin. Tabaré, traduction française, par Jean Jacques Rethoré. *Montévidéo*, 1890. — L'Espagne après la paix d'Utrecht, 1713-1715, par le Marquis de Courcy. *Paris*, 1891.

1394. Mignet : Antonio Perez et Philippe II. — Charles-Quint, son abdication, son séjour et sa mort au monastère de Yuste. — Nouveaux éloges historiques de Savigny, Alexis de Tocqueville, Victor Cousin... — Rivalités de François Ier et de Charles-Quint, 2 vol. *Paris*, 1845-1875, 5 vol. in-8, demi-rel. v. f. bleu et r.

Envoi autographe de l'auteur sur un volume.

1395. Histoire d'Allemagne, par Jules Zeller. *Paris, Didier, Perrin*, 1872-1891, 7 vol. in-8, cartes, demi-rel. v. bleu.

Origines de l'Allemagne et de l'Empire Germanique. — Fondation de l'Empire Germanique. — L'Empire germanique et l'Eglise au Moyen Age. — L'Empire Germanique sous les Hohenstauffen. — L'Empereur Frédéric II et la Chute de l'Empire Germanique du Moyen Age. — Les Empereurs du XIVe siècle : Habsbourg et Luxembourg. — La Réforme : Jean Huss, Martin Luther.

Envoi autographe de l'auteur sur 6 volumes.

HISTOIRE

1396. Les Germains avant le Christianisme, par A. F. Ozanam. *Paris*, 1847. — La Civilisation chrétienne chez les Francs, par A. F. Ozanam. *Paris*, 1849. — Colonel A. Borbstaedt. Campagnes de la Prusse contre l'Autriche et ses alliés en 1866. *Paris*, 1866. — Réplique du Comte Harry d'Arnim à la lettre du Prince de Bismarck, du 14 avril 1873 à S. M. l'Empereur d'Allemagne. *Paris*, 1873. — Ens. 4 vol. in-8, demi-rel. v. f. r. et bleu.

1397. Ernest Lavisse : La Jeunesse du Grand Frédéric. — Le Grand Frédéric avant l'avènement. *Paris, Hachette*, 1891-93, 2 vol. in-8, demi-rel. v. f. dos orné, fil. tête dor. non rog.
  Envoi autographe de l'auteur sur chaque volume.

1398. Ernest Lavisse : Trois Empereurs d'Allemagne : Guillaume Ier ; Frédéric III ; Guillaume II. — Essais sur l'Allemagne Impériale. — Etudes et Etudiants. — Vue générale de l'Histoire politique de l'Europe. — La Bataille de Bouvines. *Paris*, 1888-1890, 5 vol. in-12, demi-rel. v. f. bleu et r. dos ornés, fil. tête dor. et 1 cart. dos de perc.
  Envoi autographe de l'auteur sur 4 volumes.

1399. Mémoires du Maréchal H. de Moltke : Lettres à sa mère et à ses frères Adolphe et Louis (1823-1888). — La Guerre de 1870. Editions françaises, par E. Jaeglé. *Paris, Le Soudier*, 1891-92, 2 vol. in-8, demi-rel. v. f. dos orné, fil. tête dor. ébarbé.

1400. Politique et question sociale en Allemagne. — Réunion de 6 vol. in-8, reliés et cart.
  Zur neuesten Handelspolitik. Sieben Abhandlungen von Dr Alexander Peez. *Wien*, 1895. — Die Arbeiterversicherung in den Europäischen Staaten, von Dr. T. Bödiker. *Leipzig*, 1895. — Etc.

1401. Mélanges sur l'Allemagne. — Réunion de 15 vol. in-12, demi-rel. v. f. bleu et r. sauf 3 cart.
  Histoire de la Prusse, depuis la mort de Frédéric II jusqu'à la bataille de Sadowa, par E. Véron. *Paris*, 1867. — La Prusse contemporaine et ses institutions, par H. K. Hillebrand. *Paris*, 1867. — Les Prussiens, leur gouvernement, leur politique, leur armée, leur capitale, par William Reymond. *Paris*, 1868. — L'OEuvre de M. de Bismarck, 1863-1866 : Sadowa et la campagne des ses jours, par J. Vilbort. *Paris*, 1869. — Edouard Marbeau. Slaves et Teutons. *Paris*, 1882. — Le Prince de Bismarck, sa vie et son œuvre, par Mme Marie Drousart. *Paris*, 1887. — Le Peuple Allemand, ses forces et ses ressources, par Charles Grad. *Paris*, 1888. — Trois Empereurs d'Allemagne : Guillaume Ier, Frédéric III, Guillaume II, par Ernest Lavisse. *Paris*, 1888. — Une invasion prussienne, en Hollande en 1787, par Pierre de Witt. *Paris*, 1886. — L'Allemagne actuelle, *Paris*, s. d. — L. Lévy-Bruhl. L'Allemagne depuis Leibniz. *Paris*, 1890. — Etudes sur l'Allemagne politique, par André Lebon. *Paris*, 1890. — John Grand-Carteret. Bismarck en caricatures. *Paris*, 1890. — A Travers l'Allemagne, par M. E. Fournier de Flaix. *Paris*, 1894, 2 vol.
  Envoi autographe sur 8 volumes.

HISTOIRE

1402. Fin de l'Indépendance Bohême : Georges de Podiébrad, les Jagellons. Les Premiers Habsbourgs, la Défenestration de Prague, par Ernest Denis. *Paris, Colin*, 1890, 2 vol. gr. in-8, demi-rel. v. bleu, dos orné, fil. tête dor. non rog.

1403. Histoire d'Angleterre, par M⁺ de Rapin Thoyras. *La Haye, de Rogissart*, 1724-27, 10 vol. in-4, vign. et cartes gr. v. br. ant.

Tomes I à X, allant de *l'Invasion de Jules César* à *l'avènement de Guillaume III*.
Les Tomes I à VIII sont sur GRAND PAPIER.

1404. Franc. Baconi de Verulamio Historia regni Henrici septimi Angliæ Regis, Opus vere politicum. *Lug. Batavor. apud Franc. Hackium*, 1642, pet. in-12, titre-front. gr. mar. bleu, dos orné à petits fers, fil. dent. int. tr. dor.

Ex-libris EDWARD VERNON UTTERSON.

1405. J. M. Dargaud : Histoire d'Elisabeth d'Angleterre. *Paris, Librairie Internationale*, 1866. — Histoire de Jane Grey. *Paris, Hachette*, 1863. — La Famille. *Paris, Perrotin*, 1853. — Ens. 3 vol. in-8, demi-rel. chag. r. vert et br.

Envoi autographe de l'auteur sur chaque volume.

1406. Eixὼν Βασιλική. Le Portrait du Roy de la Grand'Bretagne durant sa solitude & ses souffrances. *Rouen, Jean Berthelin*. 1649, in-12 de 26 ff. prél. non ch. 398 pp. et 1 f. non ch. pour l'*errata*, vélin à recouvr.

On ne connaît pas au juste l'auteur de cet ouvrage : selon les uns, il serait de Charles I⁺, selon d'autres, il serait de Jean Gauden, évêque d'Exeter. L'Epître dédicatoire à Charles II est signée Porrée.

1407. J. M. Dargaud : Histoire de Jane Grey. *Paris, Hachette*. 1863. — Histoire d'Elisabeth d'Angleterre. Histoire d'Olivier Cromwell. *Paris, Librairie Internationale*, 1866-67, 2 vol. — Ens. 3 vol. in-8, demi-rel. v. f.

Envoi autographe de l'auteur sur deux volumes.

1408. Mélanges sur l'Angleterre. — Réunion de 14 vol. in-12, demi-rel. chag. et v. sauf 1 br.

Histoire d'Angleterre comprenant celle de l'Ecosse, de l'Irlande et des possessions anglaises, par J. A. Fleury. *Paris*, 1852, 2 vol. — Histoire d'Angleterre, depuis l'avènement de M. Macaulay. *Paris*, 1854, 2 vol. — Le Développement de la Constitution Anglaise, par E. A. Freeman. *Paris*, 1877. — La Vie nomade et les routes d'Angleterre au XIV⁺ siècle, par J. J. Jusserand. *Paris*, 1884. — La Crise Irlandaise, par Edouard Hervé. *Paris*, 1885. — L'Expansion de l'Angleterre, par J. R. Seeley. *Paris*, 1885. — Portraits d'Outre-Manche, par Mᵐᵉ Marie Dronsart. *Paris*, 1886. — Les Quinze premières années du règne de la Reine Victoria, souvenirs d'un témoin oculaire, traduits et annotés par Mˡˡᵉ Marie-Anne de Bovet. *Paris*, 1888. — La Cour de George IV et de Guillaume IV *Paris*, 1888. — Lettres de Lord Beaconsfield à sa sœur, traduites avec notes par Alexandre De Haye. *Paris*, 1889. — Marie-Anne de Bovet. Lettres d'Irlande. *Paris*, 1889. — Brada. Notes sur Londres. *Paris*, 1895.
Envoi autographe sur 8 volumes.

HISTOIRE 217

1409. A. Geffroy: Histoire des Etats Scandinaves. (2 *exemplaires.*) — Gustave III et la Cour de France, suivi d'une étude critique sur Marie-Antoinette et Louis XVI apocryphes, 2 vol. — Madame de Maintenon d'après sa correspondance authentique, 2 vol. *Paris*, 1851-1887, 6 vol. in-12, demi-rel. chag. br. et v. bleu et r.

1410. La Russie et l'Europe, par Henri Martin. *Paris. Furne, Jouvet*, 1866, gr. in-8, demi-rel. chag. vert, dos orné, non rog.

Envoi autographe de l'auteur.

1411. L'Empire des Tsars et les Russes, par Anatole Leroy-Beaulieu. *Paris, Hachette*, 1881-1882. 2 vol. in-8, demi-rel. v. f. dos orné, non rog.

Envoi autographe de l'auteur.

1412. Souvenirs de Sébastopol, recueillis et rédigés par S. M. I. Alexandre III, traduction de M. Nicolas Notovitch. *Paris*, 1894, in-8, demi-rel. v. r. dos orné, fil. tête dor. non rog. — Livre d'Or à la mémoire d'Alexandre III, par Nicolas Notovitch. *Paris*, 1894, in-4, nombr. fig. br. couverture illustrée. — Ens. 2 vol.

Envoi autographe de M. *N. Notovitch* sur chaque volume.

1413. Mélanges sur la Russie. — Réunion de 10 vol. in-12, demi-rel. v. f. bleu et r. sauf 2 cart. et 2 br.

La Vérité sur la Russie par le Prince Pierre Dolgoroukow. *Leipzig*, 1861, 2 vol. — Lettres du Maréchal de Moltke sur la Russie traduites par Alfred Marchand. *Paris*, 1877. — Russes et Autrichiens en robe de chambre par Théo-Critt. (Théodore Cahu). *Paris, s. d.* — Eugène Guépin. La Russie. *Paris*, 1891. — La Russie contemporaine, par E. de Cyon. *Paris*, 1892. — Au Pays Russe, par Jules Legras. *Paris*, 1895. — Etc.
Envoi autographe sur 4 volumes.

1414. Les Populations Danubiennes, études ethnographiques, par Léon Prunol de Rosny. *Paris, Maisonneuve*, 1882, 1 vol. in-4 de texte et atlas in-fol. de 28 pl. en héliog. photogravure, chromolithog. en feuilles, dans 2 cartons.

Les 3 premières livraisons.

1415. Ouvrages sur la Roumanie, la Serbie, la Turquie, l'Asie Centrale. — Réunion de 8 vol. in-8 et gr. in-8, demi-rel. v. f. bleu, r. et vert.

Mémoire sur l'Ile d'Egine, par M. E. About. *Paris*, 1854. — Des Intérêts religieux de l'Orient, par G. A. Mano. *Paris*, 1864. — Réformes nécessaires aux Etats Musulmans, par le général Khérédine. *Paris*, 1868. — La Serbi. Kara-George et Milosch, par St-René Taillandier. *Paris*, 1872. — Le Balkan et l'Adriatique, par Albert Dumont. *Paris*, 1873. — Quinze mois de régime libéral en Roumanie. *Paris*, 1886. — En Asie Centrale, par Napoléon Ney. *Paris*, 1888. — La Turquie actuelle, par Demetrius Georgiadès. *Paris*, 1892.

1416. **Roumanie (1829-1859). Règne de Bibesco :** Correspondance et documents, Lois et décrets, Insurrection de 1848, par le Prince Georges Bibesco. *Paris, Plon*, 1893-94, 2 vol. in-8, portrait gr. à l'eau-forte, fig. demi-rel. v. r. dos orné, fil. tête dor. non rog.

<small>Exemplaire *imprimé pour M. Jules Simon*.
Envoi autographe de l'auteur.</small>

1417. **Le Prince Georges Bibesco :** Histoire d'une frontière. La Roumanie sur la rive droite du Danube. *Paris, Plon*, 1883. — 1889. Exposition Universelle. La Roumanie avant, pendant et après. *Paris, Kugelmann*, 1890. — Ens. 2 vol. in-8, demi-rel. v. f. dos orné, fil. tête dor. non rog.

1418. **Mélanges sur l'Orient et la Turquie.** — Réunion de 7 vol. in-12, demi-rel. chag. et v. sauf 1 br.

<small>La Turquie Contemporaine, par William Nassau senior. *Paris*, 1861. — Lettres du Maréchal de Moltke sur l'Orient, traduites par Alfred Marchand. *Paris*, s. d. — Une Course à Constantinople, par M. de Blowitz. *Paris*, 1884. — Grèce, Turquie, le Danube, par Charles Bigot. *Paris*, 1886. — Charles Mismer. Souvenirs du monde musulman. *Paris*, 1892. — Etude sur la théorie du Droit musulman, par Sawas Pacha. *Paris*, 1892. — Etc.
Envoi autographe sur 6 volumes.</small>

1419. **Jules Duval :** Histoire de l'émigration européenne, asiatique et africaine au XIXe siècle. — Des Rapports entre la géographie et l'économie politique. — Les Colonies et la politique coloniale de la France. — L'Algérie et les Colonies françaises (2 *exemplaires*). *Paris*, 1862-1877, 5 vol. in-8, cartes, demi-rel. v. f. et bleu.

1420. **La France coloniale**, Histoire, géographie, commerce. Ouvrage publié sous la direction de M. Alfred Rambaud. Sixième édition. *Paris, Colin*, 1893, fort vol. in-8, cartes, demi-rel. chag. r. dos orné, fil. tête dor.

1421. **Colonies françaises en Asie et en Afrique ;** etc. — Réunion de 7 vol. in-8, demi-rel. v. f. r. et bleu, sauf 1 br.

<small>Histoire ancienne et moderne de l'Annam, Tong-King et Cochinchine, par l'Abbé Adr. Launay. *Paris*, 1884. — L'Indo Chine Française, par J. L. de Lanessan. *Paris*, 1889. — L'Affaire du Tonkin. Histoire diplomatique de l'Etablissement de notre protectorat sur l'Annam et de notre conflit avec la Chine, 1882-1885. *Paris*, s. d. — Histoire et géographie de Madagascar, par M. Henry d'Escamps. *Paris*, 1884. — Les Etablissements Français du Golfe de Bénin, par Alexandre L. d'Albéca. *Paris*, 1889. — Histoire de la question coloniale en France. *Paris*, 1891. — Histoire de l'Expédition de Cochinchine en 1861, par Léopold Pallu. *Paris*, 1864.</small>

1422. Mélanges sur les Colonies françaises. — Réunion de 7 vol. in-12, demi-rel. v. f. bleu et r. sauf 2 br.

<small>La Politique coloniale sous l'ancien Régime, par Louis Pauliat. *Paris* 1887. — V. Schœlcher. Vie de Toussaint-Louverture. *Paris*, 1889. — Sir Richard Temple. L'Inde Britannique, type de colonisation moderne. *Paris*, 1889. — La France extérieure, par Auguste Prou Gaillard. *Paris*, 1890. — La République d'Haïti, par Paul Vibert. *Paris*, 1895. — Etc. Envoi autographe sur 3 volumes.</small>

1423. Louis Vignon : Les Colonies françaises, leur commerce, leur situation économique, leur utilité pour la métropole, leur avenir. — La France dans l'Afrique du Nord ; Algérie et Tunisie. — L'Expansion de la France. — La France en Algérie. *Paris*, 1886-1893, 4 vol. in-8, cartes, dont 3 en demi-rel. v. bleu et r. et 1 br.

<small>Envoi autographe de l'auteur sur 3 volumes.</small>

1424. Gabriel Charmes : Cinq Mois au Caire et dans la Basse Egypte. — Politique extérieure et coloniale. — Une Ambassade au Maroc. — L'Egypte. *Paris, Calmann Lévy*, 1880-1891, 4 vol. in-12, demi-rel. v. f. et bleu.

<small>Envoi autographe de l'auteur sur 1 volume.</small>

1425. Ouvrages sur l'Indo-Chine. — Réunion de 5 vol. in-12, demi-rel. v. r. et vert, sauf 2 cart.

<small>Lettres du Tonkin, de novembre 1884 à mars 1885. *Paris*, 1886. — La Colonisation de l'Indo-Chine, l'expérience anglaise, par J. Chailley-Bert. *Paris*, 1892. — Picard Destelan. Annam et Tonkin. *Paris*, 1892. — Lieutenant-colonel Bouinais. De Hanoï à Pékin. *Paris*, 1892. — La Colonisation française en Indo-Chine, par J. L. de Lanessan. *Paris*, 1895. Envoi autographe sur 3 volumes.</small>

1426. André Brue, ou l'Origine de la colonie française du Sénégal, par Etienne Félix Berlioux. *Paris, Guillaumin*, 1874, in-8, 1 carte gr. et pliée, demi-rel. v. bleu.

1427. Alexandre L. d'Albéca. La France au Dahomey. *Paris, Hachette*, 1895, in-4, nombr. fig. br.

<small>Envoi autographe de l'auteur. — Tache d'encre dans la marge extérieure de 2 feuillets.</small>

1428. Ouvrages sur Madagascar. — Réunion de 4 vol. in-12, demi-rel. v. bleu, f. et r. sauf 1 cart. dos de perc. grise.

<small>A. Martineau. Madagascar. *Paris*, s. d. — Souvenirs de la Côte d'Afrique : Madagascar. Saint Barnabé, par le Baron E. de Mandat-Grancey. *Paris*, 1892. — François de Mahy. Autour de l'île Bourbon et de Madagascar. *Paris*, 1891. — Raoul Postel. *Paris*, 1886.</small>

HISTOIRE

1429. Congrès International des Orientalistes. Compte-rendu de la première session. Paris, 1873. *Paris, Maisonneuve,* 1874-76, 2 vol. in-8, nombr. pl. en noir et coloriées, fig. demi-rel. mar. bleu, tête dor. ébarbés.

<small>Tomes I et II.</small>

1430. Ferdinand de Lesseps. Lettres, journal et documents pour servir à l'Histoire du Canal de Suez (1854-1869). *Paris, Didier,* 1875-1881, 5 vol. in-8, demi-rel. v. bleu.

<small>Envoi autographe de l'auteur.</small>

1431. L'Algérie ancienne et moderne, depuis les premiers établissements des Carthaginois jusqu'à la prise de la Smalah d'Abd-el-Kader, par M. Léon Galibert, vignettes par Raffet et Rouargue frères. *Paris, Furne,* 1844, gr. in-8, 36 pl. dont 24 gravées sur acier et 12 gr. sur bois en couleur, 1 carte gr. et pliée, demi-rel. chag. r. dos orné, plats de perc. tr. dor.

<small>Taches de rousseur.</small>

1432. Charles Farine. Kabyles et Kroumirs. *Paris,* 1882. — Histoire de l'Egypte, depuis les temps les plus reculés jusqu'à nos jours, par H. de Vaujany. *Le Caire,* 1885. — Histoire de l'Algérie, par Xavier Bardon. *Paris, Leroux,* 1886. — Ens. 3 vol. in-8, nombr. fig. demi-rel. v. bleu et r.

<small>Envoi autographe sur deux volumes.</small>

1433. Paul Bourget. Outre-Mer. (Notes sur l'Amérique.) *Paris, Lemerre,* 1895. 2 vol. in-12, demi-rel. v. f. dos orné, fil. tête dor. non rog. *couvertures.*

<small>ÉDITION ORIGINALE.</small>

1434. Cornelis de Witt : Histoire de Washington et de la fondation de la République des Etats-Unis. — Thomas Jefferson, étude historique sur la Démocratie américaine. — La Société Française et la Société Anglaise au XVIIIe siècle. *Paris,* 1859-1864, 3 vol. in-12, demi rel. v. f.

1435. Mélanges historiques sur l'Amérique. *Paris, Québec et Montréal,* 1866-1889. — Réunion de 12 vol. in-8 et in-12, portr. et cartes en demi-rel. cart. ou br.

<small>La Démocratie autoritaire aux Etats-Unis, par Albert Gigot. — Léon Chotteau. Les Français en Amérique. — Notes sur le Canada, par P. de Cazes. — B. Mossé. Dom Pedro II, Empereur du Brésil. — Les Etats-Unis pendant la guerre (1861-1865), par A. Laugel. — Faucher de St-Maurice par L. H. Taché. — La République Orientale de l'Uruguay, par le Cte Gaston de Saint-Foix. — Le Monde Américain, par L. Simonin. — Les Pionniers Français dans l'Amérique du Nord, par F. Parkman, traduction de Mme la C^{esse} Gédéon de Clermont-Tonnerre. — Docteur S. Basch. Maximilien au Mexique. — Montcalm et le Canada Français, par Ch. de Bonnechose. — Arthur Buies. Le Chemin de fer du Lac Saint-Jean.
Envois autographes des auteurs sur 8 volumes.</small>

HISTOIRE

1436. Etats-Unis; Canada. — Réunion de 6 vol. in-8, dont 3 reliés et 3 cart.

Les Etat-Unis d'Amérique en 1863, par John Bigelow. *Paris*, 1863. — Les Canadiens de l'Ouest, par Joseph Tassé. *Montréal*, 1878, 2 vol. — Fête Nationale des Canadiens-Français célébrée à Québec en 1880. *Québec*, 1881. — Un Pèlerinage au pays d'Evangéline, par l'abbé H. R. Casgrain. *Québec*, 1887. — Cinq mois en Europe ou Voyage du curé Labelle en France en faveur de la colonisation, par J. B. Proulx. *Montréal*, 1888.

1437. Documents officiels relatifs aux Etats-Unis et à la République Dominicaine, imprimés à *Washington, Philadelphie et Ithaca*, de 1864 à 1896. — Réunion de 16 vol. in-4 et in-8, reliés et cart. perc.

Rapports sur différentes universités, sur les maisons ouvrières, la population, les prisons, etc.
Envoi autographe sur plusieurs volumes.

1438. L'Elévation et la Chute de l'Empereur Maximilien. Intervention française au Mexique, 1861-1867, par le Cte E. de Kératry. *Paris*, 1867. — Marcel Denoisel. Aux mines d'or de Montézuma. *Paris*, s. d. — Francisco de Prida Y Arteaga. Le Mexique tel qu'il est aujourd'hui. *Paris*, 1891, portr. — Ens. 3 vol. in-8, demi-rel. v. bleu, chag. noir et br.

1439. Panama, le passé, le présent, l'avenir, par P. Bunau-Varilla. *Paris, Masson*, 1892, in-4, pl. en phototypie, cartes, br.

Envoi autographe de l'auteur.
On y a joint: Cour d'appel de Paris, 1re chambre: Plaidoirie de Me Henri Barboux pour MM. Ferdinand et Charles de Lesseps. *Paris*, 1893, in-8, cart.

1440. Censo general de poblacion, edificacion, comercio e industrias de la ciudad de Buenos Aires, levantado en los dias 17 de agosto, 15 y 30 de setiembre de 1887, bajo la administracion del Dr. Don Antonio F. Crespo. *Buenos Aires*, 1889, 2 vol. gr. in-8, portrait et nombr. pl. en phototypie, cartes, plans et tableaux, cart. perc. r.

1441. Géographie de la République Argentine, par F. Latzina. *Buenos-Ayres, Lajouane*, 1890, gr. in-8, pl et cartes en couleurs pliées, cart. perc. grise.

Signature de *M. Jules Simon* sur un faux-titre.

1442. Ouvrages sur les Républiques Argentine et du Chili. — Réunion de 9 vol. in-4 et in-8, reliés, cart. et br.

Antecedentes administrativos de Correos y Telegrafos. *Buenos Aires*, 1894-95, 3 vol. (*Tomes IV, VII et VIII*). — Memoria presentada al Congreso Nacional de 1876, por el ministro de Justicia, doctor Don Onésimo Leguizamon. *Buenos Aires*, 1876. — Memoria descriptiva de la provincia de Santiago del Estero, por Lorenzo Fazio. *Buenos Aires*, 1889, portr. et pl. en phototypie. — Ligeros apuntes sobre el clima de la Republica Argentina, por Gualterio G. Davis. *Buenos Aires*, 1889 (2 exemplaires). — Constitucion y leyes politicas de la Republica de Chile, vijentes en 1881. *Santiago*, 1881. — Dictamenes del fiscal de la Corte suprema de justicia de Chile Ambrosio Montt. *Santiago de Chile*, 1894, 1 vol. (*Tome I*).

1443. République Argentine. — Réunion de 7 vol. gr. in-8 et in-8, dont 3 cart. perc. et 4 br.

<blockquote>
La République Argentine, par Ricardo Napp. Buenos-Ayres, 1876. — L'Agriculture et l'élevage dans la République Argentine, par F. Latzina. Paris, 1889 (2 exemplaires). — Une Visite aux colonies de la République Argentine, par Alexis Pegret, Paris, 1889 (3 exemplaires). — Description de la République Argentine: A travers les Bergeries, par E. S. Zeballos. Paris, 1889.
</blockquote>

VI. ARCHÉOLOGIE. — HISTOIRE LITTÉRAIRE.

1444. Joh. Kirchmanni de Annulis liber singularis; accedunt Georgii Longi, Abr. Gorlaei, et Henr. Kornmanni de iisdem tractatus absolutissimi. *Lugd. Batav. apud Hackios*, 1672, 3 parties en 1 vol. pet. in-12, 1 front. gr. par R. de Hooghe, vélin.

1445. Lazari Bayfii annotationes in legem II, de captivis & postliminio reversis, in quibus tractatur de re navali, per autorem recognitæ. Eiusdem annotationes in tractatum de auro & argento legato, quibus vestimentorū & vasculorū genera explicatur. Item Antonii Thylesii de coloribus libellus, a coloribus vestium non alienus. *Basileæ apud Hier. Froben et Nic. Episcopium*, 1537, in-4 de 323 pp. et 4 ff. non ch. pour l'Index, fig. sur bois, v. br. ant. estampé, dos refait.

<blockquote>
Recueil publié par Ch. Estienne, avec une épître dédicatoire de Lazare Baïf à François Ier. Il est bien imprimé et contient 32 grandes et belles figures sur bois. — Les pages 301 à 304 manquent ?? Tache bleue sur le titre.
</blockquote>

1446. Johan. Kirchmanni de Funeribus romanorum libri quatuor, cum appendice, nitidissimis figuris illustrati. Accessit et funus parasiticum Nicolai Rigaltii. *Lugd. Batav. apud Hackios*, 1672, fort vol. pet. in-12, front. et 4 grandes pl. gr. par R. de Hooge et pliées, demi-rel. chag. vert, dos orné, fil.

<blockquote>
Signature de M. Jules Simon sur le titre.
Ex-libris moderne, armorié et gravé : Brossard de Clery.
</blockquote>

1447. Alberti Rubenii Petri Pauli f. de re vestiaria veterum, præcipue de lato clavo libri duo, et alia eiusdem opuscula posthuma, quorum seriem adversa pagina exhibet. *Antverpiæ, ex officina Plantiniana*, 1665, in-4, 3 pl. et fig. gr. vélin.

1448. Justi Rycquii de capitolio romano commentarius. In quo, illustria ejus olim ædificia sacra et profana : deorum dearumque nomina : arcus item triumphales, columnæ, statuæ, tropæa, colossi, cæteraque ornamenta adcuratè describuntur, et plura alia antiquitatis monimenta proferuntur, emendantur

HISTOIRE

explicantur. *Lugd. Batav. ex officina Danielis à Gaasbeeck*, 1669, in-12, front. et nombr. pl. gr. vélin moderne à recouvr. titre calligraphié sur le dos.

Ouvrage curieux et savant.

1449. Romani collegii societatis Jesu Musæum ex legato Alph. Donini, liberalitate relictum, Ath. Kircherus novis et raris inventis locupletatum... instruxit... publicæ luci exponit Georg. de Sepibus. *Amstelodami, ex officina Janssonio-Waesbergiana*, 1678, in fol. front. portrait, 17 grandes pl. et fig. gr. demi-rel. v. br. dos orné.

1450. Archéologie. — Réunion de 7 vol. de différents formats, demi-rel. v. f. et bleu, sauf 2 cart.

Phidias, drame antique, par M. Beulé. *Paris*, 1863. — Les Bronzes d'Osuna, par Charles Giraud. *Paris*, 1874. — L'Art Khmer. Etude historique sur les monuments de l'Ancien Cambodge, par le Comte de Croizier. *Paris*, 1875. — Gaston Boissier: Promenades archéologiques, Rome et Pompéi. Nouvelles Promenades archéologiques, Horace et Virgile. *Paris*, 1880-86, 2 vol. — Excursions archéologiques en Grèce, par Ch. Diehl. *Paris*, 1890. — Etc.
Envoi autographe sur 3 volumes.

1451. Revue Egyptologique, publiée sous la direction de MM. H. Brugsch, F. Chabas, Eug. Revillout. *Paris, Leroux*, 1880, in-4, fac-similes, demi-rel. chag. vert, dos orné.

Première année, sauf le fascicule I qui est de la 2ᵉ année.
On y a joint: Fondation Eugène Piot. Monuments et Mémoires publiés par l'Académie des Inscriptions et Belles-Lettres sous la Direction de Georges Perrot et Robert de Lasteyrie. *Paris, Leroux*, 1894, in-4, 14 pl. en héliog. en feuilles. (*Tome I.*)

1452. Eugène Révillout: Mélanges d'égyptologie. — Quelques textes démotiques archaïques, avec fac-simile exécutés, par E. Boudier. — Mémoire sur le Discours d'Hypéride contre Athénogène. *Paris*, 1891-95, 3 opuscules in-4, dont 1 cart. dos de perc. et 2 br.

1453. D. Nisard: Histoire de la Littérature française, septième édition, 4 vol. — Précis de l'Histoire de la Littérature française. Nouvelle édition. *Paris, Firmin-Didot*, 1878-79, 5 vol. in-12, demi-rel. v. bleu.

1454. Discours sur l'état des Lettres en France, au quatorzième siècle, par Victor Le Clerc. — Discours sur l'Etat des Beaux-Arts au même siècle, par Ernest Renan. *Paris, Firmin-Didot*, 1863, in-4 de iv-781 pp. demi-rel. chag. noir, non rog.

Extrait de l'*Histoire littéraire de la France*.
Envoi autographe de M. Victor Le Clerc.

1455. Polydori Vergilii Urbinatis de Inventoribus rerum libri VIII, et de Prodigis libri III. *Amstelodami, apud Danielem Elzevirium*, 1671, 2 parties en 1 vol. in-12, front. gr. mar. noir fil. et comp. à froid, tr. dor. (Rel. anc.)

<small>Signature de M. Jules Simon sur le titre.</small>

1456. Institut de France. — Réunion de 6 vol. in-8, reliés, cart. et br.

<small>L'Institut National de France, ses diverses organisations, ses membres, ses associés et ses correspondants (20 novembre 1795, 19 novembre 1869), par Alfred Potiquet. *Paris*, 1871. — Règlements intérieurs de l'Académie des sciences. *Paris*, s. d. (1886), 1 vol. (2 *exemplaires*). — La Bretagne à l'Académie Française au XVIIe siècle, études sur les Académiciens bretons, par R. Kerviler. *Paris*, 1879. — Les Philosophes et l'Académie Française au dix-huitième siècle, par Lucien Brunel. *Paris*, 1884. — Chroniques des élections à l'Académie Française (1634-1841), par Albert Rouxel. *Paris, Firmin-Didot*, 1886.</small>

1457. Discours prononcés à l'Institut de 1883 à 1898. Annuaires, lois et règlements de l'Institut de France, de 1868 à 1895. — Réunion de 51 vol. ou opuscules in-8 et in-12, reliés, cart. et br.

1458. Discours prononcés à l'Académie Française pour la réception de MM. Caro, Henri Martin, Ste Beuve, Labiche, Pasteur, Taine, Sully Prud'homme, Jules Simon, Rousse, Duc D'Audiffret-Pasquier, Maxime Du Camp, E. Renan, J. B. Dumas. — Mémoires, Notices et Eloges historiques lus à l'Institut de France. — Ens. 27 vol. ou plaquettes in-4, reliés et cart.

1459. Histoire philosophique de l'Académie de Prusse, depuis Leibniz jusqu'à Schelling, particulièrement sous Frédéric-le-Grand, par Christian Bartholmèss. *Paris, Ducloux*, 1850-51, 2 vol. in-8, demi-rel. v. f.

VII. BIOGRAPHIE. — BIBLIOGRAPHIE. — JOURNAUX.

1460. Le Grand Dictionnaire historique, ou Mélange curieux de l'Histoire sacrée et profane, qui contient en abrégé l'histoire fabuleuse des dieux et des héros de l'Antiquité païenne, les vies et les actions remarquables des Patriarches, des Empereurs, des Rois, des Princes illustres..., par Mre Louis Moréri. Nouvelle édition, dans laquelle on a refondu les Suppléments de M. l'abbé Goujet : le tout revu, corrigé et augmenté par M. Drouet. *Paris*, 1759, 10 vol. in-fol. à 2 col. frontispice gr. v. ant. marb.

<small>Edition la plus complète et la plus recherchée de cet important ouvrage.</small>

1461. Dictionnaire historique et critique, par M. Pierre Bayle. Cinquième édition. *Amsterdam, par la Compagnie des Libraires*, 1734, 5 vol. — Nouveau dictionnaire historique et critique pour servir de Supplément ou de continuation au Dictionnaire de M. Pierre Bayle, par Jaques George de Chaufepié. *Amsterdam*, 1750-56, 4 vol. — Remarques critiques sur le Dictionnaire de Bayle (par l'abbé Ph. L. Joly). *Paris et Dijon*, 1752. — Ens. 10 vol. in-fol. fleurons, v. ant. non unif. fatigué.

Le dernier volume, dont le titre porte la *Signature de M. Jules Simon*, est aux armes de Savalette de Buchelay, fermier général.
Piqûres de vers à quelques feuillets.

1462. Pauli Jovii vitæ illustrium virorum, tomis duobus comprehensæ, & propris imaginibus illustratæ. *Basileæ, ex officina Petri Pernæ*, 1578, 2 tomes en 1 vol. in-fol. titre-front. et nombr. portr. avec encadr. gr sur bois, demi-rel. v. f. avec coins.

1463. Eunapius Sardianus, de vitis philosophorum et sophistarum, nunc primum græce & latine editus, interprete Hadriano Junio, cum indice & græci exemplaris castigatione. *Antverpiae, ex. off Christ. Plantini*, 1568, 2 parties en 1 vol. pet. in 8, demi-rel. chag. br.

Signature de M. Jules Simon, 1841, sur le titre.

1464. Eunapii Sardiani vitas sophistarum et fragmenta historiarum, recensuit notisque illustravit. Jo. Fr. Boissonade : accedit annotatio Dan. Wyttenbachii. *Amstelodami, apud Petrum den Hengst*, 1822, 2 vol. in-8, demi-rel. v. f. dos orné. (*Closs.*)

Edition la meilleure du texte de cet auteur : elle ne renferme point de version latine, mais il s'y trouve un excellent commentaire critique.

1465. Biographie de personnages des XVIIe et XVIIIe siècles. — Réunion de 7 vol. in-8, demi-rel. v. f. bleu et vert.

Mémoires historiques sur la vie de M. Suard, sur ses écrits et sur le XVIIIe siècle, par Dominique Joseph Garat. *Paris*, 1820, 2 vol. — Etude sur M. le Comte de Serre, par M. Salmon. *Paris*, 1864. — Le Marquis de Grignan, petit-fils de Madame de Sévigné, par Frédéric Masson. *Paris*, 1882. — Le Duc de Nivernais, ou un grand seigneur au XVIIIe siècle, par M. Blampignon. *Paris, Perrin, s. d.* — Lesage, romancier d'après de nouveaux documents, par Léo Claretie. *Paris*, 1890. — Richelieu à Luçon, sa jeunesse, son épiscopat, par l'abbé L. Lacroix. *Paris*, 1890, portrait en héliog.

1466. Biographies. — Réunion de 5 vol. in-8, dont 3 en demi-rel. v. f. et r. et 2 br.

Diplomates et publicistes, par M. Ch. Vergé. *Paris*, 1856. — Edgar Quinet, sa vie et son œuvre, par C. L. Chassin. *Paris*, 1859. — Joseph Le Bon dans sa vie privée et dans sa carrière politique, par son fils Emile Le Bon. *Paris*, 1861. — Les Deux Champollion, leur vie et leurs œuvres, par Aimé Champollion-Figeac. *Grenoble*, 1887. — La Jeunesse de Frédéric Ozanam, par Léonce Curnier. *Paris*, 1888.

1467. Biographies. — Réunion de 6 vol. in-4 et in-8, dont 4 reliés et 2 cart.

Eloge historique de Madame Elisabeth de France, par Antoine Ferrand. *Paris*, 1814. — Mémoires, fragmens historiques et correspondance de Madame la Duchesse d'Orléans, mère du Régent. *Paris*, 1832. — Madame la Duchesse d'Orléans, Hélène de Mecklembourg-Schwerin. *Paris*, 1859. — La Duchesse d'Aiguillon, nièce du Cardinal de Richelieu, 1604-1675, par A. Bonneau-Avenant. *Paris*, 1879, portrait gr. — A propos du deuxième centenaire de Madame de Sévigné. *Paris*, 1896. — La Sœur Rosalie, par Eugène Rendu. *Paris*, 1887, portrait et 1 pl.

1468. Biographies. *Paris*, 1867-1889. — Réunion de 9 vol. in-12, portr. demi-rel. v. bleu.

Rabelais, par Paul Stapfer. — Les Ennemis de Racine, par F. Deltour. — Fernand Labour. M. de Montyon. — Beaumarchais et son temps, par L. de Loménie, 2 vol. — Le Marquis de Grignan, par Frédéric Masson. — Elie Sorin. Etude sur G. Bordillon. — Journal et correspondance de André-Marie Ampère. — Le Tableau de Cérès. Souvenirs de mon arrivée à Paris, par Ed. Charton.
Envois autographes des auteurs sur 5 volumes.

1469. Biographies. — Réunion de 16 vol. in-12, reliés, cart. et br.

Ch. Mismer, Dix ans soldat. *Paris*, 1880. — Fernand Labour. M. de Montyon. *Paris*, 1880. — Oberkampf (1738-1815), par Alfred Labouchère. *Paris*, 1884. — Louis de Geer, étude par Pierre de Witt. *Paris*, 1885. — Ladislas Mickiewicz. Adam Mickiewicz, sa vie et son œuvre. *Paris*, 1888. — Antoine Guillois. Pendant la Terreur. Le Poète Roucher, 1745-1794. *Paris*, 1890. — Ludovic Legré. Le Poète Théodore Aubanel. *Paris*, 1894. — Etc.
Envoi autographe sur 8 volumes.

1470. Notices biographiques. — Réunion de 32 plaquettes in-4, gr. in-8 et in-8, cart. dos de perc. sauf 2 br.

Biographies et études littéraires sur Ernest Renan, lord Brougham, Casimir Delavigne, Hippolyte Lucas, Spinoza, Louis Thuillier, l'Abbé Grégoire, Lakanal, Hippolyte Carnot, Lamartine, Charles Giraud, Bayle, Jurien, Madame Rolland, Guizot, Tocqueville, Thiers, A. Chéruel, J.-B. Dumas, Beaumarchais, E. Turquety, Jules Favre, F. de Lesseps, etc.
Envoi autographe sur 13 volumes.

1471. Notices biographiques. — Réunion de 90 opuscules gr. in-8, et in-8, br.

Biographies de Ricord, M. Chevalier, G. Des Roches, De Montyon, G. Jundt, Faustin Hélie, Borsot, Alfred de Musset, René Le Pays, Cervantès, Léonce de Lavergne, Charles Giraud, A. A. Mourier, Grévy, Raoul-Duval, Lazare Carnot, E. Hébert, Littré, Emile Durier, Ed. Charton, Charles J. M. Lucas, E. Caro, Ed. Laboulaye, Yan'Dargent, Ad. Dupuis, Ed. Thureau, A. Chéruel, Mignet, A. Bary, J. L. E. Meissonier, H. Taine, E. Beaussire, l'abbé Charles Perrand, Fustel de Coulanges, Mac-Mahon, Léon Lalanne, Emile de Laveleye, etc.
Envoi autographe sur 54 opuscules.

1472. Biographies de princesses et femmes célèbres. — Réunion de 10 vol. in-12, demi-rel. v. f. et bleu, sauf 4 cart. et 2 br.

Madame la Duchesse d'Orléans Hélène de Mecklembourg-Schwerin. *Paris*, 1859. — Madame Elisabeth sœur de Louis XVI, par Mme la Comtesse d'Armaillé. *Paris*, 1886. — Arvède Barine. Portraits de femmes ;

HISTOIRE

Madame Carlyle, George Eliot, une détraquée, un Couvent de femmes en Italie au XVIᵉ siècle. Psychologie d'une Sainte. Madame de Girardin, par Imbert de Saint-Amand. *Paris*, 1888. — La Duchesse de Berry, par Charles Nauroy. *Paris*, 1889. — Madame de Staal-Delaunay. *Paris*, 1890. — Mademoiselle de La Vallière et Marie-Thérèse d'Autriche, femme de Louis XIV, par H. Duclos. *Paris*, 1890, 2 vol. — Marguerite d'Angoulême, une véritable Abbesse de Jouarre, par H. de La Ferrière. *Paris*, 1891. — Madame la Comtesse de Genlis. *Paris*, 1893.

Envoi autographe sur 6 volumes.

1473. Histoire de la vie et des ouvrages de J. de La Fontaine. par C. A. Walckenaer. Troisième édition. *Paris, Nepveu*, 1824, in-8, portrait gr. et fac-similes, demi-rel. v. f.

1474. Les Ennemis de Racine au XVIIᵉ siècle, par F. Deltour. *Paris*, 1859. — La Poétique de Racine, par Pierre Robert. *Paris*, 1890. — Ens. 2 vol. in-8, demi-rel. v. br. et bleu, dos orné.

Envoi autographe sur chaque volume.

1475. Le Comte de Serre, sa vie et son temps, par Charles de Lacombe. *Paris, Didier*, 1881. 2 vol. in-8, demi-rel. v. bleu.

1476. Histoire d'une grande dame au XVIIIᵉ siècle : la Princesse Hélène de Ligne (et la Comtesse Hélène Potocka), par Lucien Perey. *Paris, Calmann Lévy*, 1887-1888, 2 vol. in-8, portrait, demi-rel. v. f. dos orné, fil. tête dor. non rog.

Envoi autographe de l'auteur sur le 1ᵉʳ volume.

1477. Gaston Maugras. Les Demoiselles de Verrières. *Paris, Calmann Lévy*, 1890, in-8, pap. vergé, 2 portr. gr. à l'eau-forte, demi-rel. v. f. dos orné, fil. tête dor. non rog.

Envoi autographe de l'auteur.

1478. Biographie de Voltaire, par M. Beuchot. *Paris*, 1834. — Le Vrai Voltaire, l'homme et le penseur. par Edouard de Pompery. *Paris*, 1867. — Défense de Voltaire contre ses amis et contre ses ennemis, par Courtat. *Paris*, 1872. — Les Vraies lettres de Voltaire à l'abbé Moussinot, publiées par Courtat. *Paris*, 1875. — Ens. 4 vol. in-8, demi-rel. v. f. et bleu.

1479. Voltaire et J.-J. Rousseau, par Gaston Maugras. *Paris*, 1886. — John Grand-Carteret. J.-J. Rousseau jugé par les Français d'aujourd'hui. *Paris*, 1890, pl. — Madame de Warens et J.-J. Rousseau. Etude historique et critique par François Mugnier. *Paris*, 1891, portrait et pl. en héliog. — Ens. 3 vol. in-8, demi-rel. v. f. r. et brun.

1480. Etudes sur la vie et les œuvres de J.-J. Rousseau. — Réunion de 8 vol. in-12, demi-rel. chag. et v. sauf 1 cart.

Rousseau et les Genevois, par M. J. Gaberel. *Genève*, 1858. — Saint-Marc Girardin. J.-J. Rousseau, sa vie et ses ouvrages. — *Paris*, 1875,

2 vol. — J.-J. Rousseau et ses œuvres. Biographie et fragments publiés par le Comité du Centenaire. *Genève*, 1878. — Calvin et Rousseau, étude littéraire, sociale et religieuse, par J. Gaberel. *Genève*, 1878. — Origine des idées politiques de Rousseau, par Jules Vuy. *Genève*, 1889. — Etc.

1481. De Lescure : Rivarol et la Société française pendant la Révolution et l'Emigration (1753-1801). — Bernardin de Saint-Pierre. *Paris*, 1883-1892, 2 vol. in-8, demi-rel. v. f. et bleu, dos orné, tête dor.

Envoi autographe de l'auteur sur chaque volume.

1482. Biographies de célébrités littéraires du XIXe siècle. — Réunion de 7 vol. in-8, reliés, cart. et br.

Charles Renouard, 1794-1878. *Paris*, 1879. — Notice sur M. Victor de Laprade, par G. A. Heinrich. *Lyon*, 1884. — Armand Baschet et son œuvre, par le D^r Ch. Dufay. *Paris*, 1887. — Louis-Emile Durier. *Paris*, 1890. — Béranger, par Charles Causeret. *Paris*, 1895. — Pierre de Nolhac et ses travaux, par Pierre de Bouchaud. *Paris*, 1896.

1483. Biographies d'auteurs romantiques et contemporains. — Réunion de 12 vol. in-12, demi-rel. v. f. et bleu, sauf 3 cart. dos de perc.

Louis Nicolardot. Confession de Sainte-Beuve. *Paris*, 1882. — La Vie d'un poète : Edouard Turquety (1807-1867). Etude biographique, par Frédéric Saulnier. *Paris*, 1885. — Confidences de La Mennais. *Paris*, 1886. — Michelet, par F. Corréard. *Paris*, 1886. — Henri Martin, sa vie, ses œuvres, son temps, 1810-1883, par Gabriel Hanotaux. *Paris*, 1887. — Balzac et ses amies, par Gabriel Ferry. *Paris*, 1888. — Balzac et le temps présent, par le Dr Henri Favre. *Paris*, 1888. — Etudes et récits sur Alfred de Musset, par la Vicomtesse de Janzé. *Paris*, 1891. — La Jeunesse de Lamartine, par Félix Reyssié. *Paris*, 1892. — Le Séjour de Lamartine à Belley, par un Belleysan. *Belley*, 1892. — Heine intime, par le Baron L. de Embden. *Paris*, 1893. — Renan, Taine, Michelet, par Gabriel Monod. *Paris*, 1894.

Envoi autographe sur 7 volumes.

1484. Lamartine, par Emile Deschanel. *Paris, Calmann Lévy*, 1893, 2 vol. in-12, demi-rel. v. f. dos orné, fil. tête dor. ébarbé.

Edition originale.
Envoi autographe de l'auteur.

1485. Mélanges biographiques et littéraires sur Lamartine. — Réunion de 8 opuscules gr. in-8 et in-8, br.

Envoi autographe sur 5 opuscules.

1486. Madame de Lamartine, par Charles Alexandre. *Paris, Dentu*, 1887, portrait. — Le Centenaire de Lamartine célébré à Macon les 18, 19, 20 et 21 octobre 1890. *Macon, Protat*, 1891. — Le Séjour de Lamartine à Belley, par Marius Déjey. *Paris*, 1894, portr. et pl. en phototypie. — Ens. 3 vol. in-8, demi-rel. v. f. et s. dos orné, fil. tête dor. non rog.

On a relié en tête du 3e volume le *Programme*, entièrement écrit par M. Jules Simon, des fêtes du Centenaire de Lamartine.

HISTOIRE

1487. Edgar Quinet. Lettres d'exil à Michelet et à divers amis. Deuxième édition, 4 vol. — Edgar Quinet avant l'exil, par Mme Edgar Quinet. — Edgar Quinet depuis l'exil par Mme Edgar Quinet. — Théophile Dufour. Lettres à Quinet sous l'Empire (1849-1866). *Paris, Calmann Lévy*, 1883-89. — Ens. 7 vol. in-12, demi-rel. v. f. et r. dos orné, tête dor. ébarbés.

1488. Christian Bartholmèss : Jordano Bruno. *Paris, Ladrange*, 1846-47, 2 vol. — Huet, évêque d'Avranches, ou le Scepticisme théologique. *Paris, Ducloux*, 1850. — Ens. 3 vol. in-8, portrait lithog. demi-rel. v. br.

1489. Apologia pro Jul. Cæsare Vanino (par P. Fréd. Arpe). *Cosmopoli, typis Philaletheis*, 1712, in-8, demi-rel. chag. bleu, dos orné.

Sur le titre : *Signature de M. Jules Simon, Versailles, 1838, de la Bibl. de M. Cousin.*

1490. La Vie et les Sentimens de Lucilio Vanini (par David Durand). *Rotterdam, Fritsch*, 1717, in-12, v. br. ant.

Exemplaire aux armes de Louis César de Crémeaux, marquis d'Entragues, et portant sur *chaque plat* de la reliure, son *ex-libris* armorié et gravé.

1491. Archivio Muratoriano, preceduto da una lettera inedita di Lodovico Ant. Muratori, intorno al metodo de suoi studi per cura di L. V. Edizione consacrata da Pietro Muratori, a celebrare il secondo centenario dalla nascita del grande autenato. *Modena, Zanichelli*, 1872, gr. in-8, portrait et fac-similé d'autographe photographié, demi-rel. mar. r. tête dor. ébarbé.

Edition tirée à *200 exemplaires*.
Envoi autographe signé Muratori Pietro.

1492. A. Mézières : W. Goethe, les œuvres expliquées par la vie. *Paris, Didier*, 1872-73, 2 vol. in-8, demi-rel. v. bleu.

Envoi autographe de l'auteur.

1493. Biographies de personnages étrangers. — Réunion de 5 vol. in-8, reliés, cart. et br.

Lanfranc, archevêque de Cantorbéry, sa vie, son enseignement, sa politique, par J. de Crozals. *Paris*, 1877. — Parini, sa vie, ses œuvres, son temps, par Raymond Dumas. *Paris*, 1878. — Richard Cobden, notes sur ses voyages, correspondances et souvenirs recueillis par Mme Salis-Schwabe. *Paris*, 1879. — Jean-Paul Clarens. Strada. *Paris, s. d.* — Etude sur la vie et les œuvres de Thomas Moore. *Paris*, 1886.

1494. Le Livre du Bibliophile (par A. Lemerre). *Paris, Lemerre*, 1874, pet. in-12, pap. vélin teinté, cart. dos de perc. rose.

Envoi autographe de l'auteur.

1495. Le Livre à travers les âges, numéro unique résumant l'histoire du livre depuis les origines de l'écriture, publié sous la direction de Charles Mendel, par Georges Brunel. *Paris, Mendel*, 1894, in-4, fig. cart. dos de perc. r. non rog.

Un des 100 exemplaires sur PAPIER DU JAPON. — Envoi autographe de l'auteur.

1496. Librairie, Imprimerie. — Réunion de 8 vol. in-4, gr. in-8 et in-8, reliés, sauf 3 cart.

La Propriété littéraire au XVIIIe siècle. Lettre sur le commerce de la Librairie, par Diderot. *Paris*, 1861. — Une Imprimerie en 1867, par M. Paul Dupont. *Paris*, 1867. — La Liberté de la Librairie et de l'Imprimerie. *Paris*, 1869. — Textes et documents concernant la Constitution légale de l'Imprimerie Nationale. *Paris*, 1874. — Note sur la Librairie Hachette. Juin 1878. — Dîner offert à M. Jouaust, éditeur, le 28 mars 1892, par ses collaborateurs artistiques et littéraires, et par un groupe de Bibliophiles. — Le Livre d'Or des Annales politiques et littéraires, *Paris*, 1893. — Aux Bibliophiles. Ultima, notes et chroniques. *Paris, Jouaust*, 1894.

1497. Histoire de la Bibliothèque mazarine, depuis sa fondation jusqu'à nos jours, par Alfred Franklin. *Paris, Aubry*, 1860, in-8. — Préface du catalogue de la Bibliothèque mazarine, rédigée en 1751, par le Bibliothécaire P. Desmarais, publiée, traduite en français et annotée par Alfred Franklin. *Paris, Miard*, 1867, in-12. — Ens. 2 vol. demi-rel. v. bleu.

Ouvrage tiré à 300 exemplaires.

1498. Notices et Extraits des Manuscrits de la Bibliothèque Nationale et autres bibliothèques, publiés par l'Institut National de France, faisant suite aux Notices et Extraits lus au Comité établi dans l'Académie des Inscriptions et Belles-Lettres. *Paris, Impr. Nationale*, 1883-85, atlas in-fol. de 17 pl. en héliog. cart.

Tome XXVII, 1e. partie : *Inscriptions Sanscrites du Cambodge*, Atlas du premier fascicule.

1499. Catalogus librorum qui in bibliopolio Danielis Elsevirii venales extant,etquorum auctio, habebitur in ædibus defuncti. *Amstelodami*, 1681, in-12, vélin à recouvr.

Catalogue des livres de fonds de Daniel Elzevier, imprimé pour la vente qui fut faite après la mort de ce célèbre imprimeur.

1500. Valerii Maximi dictorū ac facto ♃ meōrabiliu li novē. *S. l. (Paris), Venūdātur sub itersigno Divi Martini...* s. d. pet. in-8 de 4 ff. prél. non ch. 255 ff. et 34 ff. non ch. pour la table, v. ant. granit, fil. tr. dor.

Marque de *Denis Roce* sur le titre.
Signature de M. Jules Simon sur le titre. — Quelques lettres ornées ont été coloriées.

1501. Mémoires secrets pour servir à l'histoire de la République des lettres en France, depuis 1762 jusqu'à nos jours, ou Journal d'un observateur, contenant les analyses des pièces de théâtre qui ont paru durant cet intervalle... *Londres, Adamson*, 1780-89, 36 vol. in-12, demi-rel. bas. verte, dos orné.

<small>Ces Mémoires, connus sous le nom de : « Mémoires de Bachaumont », ont eu successivement pour rédacteurs : L. Petit de Bachaumont, M. F. Pidansat de Mairobert, Mouffle d'Angerville, et autres. — Mouillure au tome XX.</small>

1502. Le Magasin pittoresque, rédigé sous la direction de M. Edouard Charton. *Paris*, 1851 (*19e année*) à 1869, 13 vol. in-4, nombr. fig. demi-rel. chag. noir.

<small>Années 1851 à 1859, années 1865 à 1867, et année 1869.</small>

1503. Annuaires, journaux et revues diverses. — Réunion de 100 vol. ou opuscules in-4, in-8 et in-12, reliés, cart et br.

<small>Revue des Deux Mondes. *Paris*, 1840-42, 2 vol. (*IVe série : tomes XXIV et XXX*). — Bulletin de Statistique et de législation comparée. *Paris*, 1882-1896, 2 vol. et Opuscules divers. — L'Hygiène de l'Enfance, par le Dr Armand Laurent. *Paris*, 1878-79, 1 vol. (*les 2 premières années*). — Annuaire Universel illustré pour 1893. *Paris*, 1894, 1 vol. — Annuaire de l'armée française illustré par Roger de Beauvoir, dessins de Pierre Comba. *Paris*, 1896, 1 vol. nombr. fig. en noir et en couleur. — Annuaire des longitudes, 7 vol. (*années 1871 à 1873, 1889, 1893 à 1895*). — Etc. etc.</small>

EX - LIBRIS

1504. Ex-libris ancien (figure emblématique). *Ernouf, général de Division, chef de l'état major de l'armée de Sambre et Meuse*. — Belle et curieuse pièce *dessinée par Garneray gravée par Quéverdo, écrit par le Cordier*.

<small>Rarissime.</small>

1505. Ex-libris ancien, gravé et armorié. *D. Ab. De La Roche Foucauld*. — Jolie pièce gravée par Legrand.

<small>Bel exemplaire.</small>

1506. Ex-libris anciens, gravés et armoriés : *D. Ab. De La Roche Foucauld*, gravé par Legrand. — *M. Thierry de Villedavray*, gravé par Colinet. — *Estienne* (de Paris) *colombe avec rameau d'olivier*. — Ens. 3 pièces.

1507. Reliures et cartonnages portant sur les plats, estampés en or, une dédicace ou envoi à *Monsieur Jules Simon*, etc. — Réunion de 6 vol. de différents formats.

TABLE DES DIVISIONS

Numéros.

THÉOLOGIE 1

JURISPRUDENCE

I. Droit des gens. Droit politique. Droit ancien......	63
II. Droit nouveau..............................	85
III. Droit ecclésiastique.........................	128

SCIENCES ET ARTS

I. Sciences philosophiques.............................

    1. *Histoire et Dictionnaires*............ 140
    2. *Philosophes anciens et modernes. — Mélanges*....

        A. Philosophes anciens grecs et latins.......... 163
        B. Philosophes du Moyen Age et modernes..... 192
        C. Mélanges sur la Philosophie............... 246

    3. *Logique*...................................... 268
    4. *Métaphysique*................................ 275
    5. *Morale*...................................... 317
    6. *Application de la Morale*......................

        A. Règles de la vie civile.................. 356
        B. Education et instruction publique.......... 366
        C. Politique............................... 424
        D. Economie politique et sociale............

TABLE DES DIVISIONS 233

    a. Dictionnaires et collections. — Traités généraux. Mélanges............ ... 449
    b. Population. Questions ouvrières et sociales...................... 491
    c. Paupérisme. Assistance publique. Prisons et systèmes pénitentiaires..... 524
    d. Finances. Impôts, Commerce, Statistique.......................... 560

II. SCIENCES PHYSIQUES ET CHIMIQUES... 593
III. SCIENCES NATURELLES......... 600
IV. SCIENCES MÉDICALES 610
V. SCIENCES MATHÉMATIQUES 624
VI. ARTS ET MÉTIERS. — EXERCICES DIVERS 637

BEAUX-ARTS 651

BELLES-LETTRES

I. LINGUISTIQUE. — RHÉTORIQUE 708
II. POÉSIE.. . ...
    1. Poètes grecs et latins 731
    2. Poètes français........... 778
III. THÉATRE 807
IV. ROMANS ET CONTES 840
V. FACÉTIES. — CRITIQUES. — SATIRES. — PROVERBES. ... 883
VI. EPISTOLAIRES 926
VII. POLYGRAPHES................... ... .
    1. Polygraphes grecs et latins.................. 934
    2. Polygraphes français et étrangers... 946
VIII. COLLECTIONS ET MÉLANGES........................ 1032

HISTOIRE

I. GÉOGRAPHIE. VOYAGES. — CHRONOLOGIE. HISTOIRE UNIVERSELLE 1057

II. Histoire des Religions.....................	1072
III. Histoire ancienne........................	1136
IV. Histoire de France........................	
1. Histoire générale. — Mœurs, usages, antiquités. — Mélanges	1180
2. Histoire particulière de la France sous divers règnes.	1217
3. Histoire de Paris et de diverses Provinces........	1355
V. Histoire de divers pays étrangers............	1379
VI. Archéologie. — Histoire littéraire...........	1444
VII. Biographie. — Bibliographie. — Journaux.....	1460
EX-LIBRIS.................	1504

ORDRE DES VACATIONS

			Numéros		
Première Vacation. —	Lundi 2 Juin 1902.	1	à	162
Deuxième Vacation. —	Mardi 3 — —	163	à	326
Troisième Vacation. —	Mercredi 4 — —	327	à	490
Quatrième Vacation. —	Jeudi 5 — —	491	à	650
Cinquième Vacation. —	Vendredi 6 — —	651	à	821
Sixième Vacation. —	Samedi 7 — —	822	à	990
Septième Vacation. —	Lundi 9 — —	991	à	1163
Huitième Vacation. —	Mardi 10 — —	1164	à	1336
Neuvième Vacation. —	Mercredi 11 — —	1337	à	1507

N° 1000.

Tours, imp. Tourangelle, 20-22, rue de la Préfecture.

www.ingramcontent.com/pod-product-compliance
Lightning Source LLC
Chambersburg PA
CBHW061957180426
43198CB00036B/1289